V&R unipress

Schriften zum deutschen und internationalen Persönlichkeits- und Immaterialgüterrecht

Band 52

Herausgegeben von Professor Dr. Haimo Schack, Kiel,
Ehemaliger Direktor des Instituts für Europäisches und Internationales Privat- und Verfahrensrecht

Maximilian Maierhofer

Die schlichte Einwilligung in urheberrechtliche Onlinenutzungen im Internationalen Privatrecht

V&R unipress

MIX
Papier aus verantwortungsvollen Quellen
FSC® C083411
www.fsc.org

Bibliografische Information der Deutschen Nationalbibliothek
Die Deutsche Nationalbibliothek verzeichnet diese Publikation in der Deutschen Nationalbibliografie; detaillierte bibliografische Daten sind im Internet über https://dnb.de abrufbar.

Gedruckt mit freundlicher Unterstützung der Studienstiftung ius vivum.

D 30

Druck und Bindung: CPI books GmbH, Birkstraße 10, D-25917 Leck
Printed in the EU.

Vandenhoeck & Ruprecht Verlage | www.vandenhoeck-ruprecht-verlage.com

ISSN 2198-6398
ISBN 978-3-8471-1294-5

Inhalt

Vorwort

Die vorliegende Arbeit wurde im Wintersemester 2020/2021 vom Fachbereich Rechtswissenschaft der Johann Wolfgang Goethe-Universität Frankfurt am Main als Dissertation angenommen. Aktuelle Rechtsprechung und Literatur konnten bis August 2020 berücksichtigt werden.

Bei Herrn *Professor Dr. Alexander Peukert* möchte ich mich für die Anregung des interessanten Themas, den fachlichen Gedankenaustausch während der Bearbeitung und die schnelle Erstellung des Erstgutachtens bedanken. Herrn *Privatdozent Dr. Jens Gal, Maître en droit* gilt mein Dank für die rasche Verfassung des Zweitgutachtens. Zudem bedanke ich mich bei Herrn *Professor Dr. Haimo Schack, LL.M. (Berkeley)* für die Aufnahme meiner Doktorarbeit in dieser Schriftenreihe sowie der Studienstiftung *ius vivum,* die die Veröffentlichung mit einem großzügigen Zuschuss bedacht hat.

Besonderer Dank gebührt meiner Familie – allen voran meinen Eltern *Susanne* und *Alexander*, die meine (juristische) Ausbildung und persönliche Entwicklung stets gefördert haben. Ohne sie wäre ich nicht soweit gekommen.

An letzter, doch eigentlich an erster Stelle bin ich meiner Ehefrau *Alexandra* zu tiefstem Dank verpflichtet. Sie ist es, die mir den nötigen Freiraum für die Erstellung dieser Arbeit eingeräumt, mich in allen Phasen bedingungslos unterstützt und über unzählige Stunden meine Monologe zur Einwilligungsdogmatik und zum Kollisionsrecht ertragen hat. Ihr und meiner Tochter *Marina* ist diese Arbeit gewidmet.

Aschaffenburg im November 2020 Maximilian Maierhofer

Abkürzungsverzeichnis

a. A.	andere Ansicht
a.E.	am Ende
a. F.	alte Fassung
Anm.	Anmerkung
AcP	Archiv für die civilistische Praxis (Zeitschrift)
AEUV	Vertrag über die Arbeitsweise der Europäischen Union
AfP	Zeitschrift für Medien- und Kommunikationsrecht
ALI	American Law Institute
AP	Arbeitsrechtliche Praxis (Zeitschrift)
AT	Allgemeiner Teil
BAG	Bundesarbeitsgericht
BDSG	Bundesdatenschutzgesetz
BeckOK	Beck'scher Online-Kommentar
BeckRS	Beck Online Rechtsprechung
Beschl.	Beschluss
Brüssel Ia-VO	Verordnung (EU) Nr. 1215/2012 des Europäischen Parlaments und des Rates vom 12. Dezember 2012 über die gerichtliche Zuständigkeit und die Anerkennung und Vollstreckung von Entscheidungen in Zivil- und Handelssachen
Brüssel I-VO	Verordnung (EG) Nr. 44/2001 des Rates vom 22. Dezember 2000 über die gerichtliche Zuständigkeit und die Anerkennung und Vollstreckung von Entscheidungen in Zivil- und Handelssachen
BV	*Besloten vennootschap met beperkte aansprakelijkheid* (niederländisch): geschlossene/private Gesellschaft mit beschränkter Haftung
BVerfG	Bundesverfassungsgericht
BVerfGE	Entscheidungen des Bundesverfassungsgerichts
BVerwG	Bundesverwaltungsgericht
C.C.	*Código Civil* (portugiesisch), *Codice civile* (italienisch) oder *Código Civil* (spanisch): Zivilgesetzbuch

C2B	Consumer-to-Business
Can. B. Rev.	The Canadian Bar Review (Zeitschrift)
Cir.	Circuit
CLIP	The European Max Planck Group on Conflict of Laws in Intellectual Property
Co.	Company
CR	Computer und Recht (Zeitschrift)
DCFR	Draft Common Frame of Reference
DNotZ	Deutsche Notar-Zeitschrift
DÖV	Die öffentliche Verwaltung (Zeitschrift)
DSGVO	Verordnung (EU) 2016/679 des Europäischen Parlaments und des Rates vom 27. April 2016 zum Schutz natürlicher Personen bei der Verarbeitung personenbezogener Daten, zum freien Datenverkehr und zur Aufhebung der Richtlinie 95/46/EG
DSM-RL	Richtlinie (EU) 2019/790 des Europäischen Parlaments und des Rates vom 17. April 2019 über das Urheberrecht und die verwandten Schutzrechte im digitalen Binnenmarkt und zur Änderung der Richtlinien 96/9/EG und 2001/29/EG
DSRITB	Deutsche Stiftung für Recht und Informatik Tagungsband
E	Entwurf
EBV	Eigentümer-Besitzer-Verhältnis
EGBGB	Einführungsgesetz zum Bürgerlichen Gesetzbuche
Einf.	Einführung
Einl.	Einleitung
EisenbahngastrechteVO	Verordnung (EG) Nr. 1371/2007 des Europäischen Parlaments und des Rates vom 23. Oktober 2007 über die Rechte und Pflichten der Fahrgäste im Eisenbahnverkehr
endg.	endgültig
Entsch.	Entscheidung
EuErbVO	Verordnung (EU) Nr. 650/2012 des Europäischen Parlaments und des Rates vom 4. Juli 2012 über die Zuständigkeit, das anzuwendende Recht, die Anerkennung und Vollstreckung von Entscheidungen und die Annahme und Vollstreckung öffentlicher Urkunden in Erbsachen sowie zur Einführung eines Europäischen Nachlasszeugnisses
EuGVÜ	Übereinkommen über die gerichtliche Zuständigkeit und die Vollstreckung gerichtlicher Entscheidungen in Zivil- und Handelssachen
EuInsVO	Verordnung (EU) 2015/848 des Europäischen Parlaments und des Rates vom 20. Mai 2015 über Insolvenzverfahren
EuIPR	Europäisches Internationales Privatrecht
EUV	Vertrag über die Europäische Union
EuZPR	Europäisches Zivilprozessrecht
EuZW	Europäische Zeitschrift für Wirtschaftsrecht

EVÜ	Übereinkommen von Rom über das auf vertragliche Schuldverhältnisse anzuwendende Recht
FluggastrechteVO	Verordnung (EG) Nr. 261/2004 des Europäischen Parlaments und des Rates vom 11. Februar 2004 über eine gemeinsame Regelung für Ausgleichs und Unterstützungsleistungen für Fluggäste im Fall der Nichtbeförderung und bei Annullierung oder großer Verspätung von Flügen und zur Aufhebung der Verordnung (EWG) Nr. 295/91
Fn.	Fußnote
FS	Festschrift
GA	Generalanwalt/Generalanwältin
GKG	Gerichtskostengesetz
GmbHG	Gesetz betreffend die Gesellschaften mit beschränkter Haftung
GRCh	Charta der Grundrechte der Europäischen Union
GRUR	Gewerblicher Rechtsschutz und Urheberrecht (Zeitschrift)
GRUR Int.	Gewerblicher Rechtsschutz und Urheberrecht, International (Zeitschrift)
GRUR-Prax	Gewerblicher Rechtsschutz und Urheberrecht, Praxis im Immaterialgüter- und Wettbewerbsrecht (Zeitschrift)
GRUR-RR	Gewerblicher Rechtsschutz und Urheberrecht, Rechtsprechungs-Sammlung
GRUR-RS	Gewerblicher Rechtsschutz und Urheberrecht, Rechtsprechungs-Report
h.M.	herrschende Meinung
HProdHÜ	Haager Übereinkommen über das auf die Produkthaftung anzuwendende Recht
HStVÜ	Haager Übereinkommen über das auf Straßenverkehrsunfälle anzuwendende Recht
HUP	Übereinkommen über die internationale Geltendmachung der Unterhaltsansprüche von Kindern und anderen Familienangehörigen
HWB EUP	Handwörterbuch des Europäischen Privatrechts
i.V.m.	in Verbindung mit
IHR	Internationales Handelsrecht (Zeitschrift)
IIC	International Review of Intellectual Property and Competition Law
Inc. oder Corp.	Corporation
InfoSoc-RL	Richtlinie 2001/29/EG des Europäischen Parlaments und des Rates vom 22. Mai 2001 zur Harmonisierung bestimmter Aspekte des Urheberrechts und der verwandten Schutzrechte in der Informationsgesellschaft
insb.	insbesondere
Int.	International/e/s

IntImmGR	Internationales Immaterialgüterrecht
IPR	Internationales Privatrecht
IPRax	Praxis des Internationalen Privat- und Verfahrensrechts (Zeitschrift)
IPRB	Intellectual Property – Rechtsberater (Zeitschrift)
IPRspr.	Die deutsche Rechtsprechung auf dem Gebiete des Internationalen Privatrechts (Zeitschrift)
IZPR	Internationales Zivilprozessrecht
IZVR	Internationales Zivilverfahrensrecht
JherJb	Jherings Jahrbücher für die Dogmatik des bürgerlichen Rechts (Zeitschrift)
JR	Juristische Rundschau (Zeitschrift)
jurisPK	Juris Praxiskommentar
jurisPR	Juris Praxisreporte
JW	Juristische Wochenschrift (Zeitschrift)
JZ	Juristenzeitung (Zeitschrift)
K&R	Kommunikation & Recht (Zeitschrift)
KG	Kammergericht
KO	Konkursordnung
L. Q. Rev.	Law Quarterly Review (Zeitschrift)
LMK	Kommentierte BGH-Rechtsprechung Lindenmaier-Möhring
LugÜ	Übereinkommen über die gerichtliche Zuständigkeit und die Anerkennung und Vollstreckung von Entscheidungen in Zivil- und Handelssachen (Lugano-Übereinkommen)
MMR	Multimedia und Recht (Zeitschrift)
MR-Int.	Medien und Recht International (Zeitschrift)
MüKo	Münchener Kommentar
m. w. N.	mit weiteren Nachweisen
NBW	*Nieuw Burgerlijk Wetboek* (niederländisch): Neues Bürgerliches Gesetzbuch
NJ	Neue Justiz (Zeitschrift)
NJOZ	Neue Juristische Online-Zeitschrift
NJW	Neue Juristische Wochenschrift (Zeitschrift)
NJW-RR	Neue Juristische Wochenschrift – Rechtsprechungs-Report
NVwZ	Neue Zeitschrift für Verwaltungsrecht
NVwZ-RR	Neue Zeitschrift für Verwaltungsrecht – Rechtsprechungs-Report
NZA	Neue Zeitschrift für Arbeits- und Sozialrecht
NZG	Neue Zeitschrift für Gesellschaftsrecht
NZI	Neue Zeitschrift für das Recht der Insolvenz und Sanierung
RabelsZ	Rabels Zeitschrift für ausländisches und internationales Privatrecht
RBÜ	Revidierte Berner Übereinkunft
RG	Reichsgericht

RGZ	Entscheidungen des Reichsgerichts in Zivilsachen
RIW	Recht der Internationalen Wirtschaft (Zeitschrift)
RL	Richtlinie
Rn.	Randnummer
Rom I	Verordnung (EG) Nr. 593/2008 des Europäischen Parlaments und des Rates vom 17. Juni 2008 über das auf vertragliche Schuldverhältnisse anzuwendende Recht
Rom II	Verordnung (EG) Nr. 864/2007 des Europäischen Parlaments und des Rates vom 11. Juli 2007 über das auf außervertragliche Schuldverhältnisse anzuwendende Recht
Rs.	Rechtssache
Rspr.	Rechtsprechung
SatCab-RL	Richtlinie 93/83/EWG des Rates vom 27. September 1993 zur Koordinierung bestimmter urheber- und leistungsschutzrechtlicher Vorschriften betreffend Satellitenrundfunk und Kabelweiterverbreitung
SchiffsgastrechteVO	Verordnung (EU) Nr. 1177/2010 des Europäischen Parlaments und des Rates vom 24. November 2010 über die Fahrgastrechte im See- und Binnenschiffsverkehr und zur Änderung der Verordnung (EG) Nr. 2006/2004
SJZ	Schweizerische Juristen-Zeitung
St.	ständige
StAZ	Das Standesamt (Zeitschrift)
TMG	Telemediengesetz
Trib. grande instance Paris	*Tribunal de grande instance de Paris* (französisch): Oberster Gerichtshof von Paris
txt	Textdatei
U.S.C.	United States Code
UAbs.	Unterabsatz
UCLA	University of California, Los Angeles
UFITA	Archiv für Medienrecht und Medienwissenschaft (Zeitschrift)
UrhR	Urheberrecht
Urt.	Urteil
US	United States
UWG	Gesetz gegen den unlauteren Wettbewerb
Var.	Variante
VO	Verordnung
Vor.	Vorbemerkung
WettbR	Wettbewerbsrecht
WIPO	World Intellectual Property Organization
WRP	Wettbewerb in Recht und Praxis (Zeitschrift)
ZD	Zeitschrift für Datenschutz
ZEuP	Zeitschrift für Europäisches Privatrecht
ZfRV	Zeitschrift für Europarecht, Internationales Privatrecht und Rechtsvergleichung

ZGE/IPJ	Zeitschrift für Geistiges Eigentum / Intellectual Property Journal
ZUM	Zeitschrift für Urheber- und Medienrecht
ZUM-RD	Zeitschrift für Urheber- und Medienrecht – Rechtsprechungsdienst
ZVglRWiss	Zeitschrift für Vergleichende Rechtswissenschaft

Im Übrigen werden Abkürzungen mit der Bedeutung aus dem Duden verwendet.

Einleitung: Einordnung der Fragestellung

Die schlichte Einwilligung in urheberrechtliche Werknutzungen war vor dem Aufkommen des Internets eine eher akademische Frage. Durch das Massenphänomen der öffentlichen Zugänglichmachung von geschützten Werken im Internet hat diese Frage nunmehr aber eine erhebliche praktische Bedeutung erlangt.[1] Das Aufkommen des Internets hat für das Urheberrecht eine ähnlich bahnbrechende Bedeutung wie die Erfindung des Buchdrucks.[2] Deshalb verwundert es nicht, dass etwa 90 % aller Urheberrechtsverletzungen im Internet begangen werden.[3] Auch das Wesen des digitalen Urhebers hat sich verändert. Das moderne Urheberrecht hat mit den sogenannten *digital natives*, also digitalen Eingeborenen, die mit einem an Staatsgrenzen und Sprachen nicht Halt machenden Medium aufgewachsen sind, umzugehen.[4]

Eine wesentliche Funktion im Internet haben – wie auch das Bundesverfassungsgericht (BVerfG) bereits festgestellt hat – die automatisiert agierenden Suchmaschinen.[5] Damit einher geht die urheberrechtliche Werknutzung speziell durch Bildersuchmaschinen. Die Rechtmäßigkeit der Nutzung von sogenannten Vorschaubildern, also die verkleinerte Wiedergabe des Originalwerkes in den Übersichtsseiten der Bildersuchmaschinen,[6] ist seit vielen Jahren Gegenstand rechtlicher Diskussionen in Lehre und Praxis. Dem schlüssigen Verhalten des Urhebers, seine Internetseite für den Zugriff von Bildersuchmaschinen frei zugänglich zu machen, könnte die objektive Erklärung entnommen werden, dass er mit der Nutzung seiner Werke durch Bildersuchmaschinen im üblichen Umfang

1 *Reber*, in: *Ahlberg/Götting*, BeckOK UrhR, § 97, Rn. 85; *Ungern-Sternberg*, GRUR 2008, S. 245 (248).

2 *Oppermann*, Anknüpfung, S. 16.

3 *Oppermann*, Anknüpfung, S. 66.

4 *Peukert*, in: *Bullinger et al.*, FS Wandtke, S. 459 (461).

5 BVerfG, Beschl. v. 10.10.2016 (Az. 1 BvR 2136/14), ZUM 2017, S. 234 (235), Rn. 14f. – News-Aggregatoren.

6 Vgl. zur technischen Funktionsweise S. 79ff.

einverstanden sei.[7] Die sich aus diesem Verhalten ergebende unrechtsausschließende, schlichte Einwilligung ist für die rechtmäßige Werknutzung durch kommerzielle Bildersuchmaschinen entscheidend, da ansonsten keine urheberrechtlichen Schrankenregelungen für diese Nutzung eingreifen.

Einen ähnlichen Bedeutungsgewinn wie das digitale Urheberrecht erfährt auch das damit korrespondierende Urheberkollisionsrecht. Das Kollisionsrecht wird zuweilen als »*Geheimwissenschaft*« betitelt, zu der nur wenige Spezialisten Zugang hätten.[8] Besonders anspruchsvoll ist dieses Gebiet bei formlosen Immaterialgüterrechten, wie etwa dem Urheberrecht.[9] Bei grenzüberschreitenden, ubiquitären Werknutzungen im Internet scheiden sich die kollisionsrechtlichen Geister, denn der ohnehin erbittert geführte Streit zwischen den Vertretern des Territorialitäts- und Schutzlandprinzips[10] einerseits und des Universalitäts- und Ursprungslandprinzips[11] andererseits spitzt sich bei Internetsachverhalten nochmals zu. Die herrschende Meinung möchte urheberrechtliche Rechtsfragen nach dem Schutzlandprinzip gemäß Art. 8 Abs. 1 Rom II-VO kollisionsrechtlich anknüpfen. Dies führt dazu, dass der Urheber für jedes Schutzland, also für jede in Betracht kommende Rechtsordnung, ein neues Ausschließlichkeitsrecht erwirbt. Möchte er in einem Verletzungsprozess einen weltweiten Eingriff in sein Urheberrecht geltend machen, muss der Kläger zu allen Urheberrechtsordnungen der Welt vortragen und das Gericht hierüber entscheiden.[12] Ein solches Urheberrechtsbündel[13] wird aber häufig als untauglich kritisiert.[14]

Die vorliegende Arbeit untersucht die international-privatrechtliche Behandlung der schlichten Einwilligung in urheberrechtliche Onlinenutzungen. Der materiell-rechtliche Streit über die Existenzberechtigung der schlichten Einwilligung, der bereits in der wissenschaftlichen Literatur umfangreich aufgearbeitet wurde,[15] soll nicht ein weiteres Mal detailliert dargestellt werden. Zugleich soll diese Abhandlung kein weiterer grundsätzlicher Beitrag zum ewig

---

7 BGH, Urt. v. 19.10.2011 (Az. I ZR 140/10), NJW 2012, S. 1886 – Vorschaubilder II; BGH, Urt. v. 29.04.2010 (Az. I ZR 69/08), GRUR 2010, S. 628 – Vorschaubilder I.

8 *Bernasconi*, Qualifikation, S. 5.

9 »*[I]ntellektuelle Herausforderung*«: *Schack*, in: *Baetge et al.*, FS Kropholler, S. 651 (669).

10 Vgl. hierzu S. 103ff.

11 Vgl. hierzu S. 111ff.

12 Vgl. hierzu S. 103ff.

13 *Lauber-Rönsberg*, in: *Ahlberg/Götting*, BeckOK UrhR, Sonderbereiche: Kollisionsrecht, Rn. 4.

14 Vgl. zur Kritik S. 111ff.

15 *Fahl*, Bilder-/Nachrichtensuche, S. 1ff.; *Klass*, in: *Leible*, Geistiges Eigentum, S. 165; *Leenen*, UrhR, S. 189ff.; *Ohly*, Volenti non fit iniuria, S. 1ff.; *Osken*, Einwilligung, S. 1ff.; *R. Tinnefeld*, Einwilligung, S. 1ff.; *Zimmermann*, Einwilligung, S. 1ff.; *Bullinger/Garbers-von Boehm*, GRUR-Prax 2010, S. 257; *Conrad/Schubert*, GRUR 2018, S. 350; *Frömming/B. Peters*, NJW 1996, S. 958; *Höppner/Schaper*, MMR 2017, S. 512; *Hüsch*, CR 2010, S. 452; *Klass*, ZUM 2013, S. 1; *Ohly*, GRUR 2012, S. 983; *Spindler*, GRUR 2010, S. 785; *Thum*, GRUR-Prax 2012, S. 215; *Ungern-Sternberg*, GRUR 2009, S. 369.

währenden Streit zwischen den Vertretern des Schutzland- und des Ursprungslandprinzips sein, denn auch das Internationale Privatrecht des geistigen Eigentums wird in der Literatur grundsätzlich und ausgiebig diskutiert.[16] Die beiden vorstehenden Rechtsfragen werden zwar notwendigerweise angesprochen und es soll auch Stellung bezogen werden, allerdings erhebt diese Arbeit nicht den Anspruch auf eine vollständige Rekapitulation aller Nuancen.

In dieser Dissertation soll vielmehr gezielt auf die kollisionsrechtliche Behandlung der schlichten Einwilligung eingegangen werden. Eine vertiefte wissenschaftliche oder rechtspraktische Auseinandersetzung mit der Kombination von schlichter Einwilligung und Urheberkollisionsrecht fehlt völlig. Diese wissenschaftliche Lücke soll durch diesen Beitrag geschlossen werden. *Spindler* hält die kollisionsrechtlichen Aspekte rund um die schlichte Einwilligung immerhin für einen tauglichen Gegenstand einer wissenschaftlichen Auseinandersetzung.[17] *Peukert* widmete sich in einem Festschriftbeitrag zumindest kurz der Kombination aus den materiell-urheberrechtlichen Aspekten und den kollisionsrechtlichen Fragen. Er ist der Meinung, dass die schlichte Einwilligung weltweit wirke. Auf die Erklärung sei das Recht des Landes gemäß Art. 4 Abs. 2, 19 Rom I-VO[18] entsprechend anwendbar, in dem der Urheber zum Zeitpunkt der Einstellung des Werkes in das Internet seinen gewöhnlichen Aufenthalt habe.[19]

Diese These soll in der Folge detailliert mit Hilfe der allgemeinen Lehren der Qualifikation[20] überprüft werden. Es wird aufgezeigt, dass die Anknüpfung der schlichten Einwilligung an das Schutzland nach Art. 8 Abs. 1 Rom II-VO keineswegs so selbstverständlich ist, wie es die herrschende Meinung ohne nähere Begründung postuliert.[21] Eine Anknüpfung des im Kern vertragsnahen Rechtsinstituts an die deliktische Rom II-VO könnte nämlich auf grundlegende Be-

16 Vgl. statt vieler: *Evert,* UrhR im Internet, S. 1ff.; *Intveen,* Int. UrhR, S. 1ff.; *Oppermann,* Anknüpfung, S. 1ff.; *Richter,* Parteiautonomie, S. 1ff.; *Schack,* Anknüpfung, S. 1ff.; *Ulmer,* Immaterialgüterrecht, S. 1ff.; *Buchner*, GRUR Int. 2005, S. 1004; *Klass*, GRUR Int. 2008, S. 546; *Klass*, GRUR Int. 2007, S. 373; *Martiny*, RabelsZ 40 (1976), S. 218; *Schack*, MMR 2000, S. 59; *Spindler*, IPRax 2003, S. 412.

17 *Spindler*, GRUR 2010, S. 785 (786 Fn. 5).

18 Verordnung (EG) Nr. 593/2008 des Europäischen Parlaments und des Rates vom 17. Juni 2008 über das auf vertragliche Schuldverhältnisse anzuwendende Recht (Rom I).

19 *Peukert*, in: *Bullinger et al.*, FS Wandtke, S. 459 (467).

20 Die allgemeinen Lehren der Qualifikation sind ebenfalls des Öfteren wissenschaftlich aufgearbeitet worden, aber im Detail immer noch höchst umstritten: *Basedow*, in: *Schlosser*, Materielles Recht, S. 131; *Bernasconi,* Qualifikation, S. 1ff.; *Finkelmeier,* Qualifikation, S. 1ff.; *Grundmann,* Qualifikation, S. 1ff.; *Heiss/Kaufmann-Mohi*, in: *Leible/Unberath*, Rom 0-VO, S. 181; *Mistelis,* Qualifikation, S. 1ff.; *Reuter,* Qualifikation, S. 1ff.; *Schwartze*, in: *Apathy*, FS Koziol, S. 407; *Steiger,* Rechtsfrage, S. 1ff.; *H. Weber,* Qualifikation, S. 1ff.; *Wendehorst*, in: *Coester*, FS Sonnenberger, S. 743; *Wengler*, in: *Caemmerer et al.*, FS Wolff, S. 337; *Dörner*, StAZ 1988, S. 345; *Hartwieg*, RabelsZ 57 (1993), S. 607; *Lewald*, JW 1932, S. 2253; *Mankowski*, IPRax 2003, S. 127; *Rabel*, RabelsZ 5 (1931), S. 241.

21 Vgl. zur herrschenden Meinung S. 123ff.

denken stoßen. Immerhin hält die Rom I-VO für vertragliche Rechtsfragen speziellere Kollisionsregeln bereit. Mit den Einzelvorschriften der Rom I-VO könnten Kollisionsregeln eingreifen, die nicht nur der vertragsnahen Natur der schlichten Einwilligung gerecht werden, sondern auch zu einem weltweit einheitlichen Recht für die Behandlung der schlichten Einwilligung führen könnten. Somit würde für die kollisionsrechtliche Einordnung der schlichten Einwilligung aus Sicht des Erklärenden eine Rechtszersplitterung verhindert werden, weil ausschließlich gemäß Art. 4 Abs. 2 Rom I-VO (analog) an das Recht des gewöhnlichen Aufenthaltes des Erklärenden angeknüpft werden müsste. Ein solcher Ansatz könnte – trotz der grundsätzlichen Geltung des Schutzlandprinzips im Übrigen – zu mehr Rechtssicherheit beitragen. Der Erklärungswert der schlichten Einwilligung könnte in allen betroffenen Rechtsordnungen einheitlich beurteilt werden. Dieses sicherlich begrüßenswerte Ergebnis soll mit Hilfe der allgemeinen international-privatrechtlichen Qualifikationsgrundsätze einer genauen dogmatischen Kontrolle unterzogen und verifiziert werden.

Zunächst soll hierfür das Rechtsinstitut der schlichten Einwilligung in das materielle deutsche und europäische Recht eingeordnet werden (hierzu der **1. Teil**). Zu Beginn erfolgt eine kurze Darstellung der Rechtslage in Deutschland. Der Bundesgerichtshof (BGH) hat die kommerzielle Bildersuche nach deutschem Recht gebilligt. Die Rechtsprechung des BGH zur schlichten Einwilligung hat in der Literatur jedoch viel Kritik erfahren. Das Rechtsinstitut wird deshalb in der gebotenen Kürze in das deutsche zivilrechtliche Gefüge eingeordnet, um so seine Existenzberechtigung beurteilen zu können (hierzu unter **§ 1**).

Aber auch das unionale Urheberrecht hat in den letzten Jahren eine überragende Bedeutung erlangt. Die Rechtsprechung des Europäischen Gerichtshofs (EuGH) zum digitalen Urheberrecht hat für viel Aufsehen gesorgt. Insbesondere die Judikatur zur öffentlichen Wiedergabe im Sinne des Art. 3 Abs. 1 InfoSoc-RL[22] könnte die schlichte Einwilligung als Rechtfertigungsgrund überflüssig machen, wenn bereits tatbestandlich kein Eingriff in ein Verwertungsrecht vorliegen sollte. Deshalb wird der Frage nachgegangen, wie die Bildersuchfälle im Lichte des europäischen Urheberrechts zu beurteilen sind und in welchem Verhältnis die schlichte Einwilligung zum europäischen Recht steht (hierzu unter **§ 2**).

Der weitere Verlauf dieser Arbeit widmet sich umfassend der kollisionsrechtlichen Behandlung der schlichten Einwilligung (hierzu der **2. Teil**). Zunächst wird ein Einblick in die Grundlagen des Internationalen Urheberrechts vermittelt. Hierfür werden die Grundstrukturen des Territorialitäts- und Schutzlandprinzips bzw. des Universalitäts- und Ursprungslandprinzips überblicksartig

22 Richtlinie 2001/29/EG des Europäischen Parlaments und des Rates vom 22. Mai 2001 zur Harmonisierung bestimmter Aspekte des Urheberrechts und der verwandten Schutzrechte in der Informationsgesellschaft.

dargestellt und in der gebotenen Kürze auf ihre Eignung für Internetsachverhalte untersucht (hierzu unter § 3).

Die Rechtsprechung unterstellt die schlichte Einwilligung zusammen mit der urheberrechtlichen Hauptfrage ohne nähere Begründung dem Schutzlandprinzip nach Art. 8 Abs. 1 Rom II-VO. Eine rechtliche Legitimation für ein solches Vorgehen könnte unter Umständen Art. 15 lit. b Rom II-VO vermitteln. Es wird der Frage nachgegangen, ob die deliktische Rom II-VO auch für privatautonome, vertragsnahe Rechtfertigungsgründe einschlägig sein kann (hierzu unter § 4).

Insbesondere könnten die allgemeinen Lehren der Qualifikation für eine Sonderanknüpfung der schlichten Einwilligung im europäischen Kollisionsrecht sprechen. Die Grundsätze der Qualifikation sollen herausgearbeitet werden und die schlichte Einwilligung soll sodann umfangreich ihrem Wesen nach eingeordnet werden (hierzu unter § 5).

Ob tatsächlich das Schutzlandprinzip oder nicht eine der Natur der schlichten Einwilligung besser entsprechende vertragsakzessorische Anknüpfung in Betracht kommt, soll abschließend geklärt werden. Hierfür werden die aus der Rom I- und Rom II-VO in Betracht kommenden Kollisionsnormen auf ihre direkte bzw. analoge Anwendbarkeit untersucht (hierzu unter § 6).

1. Teil:
Schlichte Einwilligung in urheberrechtliche Onlinenutzungen

§ 1 Rechtslage in Deutschland

Die schlichte Einwilligung in urheberrechtliche Onlinenutzungen wird in der Regel im Zusammenhang mit der kommerziellen Bildersuche diskutiert. Die Betreiber von Bildersuchmaschinen durchforsten das Internet nach Abbildungen und laden die Dateien auf ihre Server herunter. Daraufhin verkleinern die Suchmaschinenbetreiber die Dateien und stellen sie als sogenannte Vorschaubilder auf ihre Suchübersichtsseiten.[23] Dieses Kapitel beschäftigt sich mit der Frage der zivilrechtlichen Zulässigkeit dieser Nutzungshandlungen nach deutschem Recht.

Schon vor der Diskussion der Vorschaubilder-Problematik wurde die schlichte Einwilligung unter anderem Namen und in einem anderen Zusammenhang behandelt. Bis zur Schaffung des § 44a UrhG wurde eine konkludent erteilte *»Lizenz zum Blättern«* für technisch notwendige Vervielfältigungshandlungen beim Surfen im Internet angenommen.[24] Auch im Zusammenhang mit sogenannten *Let's Play*-Videos wird die Anwendbarkeit der schlichten Einwilligung diskutiert.[25]

Die Literatur hat sich bereits des Öfteren mit dem Rechtsinstitut der schlichten Einwilligung auseinandergesetzt.[26] Die rechtlichen Fragen, die sich in diesem Zusammenhang stellen, sollen für diese Arbeit deshalb auch nur insoweit näher diskutiert werden, wie sie für den weiteren Verlauf erforderlich sind.

Zunächst werden der relevante Werkschutz und die typischen Eingriffe im Internet skizziert (hierzu unter **A.**). In der gebotenen Kürze wird dargestellt, ob

23 Zu den näheren technischen Hintergründen vgl. S. 79ff.

24 *R. Tinnefeld*, Einwilligung, S. 57 m.w.N.

25 *E. Beyvers/S. Beyvers*, MMR 2015, S. 794 (S. 797f.).

26 *Fahl*, Bilder-/Nachrichtensuche, S. 1ff.; *Klass*, in: *Leible*, Geistiges Eigentum, S. 165; *Leenen*, UrhR, S. 189ff.; *Ohly*, Volenti non fit iniuria, S. 1ff.; *Osken*, Einwilligung, S. 1ff.; *R. Tinnefeld*, Einwilligung, S. 1ff.; *Zimmermann*, Einwilligung, S. 1ff.; *Bullinger/Garbers-von Boehm*, GRUR-Prax 2010, S. 257; *Conrad/Schubert*, GRUR 2018, S. 350; *Frömming/B. Peters*, NJW 1996, S. 958; *Höppner/Schaper*, MMR 2017, S. 512; *Hüsch*, CR 2010, S. 452; *Klass*, ZUM 2013, S. 1; *Ohly*, GRUR 2012, S. 983; *Spindler*, GRUR 2010, S. 785; *Thum*, GRUR-Prax 2012, S. 215; *Ungern-Sternberg*, GRUR 2009, S. 369.

urheberrechtliche Schrankenregelungen dieses Nutzungsverhalten legalisieren können (hierzu unter **B.**). Im Anschluss wird der Meinungsstand zur Anerkennung einer schlichten Einwilligung im Überblick vorgestellt (hierzu unter **C.**). Es wird sodann der Frage nachgegangen, ob sich das Institut der schlichten Einwilligung in die Zivilrechtsdogmatik einordnen lässt (hierzu unter Kapitel **D.**). Auch ein rechtsvergleichender Blick in die USA soll zur Aufklärung beitragen (hierzu unter **E.**). Schließlich werden die Ergebnisse zusammengefasst (hierzu unter **F.**).

A. Geschützte Rechte und typische Eingriffe im Internet

Der urheberrechtliche Werkschutz im Internet weicht nicht von den Urhebergrundsätzen der analogen Welt ab. Moderne Internetseiten werden aus zahlreichen Einzelelementen zusammengesetzt, die ihrerseits oder auch im Ganzen Urheber- oder Leistungsschutz genießen können.[27] Die Textelemente einer Webseite, z. B. eines Blogs,[28] können als Sprachwerke gemäß § 2 Abs. 1 Nr. 1 UrhG geschützt sein, sofern sie die erforderliche Schöpfungshöhe erreichen.[29] Hintergrundmelodien oder -klänge unterliegen in der Regel dem Schutz als Musikwerke nach § 2 Abs. 1 Nr. 2 UrhG.[30] Videosequenzen können, wenn sie die erforderliche Individualität aufweisen, als filmähnliche Werke gemäß § 2 Abs. 1 Nr. 6 UrhG oder als einfache Laufbilder nach § 95 UrhG Schutz genießen.[31] Aber auch die Internetseite als Ganzes kann nach § 2 Abs. 1 Nr. 4 Var. 2 UrhG als Werk der angewandten Kunst urheberrechtlich geschützt sein. Sofern der Website eine Datenbank zugrunde liegt, ist zudem ein Schutz nach § 4 bzw. §§ 87a ff. UrhG möglich.[32]

Die obige Aufzählung ist keinesfalls abschließend und soll zunächst nur einen Überblick über den möglichen und weiten Werkschutz im Internet aufzeigen. Für die vorliegende Untersuchung ist ohnehin der Schutz von Lichtbildwerken nach § 2 Abs. 1 Nr. 5 UrhG oder – sofern die Schwelle zum Werkschutz nicht erreicht wird – der Schutz von Lichtbildern nach § 72 UrhG von größerer Relevanz.[33] Auf eine trennscharfe Abgrenzung zwischen Lichtbildwerken und Lichtbildern wird häufig verzichtet, da § 72 Abs. 1 UrhG die Vorschriften für Lichtbildwerke für entsprechend anwendbar erklärt.[34] Daneben dürfen für die hier interessierenden

27 *Schack*, MMR 2001, S. 9 (9).
28 Onlinetagebuch bzw. -journal.
29 *R. Tinnefeld*, Einwilligung, S. 33.
30 *Bullinger*, in: *Wandtke/Bullinger*, UrhR, § 2, Rn. 156.
31 *Schack*, MMR 2001, S. 9 (9).
32 *Bullinger*, in: *Wandtke/Bullinger*, UrhR, § 2, Rn. 159.
33 *Fahl*, K&R 2010, S. 437 (438).
34 *Lauber-Rönsberg*, in: *Ahlberg/Götting*, BeckOK UrhR, § 72, Rn. 3.

Konstellationen auch Werke der bildenden Kunst nach § 2 Abs. 1 Nr. 4 Var. 1 UrhG nicht unerwähnt bleiben. Unter diesen Schutz fallen bildliche oder grafische Elemente, die digital hergestellt werden und die nicht wie bei Lichtbildwerken und Lichtbildern unter dem Einsatz von *»strahlender Energie«* entstehen.[35] Fest steht damit, dass die Originalbilder, auf die die Suchmaschinenbetreiber zugreifen, Urheberrechtsschutz genießen.

Bei der Onlinenutzung wird typischerweise in diverse Ausschließlichkeitsrechte eingegriffen. In der Folge sollen die Ausschließlichkeitsrechte der §§ 15 Abs. 2 S. 1, 16 und 19a UrhG kurz erörtert werden.[36]

Das Vervielfältigungsrecht nach § 16 UrhG ist das *»fundamentale Königsrecht des Urhebers«*.[37] Es ist berührt, wenn das Vervielfältigungsstück des Werkes sinnlich wahrnehmbar ist. Deshalb fallen auch digitale Kopien, wie der Up- und Download im Internet, darunter. Es zählt zu den am häufigsten betroffenen Nutzungsrechten im digitalen Urheberrecht.[38] Insbesondere die Suchmaschinennutzung berührt das Vervielfältigungsrecht. Die Suchmaschinen durchforsten das Internet systematisch mit sogenannten *Crawlern* nach neuen oder aktualisierten Internetseiten. Die aufgefundenen Seiten werden sodann auf die Server des Suchmaschinenbetreibers heruntergeladen und indexiert.[39]

Aber auch das Recht der öffentlichen Zugänglichmachung nach § 19a UrhG oder das unbenannte Recht der öffentlichen Wiedergabe nach § 15 Abs. 2 S. 1 UrhG wird in Onlinekonstellationen häufig berührt. Hierunter fällt das Recht, das Werk drahtgebunden oder drahtlos der Öffentlichkeit zugänglich zu machen, sodass es von beliebigen Orten und zu beliebigen Zeiten abrufbar ist. Werden Vervielfältigungen öffentlich zugänglich gemacht, wird neben § 16 UrhG zugleich in § 15 Abs. 2 S. 1 UrhG oder in § 19a UrhG eingegriffen.[40] Die Abgrenzung zwischen den beiden Rechten erfolgt anhand der Bereithaltung des Werkes. Befindet sich das Werk in der Zugriffssphäre des Nutzers, liegt ein Fall des spezielleren § 19a UrhG vor (z.B. beim Upload einer Datei), hat der Nutzer hingegen keine Kontrolle über die Bereithaltung (z.B. bei einem Hyperlink), kann ein unbenannter Fall des § 15 Abs. 2 S. 1 UrhG vorliegen.[41] Für die hiesige Untersuchung haben die §§ 15 Abs. 2 S. 1, 19a UrhG eine besondere Bedeutung. Da die Vervielfältigungshandlungen von Suchmaschinen häufig im Ausland

35 *Heutz*, MMR 2005, S. 567 (567f.).

36 Daneben kommen auch Eingriffe in z.B. §§ 15 Abs. 2, 23 UrhG oder in verwandte Schutzrechte in Betracht.

37 *Peukert/Rehbinder*, UrhR, Rn. 344.

38 *R. Tinnefeld*, Einwilligung, S. 42.

39 *R. Tinnefeld*, Einwilligung, S. 43.

40 *Nolte*, Informationsmehrwertdienste, S. 246; *R. Tinnefeld*, Einwilligung, S. 44.

41 *Bullinger*, in: *Wandtke/Bullinger*, UrhR, § 19a, Rn. 10.

stattfinden,[42] ist deutsches Urheberrecht nach der herrschenden Meinung nicht anwendbar.[43] Die öffentlich wiedergegebenen Werke können hingegen auch in Deutschland eingesehen werden, wodurch die §§ 15 Abs. 2 S. 1, 19a UrhG einschlägig sind[44] und deutsches Recht zur Anwendung kommen kann.[45]

B. Keine Legitimation der Bildersuche durch Schrankenregelungen

Soweit nun geklärt wurde, dass Bildersuchmaschinen in urheberrechtlich geschützte Ausschließlichkeitsrechte eingreifen, stellt sich sodann die Frage, ob die gesetzlichen Schrankenregelungen in den §§ 44a ff. UrhG eine solche Nutzung legalisieren können. Diese Frage ist bereits Gegenstand zahlreicher Abhandlungen gewesen,[46] weshalb sie nicht erneut einer umfassenden Klärung unterzogen werden soll, sondern die Darstellung auf einen zusammenfassenden Überblick beschränkt wird.

Eine privilegierte Bearbeitung oder Umgestaltung der Werke nach § 23 S. 1 UrhG scheitert bereits daran, dass nach dieser Vorschrift allenfalls die Herstellung eines neuen Werkes zustimmungsfrei ist. Die öffentliche Zugänglichmachung unterliegt dieser Vorschrift nicht. Im Übrigen stellt die bloße Verkleinerung eines Werkes keine Bearbeitung oder Umgestaltung dar, sofern die schöpferischen Züge des Originals gut erkennbar bleiben.[47] Auch eine freie Benutzung nach § 24 Abs. 1 UrhG scheitert daran, dass durch die Verkleinerung kein unabhängiges, selbstständiges Werk entsteht.[48]

Umstritten ist, ob im Umkehrschluss aus § 12 Abs. 2 UrhG eine Schrankenregelung hergeleitet werden kann. Hiernach könnte die Veröffentlichung als eine Inhaltsbeschreibung des Werkes zulässig sein.[49] Die Vorschaubilder beschreiben jedoch nicht den Inhalt der dahinterstehenden Originalwerke, sondern ermög-

42 *Nolte*, Informationsmehrwertdienste, S. 246; *Bullinger/Garbers-von Boehm*, GRUR-Prax 2010, S. 257 (258).
43 *Lauber-Rönsberg*, in: *Ahlberg/Götting*, BeckOK UrhR, Sonderbereiche: Kollisionsrecht, Rn. 22.
44 *R. Tinnefeld*, Einwilligung, S. 44.
45 Vgl. hierzu S. 103ff.
46 Vgl. die Einzelnachweise sogleich.
47 BGH, Urt. v. 29.04.2010 (Az. I ZR 69/08), GRUR 2010, S. 628 (629f.), Rn. 22 m.w.N. – Vorschaubilder I.
48 BGH, Urt. v. 29.04.2010 (Az. I ZR 69/08), GRUR 2010, S. 628 (629f.), Rn. 22 m.w.N. – Vorschaubilder I.
49 Vgl. zum Streitstand: *Kroitzsch/Götting*, in: *Ahlberg/Götting*, BeckOK UrhR, § 12, Rn. 34.

lichen bereits unmittelbar deren Genuss.[50] Auf den Streitstand über den Schrankencharakter der Norm kommt es folglich nicht an.

Die Schrankenregelung des § 44a UrhG ist von vornherein nicht einschlägig, da sie nur die körperliche Verwertung und nicht das Recht der öffentlichen Zugänglichmachung betrifft.[51] Eine analoge Anwendung der Vorschrift wird diskutiert,[52] überwiegend jedoch zu Recht abgelehnt. § 44a UrhG soll die vorübergehende Fixierung des Werkes im Zwischenspeicher als Vorstufe der eigentlichen Nutzung legalisieren. Bei der Anzeige von Vorschaubildern liegt jedoch eine Nutzung von gewisser Dauer vor, die zudem eine eigenständige wirtschaftliche Bedeutung hat.[53]

Auch die Zitierschranke des § 51 UrhG führt nicht weiter. Eine Voraussetzung ist unter anderem der Zitatzweck, welcher eine eigenständige geistige Auseinandersetzung und einen inneren Bezug mit dem Originalwerk fordert. Hieran fehlt es bei den Vorschaubilder-Fällen, denn diese erschöpfen sich in dem bloßen Nachweis der von der Suchmaschine aufgefundenen Abbildungen.[54]

Schließlich wurden auch recht kreative Ansätze in der Literatur diskutiert: Erstens wurde § 49 UrhG, dessen analoge Anwendbarkeit auf *Newsgroups* angedacht wurde, für die Lösung der Vorschaubilder-Problematik vorgeschlagen. Es fehlt jedoch an einem *»meinungsbildenden Charakter«*, da die Vorschaubilder in der Regel nicht zu politischen, wirtschaftlichen und religiösen Tagesfragen Gegenstand der Suche sind.[55] Zweitens wurde eine analoge Anwendung von § 58 UrhG in der Literatur zwar diskutiert, jedoch zutreffend abgelehnt.[56] Selbst wenn man in dem Einstellen von Bildern in das Internet eine *»Ausstellung«* erblicken will, ist der Betreiber der Suchmaschine nicht deren Veranstalter, sondern ein Dritter, der von fremden *»Ausstellungen«* eine Zusammenfassung erstellt.[57] Schließlich sind auch die Bestrebungen, die Vorschrift des § 59 UrhG analog anzuwenden, zurückzuweisen. Die angebliche Vergleichbarkeit des frei zugänglichen Datenverkehrs im Internet mit dem frei zugänglichen öffentlichen Straßenverkehr rechtfertigt keine Analogie. Die sich mit dieser Überlegung befas-

50 BGH, Urt. v. 29.04.2010 (Az. I ZR 69/08), GRUR 2010, S. 628 (630), Rn. 23 m.w.N. – Vorschaubilder I; *Ott*, ZUM 2009, S. 345 (350).
51 BGH, Urt. v. 29.04.2010 (Az. I ZR 69/08), GRUR 2010, S. 628 (630), Rn. 24 m.w.N. – Vorschaubilder I.
52 *Conrad*, ZUM 2010, S. 585 (587).
53 *R. Tinnefeld*, Einwilligung, S. 55; *Berberich*, MMR 2005, S. 145 (147).
54 BGH, Urt. v. 29.04.2010 (Az. I ZR 69/08), GRUR 2010, S. 628 (630), Rn. 24 m.w.N. – Vorschaubilder I; *R. Tinnefeld*, Einwilligung, S. 57.
55 *Berberich*, MMR 2005, S. 145 (147).
56 *Schrader/Rautenstrauch*, UFITA 2007, S. 761 (771ff.).
57 *Ott*, ZUM 2009, S. 345 (350f.).

senden Autoren lehnen deshalb aus gutem Grund diesen Ansatz selbst als zu weitgehend ab.[58]

Nach alledem steht somit fest, dass es an einer gesetzlichen Schrankenregelung zur Legalisierung der Dienste von kommerziellen Bildersuchmaschinen fehlt.[59] Aus diesem Grund fordert die Literatur seit jeher den europäischen Gesetzgeber auf, eine gesetzliche Schrankenregelung zu schaffen.[60] Durch die Änderung der InfoSoc-RL könnte eine spezifische Schrankenregelung für Bildersuchmaschinen geschaffen werden,[61] die die Rechtssicherheit erheblich fördern würde.[62] Eine solche Gesetzesänderung könnte durch die erhebliche Bedeutung der Suchmaschinen für die digitale Kommunikation gerechtfertigt werden.[63] Auch die aktuelle Richtlinie über das Urheberrecht und die verwandten Schutzrechte im digitalen Binnenmarkt (DSM-RL) hat für diese Problemstellung keine Lösung gefunden.[64] Der Richtliniengeber hat die Chance abermals verstreichen lassen, eine Schrankenregelung für die Bildersuche zu schaffen. Im Titel II der DSM-RL (Art. 3 bis 7) wäre hierzu die Möglichkeit gewesen, denn dort wurden zusätzliche Ausnahmen und Beschränkungen in Erweiterung des Art. 5 InfoSoc-RL eingefügt, allerdings ohne auf die Bildersuche einzugehen.

C. Aktueller Meinungsstand

I. Rechtsprechung des BGH

Wenn man die Problematik um das Institut der schlichten Einwilligung durchdringen möchte, bedarf es einer kurzen Auseinandersetzung mit den diesbezüglichen Leitentscheidungen des BGH.

Die viel beachtete Vorschaubilder-I-Entscheidung[65] stellte den vorläufigen Höhepunkt einer Diskussion über das Institut der schlichten Einwilligung dar, prägte die Rechtspraxis und beschäftigt die Wissenschaft und Rechtsprechung bis heute. Das Gericht geht – in Übereinstimmung mit den obigen Darstellungen – davon aus, dass keine gesetzliche Schrankenregelung für die Nutzung der

58 *Leistner/Stang*, CR 2008, S. 499 (502); *Ott*, ZUM 2009, S. 345 (351).
59 *Conrad*, ZUM 2010, S. 585 (585).
60 *Bullinger/Garbers-von Boehm*, GRUR-Prax 2010, S. 257 (259); *Nolte/Wimmers*, GRUR-Beilage 2014, S. 58 (68); *Ohly*, GRUR 2018, S. 996 (996); *Ott*, ZUM 2009, S. 345 (353); *Spindler*, MMR 2012, S. 383 (387); *Wiebe*, GRUR 2011, S. 888 (894).
61 *Wiebe*, GRUR 2011, S. 888 (894).
62 *Ohly*, GRUR 2018, S. 996 (1001).
63 *Wiebe*, GRUR 2011, S. 888 (894).
64 Richtlinie (EU) 2019/790 über das Urheberrecht und die verwandten Schutzrechte im digitalen Binnenmarkt.
65 BGH, Urt. v. 29.04.2010 (Az. I ZR 69/08), GRUR 2010, S. 628 – Vorschaubilder I.

Werke als Vorschaubilder greift. Auch liege kein ausdrücklich oder konkludent eingeräumtes dingliches Nutzungsrecht nach § 31 UrhG oder eine schuldrechtliche Gestattung vor. Allerdings – so der Senat – sei die Rechtswidrigkeit des Eingriffs abzulehnen, da von einer schlichten Einwilligung auszugehen sei. Dem schlüssigen Verhalten des Urhebers, seine Internetseite für den Zugriff von Bildersuchmaschinen frei zugänglich zu machen, könne die objektive Erklärung entnommen werden, dass er mit der Nutzung seiner Werke durch Bildersuchmaschinen im üblichen Umfang einverstanden sei. Die Einwilligungserklärung sei an einen unbestimmten Personenkreis gerichtet und könne nicht durch Widerruf gegenüber dem Suchmaschinenbetreiber beseitigt werden. Es bedürfe vielmehr eines gegenläufigen Verhaltens, also einer entsprechenden technischen Sicherung der Abbildungen.

Im Vorschaubilder-II-Urteil[66] bestätigte der Senat die vorstehende Entscheidung und bildete seine Rechtsprechung dahingehend fort, dass eine schlichte Einwilligung auch dann anzunehmen sei, wenn das geschützte Werk nicht vom Urheber selbst, sondern von einem berechtigten Dritten in das Internet eingestellt werde. Der Suchmaschinenbetreiber könne sich auf eine mit Zustimmung des Urhebers erklärte Einwilligung berufen, selbst wenn diese durch einen Dritten erfolge. Eine wirksame schlichte Einwilligung folge daraus, dass eine andere berechtigte Person mit Zustimmung des Urhebers die Fotografie in das Internet eingestellt habe. Räume ein Befugter einem Dritten ohne Restriktionen das Recht ein, das Werk oder Lichtbild im Internet öffentlich zugänglich zu machen, so erteile er damit regelmäßig zugleich seine Zustimmung, dass der Dritte in eine urheberrechtliche Nutzung der Abbildung durch eine Bildersuchmaschine (schlicht) einwillige.[67]

Der Sachverhalt, welcher der Vorschaubilder-III-Entscheidung[68] zugrunde liegt, reiht sich nur scheinbar in die zuvor genannten Entscheidungen ein.[69] Zunächst ist nicht die Betreiberin der Bildersuchmaschine *Google* verklagt. Die Beklagte verlinkt lediglich auf die *Google*-Bildersuche und stellt nicht selbst die Vorschaubilder zur Verfügung.[70] Die Vorschaubilder werden demnach auch nicht auf den Servern der Beklagten, sondern auf denen von *Google* bereitgehalten. Zudem stehen Bilder im Streit, die ohne Zustimmung der Klägerin frei in das Internet eingestellt wurden.[71] Es geht mithin in erster Linie nicht um die rechtliche Einordnung von Vorschaubildern, sondern um die Beurteilung der

66 BGH, Urt. v. 19.10.2011 (Az. I ZR 140/10), NJW 2012, S. 1886 – Vorschaubilder II.
67 BGH, Urt. v. 19.10.2011 (Az. I ZR 140/10), NJW 2012, S. 1886 (1888), Rn. 27 – Vorschaubilder II.
68 BGH, Urt. v. 21.09.2017 (Az. I ZR 11/16), GRUR 2018, S. 178 – Vorschaubilder III.
69 *Specht*, GRUR 2019, S. 253 (256).
70 *Ohly*, GRUR 2018, S. 996 (1001); *Ohly*, GRUR 2018, S. 178 (187).
71 *Conrad/Schubert*, ZUM 2018, S. 132 (133); *Leistner*, ZUM 2018, S. 286 (286f.).

Verlinkung auf Vorschaubilder.[72] Konsequent wendet der BGH nicht die Einwilligungslösung aus den Vorschaubilder-I- und -II-Entscheidungen an, sondern beurteilt den Fall nach den Grundsätzen des EuGH zum Hyperlinking. Diese Rechtsprechung wird noch an späterer Stelle ausführlich behandelt.[73] Der BGH hat im Ergebnis einen tatbestandlichen Eingriff in ausschließliche Verwertungsrechte nach § 19a UrhG und § 15 Abs. 2 UrhG abgelehnt. Die Rechtsverletzung sei für die Beklagte nicht erkennbar gewesen und deshalb keine öffentliche Wiedergabe im Sinne des Art. 3 Abs. 1 InfoSoc-RL. Vom Suchmaschinenbetreiber könne vernünftigerweise nicht erwartet werden, dass er sich davon überzeugt, ob die von den *Crawlern*[74] aufgefundenen Abbildungen von Werken oder Lichtbildern zulässigerweise in das Internet eingestellt worden seien, bevor der Betreiber diese Abbildungen als Vorschaubilder wiedergebe. Für einen Internetanbieter, der den Besuchern seiner Webseite die Suchfunktion mit Hilfe eines Hyperlinks auf die Server des Suchmaschinenanbieters zur Verfügung stelle, gelte nichts Abweichendes.[75]

II. Reaktionen in Rechtsprechung und Literatur

Die Rechtsprechung des BGH zur schlichten Einwilligung ist in der Instanzrechtsprechung und in der Literatur auf ein breites Echo gestoßen. Die Instanzgerichte[76] folgen der Rechtsprechung des BGH, die bis heute Bestand hat,[77] und erkennen die Existenz des Instituts der schlichten Einwilligung uneingeschränkt an. Hervorzuheben sind insbesondere jüngere Entscheidungen des

72 *Jani*, NJW 2018, S. 772 (781).

73 Siehe hierzu ausführlich S. 51 ff.

74 *Crawler* sind automatisierte Suchprogramme, die das Internet nach bestimmten Kriterien systematisch durchsuchen.

75 BGH, Urt. v. 21.09.2017 (Az. I ZR 11/16), GRUR 2018, S. 178 (185), Rn. 60 – Vorschaubilder III.

76 KG Berlin, Urt. v. 16.01.2020 (Az. 2 U 12/16), juris, Rn. 121; OLG München, Urt. v. 17.08.2017 (Az. U 2225/15 Kart), GRUR-RS 2017, S. 122821; OLG München, Urt. v. 14.07.2016 (Az. 29 U 953/16), GRUR-RR 2017, S. 89; OLG Düsseldorf, Urt. v. 15.12.2015 (Az. I-20 U 3/15), GRUR-RS 2016, S. 03787, Rn. 20; KG, Urt. v. 28.09.2015 (Az. 24 U 178/14), ZUM-RD 2016, S. 459; OLG Hamburg, Urt. v. 23.06.2010 (Az. 5 U 220/08), BeckRS 2012, S. 521; LG München I, Urt. v. 20.02.2019 (Az. 37 O 22800/16), GRUR-RS 2019, S. 6941, Rn. 65; LG Köln, Urt. v. 16.06.2016 (Az. 14 O 355/14), BeckRS 2016, S. 20192; LG München I, Urt. v. 05.02.2016 (Az. 37 O 23580/15), ZUM 2016, S. 558; LG Berlin, Urt. v. 26.01.2016 (Az. 16 O 103/14), BeckRS 2016, S. 10918; LG Berlin, Urt. v. 27.01.2015 (Az. 16 O 279/14), ZUM-RD 2015, S. 741; LG Köln, Urt. v. 13.2.2014 (Az. 14 O 184/13), MMR 2015, S. 55; LG Köln, Urt. v. 16.01.2014 (Az. 14 O 378/13), GRUR-RS 2014, S. 19044; LG Memmingen, Urt. v. 04.05.2011 (Az. 12 S 796/10), ZUM-RD 2011, S. 628; LG Hamburg, Urt. v. 12.04.2011 (Az. 310 O 201/10), ZUM-RD 2011, S. 503; LG Hamburg, Urt. v. 26.09.2008 (Az. 308 O 248/07), BeckRS 2008, S. 23065; LG Erfurt, Urt. v. 15.03.2007 (Az. 3 O 1108/05), ZUM 2007, S. 566.

77 *Rauer*, WRP 2018, S. 278 (279).

Landgerichts Hamburg, welche sich mit der Rechtmäßigkeit von Bildersuchmaschinen auf mobilen Endgeräten[78] und mit der Anzeige von deutlich vergrößerten Vorschaubildern im Rahmen der technisch neu überarbeiteten *Google*-Bildersuche[79] beschäftigen. Auch wurden die Grundsätze durch die Rechtsprechung teilweise auf Gebiete außerhalb des Urheberrechts, wie das Recht am eigenen Bild, übertragen.[80]

Die Rechtswissenschaft hingegen stimmt dem BGH nicht in dieser Einheitlichkeit zu. Das Meinungsbild erstreckt sich von der vollkommener Zustimmung, über die Begrüßung des Ergebnisses bei gleichzeitiger dogmatischer Kritik, bis hin zur gänzlichen Ablehnung des Instituts der schlichten Einwilligung.

Im Einzelnen:
Teilweise wird die Rechtsprechung zur Einwilligungslösung in der Literatur ausdrücklich begrüßt.[81] Sie sei ein dogmatisch tragfähiger Weg, der einen angemessenen Interessenausgleich schaffe und zu praktisch handhabbaren Ergebnissen führe.[82] Dem BGH sei für diese *»mutigen juristischen Innovationen Respekt zu zollen«*.[83] Immerhin möchte der Urheber, der sein Werk in das Internet lade, an der Kommunikation in diesem Medium teilnehmen.[84] Er unterstelle sich damit der Verkehrsanschauung im Internet und den dort geltenden Kommunikationsgepflogenheiten. Das Institut der schlichten Einwilligung erlaube soziale und urheberrechtliche Normen ohne aufwendige vertragsrechtliche Konstruktionen miteinander zu vereinen.[85] Die Netzkommunikation sei automatisiert und verlange konsequenterweise nach automatisierten Regeln.[86]

Andere Stimmen begrüßen zwar das Ergebnis der Einwilligungslösung, kritisieren aber die dogmatische Herleitung.[87] Teilweise wird die Einwilligungslösung als notwendiger *»Kunstgriff«*[88] oder reine *»Praxislösung«*[89] bezeichnet. Die

---

78 LG Hamburg, Urt. v. 03.08.2016 (Az. 308 O 96/13), MMR 2017, S. 564.

79 LG Hamburg, Urt. v. 26.10.2018 (Az. 308 O 145/17), nicht veröffentlicht.

80 OLG München, Urt. v. 17.03.2016 (Az. 29 U 368/16), ZUM-RD 2016, S. 381; LG Köln, Urt. v. 22.06.2011 (Az. 28 O 819/10), BeckRS 2011, S. 16732.

81 *Klass*, in: *Leible*, Geistiges Eigentum, S. 165 (189); *Peukert/Rehbinder*, UrhR, Rn. 802; *R. Tinnefeld*, Einwilligung, S. 30; *Berberich*, MMR 2005, S. 145 (145); *Hüttner*, WRP 2010, S. 1008 (1008); *Meyer*, K&R 2008, S. 201 (207); *Ott*, K&R 2008, S. 305 (305); *Wehner*, DSRITB 2012, S. 157 (164).

82 *Leistner/Stang*, CR 2008, S. 499 (507).

83 *Peukert*, GRUR-Beilage 2014, S. 77 (83f.).

84 *Bullinger/Garbers-von Boehm*, GRUR-Prax 2010, S. 257 (260).

85 *Peukert*, in: *Bullinger et al.*, FS Wandtke, S. 459 (466).

86 *Peukert*, GRUR-Beilage 2014, S. 77 (84).

87 *Bullinger/Garbers-von Boehm*, GRUR-Prax 2010, S. 257 (260); *Conrad*, ZUM 2010, S. 585; *Götting*, LMK 2010, S. 309481; *Spindler*, GRUR 2010, S. 785 (789f.); *Thum*, GRUR-Prax 2012, S. 215 (215).

88 *Ernst*, jurisPR-WettbR 9/2008 Anm. 5.

Begründung des BGH bereite *»erhebliches Kopfzerbrechen, wenn nicht gar Kopfschmerzen«*.[90] Die Konstruktion stelle eine *»Notlösung«* dar, die auf grundsätzliche Bedenken stoße.[91] Die schlichte Einwilligung biete zwar den Vorteil, dass sie den Urheber gerade nicht zwingt Nutzungsrechte einzuräumen. Faktisch sei sie jedoch der Rechteeinräumung zu stark angenähert, die gerade nicht stattfinden solle.[92] Die Annahme einer Einwilligung sei derart objektiviert, dass der subjektive Wille des Urhebers gänzlich vernachlässigt werde.[93] Das Gericht habe zudem eine dem deutschen Recht fremde *»Quasi-Fair-Use-Schranke«* nach amerikanischem Vorbild erschaffen.[94]

Schließlich wird die Einwilligungslösung von Teilen der Lehrmeinung gänzlich abgelehnt.[95] Die Annahme einer schlichten Einwilligung sei wegen der starken Objektivierung mit der Rechtsgeschäftslehre nicht mehr zu vereinbaren.[96] Es werde nur noch auf die Funktionsfähigkeit eines Mediums abgestellt.[97] Teilweise wird argumentiert, dass die Annahme des BGH, bei einem entgegenstehenden Willen des Urhebers könne er die Nutzung durch technische Mittel begrenzen oder ausschließen, nicht mit dem Urheberrecht vereinbar sei. Die Befugnisse des Urhebers seien nicht von irgendwie gearteten Erklärungen abhängig, sondern erwüchsen mit der Schöpfung des Werkes und könnten daher nicht durch die Annahme einer schlichten Einwilligung beschränkt werden.[98] Andere meinen hingegen, dass die Üblichkeit einer Nutzungshandlung, die der BGH seiner Argumentation zugrunde lege, kein hinreichender Maßstab für die Rechtfertigung eines Eingriffs in ein ausschließliches Verwertungsrecht sein könne.[99]

Noch heftigere Kritik übt ein Teil der Literatur an der Vorschaubilder-II-Entscheidung.[100] Dem BGH ginge es schlicht um den Schutz des Geschäftsmo-

89 *Rosenbaum/Tölle*, MMR 2013, S. 209 (212).
90 *Götting*, LMK 2010, S. 309481.
91 *Götting*, LMK 2010, S. 309481.
92 *Bullinger/Garbers-von Boehm*, GRUR-Prax 2010, S. 257 (260).
93 *Götting*, LMK 2010, S. 309481.
94 *Bullinger/Garbers-von Boehm*, GRUR-Prax 2010, S. 257; *Spindler*, GRUR 2010, S. 785 (790); *Thum*, GRUR-Prax 2012, S. 215 (215).
95 *Fahl*, Bilder-/Nachrichtensuche, S. 91f.; *Götting*, in: *Ahlberg/Götting*, BeckOK UrhR, § 19a, Rn. 4; *Ensthaler*, NJW 2014, S. 1553 (1556); *Fahl*, K&R 2010, S. 437; *Gercke*, MMR 2005, S. 556 (558); *Haberstumpf*, GRUR 2016, S. 763 (771); *Hüsch*, CR 2010, S. 452 (456); *Schack*, GRUR 2007, S. 639 (643); *Roggenkamp*, K&R 2007, S. 328 (328); *Wiebe*, GRUR 2011, S. 888 (889f.); *Wielsch*, GRUR 2011, S. 665 (672).
96 *Götting*, in: *Ahlberg/Götting*, BeckOK UrhR, § 19a, Rn. 4; *Grünberger*, ZUM 2016, S. 905 (911).
97 *Wielsch*, GRUR 2011, S. 665 (672).
98 *Schrader/Rautenstrauch*, UFITA 2007, S. 761 (780).
99 *Stieper*, ZUM 2017, S. 132 (135).
100 *Spindler*, in: *Spindler/Schuster*, Elektronische Medien, § 97, Rn. 24; *Fahl*, K&R 2012, S. 419 (419f.); *Stieper*, ZUM 2017, S. 132 (136).

dells von Suchmaschinenbetreibern.[101] Der Ansatz sei ebenfalls dogmatisch verfehlt. Es werde eine *»Schein-Einwilligung«* und ein Schutz des *»automatisierten guten Glaubens«* erschaffen.[102] Der Urheber selbst handele schließlich gar nicht.[103] Die Betreiber von Suchmaschinen könnten gar nicht überprüfen, ob irgendwo im Internet eine weitere Kopie eines geschützten Bildes mit Einwilligung des Rechteinhabers eingestellt wurde.[104] Die Einwilligung sei vom BGH deshalb zu umfassend verstanden worden. Der Inhaber eines Nutzungsrechts nach § 19a UrhG habe im Übrigen auch gar nicht die Befugnis, Einwilligungen zu erklären, die auch Bilder auf anderen Internetseiten umfassen.[105]

Der soeben skizzierte Meinungsstreit ist in der Literatur bereits öfters besprochen worden, sodass eine erneute detailliertere Darstellung unterbleiben kann. Ob die schlichte Einwilligung, wie sie der BGH entwickelt hat, eine Existenzberechtigung hat und ob sie auf dogmatisch gesichertem Fundament steht, soll im folgenden Kapitel untersucht werden.

D. Schlichte Einwilligung im zivilrechtlichen Gefüge

In diesem Kapitel wird die schlichte Einwilligung dahingehend untersucht, ob sie sich in das Zivilrecht, insbesondere in die Rechtsgeschäftslehre, einordnen lässt. Sofern dies der Fall ist, ist ihre Existenz anzuerkennen. Es soll zunächst der Einwilligungsbegriff herausgearbeitet werden (hierzu unter I.). Sodann werden die Rechtsnatur (hierzu unter II.) und die Stellung im Deliktsaufbau (hierzu unter III.) untersucht. Im nächsten Schritt sollen die Anforderungen an den Erklärungstatbestand geklärt werden (hierzu unter IV.). Darauf folgt eine kurze Erörterung, welche Anforderungen an den Zugang und Widerruf zu stellen sind (hierzu unter VI). Abschließend soll das Ergebnis zusammenfassend dargestellt werden (hierzu unter VI.).

I. Einwilligungsbegriff

Was genau unter einer Einwilligung im Sinne dieser Dissertation zu verstehen ist, liegt nicht auf der Hand und bedarf einer kurzen Klarstellung. Das Institut der Einwilligung wurde lange Zeit von der Rechtswissenschaft *»eher stiefmütterlich*

101 *Fahl*, MMR-Aktuell 2012, S. 331727; *Riesenhuber/Szemjonneck*, LMK 2013, S. 347219.
102 *Spindler*, MMR 2012, S. 383 (386f.).
103 *Klass*, in: *Leible*, Geistiges Eigentum, S. 165 (194).
104 *Conrad*, ZUM 2012, S. 480.
105 *Fahl*, MMR-Aktuell 2012, S. 331727.

behandelt«.[106] § 183 S. 1 BGB enthält zwar eine Legaldefinition, allerdings bezieht sich diese nur auf die vorherige Zustimmung zu einem Rechtsgeschäft. Auch das UrhG erwähnt die Einwilligung an diversen Stellen,[107] wobei dieser Verwendung ebenfalls keine einheitliche Dogmatik zugrunde liegt.[108] Die vom BGH nutzbar gemachte unrechtsausschließende Einwilligung wurde jedenfalls nicht gesetzlich normiert.[109]

Ohly hat in seiner Habilitationsschrift umfassend die Dogmatik der Einwilligung untersucht. Nach ihm ist eine *»Einwilligung eine Erlaubnis, die ein abstrakt-generelles Verbot durch eine konkret-individuelle, ausnahmsweise auch eine konkret-generelle Eingriffsbefugnis modifiziert.«*[110] Er entwickelt den Gedanken der *»Stufenleiter der Gestattung«* und unterscheidet dabei vier unterschiedlich intensive Gestattungsformen: Die erste und damit stärkste Form sei die translative Rechtsübertragung, die zu einer dinglichen Berechtigung führe.[111] Auf zweiter Stufe stehe die konstitutive Rechtsübertragung, also die Einräumung eines einfachen oder ausschließlichen (dinglichen)[112] Nutzungsrechts.[113] Auf dritter Stufe stehe die schuldvertragliche Gestattung, die einen Anspruch auf die Werknutzung schaffe.[114]

Die hier interessierende widerrufliche Einwilligung sei die schwächste Erscheinungsform der Gestattungen. Sie bewirke zwar die Rechtmäßigkeit der Handlung, könne aber keine Rechtspositionen vermitteln. Damit fehle ihr das für *»subjektive Rechte konstitutive Element der Durchsetzbarkeit«.*[115] *Ohly* geht davon aus, dass die schlichte, einseitige Einwilligung unterhalb der rein schuldrechtlichen Erlaubnis auf unterster Stufe der Einwilligungsleiter anzusiedeln sei.[116] Sie sei gleichwohl mit den stärkeren Gestattungsformen verwandt.[117] Dieses zutreffende Begriffsverständnis wird dem weiteren Verlauf dieser Arbeit zugrunde gelegt.

Die schlichte Einwilligung ist hinsichtlich der Erklärungsform zudem nichts anderes als eine konkludent erklärte Einwilligung.[118] Sie steht auch nicht mit der

---

106 *R. Tinnefeld,* Einwilligung, S. 3.

107 §§ 8 Abs. 2, 9, 23, 29 Abs. 2, 32 Abs. 1, 27 Abs. 1, 29 Abs. 2, 46 Abs. 1, 52 Abs. 3, 52a Abs. 2, 53 Abs. 3, Abs. 4, Abs. 7, 62 Abs. 4, 80 Abs. 1, 100, 106 Abs. 1, 107 Abs. 1 Nr. 1, 108 Abs. 1, 113, 114 Abs. 1, Abs. 2, 115, 116 Abs. 1, Abs. 2, 117, 137e Abs. 4 UrhG.

108 *R. Tinnefeld,* Einwilligung, S. 7.

109 *R. Tinnefeld,* Einwilligung, S. 6.

110 *Ohly,* Volenti non fit iniuria, S. 181.

111 *Ohly,* Volenti non fit iniuria, S. 147.

112 BGH, Urt. v. 29.04.2010 (Az. I ZR 69/08), GRUR 2010, S. 628 (631) – Vorschaubilder I.

113 *Ohly,* Volenti non fit iniuria, S. 147.

114 *Ohly,* Volenti non fit iniuria, S. 467.

115 *Ohly,* Volenti non fit iniuria, S. 176.

116 *Ohly,* Volenti non fit iniuria, S. 277.

117 *Ohly,* GRUR 2012, S. 983 (986).

118 *R. Tinnefeld,* Einwilligung, S. 8; *Spindler,* GRUR 2010, S. 785 (789).

konkludenten Einwilligung in einem Alternativverhältnis.[119] Aufgrund der grundsätzlich geltenden Formfreiheit im Rechtsverkehr steht es jedem Teilnehmer frei, selbst die Erklärungsform zu wählen. Die Einwilligungserklärung kann demnach sowohl konkludent (bzw. schlicht) als auch ausdrücklich geäußert werden.[120]

II. Rechtsnatur: rechtsgeschäftliche Willenserklärung

Die Rechtsnatur der (schlichten) Einwilligung ist seit jeher höchst umstritten. Teilweise wird die schlichte Einwilligung als rechtsgeschäftliche Willenserklärung verstanden.[121] Andere Stimmen lehnen diese Einordnung ab und nehmen einen geschäftsähnlichen Charakter an.[122] Als überwunden gilt die Lehre vom Realakt,[123] sodass hierauf nicht näher eingegangen werden soll.[124]

Oft wird der Streit über die Rechtsnatur offengelassen. Überwiegend wird angenommen, die Regeln der §§ 104 ff. BGB seien entweder direkt oder jedenfalls analog anwendbar, sodass es im Ergebnis auf die dogmatische Einordnung nicht ankomme.[125] Dem schließt sich der BGH in der Vorschaubilder-I-Entscheidung an. Das Gericht führt aus, dass

> »es nicht [darauf ankomme], ob die Einwilligung als eine (bloß) rechtsgeschäftsähnliche Handlung anzusehen [sei], die allerdings im Wesentlichen den für Willenserklärungen geltenden Regeln unterlieg[e] […], oder ob man sie als Willenserklärung mit Besonderheiten einordnen [wolle]«.[126]

Wie in diesem Zusammenhang vereinzelt behauptet werden kann,[127] dass der BGH in der Vorschaubilder-I-Entscheidung der schlichten Einwilligung jedenfalls keine rechtsgeschäftliche Bedeutung zumesse, ist nicht nachvollziehbar.

119 So aber *Götting*, LMK 2010, S. 309481.

120 *R. Tinnefeld*, Einwilligung, S. 8.

121 *Nolte*, Informationsmehrwertdienste, S. 250; *Ohly*, Volenti non fit iniuria, S. 201; *R. Tinnefeld*, Einwilligung, S. 14; *Conrad/Schubert*, GRUR 2018, S. 350 (352); *Hofmann*, ZUM 2018, S. 641 (647); *Leistner/Stang*, CR 2008, S. 499 (504); *Wehner*, DSRITB 2012, S. 157 (159).

122 LG München I, Urt. v. 05.02.2016 (Az. 37 O 23580/15), ZUM 2016, S. 558 (562); *Köhler*, in: *Köhler et al.*, UWG, § 7, Rn. 143; *Wandtke/Grunert*, in: *Wandtke/Bullinger*, UrhR, § 31, Rn. 37; *Klass*, in: *Leible*, Geistiges Eigentum, S. 165 (190 f.); *Hüsch*, CR 2010, S. 452 (455); *Ungern-Sternberg*, GRUR 2009, S. 369 (372).

123 *Frömming/B. Peters*, NJW 1996, S. 958 (958).

124 Vgl. zur früher vertretenen Realakt-Theorie: *Ohly*, Volenti non fit iniuria, S. 46.

125 *Klass*, in: *Leible*, Geistiges Eigentum, S. 165 (190 f.); *Spindler*, GRUR 2010, S. 785 (789 f.).

126 BGH, Urt. v. 29.04.2010 (Az. I ZR 69/08), GRUR 2010, S. 628 (631), Rn. 35 – Vorschaubilder I.

127 LG München I, Urt. v. 05.02.2016 (Az. 37 O 23580/15), ZUM 2016, S. 558 (562); *Hüsch*, CR 2010, S. 452 (455).

Das Reichsgericht[128] und der BGH Anfang der fünfziger Jahre[129] haben in früheren Entscheidungen die Einwilligung stets als rechtsgeschäftliche Willenserklärung begriffen. Eine Rechtsprechungsänderung erfolgte sodann im Jahr 1958 in einem Verfahren, in welchem über die Wirksamkeit einer Einwilligung in die körperliche Unversehrtheit zu entscheiden war.[130] Der Senat führt in dieser Entscheidung aus, dass die Einwilligung keine rechtsgeschäftliche Willenserklärung, sondern eine Gestattung oder Ermächtigung zur Vornahme tatsächlicher Handlungen sei. Die Vorschriften der §§ 107ff. BGB, die rechtsgeschäftliche Willenserklärungen betreffen, seien daher auf die Einwilligung in einen ärztlichen Eingriff nicht unmittelbar anzuwenden. Der BGH prüft sodann die Voraussetzungen einer Analogie und bejaht sogar die Rechtsähnlichkeit. Allerdings sei eine Analogie - in diesem Einzelfall - nicht vom Zweck der Vorschrift geboten.[131]

Ob sich der BGH in Zukunft wieder ausdrücklich zur Rechtsgeschäftstheorie bekennen wird, bleibt abzuwarten. Hierfür spricht jedenfalls, dass er die Gelegenheit, seine ablehnende Rechtsprechung zu bestätigen, in der Vorschaubilder-I-Entscheidung bewusst verstreichen ließ. Ein Beweggrund für eine Rückkehr zur Rechtsgeschäftstheorie könnten die jüngeren Verlautbarungen der Literatur sein, in der die Rechtsgeschäftstheorie wieder in den Vordergrund gestellt wird. Mittlerweile vertreten so viele Autoren erneut diesen Ansatz, dass von einer *»Renaissance«* der Rechtsgeschäftstheorie gesprochen werden kann.[132]

Diesen Bestrebungen der Literatur kann man sich aus folgenden drei Gründen nur anschließen: Für die Rechtsgeschäftstheorie spricht erstens, dass durch die Einwilligung ein Recht zwischen zwei Rechtssubjekten umgestaltet wird. Das hierfür von der Rechtsordnung vorgesehene Institut ist das Rechtsgeschäft.[133] Die Gegner dieses Modells bleiben hingegen eine Erklärung, warum dies ausnahmsweise nicht der Fall sein soll, schuldig. Sie grenzen vielmehr die Einwilligung lediglich negativ zum Rechtsgeschäft ab, ohne ihre Rechtsnatur zu bestimmen.[134] Zudem spricht zweitens für den rechtsgeschäftlichen Ansatz, dass die Rechtsfolgen geradezu vom Willen des Erklärenden abhängen. Der Erklärende legitimiert mit seinem Verhalten die Handlung eines anderen. Anders als bei rechtsgeschäftsähnlichen Handlungen, wie der Mahnung (§ 286 BGB) oder der Aufforderung an den Vertreter, sich über die Genehmigung zu erklären (§§ 108

128 RG, Urt. v. 30.06.1911 (Az. 472/10 III), JW 1911, S. 748f.
129 BGH, Urt. v. 17.05.1951 (Az. III ZR 57/51), NJW 1951, S. 916.
130 BGH, Urt. v. 09.12.1958 (Az. VI ZR 203/57), NJW 1959, S. 811.
131 *Ohly*, Volenti non fit iniuria, S. 206.
132 *Ohly*, Volenti non fit iniuria, S. 202.
133 *Ohly*, Volenti non fit iniuria, S. 207; *R. Tinnefeld*, Einwilligung, S. 12; *Zitelmann*, AcP 99 (1906), S. 1 (48).
134 *R. Tinnefeld*, Einwilligung, S. 14.

Abs. 2, 177 Abs. 2 BGB), bedarf es gerade keiner juristisch komplexen Mechanismen.[135] Drittens bestätigt auch ein Blick auf vergleichbare Rechtsinstitute die Natur als Rechtsgeschäft. Die Vollmachtserteilung oder Ermächtigung sind Befugnisse eines Dritten – ähnlich wie die Einwilligung – zulasten des Erklärenden zu handeln. Beide Institute sind allgemein als Rechtsgeschäft anerkannt.[136] Es ist deshalb nicht ersichtlich, warum für die Einwilligung etwas anderes gelten sollte.[137]

Die Vertreter der (modifizierten) Rechtsgeschäftstheorie wollen die Einwilligung nicht mit aller Gewalt unter die Normen der Rechtsgeschäftslehre subsumieren, sondern schlagen ein flexibles System vor. Sie gestehen ein, dass die Anwendbarkeit der Vorschriften der §§ 104ff. BGB jeweils im Einzelfall auf ihre Angemessenheit zu überprüfen seien. Bezeichnend hingegen ist, dass die Gegner der Rechtsgeschäftstheorie das Modell insgesamt ablehnen, da vereinzelte Normen nicht passen würden. Dies zeigt die Schwäche in der Argumentation der Gegenmeinung deutlich auf.[138]

Die Einwilligung ist nach alledem für den weiteren Verlauf dieser Dissertation für das deutsche Recht als ein Rechtsgeschäft zu begreifen, auch wenn es zugegebenermaßen *»ein höchst untypisches«* ist.[139] Die Anwendung der Vorschriften der Rechtsgeschäftslehre müssen stets im Einzelfall auf ihre Angemessenheit überprüft werden.

III. Stellung im Deliktsaufbau: Rechtfertigungsgrund

Die Erkenntnis, dass die schlichte Einwilligung ein Rechtsgeschäft darstellt, lässt noch keine Aussage darüber zu, welche Stellung ihr im Deliktsaufbau zukommt. Dies scheint auf den ersten Blick eine rein akademische Frage zu sein. Wie später jedoch noch erläutert wird, hat sie aber sehr wohl praktische Auswirkungen auf die international-privatrechtliche Behandlung dieses Rechtsinstituts.[140]

Der (schlichten) Einwilligung wird ganz überwiegend eine rechtfertigende Wirkung zugesprochen. Dies entspricht ständiger Rechtsprechung des BGH[141]

135 *R. Tinnefeld*, Einwilligung, S. 13, 15.

136 Vgl. für die Vollmacht die Legaldefinition in § 166 Abs. 2 S. 1 BGB (*»durch Rechtsgeschäft erteilte Vertretungsmacht (Vollmacht)«*); vgl. für die Ermächtigung *Ellenberger*, in: *Palandt*, BGB, Einf. § 182, Rn. 3.

137 *Ohly*, GRUR 2012, S. 983 (985); *R. Tinnefeld*, Einwilligung, S. 15.

138 *Ohly*, Volenti non fit iniuria, S. 203.

139 *Ohly*, Volenti non fit iniuria, S. 205.

140 Vgl. zur Qualifikation von Rechtfertigungsgründen in der Rom I- und II-VO S. 126ff.

141 BGH, Urt. v. 29.04.2010 (Az. I ZR 69/08), GRUR 2010, S. 628 (631), Rn. 33 – Vorschaubilder I; BGH, Urt. v. 19.10.2011 (Az. I ZR 140/10), NJW 2012, S. 1886 (1886), Rn. 14, 16 – Vorschaubilder II.

und ist herrschende Meinung in der Literatur[142]. Die Vertreter der herrschenden Meinung zählen die Einwilligung häufig zu den Rechtfertigungsgründen, ohne dies näher zu begründen.[143] Für diesen Ansatz spricht die Gegenüberstellung von abstraktem Verbot in Form eines Ausschließlichkeitsrechts und konkreter, einzelfallbezogener Erlaubnis,[144] wie es für die schlichte Einwilligung geradezu typisch ist. Es ist konsequent, in einem ersten Gedankenschritt den Schutzbereich zu bestimmen und erst im Folgeschritt die konkret durch die Einwilligung erweiterte Handlungsbefugnis festzustellen.[145]

Teilweise wird hingegen angenommen, dass die schlichte Einwilligung wie eine Schrankenregelung bereits den Tatbestand einschränke.[146] Dies wird damit begründet, dass es zweifelhaft sei, wie der Rechteinhaber im Voraus in eine ihm noch unbekannte Rechtsverletzung einwilligen soll.[147] Sobald eine Einwilligung erklärt worden sei, könne es schon denklogisch nicht mehr zu einer tatbestandlichen Verletzung kommen.[148] Der Rechteinhaber bestimme selbst, ob und inwieweit eine Handlung in sein Recht eingreife.[149]

Dieser abweichende Ansatz wird den Besonderheiten des Urheberrechts nicht gerecht und ist deshalb abzulehnen. Nach § 11 S. 1 UrhG schützt das Urheberrecht den Urheber in seiner geistigen und persönlichen Beziehung zum Werk und in dessen Nutzung. Dem Urheber werden Verwertungsrechte zuerkannt, die zugleich Verbotstatbestände für Dritte darstellen. Soll in ein solches Verwertungsrecht durch einen Dritten eingegriffen werden, so hat dieser stets zu prüfen, ob er hierzu berechtigt ist.[150] Der herrschenden Meinung kann damit für den weiteren Gang dieser Arbeit gefolgt werden. Die schlichte Einwilligung in urheberrechtliche Onlinenutzungen ist ein Rechtfertigungsgrund.

142 *Soppe*, in: *Ahlberg/Götting*, BeckOK UrhR, § 31, Rn. 62; *Specht*, in: *Dreier/Schulze*, UrhG, § 97, Rn. 15; *Bullinger/Garbers-von Boehm*, GRUR-Prax 2010, S. 257 (259); *Klass*, ZUM 2013, S. 1 (4).

143 *Sprau*, in: *Palandt*, BGB, § 823, Rn. 38; *Brox/Walker*, Allg. Schuldrecht, § 28, Rn. 5.

144 *Zitelmann*, AcP 99 (1906), S. 1 (11).

145 *Ohly*, Volenti non fit iniuria, S. 137.

146 Sehr ausführlich zur Mindermeinung: *Ohly*, Volenti non fit iniuria, S. 124; im Ergebnis auch: *v. Welser*, in: *Wandtke/Bullinger*, UrhR, § 44a, Rn. 17; *Helle*, AfP 1985, S. 93 (96).

147 *Spindler*, in: *Alexander et al.*, FS Köhler, S. 695 (707).

148 *Schulze*, in: *Dreier/Schulze*, UrhG, § 31, Rn. 22.

149 *Ohly*, GRUR 2012, S. 983 (984).

150 *Ungern-Sternberg*, GRUR 2009, S. 369 (371).

IV. Anforderungen an den Erklärungstatbestand

Wie bereits aufgezeigt, ist eines der Hauptargumente der Literatur gegen die Einwilligungslösung eine zu stark objektiv geprägte Auslegung der konkludenten Erklärung, die nicht mit der Rechtsgeschäftslehre zu vereinbaren sei. Ob dieser häufig geäußerte Einwand berechtigt ist, soll Gegenstand der nachfolgenden Überlegungen sein.

Das Zivilrecht differenziert nicht zwischen konkludenten und ausdrücklichen Erklärungen.[151] Die Auslegung erfolgt einheitlich nach § 133 BGB. Gleichwohl darf nicht verkannt werden, dass sich bei der Auslegung von konkludenten Willenserklärungen faktische Unterschiede ergeben. Der konkludenten Erklärung fehlt es am interpretationsfähigen Wortlaut und somit an einem greifbaren Auslegungsobjekt. Diese Besonderheit wird durch eine verstärkte Berücksichtigung der Interessenlage ausgeglichen. Gerade bei einseitigen, autonomen Erklärungen spielt die Motivlage des Erklärenden eine besondere Rolle.[152] Das ist keineswegs eine ergebnisorientierte Konstruktion, um das Institut der schlichten Einwilligung in urheberrechtliche Onlinenutzungen zu rechtfertigen, sondern gilt gemeinhin für konkludente Willenserklärungen in der Rechtsgeschäftslehre. Wer an einem automatisierten Kommunikationsverkehr freiwillig teilnimmt, muss sich auch der dort geltenden Verkehrssitte bei der Auslegung seiner Erklärung unterwerfen.[153] Ein solches Verständnis legt neuerdings auch der europäische Gesetzgeber für das digitale Urheberrecht zugrunde. In Art. 4 Abs. 3 DSM-RL kann der Rechteinhaber das sogenannte Text- und Data-Mining unterbinden, wenn er *»mit maschinenlesbaren Mitteln im Fall von online veröffentlichten Inhalten«* einen Nutzungsvorbehalt erklärt.[154]

Der Gegenstand der Auslegung muss ein aktives Erklärungszeichen sein. In den hier interessierenden Fallkonstellationen kommen zunächst Erklärungen im Rahmen der Internetseitenprogrammierung in Betracht. So erfolgen Anweisungen durch den Programmierer an die *Crawler* der Suchmaschinen im Rahmen des sogenannten *»Robot Exclusion Standard Protocols«* oder durch andere Formen der Suchmaschinenoptimierung. In diesen Fällen liegt sogar eine ausdrückliche Erklärung vor.[155] Deutlich spannender wird die Frage, wie Sachver-

---

151 *Singer*, in: *Staudinger*, BGB, Vor. §§ 116ff., Rn. 58.

152 *R. Tinnefeld*, Einwilligung, S. 73.

153 BGH, Beschl. v. 25.04.2019 (Az. I ZR 113/18), GRUR 2019, S. 725 (729), Rn. 35 – Deutsche Digitale Bibliothek: Technische Schutzmaßnahmen seien *»Sprache des Internets«*; *Peukert/Rehbinder*, UrhR, Rn. 802; *R. Tinnefeld*, Einwilligung, S. 74f.; *Froitzheim*, K&R 2020, S. 122 (128); *Heymann/Nolte*, K&R 2009, S. 759 (762); *Specht*, GRUR 2019, S. 253 (256).

154 *Schubert*, MMR 2019, S. 436 (439).

155 *R. Tinnefeld*, Einwilligung, S. 83.

halte zu beurteilen sind, in denen der Urheber oder ein berechtigter Dritte nicht selbst die Internetseite programmiert hat, sondern das Werk auf eine fremde Internetseite hochlädt. Zu denken ist beispielsweise an einen Fotografen, der sein Lichtbild in ein Forum zu Fragen der professionellen Bildbearbeitung hochlädt. Die einzige aktive Handlung – das zu fordernde Erklärungszeichen – ist also der Upload selbst.[156] Anders als der BGH meint,[157] kann hingegen nicht unmittelbar auf ein Unterlassen von technischen Sicherungsmaßnahmen abgestellt werden. Allerdings erlaubt dieser Umstand Rückschlüsse bei der Auslegung des Urheberwillens und erlangt somit zumindest mittelbare Bedeutung: Der Urheber wünscht eine möglichst weitgehende Verbreitung.[158]

Im nächsten Schritt ist zu bewerten, ob dem Onlinestellen als Erklärungszeichen der Erklärungsgehalt einer Einwilligung zuzumessen ist. Der Tatbestand einer Willenserklärung trennt sich in objektive und subjektive Voraussetzungen.

Der BGH hat in der Vorschaubilder-I-Entscheidung in objektiver Hinsicht auf die *»übliche Nutzungshandlung«* abgestellt. Es komme auf den *»objektiven Erklärungsinhalt«* aus Sicht des Erklärungsempfängers an, ohne Rücksicht auf das Wissen des Erklärenden, welche Nutzungshandlungen im Einzelnen mit der üblichen Bildersuche durch eine Suchmaschine verbunden sind.[159] Das Abstellen auf die Üblichkeit steht jedoch im Widerspruch zu den oben aufgezeigten Grundsätzen der Auslegung einer konkludenten Willenserklärung. Vielmehr kommt es auf die Urheberinteressen an, die bei diesem Ansatz außer Acht gelassen werden.[160] Deshalb wurden in der Lehre diverse Versuche[161] unternommen, handhabbare Kriterienkataloge zu entwickeln, um die Interessen des Urhebers deutlicher in den Mittelpunkt zu rücken. Vereinzelt wird angeraten, die Urheberinteressen anhand der Nutzungsintensität zu bewerten.[162] Andere schlagen vor, dass die zulässigen Nutzungshandlungen auf das jeweils für den konkreten Einzelfall notwendige Minimum beschränkt werden müssten und eine Lizenzierung aufgrund der Unmengen der betroffenen Vertragspartner praktisch nicht möglich sein dürfe.[163] Tatsächlich werden die Verwertungsinteressen

156 *R. Tinnefeld*, Einwilligung, S. 84.
157 BGH, Urt. v. 29.04.2010 (Az. I ZR 69/08), GRUR 2010, S. 628 (632), Rn. 36 – Vorschaubilder I.
158 *R. Tinnefeld*, Einwilligung, S. 92ff.
159 BGH, Urt. v. 29.04.2010 (Az. I ZR 69/08), GRUR 2010, S. 628 (632), Rn. 36 – Vorschaubilder I; *Wehner*, DSRITB 2012, S. 157 (163).
160 *R. Tinnefeld*, Einwilligung, S. 87.
161 Ausführlich zu den einzelnen Nuancen und Bewertungen hierzu: *R. Tinnefeld*, Einwilligung, S. 88ff.
162 *Fahl*, K&R 2010, S. 437 (440). *Fahl* geht allerdings davon aus, dass die Nutzungsintensität von Bildersuchmaschinen im Vergleich zur Textsuche bereits zu hoch sei, um eine Einwilligung anzunehmen.
163 *Berberich*, MMR 2005, S. 145 (148); *Ott*, ZUM 2007, S. 119 (127).

mit Blick auf § 11 S. 2 UrhG häufig in den Vordergrund gerückt.[164] Das Landgericht Erfurt hat in dem erstinstanzlichen Urteil, das letztlich zur Befassung des BGH und zu der Vorschaubilder-I-Entscheidung geführt hat, noch angenommen, dass der Urheber kein »*nennenswertes Interesse*« an der Nutzung von Vorschaubildern durch die Suchmaschinenbetreiber habe, da diese die »*Nutzungsmöglichkeit lediglich fördern, aber nicht ausweiten*«.[165] In ähnliche Richtung gehen die Versuche, den objektiven Erklärungstatbestand von einem unterbliebenen Substitutionseffekt abhängig zu machen. Das Vorschaubild dürfe das Originalbild nicht ersetzen.[166] Teilweise wird das Urheberpersönlichkeitsrecht in den Blick genommen und argumentiert, dass eine Einwilligung nur dann wirksam sei, wenn das Urheberpersönlichkeitsrecht nicht verletzt werde.[167] *Tinnefeld* schlägt eine kumulative Kombination dieser Kriterien vor: Der objektive Tatbestand einer Einwilligungserklärung sei nur dann erfüllt, wenn *(1)* die Nutzung die Wahrnehmbarkeit des Werkes fördere, *(2)* Art und Umfang hierfür erforderlich sei, *(3)* die Verwertungsinteressen des Rechteinhabers gefördert würden, *(4)* keine Substitution eintrete und *(5)* das Urheberpersönlichkeitsrecht nicht beeinträchtigt werde.[168]

Einer abschließenden Stellungnahme bedarf es vorliegend nicht. Unabhängig davon, welchem Ansatz man folgen möchte, steht fest, dass das Onlinestellen von urheberrechtlich geschützten Werken die Anforderungen an den objektiven Erklärungstatbestand zur Nutzung durch eine Bildersuchmaschine erfüllen kann.

Als untypisches Rechtsgeschäft bedarf die schlichte Einwilligung in objektiver Hinsicht keines Rechtsfolgenwillens. Diese Abweichung lässt sich mit der Natur der schlichten Einwilligung erklären. Anders als bei der dinglichen Übertragung von Nutzungsrechten oder der schuldrechtlichen Gestattung erwirbt der Einwilligungsempfänger kein gegen den Willen des Erklärenden durchsetzbares Recht.[169]

In subjektiver Hinsicht sind zudem Handlungs- und Erklärungsbewusstsein zu fordern.[170] Diesbezüglich bestehen kaum Probleme. Konstellationen, in denen der Urheber nichts von seiner Handlung wusste, sind praktisch kaum vorstellbar. Auch das Erklärungsbewusstsein wird grundsätzlich angenommen. Selbst wenn

---

164 *Leistner/Stang*, CR 2008, S. 499 (506).

165 LG Erfurt, Urt. v. 15.03.2007 (Az. 3 O 1108/05), MMR 2007, S. 393 (394).

166 *Götting*, in: *Ahlberg/Götting*, BeckOK UrhR, § 19a, Rn. 4a; *Berberich*, MMR 2005, S. 145 (148); *Leistner/Stang*, CR 2008, S. 499 (506).

167 *Leistner/Stang*, CR 2008, S. 499 (506).

168 *R. Tinnefeld*, Einwilligung, S. 97.

169 BGH, Urt. v. 29.04.2010 (Az. I ZR 69/08), GRUR 2010, S. 628 (631), Rn. 34 – Vorschaubilder I; *Ohly*, Volenti non fit iniuria, S. 176 f.

170 Der Geschäftswille ist nach h. M. nicht Tatbestandsvoraussetzung (vgl. §§ 119 ff. BGB).

der Urheber nicht wusste, dass sein Handeln Auswirkungen auf die Erteilung einer Einwilligung hat, wird ihm ein entsprechendes Wissen unterstellt, da er im Hinblick auf die Verkehrssitte im Internet gemäß § 157 BGB damit zumindest hätte rechnen müssen.[171]

Die schlicht erklärte Einwilligung hat die gleiche Bedeutung, Aussagekraft und Bindungswirkung wie eine ausdrückliche Einwilligung. Im BGB herrscht der Grundsatz der Gleichwertigkeit von ausdrücklichen und konkludenten Willenserklärungen.[172]

Nach diesen Ausführungen ist davon auszugehen, dass das Onlinestellen von urheberrechtlich geschützten Werken in das Internet durchaus einen rechtsgeschäftlichen Erklärungswert hat. Die Voraussetzungen, die die Rechtsgeschäftslehre an die Auslegung von konkludenten Willenserklärungen stellt, sind erfüllt. Damit ist den Bedenken, die ein Teil der Literatur gegen die Einwilligungslösung des BGH im Hinblick auf eine zu objektivierte Auslegung geäußert hat, insofern beizupflichten, als der BGH mit dem Abstellen auf die Üblichkeit der Nutzungshandlung einen zu objektiv geprägten Ansatz gewählt hat. Allerdings kann hieraus nicht gefolgert werden, dass das Institut der schlichten Einwilligung gänzlich abzulehnen sei, da eine Auslegung unter Berücksichtigung der subjektiven Urheberinteressen zu gleichen Ergebnissen führen kann.

V. Zugang und Widerruf

Möchte man die schlichte Einwilligung als einseitige, rechtsgeschäftliche Willenserklärung einordnen, muss man sich auch über das Zugangserfordernis Gedanken machen. Nach § 130 Abs. 1 S. 1 BGB wird eine Willenserklärung gegenüber Abwesenden in dem Zeitpunkt wirksam, in welchem sie ihnen zugeht. Diese Norm ist auch für Einwilligungserklärungen im Internet anwendbar.[173] Zugegangen ist die Willenserklärung, wenn sie in den Machtbereich oder in die tatsächliche Verfügungsgewalt des Empfängers gelangt, sodass es nur noch an ihm liegt, von ihr Kenntnis zu nehmen, und mit seiner Kenntnisnahme unter normalen Umständen gerechnet werden kann.[174] Dieser tradierte Zugangsbegriff stößt bei Willenserklärungen im Internet schnell an seine Grenzen. Der Urheber erklärt seine Einwilligung *erga omnes* und nicht wie in einem Austauschverhältnis gegenüber seinem Vertragspartner. Das freie Internet lässt sich nicht in abtrennbare Herrschaftsbereiche aufgliedern. Zudem ist fraglich, wann und wie

171 *R. Tinnefeld,* Einwilligung, S. 103; *Leistner/Stang,* CR 2008, S. 499 (506); *Ungern-Sternberg,* GRUR 2009, S. 369 (370).

172 *Singer,* in: *Staudinger,* BGB, Vor. §§ 116ff., Rn. 58; *R. Tinnefeld,* Einwilligung, S. 63.

173 *R. Tinnefeld,* Einwilligung, S. 114.

174 *Wendtland,* in: *Bamberger et al.,* BeckOK BGB, § 130, Rn. 9.

die Erklärung vom Empfänger wahrgenommen wird.[175] Hier zeigt sich besonders deutlich, dass die Vorschriften der Rechtsgeschäftslehre nicht blind auf die schlichte Einwilligung übertragen werden dürfen, sondern ihre Anwendbarkeit im Einzelfall geprüft werden muss.

Man könnte deshalb geneigt sein, auf das starre Zugangserfordernis im Internet ganz zu verzichten. *Tinnefeld* geht einen anderen Weg und schlägt vor, den Rechtsgedanken des § 657 BGB auf den Zugang von Einwilligungen im Internet zu übertragen. Diese Norm regelt die Voraussetzungen der Auslobung und lässt die *»öffentliche Bekanntmachung«* als Kommunikationsakt unter Verzicht auf das Zugangserfordernis ausreichen. Sowohl bei der Auslobung als auch im Rahmen von Erklärungen im Internet wende sich der Erklärende an einen unbestimmten Personenkreis. Entscheidend sei allein, dass derjenige, der die Erklärung wahrnehme, sich hierauf berufen könne.[176] Dieses rechtsgeschäftliche Erklärungsmodell hat auch in der jüngeren Literatur Zustimmung erfahren.[177]

Die schlichte Einwilligung kann auch widerrufen werden.[178] Der BGH nimmt jedoch einschränkend an, dass dies nur mit einem gegenläufigen Verhalten möglich sei. Der gegenüber einem einzelnen Betreiber einer Suchmaschine erklärte ausdrückliche Widerruf sei rechtlich unbeachtlich, sofern die streitgegenständlichen Werke weiterhin ungesichert im Internet stehen. Der Erklärungsgehalt des ursprünglichen Verhaltens bleibe hierdurch unberührt. Da die schlichte Einwilligung *erga omnes* erklärt worden sei, müsse dies auch für den Widerruf gelten.[179] Der Urheber müsse also durch gegenläufiges, ebenfalls schlüssiges Verhalten den Widerruf (schlicht) erklären. Dies könne durch technische Abwehrmaßnahmen gegen die Indexierung durch die Suchmaschinenbetreiber erfolgen.[180] Diese Einschränkung des BGH hat in der Literatur für Kritik gesorgt.[181]

175 *R. Tinnefeld,* Einwilligung, S. 114.

176 *R. Tinnefeld,* Einwilligung, S. 115.

177 *König,* Einfaches Nutzungsrecht, S. 194f.; *Ohly,* GRUR 2018, S. 996 (1002).

178 Zur schlichten Einwilligung: *Ohly,* Volenti non fit iniuria, S. 348; zum Widerruf von Open-Content-Verträgen eingehend: *König,* Einfaches Nutzungsrecht, S. 200ff.

179 BGH, Urt. v. 29.04.2010 (Az. I ZR 69/08), GRUR 2010, S. 628 (632), Rn. 37 – Vorschaubilder I; *Hüttner,* WRP 2010, S. 1008 (1013f.).

180 *Wehner,* DSRITB 2012, S. 157 (163).

181 *R. Tinnefeld,* Einwilligung, S. 155ff. m. w. N.

VI. Stellungnahme: Anerkennung der schlichten Einwilligung

Die vorstehenden Überlegungen haben aufgezeigt, dass sich das Institut der schlichten Einwilligung umfassend in die Zivilrechtsdogmatik einordnen lässt. Sie ist nach hier vertretenem Ansatz ein untypisches Rechtsgeschäft. Die Anwendbarkeit der Normen der Rechtsgeschäftslehre in den §§ 104ff. BGB sind jeweils im konkreten Einzelfall auf ihre Angemessenheit zu überprüfen. Eine notwendige Anpassung erfährt die schlichte Einwilligung beim Zugang und – nach Ansicht des BGH – auch beim Widerruf. Die schlichte Einwilligung ist nach überzeugender herrschender Meinung ein Rechtfertigungsgrund. Die Auslegung muss sich nach den für konkludente Willenserklärungen maßgeblichen Kriterien richten. In Ermangelung eines Wortlauts sind die Interessen des Erklärenden in den Blick zu nehmen. Die Interessen des Urhebers werden durch die Nutzung der Werke als Vorschaubilder aber nicht unangemessen beeinträchtigt.

Damit sind auch die Bedenken der Literatur gegen die Einwilligungslösung weitestgehend entkräftet.[182] Da sich die schlichte Einwilligung in das zivilrechtliche Gefüge einordnen lässt, ist ihre Existenz anzuerkennen.[183] Der BGH schafft deshalb auch keine »*Quasi-Fair-Use-Schranke*«, sondern wendet die Rechtsgeschäftslehre nur konsequent an. Diese Dogmatik ist zudem technologieneutral, so dass auch der Einwand, es gehe dem BGH nur um die Funktionsfähigkeit eines Mediums oder den Schutz eines Geschäftsmodells, nicht greifen kann.

Der Literatur ist hingegen zuzugestehen, dass es für die Auslegung einer Einwilligung nicht auf die Üblichkeit einer Nutzungshandlung ankommen kann. Vielmehr müssen die subjektiven Urheberinteressen in den Fokus der Betrachtung gerückt werden. Nicht gefolgt werden kann aber dem Einwand, dass der Urheber in den hier interessierenden Fallkonstellationen einen entgegenstehenden Willen zum Ausdruck gebracht hätte. Er macht geradezu mit seinem Handeln – unter Berücksichtigung der Auslegungsgrundsätze für konkludente Erklärungen – deutlich, dass die Nutzung durch Suchmaschinen in seinem Interesse liegt. Wenn in dieser Arbeit von der schlichten Einwilligung die Rede ist, wird von nun an das zuvor beschriebene Verständnis zugrunde gelegt.

182 Vgl. hierzu S. 32ff.

183 Vgl. zur Kritik der Literatur an der Vorschaubilder-II-Entscheidung: *R. Tinnefeld*, Einwilligung, S. 134ff.

E. Exkurs: US-Rechtsvergleich zur »implied license«

Die schlichte Einwilligung ist keineswegs eine ursprünglich deutsche Rechtsschöpfung. Ein rechtsvergleichender Blick in die USA verrät, dass das Rechtsinstitut der *»implied license«* (konkludente Lizenz) dort bereits seit den 1920er Jahren anerkannt ist. Der Supreme Court hat im Jahr 1927 in der Sache *De Forest Radio Telephone & Telegraph Co. v. United States*[184] für das Patentrecht eine solche Rechtsfigur entwickelt:

> »No formal granting of a license is necessary in order to give it effect. Any language used by the owner of the patent or any conduct on his part exhibited to another, from which that other may properly infer that the owner consents to his use of the patent in making or using it, or selling it, upon which the other acts, constitutes a license, and a defense to an action for a tort.«

In den Folgejahren wurde die *»implied license«* sodann auch für das (digitale) Urheberrecht anerkannt.[185] Für die hier interessierende Fragestellung ist die Entscheidung *Fields v. Google, Inc.*[186] wegweisend.[187]

Der dortige Kläger ist Autor von literarischen Texten, die er auf seiner privaten Internetseite veröffentlicht. Der beklagte Suchmaschinenbetreiber durchsuchte die Internetseite des Klägers und fertigte neben der Indexierung der Seiten auch sogenannte *»cached versions«* der Suchergebnisse an. Hierbei handelt es sich um eine Archivierung des Suchergebnisses, die es den Suchmaschinennutzern ermöglicht, auch auf frühere Versionen der gesuchten Internetseite zugreifen zu können. Der Kläger wusste von der Möglichkeit, die Archivierung seiner Internetseite durch die Beklagte im Wege entsprechender HTML-Programmierung zu verhindern, unterließ jedoch jegliche Sicherung. Er sah in der Nutzung durch die Beklagte eine Urheberrechtsverletzung und verlangte Schadensersatz.

Obwohl es im Fall *Fields v. Google, Inc.* nicht um die Zulässigkeit der Bildersuchfunktion[188] geht, fallen gleichwohl die Sachverhaltsparallelen ins Auge. Das Gericht entschied, dass neben weiteren Rechtfertigungsgründen die Nutzungshandlung durch die Beklagte auch durch eine *»implied license«* legitimiert sei:

---

184 De Forest Radio Tel. Co. v. United States, 273 U.S. 236 (1927).

185 Zum rechtswissenschaftlichen Forschungsrückstand in Deutschland im Vergleich zu den USA in den Anfangsjahren des Internets: *Peukert*, GRUR-Beilage 2014, S. 77 (81).

186 Fields v. Google, Inc., 412 F. Supp. 2d 1106 (D. Nev. 2006).

187 *Seshadri*, UCLA Journal of Law & Technology 2007, S. 1 (14).

188 Die Zulässigkeit der Bildersuchfunktion wurde für das US-amerikanische Recht in den Rechtssachen *Kelly v. Arriba Soft Corp.* (77f. Supp. 2d 1116 (D. Cal. 1999) und 336f. 3d 811 (C.A.9 2003) und *Perfect 10, Inc. v. Google, Inc.* 508 F.3d 1146 (C.A.9 2007)) bejaht: Die Anfertigung von Vorschaubildern fällt unter die Fair-Use-Schranke gemäß 17 U.S.C. § 107; vgl. hierzu ausführlich: *Brunn*, Cache me if you can, S. 41ff.

»A license is a defense to a claim of copyright infringement [...]. A copyright owner may grant a nonexclusive license expressly or impliedly through conduct [...]. An implied license can be found where the copyright holder engages in conduct ›from which [the] other [party] may properly infer that the owner consents to his use.‹ [...]. Consent to use the copyrighted work need not be manifested verbally and may be inferred based on silence where the copyright holder knows of the use and encourages it [...].
According to the undisputed testimony of Google's Internet expert, Dr. John Levine, Web site publishers typically communicate their permissions to Internet search engines (such as Google) using ›meta-tags‹. A Web site publisher can instruct a search engine not to cache the publisher's Web site by using a ›no-archive‹ meta-tag. According to Dr. Levine, the ›no-archive‹ meta-tag is a highly publicized and well-known industry standard [...]. Field concedes he was aware of these industry standard mechanisms, and knew that the presence of a ›no archive‹ meta-tag on the pages of his Web site would have informed Google not to display ›Cached‹ links to his pages. Despite this knowledge, Field chose not to include the no-archive meta-tag on the pages of his site. He did so, knowing that Google would interpret the absence of the meta-tag as permission to allow access to the pages via ›Cached‹ links. Thus, with knowledge of how Google would use the copyrighted works he placed on those pages, and with knowledge that he could prevent such use, Field instead made a conscious decision to permit it. His conduct is reasonably interpreted as the grant of a license to Google for that use.«[189]

Diese Rechtsprechung wurde zudem im Verfahren *Parker v. YAHOO!, Inc.* bestätigt.[190] Auch in dieser Rechtssache ging es um die Zulässigkeit der *Cache*-Funktion von Suchmaschinen.

Die Parallelen zur Vorschaubilder-Judikatur sind deutlich zu erkennen. In den Entscheidungen geht es um eine Internetseite, die von der Nutzung durch Suchmaschinen wissentlich[191] nicht technisch ausgeschlossen wurde. Die US-amerikanische Rechtsprechung nimmt im Ergebnis ähnlich wie der BGH eine konkludente Einwilligung an.[192] Ob das *Content Caching* tatsächlich im wohlverstandenen Interesse des Erklärenden liegt, ist aber nach deutschem Auslegungsverständnis zweifelhaft. Der Urheber macht durch die Löschung der Inhalte geradezu deutlich, dass er mit dem Verbleib seines Werkes im Internet nicht (mehr) einverstanden ist.[193] Hierauf kommt es an dieser Stelle aber nicht an. Aufgezeigt werden soll nur, dass ein der schlichten Einwilligung vergleichbares Institut auch in anderen Rechtsordnungen durchaus existiert.

189 Fields v. Google, Inc., 412 F. Supp. 2d 1106 (D. Nev. 2006).
190 Parker v. YAHOO!, Inc., 07–2757 (E.D. Pa. 2008).
191 *Mysoor,* Implied Licences, S. 285f.
192 *Brunn,* Cache me if you can, S. 364. Zu weitgehend ist die Auffassung von *Seshadri,* der eine konkludente Einwilligung in jegliche technisch mögliche Onlinenutzung sehen möchte (»*If it is ridiculously easy to copy a file, it must be okay*«); *Seshadri,* UCLA Journal of Law & Technology 2007, S. 1 (30).
193 *Heßeling,* Internetsuchmaschinen, S. 85; *R. Tinnefeld,* Einwilligung, S. 98.

Genau wie in der deutschen Diskussion ist auch in der US-amerikanischen Literatur die Frage, ob die *»implied license«* rechtsgeschäftlich zu verstehen ist, umstritten. Üblicherweise wird dieses Rechtsinstitut als vertragsnahes Konstrukt aufgefasst,[194] wogegen aber in der Literatur Widerstand aufkam.[195]

F. Zusammenfassung

Das vorstehende Kapitel behandelte das Institut der schlichten Einwilligung in urheberrechtliche Onlinenutzungen im deutschen Recht. Abschließend sollen die Ergebnisse in gedrängter Form nochmals überblicksmäßig dargestellt werden. Auch der weitere Verlauf dieser Arbeit geht von den folgenden Thesen aus.

Internetseiten oder einzelne Elemente hiervon können urheberrechtlichen Werkschutz genießen. Insbesondere Lichtbildwerke nach § 2 Abs. 1 Nr. 5 UrhG bzw. Lichtbilder nach § 72 UrhG oder Werke der bildenden Künste nach § 2 Abs. 1 Nr. 4 Var. 1 UrhG sind für diese Arbeit von besonderer Bedeutung. In das Vervielfältigungsrecht gemäß § 16 UrhG, das Recht der öffentlichen Zugänglichmachung nach § 19a UrhG oder das unbekannte Recht der öffentlichen Wiedergabe gemäß § 15 Abs. 2 S. 1 UrhG wird bei Internetsachverhalten besonders oft tatbestandlich eingegriffen.

Die Wiedergabe von Vorschaubildern im Rahmen einer Bildersuche wird nicht durch eine gesetzliche Schrankenregelung legitimiert. Der BGH bemüht in den Vorschaubilder-I- und -II-Entscheidungen die Rechtsfigur der schlichten Einwilligung, um die Rechtswidrigkeit des Eingriffs zu verneinen. Dem schlüssigen Verhalten des Urhebers, nämlich seine Internetseite für den Zugriff von Bildersuchmaschinen frei zugänglich zu machen, könne die objektive Erklärung entnommen werden, dass er mit der Nutzung seiner Werke durch Bildersuchmaschinen im üblichen Umfang einverstanden ist. Eine schlichte Einwilligung sei auch dann anzunehmen, wenn das geschützte Werk nicht vom Urheber selbst, sondern von einem berechtigten Dritten in das Internet eingestellt wurde.

Die Instanzrechtsprechung folgt dem BGH in dieser Rechtsfrage bis heute. Das Meinungsbild in der Literatur ist hingegen sehr heterogen. Teilweise wird die Entscheidung des BGH begrüßt. Teilweise wird nur das Ergebnis anerkannt, aber zugleich dogmatische Kritik geäußert. Andere Teile der Wissenschaft lehnen die Rechtsprechung insgesamt ab.

Es wurde aufgezeigt, dass sich die fragliche Rechtsfigur in die allgemeine Zivilrechtsdogmatik einkleiden lässt und deshalb ihre Existenz anzuerkennen ist.

---

194 *Hilty*, GRUR 2018, S. 865 (870).

195 Vgl. für die Kritik statt vieler: *Newman*, Cardozo Arts & Entertainment Law Journal 2014, S. 1 (60); *Afori*, Santa Clara High Technology Law Journal 2009, S. 275 (325).

Die schlichte Einwilligung ist ein untypisches Rechtsgeschäft, welches *erga omnes* erklärt wird und im Tatbestandsaufbau auf der Ebene der Rechtfertigungsgründe zu prüfen ist. Bei der Auslegung des Erklärungstatbestands fehlt es am interpretationsfähigen Wortlaut und somit an einem greifbaren Auslegungsobjekt. Diese Besonderheit wird durch eine verstärkte Berücksichtigung der Interessenlage ausgeglichen. Gerade bei einseitigen, autonomen Erklärungen spielt die Motivlage des Erklärenden eine besondere Rolle. Die BGH-Rechtsprechung ist insoweit zu kritisieren, als auf die Üblichkeit einer Nutzungsform abgestellt wird, da es für die Auslegung der Willenserklärung vielmehr auf die Urheberinteressen ankommt. Der Zugang der Willenserklärung im Sinne des § 130 Abs. 1 Satz 1 BGB wird in analoger Anwendung des § 657 BGB ergänzt. Eine öffentliche Bekanntmachung der Willenserklärung ist ausreichend. Zudem ist die schlichte Einwilligung widerruflich, wenn auch nach BGH-Auffassung nur *erga omnes*.

Ein Rechtsvergleich zu den USA hat aufgezeigt, dass die deutschen Erwägungen valide sind. Auch in den USA existiert ein vergleichbares Rechtsinstitut in Form der »*implied license*«.

§ 2 Rechtslage im Unionsrecht

Bei der Auseinandersetzung mit dem Institut der schlichten Einwilligung, welches maßgeblich durch die nationale Lehre und Rechtsprechung der letzten Dekade geprägt wurde, darf auch die jüngere Judikatur des EuGH zur Auslegung des europäischen Urheberrechts nicht unberücksichtigt bleiben. Das folgende Kapitel beschäftigt sich mit der bisher noch nicht eindeutig geklärten Frage, ob durch die Auslegung der öffentlichen Wiedergabe im Sinne des Art. 3 Abs. 1 InfoSoc-RL durch den EuGH das nationale Institut der schlichten Einwilligung obsolet geworden ist.

Es wird aufgezeigt, wie sich die Rechtsprechung für die hier interessierende Rechtsfrage an ausgewählten Beispielen entwickelt hat (hierzu unter A.). Sodann wird untersucht, ob das Tatbestandsmerkmal des *»neuen Publikums«* eine Wesensverwandtschaft mit der deutschen Einwilligungslösung hat und welche Unterschiede bestehen (hierzu unter B.). Schließlich stellt sich die ganz praktische und zugleich akademisch spannende Frage, wie die Vorschaubilder-Fälle unter Berücksichtigung der europarechtlichen Dimensionen zu entscheiden sind (hierzu unter C.). Abschließend sollen die Ergebnisse zusammengefasst werden (hierzu unter D.).

A. Auslegung der öffentlichen Wiedergabe durch den EuGH

Die Rechtsprechung des EuGH zur öffentlichen Wiedergabe im Sinne des Art. 3 Abs. 1 InfoSoc-RL ist in der Urheberrechtswissenschaft stark umstritten. Der Gerichtshof sieht sich dem Vorwurf ausgesetzt, dass er den Begriff der öffentlichen Wiedergabe bis zur Konturlosigkeit ausweite.[196] Das Gericht geriere sich als Ersatzgesetzgeber[197] und seine Entscheidungen würden mehr Fragen als Ant-

196 *Peukert/Rehbinder*, UrhR, Rn. 408.
197 *Leistner*, GRUR 2017, S. 755 (755).

worten liefern.[198] Das Gericht schaffe ein *»bewegliches System mit verschiedenen Kriterien«* statt ein *»System klarer Tatbestandsvoraussetzungen«.*[199]

Gleichwohl hat die Rechtsprechung die Auslegung des europäischen Urheberrechts stark geprägt. Für die vorliegende Fallfrage, ob es des deutschen Rechtsinstituts der schlichten Einwilligung überhaupt noch bedarf, ist die europäische Rechtsprechung bei aller Kritik selbstverständlich zu berücksichtigen, wenn nicht sogar streitentscheidend. Sollte man zu dem Ergebnis kommen, dass die Betreiber von kommerziellen Bildersuchmaschinen durch die Bereitstellung von Vorschaubildern schon gar nicht tatbestandlich in ein Verwertungsrecht eingreifen, stellt sich die Frage der in Betracht kommenden Rechtfertigungsgründe gar nicht mehr. Ob dies der Fall ist, wird noch näher in Kapitel C. untersucht. Zunächst soll aber die einschlägige Rechtsprechung dargestellt werden und die Zusammenhänge sollen herausgearbeitet werden.

Der EuGH hat sich wiederholt mit der Rechtmäßigkeit von Hyperlinks im Internet beschäftigt. Dies ist zwar auf den ersten Blick eine völlig andere Fragestellung als die Zulässigkeit von Vorschaubildern, bietet aber bei näherer Betrachtung auch für die vorliegende Arbeit einen nicht zu unterschätzenden Erkenntnisgewinn. Zuerst hat sich der EuGH in der *Svensson*-Entscheidung[200] aus dem Jahr 2014 mit der Rechtmäßigkeit von Hyperlinks befasst (hierzu unter **I.**). Aus dem gleichen Jahr stammt der *BestWater International*-Beschluss,[201] der sich mit der Zulässigkeit des Framings, also einer technischen Ausprägung des Hyperlinkings, beschäftigt (hierzu unter **II.**). In der viel beachteten und zugleich kritisierten *GS Media*-Entscheidung[202] bildete der EuGH im Jahr 2016 seine Hyperlinking-Rechtsprechung fort (hierzu unter **III.**).

Ein gänzlich anderer Sachverhalt liegt der *Soulier*-Entscheidung[203] vom 16. November 2016 zugrunde. Die Richter beschäftigten sich hier mit der Frage der Digitalisierung von vergriffenen Werken. Gleichwohl erfolgten sehr spannende und für diese Arbeit nicht zu vernachlässigende Ausführungen zur Einwilligung im Urheberrecht (hierzu unter **IV.**).

Zuletzt soll die *Córdoba*-Entscheidung[204] beleuchtet werden. Der EuGH hatte in diesem Verfahren aus dem Jahr 2018 erstmals die Gelegenheit, zur Frage Stellung zu nehmen, ob der Upload eines urheberrechtlich geschützten Bildes auf eine Internetseite zulässig ist, wenn das gleiche Bild bereits zuvor mit Zustimmung des Rechteinhabers auf einer anderen Internetseite einsehbar war. Selbst-

198 *Rauer/Kaase*, WRP 2018, S. 1155 (1156).
199 *Raue*, ZGE/IPJ 2017, S. 514 (518f.).
200 EuGH, Urt. v. 13.02.2014 (Az. C-466/12), GRUR 2014, S. 360 – Svensson.
201 EuGH, Beschl. v. 21.10.2014 (Az. C-348/13), GRUR 2014, S. 1196 – BestWater International.
202 EuGH, Urt. v. 08.09.2016 (Az. C-160/15), GRUR 2016, S. 1152 – GS Media.
203 EuGH, Urt. v. 16.11.2016 (Az. C-301/15), GRUR 2017, S. 62 – Soulier.
204 EuGH, Urt. v. 07.08.2018 (Az. C-161/17), GRUR 2018, S. 911 – Córdoba.

redend hat diese Fallkonstellation Bedeutung für die hier zu untersuchende Frage über die Zulässigkeit von Vorschaubildern (hierzu unter V.).

Abschließend sollen die Entscheidungen in ihrer Gesamtheit und im Kontext zueinander bewertet und einem Zwischenergebnis zugeführt werden (hierzu unter VI.).

I. Svensson-Entscheidung

Mit dem *Svensson*-Urteil vom 13. Februar 2014 eröffnete der EuGH eine Entscheidungsreihe über die Zulässigkeit von Hyperlinks im Internet.

Die Kläger waren Journalisten, die für eine schwedische Zeitung Presseartikel verfassten. Die Artikel wurden mit Zustimmung der Kläger auf der Internetseite der Zeitung veröffentlicht und waren frei zugänglich. Die Beklagte betrieb eine Internetseite, auf der Listen mit Hyperlinks unter anderem zu den Presseartikeln der Kläger zu finden waren. Die Kläger verlangten Schadensersatz für die Nutzung ihrer Werke.[205]

Das Gericht prüft, entsprechend der Vorlagefrage, ob das Hyperlinking eine öffentliche Wiedergabe im Sinne des Art. 3 Abs. 1 InfoSoc-RL ist. Der Begriff der öffentlichen Wiedergabe setze sich aus zwei kumulativen Tatbestandsmerkmalen zusammen, nämlich zum einen einer *»Handlung der Wiedergabe«* eines Werkes und zum anderen der *»öffentlichen«* Wiedergabe. Die Handlung der Wiedergabe sei weit zu verstehen und vorliegend erfüllt, da den Nutzern der Linkliste direkter Zugang zu den urheberrechtlich geschützten Artikeln geboten werde.[206]

Unter dem zweiten Tatbestandsmerkmal, der Öffentlichkeit der Wiedergabe, versteht das Gericht eine unbestimmte, jedoch *»ziemlich große«* Zahl potenzieller Adressaten.[207] Obwohl die Internetseite der Beklagten diese Anforderungen erfülle, setze die öffentliche Wiedergabe allerdings bei Verwendung desselben technischen Verfahrens voraus, dass ein neues Publikum erreicht werde. Dies sei ein Publikum, das der Inhaber des Urheberrechts nicht erfassen wollte, als er die ursprüngliche öffentliche Wiedergabe erlaubte.[208] Ein neues Publikum sei aber nicht erreicht worden, da das Zielpublikum der ursprünglichen Internetseite der Zeitung, die zudem für alle Nutzer des Internets frei zugänglich war, und das Publikum der Internetseite der Beklagten identisch sei.[209] Dieses Ergebnis gelte auch dann, wenn die verlinkenden Seitenbetreiber nicht eindeutig kenntlich

---

205 EuGH, Urt. v. 13.02.2014 (Az. C-466/12), GRUR 2014, S. 360 (360) – Svensson.

206 EuGH, Urt. v. 13.02.2014 (Az. C-466/12), GRUR 2014, S. 360 (361), Rn. 16ff. m.w.N. – Svensson.

207 EuGH, Urt. v. 13.02.2014 (Az. C-466/12), GRUR 2014, S. 360 (361), Rn. 21 m.w.N. – Svensson.

208 EuGH, Urt. v. 13.02.2014 (Az. C-466/12), GRUR 2014, S. 360 (361), Rn. 24 m.w.N. – Svensson.

209 EuGH, Urt. v. 13.02.2014 (Az. C-466/12), GRUR 2014, S. 360 (361), Rn. 26ff. – Svensson.

machen, dass der Hyperlink auf die Internetseite eines Dritten führt (sogenanntes Framing).[210]

Hingegen könne man in Fällen, in denen die Ursprungsseite durch beschränkende Maßnahmen gesichert ist, von einem neuen Publikum ausgehen.[211] Hinsichtlich dieses Aspekts hat der EuGH in naher Zukunft erneut die Möglichkeit, seine Rechtsprechung zu bestätigen. Der BGH hat dem EuGH kürzlich die Frage vorgelegt, ob die Umgehung von Schutzmaßnahmen gegen Framing eine öffentliche Wiedergabe im Sinne des Art. 3 Abs. 1 InfoSoc-RL ist.[212]

Betrachtet man die Entscheidungsgründe und nimmt zugleich das deutsche Institut der schlichten Einwilligung in den Blick, werden die Parallelen deutlich. Auch der EuGH stellt maßgeblich auf den Willen der Rechteinhaber ab.[213] Das Gericht kleidet den Rechtsgedanken allerdings in das Tatbestandsmerkmal des neuen Publikums ein und findet somit eine urheberrechtsinterne Lösung. Eine rechtsgeschäftliche Lösung, wie sie der BGH bei den Vorschaubilder-I- und -II-Fällen bevorzugt, scheint dem EuGH auf den ersten Blick auch verwehrt zu sein, denn sowohl das Urhebervertragsrecht als auch die allgemeine Rechtsgeschäftslehre waren im Zeitpunkt der Entscheidung europarechtlich nicht harmonisiert. Allerdings ist die Rechtsgeschäftslehre ein gemeineuropäisches Prinzip,[214] worauf der EuGH bei seiner Auslegung durchaus hätte zugreifen können, wie er es auch in der noch zu betrachtenden *Soulier*-Entscheidung[215] tat. Im Kern geht es aber um das Gleiche: Der Rechteinhaber entscheidet selbst durch die Äußerung seines Willens über die Verwertung seines Werkes. Das erkennt auch der EuGH mit der *Svensson*-Entscheidung grundsätzlich an.

II. BestWater International-Entscheidung

Der *BestWater International*-Beschluss, welcher in deutschen Urheberrechtskreisen besser unter dem Stichwort *»Die Realität«* bekannt ist, erfolgte nur wenige Monate nach der *Svensson*-Entscheidung und bestätigte diese auch im Hinblick auf die Framing-Technologie.[216]

Die dortige Klägerin war Inhaberin ausschließlicher Nutzungsrechte an einem zweiminütigen Werbefilm, der auf die Videoplattform *YouTube* eingestellt wurde.

210 EuGH, Urt. v. 13.02.2014 (Az. C-466/12), GRUR 2014, S. 360 (361), Rn. 29f. – Svensson.
211 EuGH, Urt. v. 13.02.2014 (Az. C-466/12), GRUR 2014, S. 360 (361), Rn. 31 – Svensson.
212 BGH, Beschl. v. 25.04.2019 (Az. I ZR 113/18), GRUR 2019, S. 725 – Deutsche Digitale Bibliothek.
213 *Jani/Leenen*, GRUR 2014, S. 360 (363); *Oechsler*, GRUR Int. 2019, S. 231 (233).
214 Vgl. hierzu ausführlich S. 180ff.
215 Vgl. hierzu S. 58ff.
216 Zum technischen Hintergrund der Framingtechnologie siehe S. 79ff.

Die Beklagten standen im Wettbewerb mit der Klägerin und verlinkten jeweils auf ihren Internetseiten mittels einbettender Verlinkung (Framing) auf den Werbefilm. Durch die Verlinkung entstand der Eindruck, dass das Video Teil des Angebots der Internetseiten des Beklagten sei.[217]

Das Gericht verweist in den Entscheidungsgründen in aller Kürze auf die bereits getroffene Entscheidung in der Sache *Svensson* und betont erneut, dass die dort herausgearbeiteten Grundsätze auch auf die Framing-Technologie Anwendung finden.[218] Interessant sind zudem die Ausführungen zum Tatbestandsmerkmal des neuen Publikums. Das Gericht nimmt an, dass der Urheber, der ein Werk auf einer Internetseite frei zugänglich zur Verfügung stellt, bei seiner Erlaubnis an *»alle Internetnutzer als Publikum gedacht«*[219] habe. Somit liege keine öffentliche Wiedergabe im Sinne des Art. 3 Abs. 1 InfoSoc-RL vor.

Der Gerichtshof stellt erneut – nun auch in einem reinen Framing-Fall – maßgeblich auf den Willen des Rechteinhabers ab. Es kommt wiederholt auf die Frage an, ob das Werk auf der ursprünglichen Internetseite der Klägerin mit oder ohne ihre Zustimmung öffentlich zugänglich gemacht wurde. Deutlicher als in der *Svensson*-Entscheidung wird der EuGH mit seiner Aussage, dass ein Urheber bei seiner (konkludenten) Erlaubnis alle Internetnutzer einbezogen habe. Das Gericht beantwortet hingegen nicht die Frage, wie Fälle zu beurteilen sind, in denen der Urheber die ursprüngliche Wiedergabe nicht erlaubt hat.[220]

Man könnte kritisieren, dass das Framing die gleiche Eingriffsintensität wie eine Vervielfältigung und erneute öffentliche Wiedergabe haben müsse, weil der Betrachter nicht erkennen könne, dass das Werk von einem Dritten stamme, und deshalb ein Eingriff in Art. 3 InfoSoc-RL vorliege. Dieser Argumentation ist entgegenzutreten, da die geistige Schöpfung und Originalität prägend für das Urheberrecht sind. Der Herkunftshinweis und die Möglichkeit, dass der Nutzer die technischen und lizenzrechtlichen Hintergründe erkennen kann, kann zwar für das Urheberpersönlichkeitsrecht durchaus auch eine Rolle spielen, hat aber für den tatbestandlichen Eingriff in ein Verwertungsrecht keine herausragende Bedeutung.[221]

---

217 EuGH, Beschl. v. 21.10.2014 (Az. C-348/13), GRUR 2014, S. 1196 (1196) – BestWater International.

218 EuGH, Beschl. v. 21.10.2014 (Az. C-348/13), GRUR 2014, S. 1196 (1197), Rn. 14ff. – BestWater International.

219 EuGH, Beschl. v. 21.10.2014 (Az. C-348/13), GRUR 2014, S. 1196 (1197), Rn. 18 – BestWater International.

220 *Boden/Bosch*, IPRB 12/2017, S. 282 (284); *Solmecke/Dam*, MMR 2015, S. 46 (48).

221 *Rauer/Kaase*, WRP 2018, S. 1155 (1159).

III. GS Media-Entscheidung

Die insoweit konsistente Rechtsprechungslinie zum Hyperlinking verlässt der Gerichtshof bei der *GS Media*-Entscheidung.

Ein Fotograf fertigte Aktbilder eines weiblichen Models für das Männermagazin *Playboy*. Er erteilte der Klägerin, der Verlagsgesellschaft der Zeitschrift, die exklusive Erlaubnis, die Bilder in dieser Zeitschrift zu veröffentlichen. Die Beklagte betreibt eine viel besuchte Internetseite in den Niederlanden. Der Beklagten wurde von einem anonymen Dritten ein Hyperlink zugesendet, der zu den für den *Playboy* bestimmten Fotografien auf einer australischen Sharehoster-Seite führte. Die Beklagte veröffentlichte, trotz Unterlassungsaufforderung der Klägerin, einen Artikel auf ihrer Homepage, der einen Ausschnitt eines der besagten Lichtbilder und den Hyperlink zur australischen Internetseite mit den übrigen Werken enthielt. Die Beklagte weigerte sich, den Hyperlink zu entfernen. In der Zwischenzeit wurden die Dateien auf der australischen Sharehoster-Seite gelöscht, sodass der Hyperlink ins Leere führte. In der Folge veröffentlichte die Beklagte zwei weitere Artikel, die erneut Hyperlinks zu anderen Internetseiten enthielten, auf denen die Fotografien abermals zu sehen waren.[222]

Der bedeutendste Unterschied zu den vorgenannten Entscheidungen ist, dass die urheberrechtlich geschützten Werke nicht mit Zustimmung der Rechteinhaberin in das Internet gestellt wurden.[223] Der Gerichtshof suchte nach einer Lösung, die den Gegebenheiten des konkreten Einzelfalls gerecht wird, aber auch die grundsätzliche Rechtmäßigkeit von Hyperlinks nicht in Frage stellt.

Der EuGH betont in der *GS Media*-Entscheidung, dass die Auslegung des Begriffs der öffentlichen Wiedergabe eine *»individuelle Beurteilung«* erfordere. Bei einer solchen Beurteilung sei eine Reihe von Kriterien zu berücksichtigen, die *»unselbstständig und miteinander verflochten«* seien. Diese Kriterien seien einzeln und im Zusammenwirken mit anderen Kriterien anzuwenden.[224] Der Gerichtshof hebt in dieser Entscheidung nun die *»zentrale Rolle des Nutzers«* und die *»Vorsätzlichkeit seines Handelns«* hervor.[225] Zudem müsse das Werk aber auch für ein neues Publikum wiedergegeben werden.[226] Bemerkenswert ist auch die Feststellung, dass es darüber hinaus erheblich sei, ob eine öffentliche Wie-

222 EuGH, Urt. v. 08.09.2016 (Az. C-160/15), GRUR 2016, S. 1152 – GS Media.
223 *Ohly*, GRUR 2016, S. 1152 (1155ff.).
224 EuGH, Urt. v. 08.09.2016 (Az. C-160/15), GRUR 2016, S. 1152 (1153), Rn. 33f. m.w.N. – GS Media.
225 EuGH, Urt. v. 08.09.2016 (Az. C-160/15), GRUR 2016, S. 1152 (1153f.), Rn. 35 m.w.N. – GS Media.
226 EuGH, Urt. v. 08.09.2016 (Az. C-160/15), GRUR 2016, S. 1152 (1153f.), Rn. 37 m.w.N. – GS Media.

dergabe zu Erwerbszwecken erfolge.[227] Das Gericht argumentiert auch erstmals in diesem Zusammenhang mit Grundrechten: Das Internet sei für die gemäß Art. 11 GRCh gewährleistete Meinungsäußerungs- und Informationsfreiheit von besonderer Bedeutung. Hyperlinks trügen zum guten Funktionieren des Internets bei. Für Einzelpersonen ohne Gewinnerzielungsabsicht sei es schwierig zu überprüfen, ob Werke, zu denen sie Hyperlinks setzen möchten, urheberrechtlich geschützt seien.[228] Umgekehrt sei eine öffentliche Wiedergabe in der Regel anzunehmen, wenn der Linksetzende wusste oder hätte wissen müssen, dass das Zielwerk unbefugt im Internet steht, wenn beschränkende Maßnahmen umgangen würden oder wenn er mit Gewinnerzielungsabsicht gehandelt habe. Im letzteren Fall gelte eine Vermutung für die Kenntnis des Nutzers und ihm seien Nachprüfungen zuzumuten.[229]

Für diese Dissertation ist das Folgende erheblich: Der EuGH wendet in der *GS Media*-Entscheidung erstmals seinen Blick vom Rechteinhaber ab und nimmt stattdessen den Nutzer, also den potenziellen Rechtsverletzer, in den Fokus. Es kommt nach diesem Urteil nicht – wie bisher – auf den Willen des Urhebers an, sondern auf das Wissen bzw. Wissenmüssen[230] und die Gewinnerzielungsabsicht eines etwaigen Rechtsverletzers.[231] Zudem wird ein rein objektives Kriterium, nämlich die Funktionsfähigkeit des Internets, nutzbar gemacht.[232]

Das Motiv für diese Rechtsfortbildung liegt auf der Hand. Das Gericht wollte die Rechtmäßigkeit von Hyperlinks wegen ihrer Notwendigkeit für das Internet nicht grundsätzlich in Frage stellen. Auch Links auf rechtswidrige Inhalte sollen, sofern der Linksetzer nicht bösgläubig ist, weiterhin möglich sein, da der Nutzer in der Regel die Rechtmäßigkeit des Zielwerkes nicht überprüfen kann. Man merkt der Entscheidung diese Ergebnisorientierung durchaus an, nicht zuletzt weil der EuGH den konkreten Einzelfall ohne Weiteres mit seiner bisherigen Rechtsprechung zum neuen Publikum hätte lösen können, denn der Urheber hat keine Erlaubnis zur öffentlichen Wiedergabe im Internet erteilt. Somit erreicht die Verlinkung durch die Beklagte *per se* ein neues Publikum und man hätte einen Eingriff in Art. 3 Abs. 1 InfoSoc-RL auch mit dieser Begründung annehmen können. Damit hätte der EuGH ohne weitere Rechtsfortbildung zwar den konkreten Fall entscheiden, aber keine generelle Aussage über den Einzelfall hinaus

227 EuGH, Urt. v. 08.09.2016 (Az. C-160/15), GRUR 2016, S. 1152 (1154.), Rn. 38 m.w.N. – GS Media.

228 EuGH, Urt. v. 08.09.2016 (Az. C-160/15), GRUR 2016, S. 1152 (1154.), Rn. 45ff. – GS Media.

229 EuGH, Urt. v. 08.09.2016 (Az. C-160/15), GRUR 2016, S. 1152 (1154.), Rn. 49ff., 54 – GS Media.

230 Vgl. hierzu S. 72ff.

231 Vgl. hierzu S. 74ff.

232 Auch der BGH stellt in der Vorschaubilder-I-Entscheidung auf ein objektives Kriterium, nämlich die Üblichkeit der Nutzung, ab und verobjektiviert damit die Einwilligung des Urhebers.

treffen können. Diese Gelegenheit wollte der Gerichtshof ersichtlich nicht verstreichen lassen.

Die Entscheidung ist in der Literatur auf viel Kritik gestoßen. Der EuGH stelle nicht mehr auf objektive Kriterien ab, sondern nehme eine individuelle, ökonomische Gesamtbetrachtung vor.[233] Das Gericht streue subjektive Kriterien in den objektiven Begriff der öffentlichen Wiedergabe.[234] Ob der Begriff tatsächlich ein rein objektiver ist, wird noch im Hinblick auf das Tatbestandsmerkmal des neuen Publikums zu untersuchen sein.[235] Es wurde die Frage aufgeworfen, ob die aufgestellte Vermutungsregel für eine Kenntnis auch für kommerzielle Suchmaschinen gelte,[236] die der BGH mittlerweile verneint hat.[237]

Sicherlich ist bei der Entscheidung der europäischen Richter auch das vorprozessuale Verhalten der Beklagten mit in die Entscheidung eingeflossen. *Ohly* bringt es in diesem Zusammenhang auf den Punkt: »*Hard cases make bad law*«.[238] Wie sich noch zeigen wird, stellt der EuGH auch in künftigen Entscheidungen wieder vermehrt auf den Willen des Rechteinhabers ab, sodass er seiner tradierten Rechtsprechungslinie wieder treu wird.[239] Die Entscheidung *GS Media* stellt in der Rechtsprechung des EuGH deshalb einen Fremdkörper dar.

IV. Soulier-Entscheidung

Das *Soulier*-Urteil aus dem Jahr 2017 reiht sich auf den ersten Blick nicht unmittelbar in die zuvor genannten Entscheidungen ein. Inhaltlich geht es nicht um die Hyperlinking-Technologie, sondern um die Zulässigkeit einer französischen Regelung über die Digitalisierung von vergriffenen Werken. Der Kläger macht geltend, dass das französische Recht eine Ausnahme und Beschränkung seines ausschließlichen Vervielfältigungsrechts schaffe, welche Art. 5 InfoSoc-RL nicht vorsehe. Zudem sei in der Digitalisierung seiner gedruckten Bücher eine öffentliche Wiedergabe im Sinne von Art. 3 Abs. 1 InfoSoc-RL zu sehen.[240]

Gleichwohl soll diese Entscheidung nicht unerwähnt bleiben. Die Bedeutung der folgenden Ausführungen des Gerichtshofs ist bei näherer Betrachtung für diese Arbeit nicht zu unterschätzen. Das Gericht macht deutlich, dass die dem

233 *Dietrich*, NJ 2018, S. 485 (486).
234 *Stollwerck*, in: *Ahlberg/Götting*, BeckOK UrhR, Sonderbereich: EU-UrhR, Rn. 85.
235 Vgl. hierzu S. 64ff.
236 *Ohly*, GRUR 2016, S. 1152 (1157).
237 BGH, Urt. v. 21.09.2017 (Az. I ZR 11/16), GRUR 2018, S. 178 – Vorschaubilder III.
238 *Ohly*, GRUR 2016, S. 1152 (1155).
239 Jüngst EuGH, Urt. v. 19.12.2019 (Az. C-263/18), GRUR 2020, S. 179 – Tom Kabinet; EuGH, Urt. v. 07.08.2018 (Az. C-161/17), GRUR 2018, S. 911 (911) – Córdoba.
240 EuGH, Urt. v. 16.11.2016 (Az. C-301/15), GRUR 2017, S. 62 (62) – Soulier.

Urheber nach Art. 2 lit. a, 3 Abs. 1 InfoSoc-RL garantierten Rechte »*vorbeugender Art*« seien. Jede Handlung der Vervielfältigung und der öffentlichen Wiedergabe eines Werkes durch Dritte bedürfe daher der vorherigen Zustimmung des Urhebers.[241] Jede Nutzung, die nicht unter den Schrankenkatalog des Art. 5 InfoSoc-RL falle und nicht durch eine vorherige Zustimmung legitimiert wird, verletze mithin die Rechte des Urhebers.[242] Insoweit bringt das Urteil keinen neuen Erkenntnisgewinn. Aber das Gericht führt sodann – entgegen des Schlussvortrags des Generalanwalts[243] – aus, dass eine solche Einwilligung nicht »*zwingend eine ausdrückliche Zustimmung*« sein müsse. Vielmehr könne auch eine »*implizite Zustimmung*« erfolgen.[244]

Beachtlich ist zudem, dass das Gericht seine Argumentation mit einem Verweis auf die *Svensson*-Entscheidung stützt.[245] In diesem Zusammenhang ist fraglich, was der EuGH hierdurch bezwecken möchte. Immerhin prüft der EuGH in der *Soulier*-Entscheidung nicht das Merkmal des neuen Publikums und erwähnt in der Rechtssache *Svensson* eine implizite Zustimmung nicht ausdrücklich. Der Querverweis lässt sich jedoch aus dem allgemeinen Rechtsgedanken, der dem neuen Publikum zugrunde liegt, erklären. Der Urheber macht durch sein schlüssiges Verhalten deutlich, dass er eine Nutzungshandlung erlauben möchte.[246] Eine Zustimmung kann also grundsätzlich nicht nur in Fallkonstellationen, wie sie der *Soulier*-Entscheidung zugrunde liegt, sondern auch fallübergreifend, sofern keine gesetzliche Regelung entgegensteht, implizit bzw. in anderen Worten stillschweigend,[247] konkludent oder schlicht erklärt werden.

Diese Erkenntnis ist erstaunlich, denn der EuGH stützt seine Argumentation nun ausdrücklich auf ein rechtsgeschäftliches Konstrukt. In der *Svensson*-Entscheidung war er mit einem solch klaren Bekenntnis zu einer rechtsgeschäftlichen Lösung noch vorsichtiger.[248] Gleichwohl ist dem Gericht zuzustimmen. Fast allen Rechtsordnungen der Mitgliedstaaten innerhalb der Union ist eine Rechtsgeschäftslehre bekannt.[249] Als gemeineuropäisches Prinzip kann bei der Auslegung der Richtlinie hierauf zurückgegriffen werden, ohne dass es einer ausdrücklichen Regelung bedürfte.[250]

---

241 EuGH, Urt. v. 16.11.2016 (Az. C-301/15), GRUR 2017, S. 62 (63), Rn. 33 m.w.N. – Soulier.
242 EuGH, Urt. v. 16.11.2016 (Az. C-301/15), GRUR 2017, S. 62 (63), Rn. 34 m.w.N. – Soulier.
243 Vgl. den Schlussantrag des Generalanwalts *Wathelet* vom 07.07.2016 (BeckRS 2016, 81489, Rn. 38f.), der noch eine »*ausdrückliche und vorherige Zustimmung*« forderte.
244 EuGH, Urt. v. 16.11.2016 (Az. C-301/15), GRUR 2017, S. 62 (63), Rn. 35 – Soulier.
245 EuGH, Urt. v. 16.11.2016 (Az. C-301/15), GRUR 2017, S. 62 (63), Rn. 36 – Soulier.
246 In diese Richtung auch: *Rosén*, in: *Dreier et al.*, FS Schulze, S. 95 (103f.).
247 *M. Walter*, medien und recht 2017, S. 31 (34).
248 Vgl. hierzu S. 53f.
249 Vgl. hierzu S. 180ff.
250 Vgl. zum gleichgelagerten Problem in der Rechtsvergleichung durch den EuGH: *Schwartze*, in: *Riesenhuber*, Europäische Methodenlehre, § 4, Rn. 1 ff.

Auffällig ist an dieser Entscheidung zudem, dass die europäischen Richter – anders als in der *Svensson*-Entscheidung – eine urheberrechtsexterne Lösung entwickelt haben. Sie argumentieren nicht über das Tatbestandsmerkmal des neuen Publikums, sondern gehen den Weg über die Rechtsgeschäftslehre. Dieser Ansatz erinnert sehr stark an die Vorschaubilder-I- und -II-Entscheidungen des BGH. Dies ist aber nicht verwunderlich, sondern konsequent, denn dem Gericht war eine Lösung über die Auslegung des neuen Publikums verwehrt. Das Merkmal wird nach ständiger Rechtsprechung nur in Fallkonstellationen geprüft, in denen dasselbe technische Verfahren angewendet wird.[251] Die Digitalisierung der vergriffenen Bücher ist offenkundig nicht dasselbe technische Verfahren wie der ursprüngliche Buchdruck.

Der EuGH betont aber auch, dass die Voraussetzungen an eine implizite Zustimmung eng zu fassen seien. Für die Zustimmung in die Digitalisierung von vergriffenen Werken nimmt der EuGH an, dass der Urheber über die künftige Nutzung seines Werkes und über Versagungsmöglichkeiten tatsächlich hätte informiert werden müssen.[252] Die französische Regelung enthalte aber keine derartigen Mechanismen, die diesen Anforderungen gerecht werden könnten, sodass die Regelung gegen Art. 2 lit. a, 3 Abs. 1 InfoSoc-RL verstoße.[253] Ob ein derart enges Verständnis der impliziten Zustimmung auch auf anders gelagerte Onlinesachverhalte übertragen werden kann, ist zweifelhaft. Hierfür bietet auch die vorliegende Entscheidung keine Anhaltspunkte. Zunächst ist zu beachten, dass der Gerichtshof keine allgemeingültigen Grundsätze für die Auslegung von impliziten Zustimmungen aufgestellt hat und auch nicht aufstellen wollte, sondern lediglich ihre Existenz anerkannt und eine gesetzliche Vorschrift auf ihre Vereinbarkeit mit dem Europarecht überprüft hat. Zum anderen ist zu beachten, dass selbst bei einer wörtlichen Übertragung der Urteilsgründe auf anders gelagerte Onlinesachverhalte, wie z. B. auf die Vorschaubilderkonstellation, dem Urheber durchaus klar ist, in welche künftige Onlinenutzung er implizit bzw. schlicht einwilligt. Dies ist ein gewichtiger Unterschied zum *Soulier*-Fall, denn der Urheber unterwirft sich immerhin freiwillig einer durch die Verkehrssitte vorgegebenen Kommunikationskultur und ihm ist bewusst bzw. muss bewusst sein, wie er durch textbasierte Programmierung, z. B. der *robots.txt*-Datei, eine

251 EuGH, Urt. v. 29. 11. 2017 (Az. C-265/16), GRUR 2018, S. 68 (70), Rn. 50 – VCAST/RTI; EuGH, Urt. v. 08. 09. 2016 (Az. C-160/15), GRUR 2016, S. 1152 (1154), Rn. 37 – GS Media; EuGH, Beschl. v. 21. 10. 2014 (Az. C-348/13), GRUR 2014, S. 1196 (1197), Rn. 14 – BestWater International; EuGH, Urt. v. 13. 02. 2014 (Az. C-466/12), GRUR 2014, S. 360 (361), Rn. 24 – Svensson.

252 EuGH, Urt. v. 16. 11. 2016 (Az. C-301/15), GRUR 2017, S. 62 (63), Rn. 38 – Soulier; *Stollwerck*, in: *Ahlberg/Götting*, BeckOK UrhR, Sonderbereich: EU-UrhR, Rn. 88 f.; *Hofmann*, EuZW 2018, S. 517 (521).

253 EuGH, Urt. v. 16. 11. 2016 (Az. C-301/15), GRUR 2017, S. 62 (64), Rn. 52 – Soulier.

Nutzung verhindern kann.[254] Eine Aufklärung hierüber durch die Suchmaschinenbetreiber wäre bloße Förmelei und kann nicht verallgemeinernd über den konkret entschiedenen Sachverhalt hinaus verlangt werden.

V. Córdoba-Entscheidung

Schließlich soll die jüngst ergangene *Córdoba*-Entscheidung des EuGH aus dem Jahr 2018 näher beleuchtet werden. Das Gericht hatte die Gelegenheit, zu einem Klassiker des digitalen Urheberrechts Stellung zu nehmen. Liegt eine öffentliche Wiedergabe durch das Einstellen auf eine Internetseite vor, wenn das Werk zuvor ohne beschränkende Maßnahmen und mit Zustimmung des Urhebers auf einer anderen Internetseite veröffentlicht wurde?

Die Schülerin einer deutschen Schule erstellte für den Spanischunterricht ein Referat. Zur Illustration verwendete sie eine Fotografie der spanischen Stadt *Córdoba*, die der Kläger – ein professioneller Fotograf – aufgenommen hatte. Die Fotografie wurde zuvor mit Zustimmung des Klägers auf der Internetseite eines Reisemagazins ohne beschränkende Maßnahmen, die ein Herunterladen des Werkes hätten verhindern können, veröffentlicht. Die Schule stellte das Referat mitsamt der Fotografie auf die schuleigene Internetseite. Der Kläger verlangte vom beklagten Land, als Aufsichtsbehörde der Schule bzw. Dienstherr der Lehrer, die Vervielfältigung und öffentliche Zugänglichmachung seines Werkes zu unterlassen sowie Schadensersatz zu zahlen.[255]

Der EuGH folgt seiner ständigen Rechtsprechung und prüft den Begriff der öffentlichen Wiedergabe im Sinne des Art. 3 Abs. 1 InfoSoc-RL zweistufig: Zunächst bedürfe es einer Handlung der Wiedergabe und im zweiten Schritt einer Öffentlichkeit der Wiedergabe.[256] Das erste Tatbestandsmerkmal wird wenig überraschend bejaht, denn durch das Einstellen auf einer anderen Internetseite würde den Besuchern der Zugang zum Werk ermöglicht.[257] Spannender sind die Ausführungen zum zweiten Merkmal. Hier komme es wieder einmal auf ein neues Publikum an, da dasselbe technische Verfahren genutzt werde.[258] Der Urheber müsse vorbehaltlich der Schrankenregelungen jeder Nutzungshandlung zustimmen, denn er habe ein Recht vorbeugender Art. Dieses Recht würde dem Urheber genommen, wenn man annähme, dass ein Upload auf eine andere In-

254 BGH, Beschl. v. 25.04.2019 (Az. I ZR 113/18), GRUR 2019, S. 725 (729), Rn. 35 – Deutsche Digitale Bibliothek: Technische Schutzmaßnahmen seien »*Sprache des Internets*«; *Bullinger/Garbers-von Boehm*, GRUR-Prax 2010, S. 257 (260); *Peukert*, GRUR-Beilage 2014, S. 77 (84).

255 EuGH, Urt. v. 07.08.2018 (Az. C-161/17), GRUR 2018, S. 911 (911) – Córdoba.

256 EuGH, Urt. v. 07.08.2018 (Az. C-161/17), GRUR 2018, S. 911 (912), Rn. 19 – Córdoba.

257 EuGH, Urt. v. 07.08.2018 (Az. C-161/17), GRUR 2018, S. 911 (912), Rn. 20f. – Córdoba.

258 EuGH, Urt. v. 07.08.2018 (Az. C-161/17), GRUR 2018, S. 911 (912), Rn. 22ff. – Córdoba.

ternetseite kein neues Publikum erreiche.[259] Sollte sich der Urheber entschließen, sein Werk nicht mehr auf der Ursprungswebseite wiedergeben zu wollen, wäre es im Falle des erneuten Uploads weiterhin auf der zweiten Internetseite einzusehen.[260] Zudem verbiete Art. 3 Abs. 3 InfoSoc-RL die Erschöpfung der Rechte des Urhebers. Ginge man davon aus, dass kein neues Publikum erreicht werde, würde das erstmalige Onlinestellen eines Werkes dessen Erschöpfung bedeuten und dem Urheber das Recht auf eine angemessene Vergütung abschneiden.[261] Der Gerichtshof betont in dieser Entscheidung, in Abgrenzung zu seiner Hyperlinking-Rechtsprechung, dass das Publikum, an das der Urheber bei Zustimmung der Wiedergabe seines Werkes auf der Internetseite gedacht habe, nur aus den Nutzern dieser Webseite bestand und nicht auch aus den Nutzern der zweiten oder einer anderen Internetseite.[262]

Der EuGH nutzt die Gelegenheit und stellt in ungewohnt klaren Worten[263] fest, dass die Hyperlinking-Rechtsprechung nicht auf Upload-Konstellationen übertragen werden kann. Erstens dienten Hyperlinks dem guten Funktionieren des Internets, wohingegen ein erneuter Upload nicht in gleichem Maße zu diesem Ziel beitragen würde. Zweitens sei der gewichtige technische Unterschied zwischen Hyperlinks und Uploads ein Grund für eine differenzierte Behandlung: Beim Upload werde eine neue Quelle geschaffen, wohingegen bei der Linking-Technologie der Hyperlink ins Leere führe, wenn das Werk aus dem Internet entfernt werde. Drittens sei beim erneuten Upload im Gegensatz zum Linking ein qualitativ stärkeres Zutun des Nutzers notwendig.[264]

Auf den Punkt gebracht heißt das, dass der EuGH zwischen Hyperlinking und Upload einen entscheidenden Unterschied sieht und diese Fälle daher konsequent auch unterschiedlich behandelt.[265] Es wird zwischen mittelbaren und unmittelbaren Wiedergabehandlungen unterschieden.[266] Diese Erkenntnis scheint nach deutschem Urheberrechtsverständnis zunächst nicht überraschend zu sein.[267] Betrachtet man aber die Entwicklung der Rechtsprechung zum Hyperlinking und den viel kritisierten[268] Schlussvortrag des Generalanwalts[269], der

259 EuGH, Urt. v. 07.08.2018 (Az. C-161/17), GRUR 2018, S. 911 (913), Rn. 29f. – Córdoba.
260 EuGH, Urt. v. 07.08.2018 (Az. C-161/17), GRUR 2018, S. 911 (913), Rn. 31 m.w.N. – Córdoba.
261 EuGH, Urt. v. 07.08.2018 (Az. C-161/17), GRUR 2018, S. 911 (913), Rn. 32ff. – Córdoba.
262 EuGH, Urt. v. 07.08.2018 (Az. C-161/17), GRUR 2018, S. 911 (913), Rn. 35 – Córdoba.
263 *Rauer/Kaase*, WRP 2018, S. 1155 (1158).
264 EuGH, Urt. v. 07.08.2018 (Az. C-161/17), GRUR 2018, S. 911 (914), Rn. 38ff. – Córdoba.
265 *Hofmann*, ZUM 2018, S. 641 (641); *Regenstein*, ZUM 2018, S. 649 (654).
266 *Ohly*, GRUR 2018, S. 996 (996).
267 *Hofmann*, ZUM 2018, S. 641 (641); *Wypchol*, EuZW 2018, S. 819 (823).
268 *Jani*, GRUR-Prax 2018, S. 241 (241).
269 Schlussantrag des Generalanwalts *Sánchez-Bordona*, BeckRS 2018, S. 6238, vgl. insbesondere zur »*stillschweigenden Zustimmung*« unter Rn. 77 mit Verweis auf die *Soulier*-Entscheidung; in dem Vorschlag des Generalanwalts wird teilweise keine »*stillschweigende Einwilligung*«, sondern eine »*vermutete Einwilligung*« gesehen; vgl. *Raue*, ZUM 2018, S. 517 (518).

eine öffentliche Wiedergabe noch ablehnen wollte, sind die Ausführungen des Gerichtshofs und die damit verbundene Schaffung von Rechtssicherheit ausdrücklich zu begrüßen. Die *Córdoba*-Entscheidung ist demnach keine Abkehr von der früheren Rechtsprechung zu Art. 3 InfoSoc-RL, sondern eine Konkretisierung und Klarstellung.[270] Auch der BGH hat diese Grundsätze im deutschen Ausgangsverfahren mittlerweile umgesetzt.[271]

Der EuGH besinnt sich erneut auf seine tradierte Auslegung des neuen Publikums und stellt abermals fest, dass es für die Bestimmung des Publikums auf den Kreis der Personen ankommt, an den der Urheber bei seiner Zustimmung gedacht hat. Anders als im *BestWater International*-Beschluss argumentieren die europäischen Richter nun aber, dass das angedachte Publikum nicht die Gesamtheit der Internetnutzer darstellt, sondern nur die potenziellen Nutzer der Ursprungsinternetseite vom Willen des Urhebers umfasst werden.[272] Die deutlichen Worte des EuGH zum Fortbestand seiner Hyperlinking-Rechtsprechung lassen den Schluss zu, dass diese Auslegung des konkludent erklärten Urheberwillens nur für unmittelbare Nutzungshandlungen, wie z.B. beim Upload, gelten soll.

Hervorzuheben an dem *Córdoba*-Urteil ist auch, dass das Gericht diesmal auf die *»unselbstständig und miteinander verflochtenen«* weiteren Kriterien verzichtet hat, die es noch in der *GS Media*-Entscheidung in eine *»individuelle Beurteilung«* eingestellt hat.[273] Ob dies an dem Umstand liegt, dass es bei unmittelbaren Nutzungshandlungen wie dem Upload auf diese zusätzlichen Kriterien nicht ankommen soll[274] oder dass der EuGH seine viel kritisierte Rechtsprechung in der *GS Media*-Entscheidung relativiert, ergibt sich aus den Entscheidungsgründen nicht. In der *Córdoba*-Entscheidung wird zudem die Flexibilität des Merkmals des neuen Publikums deutlich, was zu Recht für viel Kritik in der Literatur gesorgt hat. Nicht die Auslegung des Tatbestandsmerkmals entscheidet über das Ergebnis des Falles, sondern der Fall entscheidet über das Merkmal. Damit zäumt der EuGH das Pferd von hinten auf.[275] Je nach Belieben kann das Gericht dem Merkmal einen neuen Sinngehalt einhauchen.[276] Das Merkmal verdeckt zudem die eigentlich dahinterstehenden normativen Erwägungen.[277]

---

270 *Rauer/Kaase*, WRP 2018, S. 1155 (1158).
271 BGH, Urt. v. 10.01.2019 (Az. I ZR 267/15), BeckRS 2019, S. 11775 – Córdoba II.
272 *Rauer/Kaase*, WRP 2018, S. 1155 (1157); *M. Walter*, MR-Int. 2018, S. 85 (89).
273 *Hofmann*, ZUM 2018, S. 641 (642).
274 *Wypchol*, EuZW 2018, S. 819 (823).
275 *Lüthge/N. Peters*, GRUR Int. 2019, S. 756 (763); *Wypchol*, EuZW 2018, S. 819 (823).
276 *Dietrich*, NJ 2018, S. 485 (488).
277 *Ohly*, GRUR 2018, S. 996 (1000).

VI. Zwischenergebnis: Bedeutung des Urheberwillens

Die Entwicklung der Rechtsprechung des EuGH zur Auslegung des Art. 3 InfoSoc-RL zeigt auf, dass der Gerichtshof nahezu konsistent den Willen des Rechteinhabers als entscheidendes Kriterium ansieht. Sowohl in der *Svensson-*, der *BestWater International-* als auch in der *Córdoba*-Entscheidung nutzen die europäischen Richter diesen Rechtsgedanken zur Bestimmung des neuen Publikums. In der *Soulier*-Entscheidung wird nicht nur der Rechtsgedanke fruchtbar gemacht, sondern sogar ganz ausdrücklich auf ein rechtsgeschäftliches Erklärungsmodell zurückgegriffen. Diese vier Entscheidungen haben eine nicht zu verkennende Parallele zu den Vorschaubilder-I- und -II-Urteilen des BGH. Eine Ausnahme in der Rechtsprechung des EuGH stellt lediglich das *GS Media*-Urteil dar. In Ermangelung einer Zustimmung des Rechteinhabers und der ergebnisgetriebenen Argumentation des Gerichts sahen sich die Richter veranlasst, weitere Kriterien außerhalb der Sphäre des Rechteinhabers in die Abwägung mit einfließen zu lassen.

B. Neues Publikum als europarechtliche Einwilligungslösung

Nachdem die einschlägige Rechtsprechung des EuGH an ausgewählten Beispielen dargestellt wurde und die Parallelen zur deutschen Jurisprudenz aufgezeigt wurden, fällt auf, dass das Tatbestandsmerkmal des neuen Publikums häufig im Zentrum der Betrachtung steht. Diesem Umstand geschuldet wird das Merkmal nun näher untersucht. Das Ziel dieses Kapitels ist zu analysieren, ob eine Wesensverwandtschaft zwischen dem europäischen Ansatz des neuen Publikums und der deutschen Einwilligungsdogmatik besteht und welche Unterschiede festzustellen sind. Zunächst soll hierfür die Rechtsnatur des neuen Publikums ermittelt werden (hierzu unter **I.**). Sodann erfolgt eine kritische Bewertung des gefundenen Ergebnisses (hierzu unter **II.**).

I. Analyse der Rechtsnatur

Die Rechtsnatur des Merkmals ist umstritten. Ein Teil der Literatur hält das Merkmal des neuen Publikums für eine (objektive) Zugangsregel.[278] Der EuGH stimme mit diesem Merkmal die Ausschließlichkeitsrechte, die Vergütungsan-

278 *Leenen*, in: *Wandtke/Bullinger*, UrhR, Art. 3 InfoSoc-RL, Rn. 40; *Conrad/Schubert*, ZUM 2018, S. 132 (134); *Grünberger*, ZUM 2018, S. 271 (282); *Grünberger*, ZUM 2016, S. 905 (906f.);

sprüche und die Nutzerfreiheiten jeweils unter Berücksichtigung des konkreten Kommunikationsvorgangs miteinander ab und habe es somit zu einer Zugangsregel ausgebaut.[279] Von Zugangsregeln werde verlangt, dass sie neben den Interessen der Parteien auch das Allgemeinwohl fördern.[280] Solche *»privaten Zugangsregeln«* erlangten rechtlich beachtliche Geltung, wenn sie sich aufgrund staatlichen Rechts rechtfertigen ließen. Ein solcher Fall sei beim Hyperlinking und bei der Bildersuche im Internet anzunehmen.[281]

Andere sehen im neuen Publikum eine rechtsgeschäftliche Einwilligungslösung.[282] Dies wird mit den jüngeren Tendenzen des EuGH, seine Entscheidungen auf den Rechtsgedanken der konkludenten Einwilligung zurückzuführen, begründet. Es komme nicht auf einen objektiven Vergleich zwischen dem Publikum der ursprünglichen Wiedergabehandlung und dem Publikum bei der zweiten Nutzungshandlung an, sondern vornehmlich darauf, wem der Urheber die Nutzung gestatten wollte.[283]

Die beiden Erklärungsmodelle schließen sich nicht zwangsläufig aus, sondern ergänzen bzw. konkretisieren sich. Auch eine Einwilligung kann wie eine private Zugangsregel wirken.[284] Nicht nur formelle Gesetze, wie beispielsweise Schrankenbestimmungen, sondern auch Richterrecht oder privatrechtliche Regeln, wie z. B. rechtsgeschäftliche Erklärungen, können damit als Zugangsregeln in Betracht kommen. Diese Erscheinungsformen begrenzen die Verfügungsbefugnis bzw. urheberrechtlich gesprochen das Verwertungsrecht des Urhebers.[285] Der Begriff der Zugangsregel ist damit abstrakter, wohingegen die Einwilligung eine konkrete Erscheinungsform einer Zugangsregel ist.

Obgleich sich die Erklärungsmodelle nicht gegenseitig ausschließen, soll die Rechtsnatur vertiefter untersucht werden. Die exakte Bestimmung des Wesens des neuen Publikums kann für einen Vergleich mit der schlichten Einwilligung dienlich sein. Zunächst könnte eine historische Analyse im Zusammenhang mit der Entstehung des neuen Publikums in der Rechtsprechung des EuGH bei der Bestimmung der Rechtsnatur hilfreich sein (hierzu unter **1.**). Auch die Entwicklung der Rechtsprechung zur Auslegung von Art. 3 InfoSoc-RL soll im Hinblick auf die Verlautbarungen des Gerichts zum neuen Publikum untersucht und der Versuch einer Systematisierung unternommen werden (hierzu unter **2.**).

Grünberger, ZUM 2015, S. 273 (278); *Peukert*, GRUR-Beilage 2014, S. 77 (84); *Raue*, ZGE/IPJ 2017, S. 514 (524); *Wielsch*, GRUR 2011, S. 665 (673).

279 *Grünberger*, ZUM 2018, S. 271 (280).

280 *Wielsch*, GRUR 2011, S. 665 (667).

281 *Wielsch*, GRUR 2011, S. 665 (673).

282 *Leistner*, CR 2017, S. 818 (823); *Ohly*, GRUR 2018, S. 996 (1004); *Rammos/v. Rosen*, ZUM 2020, S. 25 (28); *Walser/Feurstein*, ZUM 2017, S. 639 (643).

283 *Ohly*, GRUR 2018, S. 996 (1004).

284 Für Lizenzverträge: *Wielsch*, Zugangsregeln, S. 232.

285 *Wielsch*, Zugangsregeln, S. 64.

Zudem könnte der Gedanke der Erschöpfung gemäß Art. 3 Abs. 3 InfoSoc-RL fruchtbar zu machen sein (hierzu unter 3.).

1. Entstehungsgeschichte

Die Entstehungsgeschichte des neuen Publikums könnte Rückschlüsse auf dessen Rechtsnatur zulassen. Das Merkmal geht – jedenfalls für die europäische Rechtsprechung – auf die *SGAE*-Entscheidung des EuGH aus dem Jahr 2006 zurück.[286] Die spanische Verwertungsgesellschaft *SGAE* verlangte von einem Betreiber einer Hotelkette Schadensersatz dafür, dass dieser in den Hotelzimmern Fernsehgeräte aufstellte und über diese Geräte geschützte Werke, welche von der Klägerin verwaltet wurden, empfangen werden konnten. Der EuGH prüfte in diesem Zusammenhang, ob eine öffentliche Wiedergabe im Sinne des Art. 3 Abs. 1 InfoSoc-RL vorliegt. Im Rahmen der Öffentlichkeit der Wiedergabe führte der EuGH erstmals das Merkmal des neuen Publikums ein.[287] Das Gericht begründet diesen Schritt mit seiner Verpflichtung das Gemeinschaftsrecht nach Möglichkeit im Lichte des Völkerrechts auszulegen.[288] Nach Art. 11bis Abs. 1 Nr. 2 der Revidierten Berner Übereinkunft (RBÜ) und nach der in diesem Zusammenhang erlassenen – rechtlich aber unverbindlichen – Kommentierung der Weltorganisation für geistiges Eigentum (WIPO) aus dem Jahr 1978 sei darauf abzustellen, dass der Urheber, als er seine Erlaubnis zur Übertragung seines Werkes durch den Rundfunk erteilte, nur die unmittelbare Zuhörerschaft, die die Sendung im privaten Kreis empfangen, erfassen wollte. Erfolge die Sendung dagegen zum Zweck, einen weiter gefassten Kreis zu erreichen, werde ein zusätzlicher Teil der Öffentlichkeit angesprochen, an die der Urheber ursprünglich nicht gedacht habe.[289]

Die vom EuGH in Bezug genommene Kommentarstelle der WIPO zu Art. 11bis Abs. 1 Nr. 3 RBÜ wirft die Frage auf, ob die Einwilligung, die der Urheber einem Sendeunternehmen erteilt, auch jegliche weitere kommerzielle oder nichtkommerzielle Nutzung des Werkes im Zusammenhang mit der Sendung umfasst.[290] Die Kommentatoren der WIPO beantworten diese Frage zugleich selbst:

> »Die Antwort der [Revidierten Berner] Übereinkunft ist ›Nein‹. Wie bei einer Übertragung einer Rundfunksendung durch Draht wird ein zusätzlicher Hörerkreis geschaffen (Absatz 1 Nummer 2), so dass auch in diesem Fall das Werk anderen Hörern

286 EuGH, Urt. v. 07.12.2006 (Az. C-306/05), GRUR 2007, S. 225 – SGAE; zuvor wurde das Merkmal bereits für die SatCab-RL (RL 93/83/EWG) diskutiert: vgl. Schlussvortrag des Generalanwalts *La Pergola* in der Rechtssache *Egeda* (Az. C-293/98).

287 EuGH, Urt. v. 07.12.2006 (Az. C-306/05), GRUR 2007, S. 225 (227), Rn. 40 – SGAE.

288 EuGH, Urt. v. 07.12.2006 (Az. C-306/05), GRUR 2007, S. 225 (227), Rn. 35 m.w.N. – SGAE.

289 EuGH, Urt. v. 07.12.2006 (Az. C-306/05), GRUR 2007, S. 225 (227), Rn. 41 – SGAE.

290 WIPO-Leitfaden, Art. 11bis RBÜ, Rn. 11.

(und möglicherweise Zuschauern) zugänglich gemacht wird, als der Urheber bei der Erteilung seiner Erlaubnis im Auge hatte. Obwohl sich begrifflich die Anzahl von Menschen, die eine Rundfunksendung empfangen, nicht sicher bestimmen lässt, glaubt der Urheber, dass seine Sendelizenz nur die unmittelbare Zuhörerschaft erfasst, die das Signal im Familienkreis empfängt. Erfolgt dieser Empfang zu dem Zweck, einen weiteren Kreis, oft gegen Vergütung, zu unterhalten, so wird ein zusätzlicher Teil der Öffentlichkeit in die Lage versetzt, das Werk zu genießen, und es ist nicht mehr eine reine Angelegenheit des Sendens. Dem Urheber wird die Kontrolle über diese neue öffentliche Darbietung seines Werkes gewährt.«[291]

Die Argumentation des EuGH wird teilweise kritisiert.[292] Die Einführung des neuen Publikums in die Dogmatik des Art. 3 InfoSoc-RL beruhe auf einem historischen Missverständnis.[293] Aus der Entstehungsgeschichte von Art. 11bis Abs. 1 RBÜ folge, dass dieser Vorschrift gerade nicht das Kriterium des neuen Publikums zu entnehmen sei. Ein von der jetzigen Fassung abweichender Wortlaut, der einem solchen Verständnis unterlegen hätte, sei zwar während der Brüsseler Verhandlungen zur Revision der Berner Übereinkunft im Jahr 1948 vorgeschlagen, aber mit dem Verweis auf die Schwierigkeiten, zwischen dem ursprünglichen und dem neuen Publikum zu unterscheiden, abgelehnt worden.[294] Es wird außerdem kritisiert, dass der EuGH zum einen eine vermeintlich falsche Stelle aus dem WIPO-Leitfaden zitiert und dadurch Art. 11bis Abs. 1 Nr. 2 mit Nr. 3 RBÜ verwechselt habe und zum anderen seiner Entscheidung nicht die aktuelle Fassung des WIPO-Leitfadens aus dem Jahr 2003 zugrunde gelegt habe.[295]

Diese Kritik kann für die Frage nach der Rechtsnatur des Merkmals nicht verfangen. Der EuGH hat zwar in der Tat eine Kommentarstelle, die sich auf Art. 11bis Abs. 1 Nr. 3 RBÜ bezieht, seinen Urteilsgründen, die sich mit Nr. 2 auseinandersetzen, zugrunde gelegt, aber wie sich schon aus dem Wortlaut der Kommentierung ergibt, gelten die Ausführungen der WIPO auch für die Nr. 2 (*»Wie bei […] (Absatz 1 Nummer 2), so dass auch in diesem Fall […]«*). Zudem ist die Entstehungsgeschichte der RBÜ keineswegs so eindeutig, wie die Kritiker dies behaupten.[296]

Letztlich kann aber auch dahinstehen, ob die Argumentation des EuGH in der *SGAE*-Entscheidung verfehlt war, weil der RBÜ das Kriterium entgegen der Lesart der WIPO nicht zu entnehmen sei. Das Merkmal insgesamt in Abrede zu

291 WIPO-Leitfaden, Art. 11bis RBÜ, Rn. 12.

292 *Dietrich*, NJ 2018, S. 485 (488); *Hugenholtz/van Velze*, IIC 2016, S. 797 (803f.); *Ohly*, GRUR 2018, S. 996 (1000).

293 *Ohly*, GRUR 2018, S. 996 (1000).

294 *Hugenholtz/van Velze*, IIC 2016, S. 797 (808).

295 *Hugenholtz/van Velze*, IIC 2016, S. 797 (804).

296 *Peukert*, ZUM 2017, S. 881 (891).

stellen, hilft bei der Beantwortung der Frage nach seiner Rechtsnatur nicht weiter. Für die rechtshistorische Genese des Merkmals ist einzig entscheidend, welche Erwägungen für das Gericht erheblich waren es einzuführen. Auch wenn man unterstellen möchte, dass das Gericht die RBÜ nicht konsequent angewendet haben sollte, steht dennoch mit dem Verweis auf den WIPO-Leitfaden fest, dass der EuGH den Willen des Urhebers in den Vordergrund rücken wollte. Aus der Rechtsauffassung der WIPO, der sich der EuGH in der *SGAE*-Entscheidung ausdrücklich anschließt, folgt demnach, dass dem Merkmal des neuen Publikums der Urheberwille zugrunde zu legen ist. Die Entstehungsgeschichte des Tatbestandsmerkmals spricht somit zunächst für eine Einordnung als (rechtsgeschäftliche) Einwilligung.

2. Rechtsprechungsentwicklung zum Merkmal

Nachdem festgestellt wurde, dass die historischen Gründe im *SGAE*-Urteil für eine rechtstypologische Einordnung als Einwilligungslösung sprechen, soll im zweiten Schritt die weitere Judikatur des Gerichtshofs untersucht werden. Hierfür geht die Analyse des Merkmals über die bereits vorstehend betrachteten Entscheidungen hinaus, schließt diese aber zugleich mit ein.[297] Es soll der Versuch einer Systematisierung der Rechtsprechung speziell für das Merkmal des neuen Publikums unternommen werden, um dadurch Rückschlüsse auf die Rechtsnatur ziehen zu können.

Bei der Sichtung der umfangreichen EuGH-Entscheidungen, die sich im nennenswerten Umfang mit dem Merkmal des neuen Publikums auseinandergesetzt haben, fällt zunächst auf, dass das Gericht seine Argumentation stets mit der folgenden wortgleichen oder zumindest sinngleichen Wendung beginnt:

> Ein »neues Publikum« ist »ein Publikum, an das der Inhaber des Urheberrechts nicht gedacht hatte, als er die ursprüngliche öffentliche Wiedergabe seines Werkes erlaubte.«[298]

Es ist nicht zu verkennen, dass der Gerichtshof stets bemüht ist den Willen des Urhebers in den Vordergrund zu rücken, denn diese Wendung erinnert stark an die Auslegung einer (konkludenten) Willenserklärung. Bei der Analyse der Entscheidungen seit dem *SGAE*-Urteil aus dem Jahr 2006 kommt man jedoch nicht umhin festzustellen, dass das Gericht das Merkmal entgegen seinem

---

297 Vgl. hierzu S. 51ff.

298 Vgl. statt vieler: EuGH, Urt. v. 07.08.2018 (Az. C-161/17), GRUR 2018, S. 911 (912), Rn. 24 – Córdoba; EuGH, Urt. v. 14.06.2017 (Az. C-610/15), GRUR Int. 2017, S. 782 (784), Rn. 28 – The Pirate Bay; EuGH, Urt. v. 26.04.2017 (Az. C-527/15), EuZW 2017, S. 515 (516), Rn. 33 – Filmspeler.

Obersatz nicht immer ausschließlich subjektiv über den Urheberwillen bestimmt.

Die nachfolgende Tabelle verdeutlicht, welche Kriterien der EuGH für die Bestimmung des neuen Publikums zugrunde legt. Es wird hierfür jeweils herausgearbeitet, ob der EuGH auf die Perspektive des Urhebers oder auf die Sicht des Nutzers abstellt. Der Gerichtshof wechselt je nach Entscheidung zwischen den Perspektiven hin und her. So wird zwar überwiegend der Urheber in den Blick genommen, jedoch fällt der Fokus für die Ausfüllung des Tatbestandsmerkmals in anderen Entscheidungen (auch) auf den Nutzer. In der zweiten Spalte *»Betrachtungssubjekt«* wird deshalb gezeigt, auf welche Perspektive der EuGH seinen argumentativen Schwerpunkt gelegt hat. In der dritten Spalte werden sodann die Kriterien für die Bestimmung des neuen Publikums angeführt.

Der Hintergrund für diese Darstellung ist, dass das Gericht bei der Annahme einer Einwilligungslösung konsequent den Willen bzw. die Interessen des Erklärenden, also des Urhebers, betrachten müsste.[299] Wenn der EuGH hiervon abweicht, verlässt er die klassische Einwilligungsdogmatik und beschreitet einen neuen europäischen Weg.

EuGH-Entscheidung	Betrachtungssubjekt	Kriterien eines neuen Publikums (Fundstelle)
Urteil vom 07. 12. 2006 (Az. C-306/05) – *SGAE*	*Primär:* Urheber	Urheberwille (Rn. 40ff.)
	Sekundär: Nutzer	Subjektives Element (Kenntnis) (Rn. 42)
		Gewinnerzielungsabsicht (aber offengelassen, ob zwingende Voraussetzung) (Rn. 44)
Beschluss vom 18. 03. 2010 (Az. C-136/09) – *OSDD*	*Primär:* Urheber	Urheberwille (Rn. 37 f.)
	Sekundär: Nutzer	Subjektive Elemente (Kenntnis, Absicht) (Rn. 38 f.)
Urteil vom 04. 10. 2011 (Az. C-403/08) – *Football Association Premier League*	*Primär:* Urheber	Urheberwille (Rn. 197 ff.)
	Sekundär: Nutzer	Subjektives Element (Absicht) (Rn. 198)

299 Vgl. hierzu S. 41 ff.

(Fortsetzung)

EuGH-Entscheidung	Betrachtungssubjekt	Kriterien eines neuen Publikums (Fundstelle)
Urteil vom 13.10.2011 (Az. C-431/09 und C-432/09) – *Airfield und Canal Digitaal*	Primär: Urheber	Urheberwille (Rn. 72ff.)
	Sekundär: Nutzer	Gewinnerzielungsabsicht (Rn. 80)
Urteil vom 15.03.2012 (Az. C-162/10) – *Phonographic Performance*	Primär: Urheber	Urheberwille (Rn. 49ff.)
	Sekundär: Nutzer	Gewinnerzielungsabsicht (eigenständiges Kriterium) (Rn. 36, 45, 51)
Urteil vom 13.02.2014 (Az. C-466/12) – *Svensson*	Ausschließlich: Urheber	Urheberwille (Rn. 24ff.)
Urteil vom 27.02.2014 (Az. C-351/12) – *OSA*	Primär: Urheber	Urheberwille (Rn. 31)
	Sekundär: Nutzer	Subjektive Elemente (Kenntnis, Absicht) (Rn. 32f.)
Beschluss vom 21.10.2014 (Az. C-348/13) – *BestWater International*	Ausschließlich: Urheber	Urheberwille (Rn. 14f., 18)
Urteil vom 31.05.2016 (Az. C-117/15) – *Reha-Training*	Gleichrangig: Urheber	Urheberwille (Rn. 45)
	Gleichrangig: Nutzer (»zentrale Rolle des Nutzers«) (Rn. 46)	Subjektive Elemente (Kenntnis, Absicht) (Rn. 46ff.)
		Gewinnerzielungsabsicht (eigenständiges Kriterium) (Rn. 49)
Urteil vom 08.09.2016 (Az. C-160/15) – *GS Media*	Sekundär: Urheber	Urheberwille (Rn. 37ff.)
	Primär: Nutzer	Subjektive Elemente (Kenntnis, bewusste Umgehung von »beschränkenden Maßnahmen«) (Rn. 46ff.)
		Gewinnerzielungsabsicht (eigenständiges Kriterium, aber Vermutung der Kenntnis) (Rn. 38, 47, 51)
Urteil vom 16.03.2017 (Az. C-138/16) – *AKM*	Ausschließlich: Urheber	Urheberwille (Rn. 25ff.)

(Fortsetzung)

EuGH-Entscheidung	Betrachtungssubjekt	Kriterien eines neuen Publikums (Fundstelle)
Urteil vom 26.04.2017 (Az. C-527/15) – *Filmspeler*	Gleichrangig: Urheber	Urheberwille (Rn. 33, 47 f.)
	Gleichrangig: Nutzer	Gewinnerzielungsabsicht (eigenständiges Kriterium) (Rn. 34, 49, 51)
		Subjektive Elemente (Kenntnis, bewusst »beschränkende Maßnahmen umgehen«) (Rn. 49 ff.)
Urteil vom 14.06.2017 (Az. C-610/15) – *The Pirate Bay*	Primär: Urheber	Urheberwille (Rn. 28, 44)
	Sekundär: Nutzer	Subjektives Element (Kenntnis) (Rn. 45)
		Gewinnerzielungsabsicht (eigenständiges Kriterium) (Rn. 29, 46)
Urteil vom 07.08.2018 (Az. C-161/17) – *Córdoba*	*Ausschließlich:* Urheber	Urheberwille (Rn. 24 ff.)
Urteil vom 19.12.2019 (Az. C-263/18) – *Tom Kabinet*	*Ausschließlich:* Urheber	Urhebewille (Rn. 71)

Tabelle: Systematisierung des neues Publikums in der EuGH-Rechtsprechung

Bei der Auswertung fällt auf, dass der Urheberwille stets eine besondere Berücksichtigung in den Entscheidungsgründen gefunden hat. Teilweise argumentiert der EuGH sogar ausschließlich mit diesem Kriterium.[300]

Aus der vorstehenden Tabelle ergibt sich aber auch, dass der EuGH subjektive Elemente wie Kenntnis und Absicht aus der Sphäre des Nutzers als Auslegungskriterium heranzieht (hierzu unter **a**)). Daneben kommt der Gewinnerzielungsabsicht eine Bedeutung zu (hierzu unter **b**)). Die nachstehenden Überlegungen beleuchten diese beiden zusätzlichen Kriterien. Zudem erfolgt jeweils ein kurzer Vergleich mit dem Institut der schlichten Einwilligung.

300 EuGH, Urt. v. 19.12.2019 (Az. C-263/18), BeckRS 2019, S. 32135, Rn. 71 – Tom Kabinet; EuGH, Urt. v. 07.08.2018 (Az. C-161/17), GRUR 2018, S. 911 (912), Rn. 24ff. – Córdoba; EuGH, Urt. v. 16.03.2017 (Az. C-138/16), GRUR 2017, S. 510 (511), Rn. 25ff. – AKM; EuGH, Beschl. v. 21.10.2014 (Az. C-348/13), GRUR 2014, S. 1196 (1197), Rn. 14f., 18 – BestWater International; EuGH, Urt. v. 13.02.2014 (Az. C-466/12), GRUR 2014, S. 360 (361), Rn. 24ff. – Svensson.

a) Kenntnis und Absicht des Nutzers

Neben dem Urheberwillen werden subjektive Elemente, wie der Vorsatz, aus der Sphäre des Nutzers teilweise bei der Auslegung des neuen Publikums berücksichtigt.[301]

In der Literatur wird die Rechtsprechung des Gerichtshofs zum Teil dahingehend verstanden, dass dieses zusätzliche Kriterium nur in Beteiligungsfällen geprüft wird. Der Vorsatz des Nutzers solle als Zurechnungskriterium in Fällen herangezogen werden, in denen das Werk durch den Nutzer nicht selbst gesendet oder öffentlich zugänglich gemacht wird, sondern nur die Empfangsmöglichkeiten geschaffen werden.[302] Eine ähnliche Systematik liege der InfoSoc-RL an anderer Stelle zugrunde. Art. 6 Abs. 2 lit. c InfoSoc-RL verpflichtet die Mitgliedstaaten, Maßnahmen gegen Handlungen und Dienstleistungen zu ergreifen, die hauptsächlich der Umgehung von technischen Schutzmaßnahmen dienen. Das vorsätzliche Bereitstellen von Umgehungsinstrumentarien wirke auch hier haftungsbegründend gegen die Teilnehmer einer Urheberrechtsverletzung.[303]

Dieser Erklärungsansatz verdient in Teilen Zustimmung. In den Fällen, in denen der EuGH den Nutzervorsatz als Kriterium für das neue Publikum prüft, stellen die Nutzer in der Tat lediglich die Infrastruktur für die öffentliche Wiedergabe durch einen Dritten bereit. In den Entscheidungen *SGAE*, *OSDD*, *Football Association Premier League*, *OSA* und *Reha Training* war es jeweils das Bereitstellen eines Fernsehgerätes. In der Entscheidung *Filmspeler* wurden ein Wiedergabegerät für illegale Streaming-Dienste und im *Pirate Bay*-Verfahren eine Filesharing-Plattform bereitgestellt. In Verfahren, in denen die europäischen Richter den Nutzervorsatz nicht geprüft haben, handelt es sich weitestgehend um eigene Nutzungshandlungen der Beklagten. In den Entscheidungen *Airfield und Canal Digitaal*, *AKM* und *Córdoba* wurde durch die Beklagten jeweils selbst ein Signal über Satelliten oder Kabel gesendet oder ein geschütztes Werk in das Internet hochgeladen. Insoweit lässt sich dieser Ansatz des Zurechnungskriteriums für Teilnehmerhandlungen gut vertreten.

Allerdings lässt sich hierdurch nicht die Hyperlinking-Rechtsprechung erklären. In den Entscheidungen *Svensson* und *BestWater International* wurde der Nutzervorsatz nicht geprüft, in der *GS Media*-Entscheidung hingegen schon. Das Setzen eines Hyperlinks erinnert aber stark an die Bereitstellung der Infrastruktur für den Werkgenuss. Ein weiterer Ausreißer in der Judikatur des Gerichtshofs ist die Entscheidung *Phonographic Performance*. Auch hier ging es um

301 *Oechsler* sieht im Kenntniselement hingegen ein neben dem neuen Publikum eigenständiges Kriterium zur Beurteilung der Öffentlichkeit; vgl. *Oechsler*, GRUR Int. 2019, S. 231 (233ff.).

302 Vgl. zum Ganzen *Oechsler*, GRUR Int. 2019, S. 231 (234).

303 *Oechsler* zeigt zudem die Parallele zu § 830 Abs. 1 S. 1, Abs. 2 BGB auf, wonach es ebenfalls auf ein vorsätzliches, d.h. bewusstes und gewolltes Zusammenwirken mehrerer Beteiligter ankommt; vgl. *Oechsler*, GRUR Int. 2019, S. 231 (234f.).

die Bereitstellung von Fernseh- und Radiogeräten in Hotelzimmern, also eigentlich eine Beteiligungskonstellation. Der EuGH hat allerdings inkonsequenterweise nicht auf den Nutzervorsatz abgestellt.

Festzuhalten bleibt, dass der Ansatz, den Nutzervorsatz nur in Beteiligungsfällen zu prüfen, überwiegend überzeugt. Nur vereinzelte Entscheidungen weichen hiervon ohne Begründung ab. Andere Autoren gehen noch einen Schritt weiter und sehen in den Verlautbarungen des Gerichts die Prüfung einer Täterschaft.[304] Teilweise stellt der EuGH auf die *»volle Kenntnis der Folgen«*[305] bzw. *»der Konsequenzen«*[306] des Verhaltens, mithin auf ein ausschließlich kognitives Element ab. Andere Verlautbarungen des Gerichtshofs lesen sich tatsächlich wie die Prüfung einer Haftung für ein täterschaftliches Verschulden. Das Gericht prüft vereinzelt, ob der Rechtsverletzer *»absichtlich«*[307], d.h. nach deutschem Verständnis mit zielgerichtetem Wissen und Wollen, das Werk einem neuen Publikum zugänglich macht. Gegen diese Auffassung spricht aber, dass gerade in den Fällen, in denen eine Täterschaft denkbar wäre (*Airfield und Canal Digitaal*, *AKM* und *Córdoba)* eine Prüfung des Nutzervorsatzes ganz unterbleibt. Zu Recht stößt daher die Lesart einer Verschuldensprüfung in der Literatur auf erhebliche Kritik. Der EuGH vermische auf der Ebene der Verwertungsrechte die Elemente der Täter-, Teilnehmer- und Störerhaftung, die ihrerseits – mit Ausnahme des Art. 8 Abs. 3 InfoSoc-RL – nicht harmonisiert sind.[308] In diesem Zusammenhang dürften auch die noch ausstehenden Urteile in den Vorabentscheidungsverfahren *YouTube*[309] und *uploaded*[310] erkenntnisbringend sein.[311]

Der Nutzervorsatz hat neben der Funktion als Zurechnungskriterium in Beteiligungsfällen noch einen weiteren Zweck, denn er dient als Korrektiv für rein

304 *Leistner*, GRUR 2017, S. 755 (759); *Leistner*, ZUM 2016, S. 980 (982); *Leistner/Stang*, CR 2008, S. 499 (499); *J. Nordemann/Czychowsky*, NJW 2019, S. 725 (728); *J. Nordemann/Waiblinger*, NJW 2018, S. 756 (760f.); *Ohly*, GRUR 2016, S. 1152 (1156); *Peukert*, ZUM 2017, S. 881 (884f.).

305 EuGH, Urt. v. 14.06.2017 (Az. C-610/15), GRUR 2017, S. 790 (793) – The Pirate Bay; EuGH, Urt. v. 26.04.2017 (Az. C-527/15), GRUR Int. 2017, S. 527 (532), Rn. 50 – Filmspeler; EuGH, Urt. v. 08.09.2016 (Az. C-160/15) GRUR 2016, S. 1152 (1154f.), Rn. 48 – GS Media; EuGH, Urt. v. 31.05.2016 (Az. C-117/15), GRUR 2016, S. 684 (686), Rn. 46 – Reha-Training; EuGH, Urt. v. 27.02.2014 (Az. C-351/12), GRUR 2014, S. 473 (475), Rn. 32 – OSA; EuGH, Urt. v. 07.12.2006 (Az. C-306/05), GRUR 2007, S. 225 (227), Rn. 42 – SGAE.

306 EuGH, Beschl. v. 18.03.2010 (Az. C-136/09), juris, Rn. 38 – OSDD.

307 EuGH, Urt. v. 31.05.2016 (Az. C-117/15), GRUR 2016, S. 684 (686), Rn. 47 – Reha-Training; EuGH, Urt. v. 27.02.2014 (Az. C-351/12), GRUR 2014, S. 473 (475), Rn. 33 – OSA; EuGH, Urt. v. 04.10.2011 (Az. C-403/08 und C-429/08), EuZW 2012, S. 466 (476), Rn. 198 – Football Association Premier League; EuGH, Beschl. v. 18.03.2010 (Az. C-136/09), juris, Rn. 39 – OSDD.

308 *Leistner*, GRUR 2017, S. 755 (759); *Ohly*, GRUR 2018, S. 996 (999).

309 BGH, Beschl. v. 13.09.2018 (Az. I ZR 140/15), GRUR 2018, S. 1132 – YouTube.

310 BGH, Beschl. v. 20.09.2018 (Az. I ZR 53/17), GRUR 2018, S. 1239 – uploaded.

311 Generalanwalt *Saugmandsgaard Øe*, Schlussantrag v. 16.07.2020 (Az. C-682/18, C-683/18), BeckRS 2020, S. 18772 – YouTube/uploaded.

zufällige Wiedergaben. So hat der EuGH in einer Entscheidung zunächst auf *»die zentrale Rolle des Nutzers«*[312] hingewiesen, dann jedoch klargestellt, dass es ausreichen soll, dass das *»Publikum […] nicht bloß zufällig ›erreicht‹ wird«.*[313]

Unabhängig davon, ob man den Nutzervorsatz nun als Zuordnungskriterium für Beteiligungsfälle, als täterschaftliche Haftungsvoraussetzung oder als Korrektiv für zufällige Wiedergaben ansieht, muss festgehalten werden, dass dieses Kriterium jedenfalls nicht für die rechtstypologische Einordnung als Einwilligung spricht. Wie bereits festgestellt, kommt es für die Auslegung einer konkludenten Willenserklärung maßgeblich auf den Urheberwillen an.[314] Subjektive Umstände aus der Sphäre des Nutzers können bei der Auslegung des Erklärungswillens hingegen nicht berücksichtigt werden. In diesem Punkt liegt ein beachtlicher Unterschied des neuen Publikums zum Institut der schlichten Einwilligung vor.

b) Gewinnerzielungsabsicht des Nutzers

Aber auch ein weiteres subjektives Kriterium in der Sphäre des potenziellen Rechtsverletzers wird gelegentlich nutzbar gemacht. Der EuGH stellt hin und wieder auf die Gewinnerzielungsabsicht ab, wobei die Rechtsprechung auch diesbezüglich nicht konsistent ist. Sofern die Gewinnerzielungsabsicht überhaupt eine Rolle spielt, prüft der Gerichtshof sie überwiegend als eigenständiges Kriterium neben dem neuen Publikum, somit als selbstständige Tatbestandsvoraussetzung der öffentlichen Wiedergabe.[315] Teilweise wird die Gewinnerzielungsabsicht aber auch als unselbstständiges Auslegungskriterium im Tatbestand des neuen Publikums behandelt.[316] Teilweise hält sie das Gericht indes auch für unerheblich.[317]

Betrachtet man das Merkmal als Auslegungskriterium des neuen Publikums, fällt erneut auf, dass ein subjektiver Umstand aus der Sphäre des vermeintlichen Rechtsverletzers nicht für die Einordnung als Einwilligung spricht. Bei der Ein-

312 EuGH, Urt. v. 31.05.2016 (Az. C-117/15), GRUR 2016, S. 684 (686), Rn. 46 – Reha-Training.

313 EuGH, Urt. v. 31.05.2016 (Az. C-117/15), GRUR 2016, S. 684 (686), Rn. 48 – Reha-Training.

314 Vgl. hierzu S. 41ff.

315 Prüfungsstandpunkt noch offen gelassen in: EuGH, Urt. v. 07.12.2006 (Az. C-306/05), GRUR 2007, S. 225 (227), Rn. 44 – SGAE; als eigenständiges Kriterium dann aber: EuGH, Urt. v. 14.06.2017 (Az. C-610/15), GRUR 2017, S. 790 (792f.), Rn. 29, 46 – The Pirate Bay; EuGH, Urt. v. 26.04.2017 (Az. C-527/15), MMR 2017, S. 460 (462f.), Rn. 34, 49, 51 – Filmspeler; EuGH, Urt. v. 08.09.2016 (Az. C-160/15), GRUR 2016, S. 1152 (1154f.), Rn. 48 – GS Media; EuGH, Urt. v. 31.05.2016 (Az. C-117/15), GRUR 2016, S. 684 (686), Rn. 49 – Reha-Training; EuGH, Urt. v. 15.03.2012 (Az. C-162/10), GRUR 2012, S. 597 (598f.), Rn. 36, 45, 51 – Phonographic Performance; Oechsler, GRUR Int. 2019, S. 231 (235).

316 EuGH, Urt. v. 13.10.2011 (Az. C-431/09 und C-432/09), GRUR Int. 2011, S. 1058 (1063), Rn. 80, 82 – Airfield und Canal Digitaal.

317 EuGH, Urt. v. 07.03.2013 (Az. C-607/11), GRUR 2013, S. 500 (502), Rn. 43 – ITV Broadcasting.

willigung kommt es auf den (konkludent) erklärten Willen des Erklärenden und nicht auf die Sphäre des Erklärungsempfängers an.[318] Somit würde die Gewinnerzielungsabsicht auf den ersten Blick gegen die Einordnung des neuen Publikums als europarechtliche Einwilligungslösung sprechen.

Gleichwohl ist der Kern dieses Rechtsgedankens nicht abwegig. Der EuGH stellt jedoch auf das falsche Betrachtungssubjekt ab. Wie die Richter selbst immer wieder in ständiger Rechtsprechung betonen, kommt es darauf an, was der Inhaber des Urheberrechts gedacht hatte, als er die ursprüngliche öffentliche Wiedergabe seines Werkes erlaubte.[319] Bei der Prüfung der Gewinnerzielungsabsicht stellt der EuGH nun aber ohne Not auf den Nutzer und nicht auf den Urheber ab und subsumiert somit nicht unter den eigenen Obersatz.

Dabei könnte der Gerichtshof den Gedanken der Gewinnerzielungsabsicht auch aus der Perspektive des Urhebers heranziehen. Wie bereits festgestellt, kommt es für die Auslegung einer konkludenten Willenserklärung in Ermangelung eines Auslegungsobjekts maßgeblich auf die Interessenlage des Erklärenden an.[320] Der Urheber würde bei verständiger Würdigung seiner Interessenlage keiner erneuten Wiedergabe seines Werkes zustimmen, wenn hierdurch seine Vergütungsinteressen beeinträchtigt werden. Er würde einer solchen nur zustimmen, wenn diese seine Verwertungsinteressen fördert.[321] Erreicht die erneute öffentliche Wiedergabe ein neues Publikum, über das der Nutzer intendiert einen Gewinn zu erzielen, hat zugleich der Urheber ein Vergütungsinteresse bezüglich dieser erneuten Verwertung gegenüber einem Publikum, an das er bei seiner Erlaubnis der ursprünglichen Wiedergabe nicht gedacht hatte. Bei verständiger Würdigung seiner Einwilligung möchte er seine Vergütungsinteressen durchsetzen und von der erneuten Wiedergabe auch monetär profitieren. Die Gewinnerzielungsabsicht des Nutzers ist somit spiegelbildlich bei der Reichweite der Einwilligungserklärung des Urhebers wiederzufinden. Auch der WIPO-Leitfaden zu Art. 11bis Abs. 1 Nr. 3 RBÜ greift die Vergütungsinteressen des Urhebers bei der Bestimmung seines Willens auf.[322]

Dass es zutreffend ist, auf die Vergütungsinteressen des Urhebers abzustellen, ergibt sich zudem unmittelbar aus der InfoSoc-RL. Der Erwägungsgrund 10 der Richtlinie betont, dass Urheber und ausübende Künstler eine angemessene Vergütung für die Nutzung ihrer Werke erhalten müssen. Die Richtlinie selbst

318 Vgl. hierzu S. 41ff.

319 Vgl. statt vieler: EuGH, Urt. v. 07.08.2018 (Az. C-161/17), GRUR 2018, S. 911 (912), Rn. 24 – Córdoba; EuGH, Urt. v. 14.06.2017 (Az. C-610/15), GRUR 2017, S. 790 (792), Rn. 28 – The Pirate Bay; EuGH, Urt. v. 26.04.2017 (Az. C-527/15), EuZW 2017, S. 515 (516), Rn. 33 – Filmspeler.

320 *R. Tinnefeld*, Einwilligung, S. 73.

321 *Leistner/Stang*, CR 2008, S. 499 (506).

322 WIPO-Leitfaden, Art. 11 ^{bis} RBÜ, Rn. 12.

stellt also nicht auf die Perspektive des Nutzers ab, sondern nimmt die Vergütungsinteressen der Urheber in den Fokus.

Daraus ist zu schlussfolgern, dass die Rechtsprechung bezüglich der Berücksichtigung der Gewinnerzielungsabsicht aus Sicht des Nutzers verfehlt ist. Zum einen sollte das Gericht die Gewinnerzielung durch die erneute Wiedergabe konsequent als unselbstständiges Kriterium im neuen Publikum prüfen, denn diesem Merkmal ist es als Auslegungskriterium der Einwilligung zuzuordnen. Zum anderen ist nicht nachvollziehbar, warum auf die Gewinnerzielungsabsicht des Nutzers abgestellt wird, wenn sich dieser Gedanke auch ohne Weiteres aus der Sicht des Urhebers bei der Bestimmung der Reichweite seiner Einwilligung prüfen ließe.

3. Gedanke der Erschöpfung

Auch das Erschöpfungsverbot[323] nach Art. 3 Abs. 3 InfoSoc-RL ist zu berücksichtigen.[324] Hiernach erschöpft sich das Recht der öffentlichen Wiedergabe und der öffentlichen Zugänglichmachung gerade nicht durch die erstmalige Vornahme dieser Handlungen. Das Merkmal des neuen Publikums kann deshalb nicht als Zugangsregel für den freien Upload von im Internet bereits frei verfügbaren Werken verstanden werden.[325] Der Urheber würde die Kontrolle über sein Werk verlieren, sofern er dieses erstmalig in das Internet einstellt.[326] Jeder erneute Upload ist deshalb grundsätzlich zustimmungspflichtig.[327] Auch der Erwägungsgrund 29 S. 1 und 4 der InfoSoc-RL bekräftigt dieses Verständnis. Hiernach stelle sich die Frage der Erschöpfung weder bei Dienstleistungen allgemein noch bei Onlinediensten im Besonderen. Anders als bei materiellen Trägern, wie z. B. bei einer CD-ROM, sei jede Bereitstellung eines Onlinedienstes eine zustimmungspflichtige Handlung. Diese gesetzgeberische Entscheidung hat nun auch der EuGH im *Córdoba*-Urteil bestärkt. Eine solche Regel widerspräche Art. 3 Abs. 3 InfoSoc-RL und nähme dem Urheber die nach Erwägungsgrund 10 der Richtlinie vorgesehene Möglichkeit, für sein Werk eine angemessene Vergütung zu verlangen.[328]

---

323 Zum historischen Hintergrund und der Bedeutung für Digitaltechnologien: *Hilty*, GRUR 2018, S. 865 (865f.).

324 A.A. *Grünberger*, ZUM 2015, S. 273 (278).

325 *Ohly*, GRUR 2018, S. 996 (998).

326 *Rauer/Kaase*, WRP 2018, S. 1155 (1159).

327 *Peukert/Rehbinder*, UrhR, Rn. 336.

328 EuGH, Urt. v. 07.08.2018 (Az. C-161/17), GRUR 2018, S. 911 (912), Rn. 24 – Córdoba.

II. Ergebnis: Parallelen zur Einwilligungslösung

Die dargestellten Ergebnisse rechtfertigen die Aussage, dass das neue Publikum eine private Zugangsregel ist, die Elemente einer Einwilligungslösung in sich trägt. Die rechtshistorische Auslegung der *SGAE*-Entscheidung spricht zunächst für die Charakterisierung als Einwilligungslösung. Der EuGH wollte ausweislich der Begründung durch die WIPO-Kommentierung den Urheberwillen in den Vordergrund rücken. Die hierauf zeitlich folgende Rechtsprechung des Gerichtshofs spricht jedoch keine so klare Sprache. Es lassen sich für die Ermittlung der Rechtsnatur daraus keine eindeutigen Schlüsse ziehen. Zwar betont der EuGH auf der einen Seite immer wieder, dass es auf den Willen des Urhebers ankommen soll. Auf der anderen Seite streut das Gericht gelegentlich – ohne dass sich ein stringentes Muster erkennen lässt – subjektive Elemente aus der Sphäre des Nutzers in seine Prüfung. Es wurde festgestellt, dass die Kenntnis bzw. die Absicht, das Werk einem neuen Publikum zugänglich zu machen, mit der Einwilligungsdogmatik nicht zu vereinbaren ist. Auch die Gewinnerzielungsabsicht des Nutzers spricht zunächst gegen die Einordnung als Einwilligungslösung, da das Gericht auch hier die Perspektive des Nutzers betrachtet. Allerdings ließe sich der Gedanke der Gewinnerzielung durchaus auch mit der Einwilligungsdogmatik erklären, wenn man auf die Reichweite der Erklärung aus Sicht des Urhebers abstellt. Auch wenn sich der Vorsatz und die Gewinnerzielungsabsicht des Nutzers nicht unmittelbar in die Einwilligungsdogmatik einordnen lassen, sprechen diese Kriterien gleichwohl für eine private Zugangsregel, denn auch diese Elemente entspringen der Sphäre eines privaten Rechtssubjekts. Das neue Publikum bestimmt sich nach alledem durch Auslegung der Interessenlage der beteiligten Parteien.

Die Analyse hat auch gezeigt, wie undurchsichtig und ergebnisorientiert die Auslegung des neuen Publikums durch den EuGH erfolgt. Der EuGH subsumiert nicht stringent unter den Obersatz, sondern argumentiert ergebnisgetrieben. Somit wird das Kriterium des neuen Publikums wertlos.[329] Der Gerichtshof biegt sich die Argumente für und wider ein neues Publikum je nach gewünschter Falllösung zurecht.[330] Das Kriterium verdeckt die eigentlichen normativen Erwägungen.[331]

Im Kern geht es bei dem Merkmal um die Auslegung von konkludenten Parteierklärungen, also im weitesten Sinne um Vertragsrecht. Es ist aber nicht ersichtlich, warum Elemente des Urhebervertragsrechts mit den tatbestandlichen

329 *Dietrich*, NJ 2018, S. 485 (487f.); *Wypchol*, EuZW 2018, S. 819 (823).
330 *Wypchol*, EuZW 2018, S. 819 (823).
331 *Ohly*, GRUR 2018, S. 996 (1000).

Voraussetzungen von Verwertungsrechten vermischt werden sollten.[332] Hierfür besteht keine Notwendigkeit, da der EuGH entweder die Auslegung der Parteierklärungen den Rechtsordnungen der Mitgliedstaaten überlassen oder – sollte der EuGH die Auslegungsprärogative nicht aus der Hand geben wollen – eine Einwilligung ohne dogmatische Brüche in seine Falllösung selbst mit einbeziehen könnte, indem er die Grundsätze aus der *Soulier*-Entscheidung überträgt.[333]

In der Entscheidung hat der Gerichtshof eine *»implizite Zustimmung«* in die öffentliche Wiedergabe nach Art. 3 Abs. 1 InfoSoc-RL angenommen, ohne auf das Merkmal des neuen Publikums zurückzugreifen. Wie bereits an früherer Stelle[334] herausgearbeitet, war es in der Rechtssache *Soulier* dem Gericht aber auch nicht möglich, das Merkmal nutzbar zu machen, da im Sachverhalt nicht dasselbe technische Verfahren für die erneute Wiedergabe angewendet wurde.[335] Gleichwohl überzeugen die Überlegungen auch für Fälle, in denen das technische Verfahren identisch ist, wie z. B. bei einer erneuten Wiedergabe im Internet. Die Berücksichtigung des Urheberwillens in einem selbständigen Rechtsinstitut hätte den Vorteil, dass die normativen Erwägungen klarer zum Vorschein treten und das neue Publikum nicht bis zur Unkenntlichkeit verbogen werden müsste. Zudem würde das Urhebervertragsrecht nicht mit den Verwertungsrechten vermischt werden. Auch die Erwägungen des Gerichtshofs zur Gewinnerzielungsabsicht könnten mit der Maßgabe, dass auf die Sphäre des Urhebers abgestellt werden muss, widerspruchsfrei Eingang in eine europäische Einwilligungslösung finden.[336] Ein Eingriff in Art. 3 InfoSoc-RL würde dann zwar vorliegen, könnte aber auf der nächsten Ebene gerechtfertigt werden. Dies würde eine europäische Einwilligungslösung begründen, die vergleichbar mit dem Institut der schlichten Einwilligung wäre.

Übrig blieben im Anwendungsbereich des neuen Publikums allein die Erwägungen zum Nutzervorsatz, mit denen der EuGH eine Zurechnung überwiegend in Beteiligungsfällen herstellt. Auch hinsichtlich dieses Kriteriums ist es erstrebenswert, ein eigenständiges Institut zu schaffen, bei dem die normativen Erwägungen klarer zum Vorschein treten. Im Ergebnis könnte man das Merkmal des neuen Publikums damit insgesamt aufgeben.

---

332 *Hofmann*, ZUM 2018, S. 641 (647); *Jani*, GRUR-Prax 2018, S. 241 (241).

333 EuGH, Urt. v. 16.11.2016 (Az. C-301/15), GRUR 2017, S. 62 – Soulier; *Ohly*, GRUR 2018, S. 996 (999).

334 Vgl. hierzu S. 53f.

335 EuGH, Urt. v. 29.11.2017 (Az. C-265/16), GRUR 2018, S. 68 (70), Rn. 50 – VCAST/RTI; EuGH, Urt. v. 08.09.2016 (Az. C-160/15), GRUR 2016, S. 1152 (1154), Rn. 37 – GS Media; EuGH, Beschl. v. 21.10.2014 (Az. C-348/13), GRUR 2014, S. 1196 (1197), Rn. 14 – BestWater International; EuGH, Urt. v. 13.02.2014 (Az. C-466/12), GRUR 2014, S. 360 (361), Rn. 24 – Svensson.

336 Vgl. hierzu S. 74ff.

C. Rechtliche Behandlung der Bildersuchfälle im europäischen Urheberrecht

Nachdem das Merkmal des neuen Publikums näher analysiert wurde, soll im nächsten Schritt die spannende Frage erörtert werden, wie nach europäischem Urheberrecht die Vorschaubilder-Problematik zu beurteilen wäre. Bei der Darstellung der EuGH-Rechtsprechung ist aufgefallen, dass sich die europäischen Richter dieser Rechtsfrage bislang nicht angenommen haben. Auch bei der (deutschen) Diskussion im Zusammenhang mit der schlichten Einwilligung wird diese europarechtliche Frage nicht mit der gebotenen Detailtiefe behandelt.

Um die Frage, ob die Darstellung von Vorschaubildern eine öffentliche Wiedergabe im Sinne des Art. 3 Abs. 1 InfoSoc-RL ist, beantworten zu können, bedarf es zunächst eines Einblicks in die technische Funktionsweise einer Bildersuchmaschine. Dies soll anhand der Suchmaschine des Marktführers *Google* beispielhaft erläutert werden (hierzu unter **I.**). Wie sich zeigen wird, ist die Bildersuche technisch zweigeteilt. Zunächst wird ein in der Auflösung stark reduziertes Vorschaubild angezeigt und erst im zweiten Schritt folgt die Darstellung eines vergrößerten Bildes (sogenanntes Blow-up).

Auch bei der Bewertung der Rechtslage ist es zweckmäßig, dieser Zweiteilung zu folgen, sodass zunächst die europäisch-urheberrechtliche Zulässigkeit der Vorschaubilder analysiert wird (hierzu unter **II.**). Diesbezüglich kommt es auf die Frage an, ob die EuGH-Rechtsprechung zum Hyperlinking trotz aller technischen Unterschiede auch auf die Vorschaubilder-Fälle normativ übertragen werden kann (hierzu unter **II.1.**). Ein anderer Ansatz trennt konsequent zwischen Hyperlinking und Upload und erörtert, inwieweit die Grundsätze des *Córdoba*-Urteils anwendbar sind (hierzu unter **II.2.**). Letztlich soll hierzu Stellung bezogen werden (hierzu unter **II.3.**).

Schließlich wird auch die Rechtmäßigkeit des zweiten Darstellungsschritts bei der *Google*-Bildersuche, den vergrößerten Blow-ups, einer juristischen Kontrolle unterzogen (hierzu unter **III.**).

I. Technische Funktionsweise von Bildersuchmaschinen

Zum Verständnis des technischen Hintergrundes ist es wichtig, zwischen den Vorschaubildern, also den Miniaturbildern oder *Thumbnails*, in den Übersichtsseiten der Suchmaschinen und den vergrößerten Blow-ups, die erst durch Anklicken des Vorschaubildes erscheinen, zu unterscheiden.[337]

337 Ausführlicher zum technischen Hintergrund: *Fahl*, Bilder-/Nachrichtensuche, S. 19ff.

Die Vorschaubilder erscheinen in einer Übersichtsseite mit einer maximalen Auflösung von 225 mal 225 Pixeln aufgrund der Suchanfrage des Nutzers.[338] Die Suchmaschinenbetreiber durchsuchen mit automatisierten Verfahren systematisch das Internet und laden die aufgefundenen Bilder unmittelbar auf ihre eigenen Server.[339] Dies geschieht mit Hilfe von sogenannten *Crawlern*, die den HTML-Quellcode[340] der Internetseiten auf Bilddateien untersuchen. Nachdem die Bilddateien auf den Servern der Suchmaschine kopiert wurden, werden sie analysiert. Hierzu werden der Name der Bilddatei, der sogenannte *Alt-Text*, eine alternative Bildbeschreibung für Menschen mit Sehbehinderung, und der Text der Internetseite unmittelbar vor und nach der Bilddatei ausgewertet. Mit diesen zusätzlichen Informationen ist eine Indexierung der Bilddateien möglich, die dem Nutzer ein möglichst genaues Ergebnis auf die jeweilige Suchanfrage liefert.[341]

Bis zum 7. Februar 2017 wurde der Nutzer durch Anklicken des Vorschaubildes unmittelbar zur Ursprungsinternetseite, auf der die Bilddatei aufgefunden wurde, weitergeleitet. Am rechten Rand verblieb lediglich ein weißer Balken (Frame), auf dem weiterhin das Vorschaubild mit dem Hinweis auf *Google* zu sehen war. Das Bild in vollständiger Auflösung konnten die Nutzer allerdings erstmalig und ausschließlich auf der Ursprungsinternetseite betrachten.[342]

Dieses technische Verfahren hat sich jüngst auch für die deutsche *Google*-Bildersuche geändert.[343] Seit dem 7. Februar 2017 führt das Anklicken des Vorschaubildes nicht mehr zur Ursprungsinternetseite, sondern zum Erscheinen eines schwarzen Balkens auf der rechten Seite der Übersichtsseite. Auf dieser Seite wird das Bild in höherer Auflösung angezeigt.[344] Links vom schwarzen Balken erscheinen weiterhin die übrigen Vorschaubilder der Suchübersicht. Unterhalb des vergrößerten Bildes sind ein Hinweis auf den potenziellen Urheberrechtsschutz, eine Kurzbeschreibung des Bildes sowie mehrere nochmals deutlich verkleinerte Vorschaubilder zur Suchanfrage zu finden. Zudem besteht die Möglichkeit, mittels Pfeilen nach links und rechts durch die Suchergebnisse

338 LG Hamburg, Urt. v. 19.12.2018 (Az. 308 O 145/17), S. 3f., nicht veröffentlicht.

339 *Höppner/Schaper*, MMR 2017, S. 512 (513).

340 Hypertext Markup Language; textbasierte Auszeichnungssprache zur Strukturierung von Internetseiten.

341 *Mißfeldt*, Google Bildersuche, abrufbar unter: https://www.bildersuche.org/google-bildersuche/, letzter Abruf: 01.09.2020.

342 *Höppner/Schaper*, MMR 2017, S. 512 (513).

343 Mit Ausnahme von Deutschland und Frankreich wurde die Bildersuche weltweit schon im Jahr 2013 umgestellt; vgl. *Höppner/Schaper*, MMR 2017, S. 512 (512).

344 LG Hamburg, Urt. v. 19.12.2018 (Az. 308 O 145/17), S. 4, nicht veröffentlicht; mittlerweile wurde die Darstellung leicht verändert.

wie bei einer Diashow zu scrollen.[345] Der Nutzer muss nun das Blow-up oder eine Schaltfläche mit der Bezeichnung der Ursprungsseite anklicken, um auf diese zu gelangen.

Die Blow-up-Bilder werden nicht, wie die Vorschaubilder, auf den Servern von *Google* gespeichert, sondern mittels Inlineframe[346] eingebunden. Ein Inlineframe schafft die programmiertechnischen Voraussetzungen, innerhalb eines HTML-Dokuments an einer beliebigen Stelle einen genau definierten Inhalt (z. B. ein Bild) einer anderen Quelle einzubinden.[347] Dies geschieht mit Hilfe des sogenannten *iframe*-Elements,[348] welches auch *Google* für seine Programmierung verwendet. Die Größe des Framefensters kann mit dieser Technik beliebig an die Auflösung des Bildschirms angepasst werden. Der Link wird sodann im Inlineframe geöffnet.[349] Die Bilddatei verbleibt also auf dem ursprünglichen Server und wird nicht vervielfältigt.[350] Hierdurch sparen die Suchmaschinenbetreiber Speicherplatz und Bandbreite ein.[351] Der Betreiber der Ursprungsinternetseite kann jedoch die Einbindung seiner Inhalte technisch mit Hilfe sogenannter *Framekiller* oder *Framebuster* generell oder nur für bestimmte Seiten verhindern.[352]

Abschließend bleibt festzuhalten, dass in der Verarbeitung und Darstellung der Vorschaubilder und der Blow-ups technische Unterschiede bestehen. Die Vorschaubilder werden bearbeitet, vervielfältigt und erneut wiedergegeben, wohingegen die Blow-ups lediglich verlinkt werden. Auch hinsichtlich der rechtlichen Bewertung ist deshalb zweckmäßigerweise zwischen diesen beiden technischen Ausgestaltungen zu unterscheiden.

II. Rechtmäßigkeit der Vorschaubilder

In § 1 wurde bereits die deutsche Rechtslage zur urheberrechtlichen Bewertung von Vorschaubildern dargestellt.[353] Die europäische Situation wurde in dieser Arbeit bisher noch nicht beleuchtet.

---

345 *Mißfeldt*, Google Bildersuche, abrufbar unter: https://www.bildersuche.org/google-bildersuche/, letzter Abruf: 01.09.2020.

346 Teilweise wird diese Framingtechnik auch als Hotlinks oder Embeds bezeichnet.

347 *Höppner/Schaper* vertreten die Auffassung, dass ein Hot- bzw. Inlinelink eine engere Verbindung zur verlinkten Seite schaffe als ein klassischer Frame, insbesondere weil Suchmaschinen geframte Inhalte ignorieren. Trotzdem sei es zutreffend, die Framing-Technologie als Überbegriff zu verwenden, zu der auch das Hot- bzw. Inlinelinking gehöre; vgl. *Höppner/Schaper*, MMR 2017, S. 512 (518, Fn. 4).

348 *Münz*, Webdesign, S. 321.

349 *Münz*, Webdesign, S. 323.

350 *Höppner/Schaper*, MMR 2017, S. 512 (513).

351 LG Hamburg, Urt. v. 19.12.2018 (Az. 308 O 145/17), S. 5, nicht veröffentlicht.

352 *Höppner/Schaper*, MMR 2017, S. 512 (513).

353 Vgl. hierzu S. 25ff.

Auch der EuGH hat diese Rechtsfrage bislang nicht entschieden. Das noch anhängige Vorabentscheidungsverfahren *Deutsche Digitale Bibliothek* wird in dieser Hinsicht ebenfalls keine Klärung bringen. Der BGH hat hier zu entscheiden, ob eine Verwertungsgesellschaft die Einräumung von Nutzungsrechten an Vorschaubildern davon abhängig machen darf, dass der Lizenznehmer wirksame technische Schutzmaßnahmen gegen Framing der Werke durch Drittanbieter ergreift.[354] Der BGH ist sich jedoch unsicher, ob das Framing eine öffentliche Wiedergabe im Sinne des Art. 3 Abs. 1 InfoSoc-RL ist, wenn die Einbindung unter Umgehung von Schutzmaßnahmen erfolgt, und legt diese Frage dem EuGH vor. Die *Deutsche Digitale Bibliothek* stellt auf ihrer Internetseite Links zu digitalisierten Inhalten von deutschen Kultur- und Wissenschaftseinrichtungen bereit. Die Bibliothek speichert auf ihren Servern hierfür Vorschaubilder, die auf Links zu fremden Inhalten hinweisen. In dem Verfahren steht außer Streit, dass für die Nutzung der Vorschaubilder eine Einwilligung erforderlich ist.[355] Durch den EuGH wird vielmehr nur die Frage geklärt werden, ob die Trägerin der Bibliothek durch den Einsatz von beispielsweise *Framekillern* oder *Framebustern* das Verlinken auf diese Vorschaubilder technisch verhindern muss.[356] Insofern wird der EuGH nicht über die Rechtmäßigkeit von Vorschaubildern zu entscheiden haben.

Ob die urheberrechtliche Nutzung von Vorschaubildern eine öffentliche Wiedergabe unter Berücksichtigung der europäischen Rechtsprechung zu Art. 3 Abs. 1 InfoSoc-RL darstellt, ist Gegenstand der nachfolgenden Überlegungen. Teilweise wird vertreten, dass die Hyperlinking-Rechtsprechung des EuGH zumindest normativ auf die Vorschaubilder-Konstellationen übertragen werden kann (hierzu unter **1.**). Andere sehen zwischen Hyperlink und Upload nicht nur technisch, sondern auch rechtlich einen entscheidenden Unterschied und befürworten einen abweichenden Ansatz (hierzu unter **2.**). Abschließend muss der Streit entschieden werden (hierzu unter **3.**).

354 BGH, Beschl. v. 25.04.2019 (Az. I ZR 113/18), GRUR 2019, S. 725 – Deutsche Digitale Bibliothek.

355 BGH, Beschl. v. 25.04.2019 (Az. I ZR 113/18), GRUR 2019, S. 725 (726f.), Rn. 14f. – Deutsche Digitale Bibliothek.

356 Kritik am Vorlagebeschluss, da die Rechtslage eindeutig sei: *Grünberger*, ZUM 2019, S. 573 (579f.); *Schubert*, MMR 2019, S. 436 (439).

1. Normative Vergleichbarkeit mit Hyperlinking-Fällen

Teilweise wird vertreten, dass die Rechtsprechung des EuGH zum Hyperlinking[357] auch auf die Darstellung von Vorschaubildern in Bildersuchmaschinen anzuwenden sei. Dies wird damit begründet, dass es keinen nennenswerten Unterschied zwischen manuell und automatisch durch Suchmaschinen gesetzten Links gäbe.[358] Dass dieses technische Verständnis falsch ist, wurde bereits eingehend belegt.[359] Vorschaubilder sind keineswegs Links, sondern Vervielfältigungen des ursprünglichen Werkes. Die Vorschaubilder dienen lediglich als sogenannter Linkanker,[360] da das Vorschaubild mit dem Hyperlink verknüpft ist. Aus diesem technischen Missverständnis können keine zutreffenden rechtlichen Schlüsse gezogen werden.

Andere wiederum möchten die Hyperlinking-Rechtsprechung auf die Vorschaubilder-Fälle trotz der technischen Unterschiede anwenden, da die Sachverhalte normativ vergleichbar seien.[361] In der Literatur wird deshalb auch vereinzelt vertreten, dass die deutsche Rechtsprechung zur schlichten Einwilligung im Lichte des europäischen Urheberrechts keine Anwendung mehr finden dürfe,[362] da bereits ein Eingriff auf Tatbestandsebene abzulehnen sei. Dieser Einwand lässt sich nicht ohne Weiteres von der Hand weisen und bedarf einer näheren Betrachtung.

Möchte man die Rechtsprechung zum Hyperlinking entsprechend auf die Vorschaubilder-Fälle anwenden, müsste das Linksetzen mit der automatisierten Erstellung von Vorschaubildern gleichartig sein. Die normative Vergleichbarkeit ließe sich mit den grundrechtlichen Parallelen begründen. Wie Hyperlinks dienen (Bilder-)Suchmaschinen dem guten Funktionieren des Internets. Auch Bildersuchmaschinen sind für die Meinungsäußerung und Informationsfreiheit nach Art. 11 Abs. 1 S. 2 GRCh von besonderer Bedeutung.[363] Das hat auch das BVerfG im Zusammenhang mit der Suche nach Onlinepresseerzeugnissen für die Informationsfreiheit nach Art. 5 Abs. 1 S. 1 GG festgestellt. Hierbei hat das BVerfG zur Untermauerung seiner Ansicht sogar die *GS Media*-Entscheidung

---

357 EuGH, Urt. v. 08.09.2016 (Az. C-160/15), GRUR 2016, S. 1152 – GS Media; EuGH, Beschl. v. 21.10.2014 (Az. C-348/13), GRUR 2014, S. 1196 – BestWater International; EuGH, Urt. v. 13.02.2014 (Az. C-466/12), GRUR 2014, S. 360 – Svensson.

358 *J. Nordemann/Czchowoky* vertreten dies für den Sachverhalt, der der Vorschaubilder-III-Entscheidung des BGH zugrunde liegt. Hierbei geht es tatsächlich um Links auf Vorschaubilder. Sie scheinen dieses Ergebnis aber generell auch auf die klassische Bildersuche übertragen zu wollen. Vgl. *J. Nordemann/Czychowsky*, NJW 2019, S. 725 (727).

359 Vgl. hierzu S. 79ff.

360 *Ott*, ZUM 2007, S. 119 (126); *R. Tinnefeld*, Einwilligung, S. 54.

361 *Ohly*, GRUR 2018, S. 996 (1001f.).

362 *Jani/Leenen*, NJW 2016, S. 3135 (3138); *Ungern-Sternberg*, GRUR 2013, S. 248 (253).

363 Vgl. die Parallele zu EuGH, Urt. v. 08.09.2016 (Az. C-160/15), GRUR 2016, S. 1152 (1154), Rn. 45 – GS Media.

zitiert.[364] Das Spannungsverhältnis zwischen Schutz des geistigen Eigentums und Informationsinteressen der Allgemeinheit ist im Wege der praktischen Konkordanz auszugleichen. Zu den Allgemeininteressen gehören selbstredend die Möglichkeit von Verlinkungen sowie die Existenz von Suchmaschinen.[365]

Der Begriff der öffentlichen Wiedergabe setzt sich nach ständiger Rechtsprechung aus zwei kumulativen Tatbestandsmerkmalen zusammen. Diese sind die Handlung der Wiedergabe eines urheberrechtlich geschützten Werkes und die Öffentlichkeit dieser Wiedergabe.[366] Die Handlung der Wiedergabe ist beim Setzen von Links stets zu bejahen, da die Öffentlichkeit gerade hierdurch Zugang zum Werk erhält.[367] Überträgt man diese Rechtsprechung auf den Upload von Vorschaubildern, müsste man dieses Tatbestandsmerkmal erst recht bejahen.

Eine etwas tiefergehende Betrachtung ist beim zweiten Tatbestandsmerkmal – der Öffentlichkeit der Wiedergabe – angezeigt. Noch relativ unproblematisch ist die Frage, ob die Wiedergabe öffentlich ist, wenn das Zielwerk rechtmäßig, d.h. mit Zustimmung des Urheberrechteinhabers, in das Internet eingestellt wurde. Nach ständiger Rechtsprechung des EuGH wird in diesen Fällen kein neues Publikum erreicht, denn das Publikum der Zielinternetseite, welche für alle Nutzer des Internets frei zugänglich ist, und der Internetseite, von der der Link ausgeht, ist identisch.[368] Bei normativer Übertragung der Rechtsprechung auf den Upload von Vorschaubildern bedeutet dies, dass die Vervielfältigung und die öffentliche Zugänglichmachung von Vorschaubildern eines rechtmäßig in das Internet gestellten Werkes ihrerseits auch rechtmäßig sind, da das Publikum der Ursprungsseite, auf der das Bild aufgefunden wurde, mit dem der Übersichtsseite der Suchmaschine identisch ist.[369] Der Urheber hat durch das vorbehaltlose Onlinestellen seines Werkes in die Verarbeitung konkludent eingewilligt, denn er wollte auch die Nutzung durch kommerzielle Bildersuchmaschinen erfassen.[370] Nach den einschlägigen Entscheidungen in den Rechtssachen *Svensson* und *BestWater International* kommt es nur hierauf an. Weitere Kriterien spielen neben dem Urheberwillen keine Rolle.[371] Insoweit ergeben sich im Ergebnis keine

---

364 BVerfG, Beschl. v. 10.10.2016 (Az. 1 BvR 2136/14), GRUR 2017, S. 159 (160), Rn. 14 – News Aggregatoren.

365 *Hofmann*, ZUM 2018, S. 641 (645).

366 Vgl. statt vieler: EuGH, Urt. v. 08.09.2016 (Az. C-160/15), GRUR 2016, S. 1152 (1153), Rn. 32 – GS Media; EuGH, Urt. v. 13.02.2014 (Az. C-466/12), GRUR 2014, S. 360 (361), Rn. 16 – Svensson.

367 EuGH, Urt. v. 13.02.2014 (Az. C-466/12), GRUR 2014, S. 360 (361), Rn. 19f. – Svensson.

368 EuGH, Beschl. v. 21.10.2014 (Az. C-348/13), GRUR 2014, S. 1196 (1197) – BestWater International; EuGH, Urt. v. 13.02.2014 (Az. C-466/12), GRUR 2014, S. 360 (361), Rn. 26ff. – Svensson.

369 *Ohly*, GRUR 2018, S. 996 (1001).

370 *Ohly*, GRUR 2018, S. 996 (1001f.).

371 Vgl. hierzu S. 53ff. und 68ff.

Unterschiede zur deutschen Einwilligungslösung. Die Dogmatik ist jedoch eine andere. Die schlichte Einwilligung ist eine urheberrechtsexterne Lösung, die auf der Ebene der Rechtswidrigkeit den Eingriff in ein Verwertungsrecht nach §§ 16 Abs. 1, 19a UrhG legalisiert. Der hier diskutierte Ansatz der normativen Vergleichbarkeit mit der Hyperlinking-Rechtsprechung ist hingegen eine urheberrechtsinterne Lösung, die bereits auf der Ebene der Verwertungsrechte einen Eingriff in das Recht aus Art. 3 Abs. 1 InfoSoc-RL ausschließt.

Weniger eindeutig sind hingegen die Fälle, in denen das Werk nicht rechtmäßig, d.h. ohne Zustimmung des Urheberrechteinhabers, in das Internet gestellt wurde. Wendet man die Hyperlinking-Judikatur entsprechend an, müsste man sich mit der *GS Media*-Entscheidung des EuGH auseinandersetzen.[372]

Der EuGH betont, dass es auf eine *»individuelle Beurteilung«* ankomme, bei der *»eine Reihe weiterer Kriterien zu berücksichtigen, die unselbstständig und miteinander verflochten«* seien.[373] Diese Kriterien seien einzeln und im Zusammenwirken mit anderen Kriterien anzuwenden.[374] Der Gerichtshof legt sich nicht fest, ob diese zusätzlichen Kriterien im Rahmen des Handlungsbegriffs oder in der Öffentlichkeit der Wiedergabe geprüft werden.[375] Für den weiteren Verlauf wird Letzteres angenommen. Unter diese zusätzlichen Kriterien fallen eine unbestimmte, große Anzahl von potenziellen Empfängern in quantitativer Hinsicht, das Erreichen eines neuen Publikums in qualitativer Hinsicht, die Verlinkung zu Erwerbszwecken[376] und die Funktionsfähigkeit des Internets.[377] Das subjektive Element des neuen Publikums aus der Sphäre des Nutzers in Form der Kenntnis wird im *GS Media*-Urteil mit der Gewinnerzielungsabsicht verknüpft und folgende Vermutungsregel aufgestellt: Für einen Linksetzer, der mit Gewinnerzielungsabsicht handelt, wird widerleglich vermutet, dass er Kenntnis von der Rechtswidrigkeit des Zielwerkes hatte.[378]

Überträgt man diese Grundsätze auf die Vorschaubilder-Konstellationen, ergibt sich das folgende Bild: Gegen die Öffentlichkeit der Wiedergabe und damit gegen einen Eingriff in Art. 3 Abs. 1 InfoSoc-RL spricht lediglich, dass Bildersuchmaschinen für die Funktionsfähigkeit des Internets von ähnlich hoher Bedeutung wie Hyperlinks sind. Der Urheber hat aber dem Onlinestellen seines Werkes nicht zugestimmt, sodass sein Wille zunächst für die Wiedergabe an ein

372 EuGH, Urt. v. 08.09.2016 (Az. C-160/15), GRUR 2016, S. 1152 – GS Media.
373 EuGH, Urt. v. 08.09.2016 (Az. C-160/15), GRUR 2016, S. 1152 (1153), Rn. 34 – GS Media.
374 EuGH, Urt. v. 08.09.2016 (Az. C-160/15), GRUR 2016, S. 1152 (1153), Rn. 32ff. – GS Media.
375 *Grünberger*, ZUM 2018, S. 271 (279); *Hofmann*, ZUM 2018, S. 641 (642); *J. Nordemann*, GRUR 2016, S. 245 (247).
376 Vorliegend als eigenständiges Kriterium neben dem neuen Publikum.
377 EuGH, Urt. v. 08.09.2016 (Az. C-160/15), GRUR 2016, S. 1152 (1153f.), Rn. 35ff., 44ff. – GS Media.
378 EuGH, Urt. v. 08.09.2016 (Az. C-160/15) – GRUR 2016, S. 1152 (1155), Rn. 51 – GS Media.

neues Publikum spricht. Die subjektiven Elemente aus der Perspektive des Nutzers und der Urheberwille sind nach dem *GS Media*-Urteil gleichrangig.[379] Da die Betreiber von kommerziellen Suchmaschinen mit Gewinnerzielungsabsicht handeln,[380] müsste man bei wortlautgetreuer Anwendung der Entscheidung die Kenntnis der Rechtswidrigkeit vermuten. Eine Exkulpation ist praktisch kaum vorstellbar, sodass auch dieser Aspekt zunächst für die Öffentlichkeit der Wiedergabe zu sprechen scheint. Hierfür streitet zudem der Umstand, dass durch den Upload des Vorschaubildes eine unbestimmte, große Anzahl an Nutzern erreicht wird.

Bei der nötigen individuellen Beurteilung der einzelnen Kriterien scheint sich zunächst eine Tendenz bei der Abwägung zugunsten eines neuen Publikums zu ergeben und damit für eine öffentliche Wiedergabe zu sprechen. Diese wortlautgetreue Anwendung der *GS Media*-Rechtsprechung auf die Vorschaubilder-Fälle wird in der Literatur und Rechtsprechung allerdings nicht vertreten. Insbesondere die Übertragung der Vermutungsregel für die Kenntnis der Rechtswidrigkeit auf kommerzielle Suchmaschinenbetreiber wird häufig in Abrede gestellt.[381] Auch der BGH ist diesem Verständnis in seiner Vorschaubilder-III-Entscheidung deutlich entgegengetreten.[382] In diesem Zusammenhang sei nochmals darauf hingewiesen, dass der BGH in diesem Verfahren gerade nicht über den Upload von Vorschaubildern zu entscheiden hatte, sondern vielmehr über die Rechtmäßigkeit von Hyperlinks auf Vorschaubilder. Auch zur normativen Vergleichbarkeit der Hyperlinking-Rechtsprechung mit den Upload-Konstellationen hat sich das Gericht nicht geäußert. Gleichwohl hat das Gericht allgemeine Ausführungen zur Kenntnisvermutung von Suchmaschinenbetreiber gemacht, die übertragbar sind. Der BGH argumentiert überzeugend, dass die Vermutungsregel des *GS Media*-Urteils für Suchmaschinenbetreiber nicht gelte. Dies folge aus der individuellen Beurteilung unter besonderer Berücksichtigung der Bedeutung von Suchmaschinen für die Informationsvermittlung im Internet und dessen Funktionsfähigkeit. Ein Suchmaschinenbetreiber, der das Internet automatisiert durchsuchen lässt, könne schließlich nicht wissen, ob ein Werk rechtmäßig eingestellt worden sei. Eine allgemeine Kontrolle der automatisch erstellten Vorschaubilder stelle Aufgabe, Funktionsweise und Existenz von

379 Vgl. hierzu S. 68ff.

380 Eine Gewinnerzielungsabsicht liegt nach der Filmspeler-Entscheidung des EuGH jedenfalls dann vor, wenn »*beträchtliche Werbeinnahmen generiert*« werden. Mit dem konkreten Link bzw. dem konkreten Vorschaubild muss demnach keine Gewinnerzielung beabsichtigt werden; vgl. hierzu *Regenstein*, ZUM 2018, S. 649 (657).

381 *Leistner*, ZUM 2016, S. 980 (983); *Ohly*, GRUR 2018, S. 178 (188).

382 BGH, Urt. v. 21.09.2017 (Az. I ZR 11/16), GRUR 2018, S. 178 (185), Rn. 60ff. – Vorschaubilder III.

Suchmaschinen in Frage und wäre deshalb unangemessen.[383] Diese Einschränkung der *GS Media*-Rechtsprechung durch den BGH für Suchmaschinenbetreiber hat in der Literatur großen Beifall erfahren.[384] Auch das BVerfG hat, wenn auch in einem Verfahren, in dem es nicht um die Zulässigkeit von Vorschaubildern ging, festgehalten, dass eine händische Kontrolle durch Suchmaschinenbetreiber nicht möglich sei.[385] Die Kenntnisvermutung von gewerblichen Linksetzern gilt demnach nicht für Suchmaschinenbetreiber, die Vorschaubilder hochladen.

Berücksichtigt man diesen Umstand, erscheint die individuelle Beurteilung der öffentlichen Wiedergabe von Vorschaubildern in einem neuen Licht. Für eine öffentliche Wiedergabe sprechen nunmehr nur noch, dass eine unbestimmte, große Anzahl von Empfängern erreicht wird, und der entgegenstehende Urheberwille. Gegen eine öffentliche Wiedergabe streiten hingegen die grundrechtlich geschützte Funktionsfähigkeit des Internets und die fehlende Kenntnis des Suchmaschinenbetreibers. Eine eindeutige Tendenz lässt sich nicht ausmachen. Nach hier vertretener Auffassung überwiegt aber die Qualität der Argumente gegen einen Eingriff in Art. 3 Abs. 1 InfoSoc-RL; ein solcher ist daher abzulehnen.

Würde man dem Ansatz, die Hyperlinking-Rechtsprechung des EuGH auch auf Vorschaubilder-Fälle normativ zu übertragen, folgen, müsste ein Eingriff in Art. 3 Abs. 1 InfoSoc-RL generell abgelehnt werden. Dabei kommt es nicht darauf an, ob eine Zustimmung des Rechteinhabers vorliegt oder nicht. Sofern das Werk mit Zustimmung des Urheberrechteinhabers in das Internet geladen wurde, wäre eine öffentliche Wiedergabe unter Zugrundlegung der Grundsätze aus dem *Svensson*-Urteil und des *BestWater International*-Beschlusses abzulehnen, da der Rechteinhaber in die Verarbeitung durch Bildersuchmaschinen (konkludent) eingewilligt hätte und deshalb kein neues Publikum erreicht worden wäre. Sofern das Werk ohne Zustimmung in das Internet gelangt ist, würde ein Eingriff in das Verwertungsrecht aus Art. 3 Abs. 1 InfoSoc-RL ebenfalls ausscheiden, da bei der gebotenen individuellen Beurteilung und der einschränkenden Anwendung der Kenntnisvermutung aus dem *GS Media*-Urteil keine öffentliche Wiedergabe vorliegen würde. Eine Urheberrechtsverletzung würde bereits auf der Ebene der Verwertungsrechte ausscheiden. Auf Rechtfertigungsgründe, wie es die schlichte Einwilligung ist, käme es demnach nicht mehr an.

---

383 BGH, Urt. v. 21.09.2017 (Az. I ZR 11/16), GRUR 2018, S. 178 (185), Rn. 61 ff. – Vorschaubilder III.

384 *Peukert/Rehbinder*, UrhR, Rn. 407; *Conrad/Schubert*, ZUM 2018, S. 132 (134); *Regenstein*, ZUM 2018, S. 649 (659); *Schierholz*, ZUM 2018, S. 135 (135).

385 BVerfG, Beschl. v. 10.10.2016 (Az. 1 BvR 2136/14), GRUR 2017, S. 159 (160), Rn. 15 – News Aggregatoren.

Da dennoch eine körperliche Vervielfältigung des Originalbildes vorliegt,[386] kommt weiterhin ein Eingriff in das Vervielfältigungsrecht aus Art. 2 lit. a InfoSoc-RL in Betracht. Hierfür spielt die Rechtfertigung durch die schlichte Einwilligung nach wie vor eine Rolle. Allerdings hat das Vervielfältigungsrecht beim Betrieb von Suchmaschinen im europäischen Rechtsraum eine eingeschränkte Bedeutung. Die Vervielfältigungshandlungen der Suchmaschinenbetreiber finden in der Regel außerhalb der europäischen Grenzen statt,[387] sodass nach herrschender Meinung innereuropäisches Sachrecht bereits keine Anwendung findet.[388]

2. Vergleichbarkeit mit Upload-Fällen

Nach einem anderen Lösungsansatz sind die Vorschaubilder-Fälle als das zu behandeln, was sie technisch auch sind: erneute Uploads.[389] Ließe man sich von diesem Gedanken leiten, könnte man die *Córdoba*-Entscheidung als Blaupause für die Falllösung heranziehen. Nachfolgend soll überprüft werden, ob diese Entscheidung auf die Vorschaubilder-Problematik tatsächlich übertragen werden kann.

Der Upload einer Abbildung auf eine Internetseite ist eine Handlung der Wiedergabe im Sinne des Art. 3 Abs. 1 InfoSoc-RL, wenn diese Abbildung bereits zuvor auf einer anderen Internetseite veröffentlicht wurde, weil hierdurch den Besuchern der Seite, auf der die Abbildung erneut eingestellt wurde, der Zugang ermöglicht wird.[390] Nichts anderes gilt für den Upload von verkleinerten Vorschaubildern auf die Übersichtsseiten der Suchmaschinenbetreiber.

Bezüglich der Öffentlichkeit der Wiedergabe bedarf es einer unbestimmten, ziemlich großen Anzahl potenzieller Adressaten in quantitativer Hinsicht und eines neuen Publikums in qualitativer Hinsicht.[391] Auf weitere Kriterien kommt es nicht an.[392] Zweifelsohne wird durch den erneuten Upload der Vorschaubilder ein großer Empfängerkreis erreicht.

Fraglich ist aber, ob der Upload – anders als im *Córdoba*-Verfahren – nicht doch dasselbe Publikum erreicht, weil der Urheber mit der Nutzung durch die

---

386 *R. Tinnefeld*, Einwilligung, S. 43.

387 *Nolte*, Informationsmehrwertdienste, S. 246; *Bullinger/Garbers-von Boehm*, GRUR-Prax 2010, S. 257 (258).

388 *Lauber-Rönsberg*, in: *Ahlberg/Götting*, BeckOK UrhR, Sonderbereiche: Kollisionsrecht, Rn. 22.

389 Zum rechtlichen Unterschied zwischen Uploads und Hyperlinks: *Gerecke*, GRUR 2019, S. 1120 (1121 f.); *Lüthge/N. Peters*, GRUR Int. 2019, S. 756 (763); *Specht*, GRUR 2019, S. 253 (256).

390 EuGH, Urt. v. 07.08.2018 (Az. C-161/17), GRUR 2018, S. 911 (912), Rn. 20 f. – Córdoba.

391 EuGH, Urt. v. 07.08.2018 (Az. C-161/17), GRUR 2018, S. 911 (912), Rn. 22 ff. – Córdoba.

392 Vgl. hierzu S. 68 ff.

Bildersuchmaschinen einverstanden ist. Hierfür könnten die Argumente sprechen, die auch für die Rechtfertigung durch die schlichte Einwilligung herangezogen werden. Der Urheber könnte konkludent in die übliche Onlinenutzung durch Bildersuchmaschinen einwilligen,[393] soweit seine Interessen hiervon nicht beeinträchtigt werden.[394] Dieser Gedanke ist nach deutschem Rechtsverständnis sicherlich nicht von der Hand zu weisen. Wie bereits festgestellt, hat das neue Publikum trotz gewisser Unterschiede eine Nähe zur deutschen Einwilligungslösung.[395] So könnte man durchaus argumentieren, dass der Urheber nicht nur den Upload auf der konkreten Internetseite, für den er seine Zustimmung erteilte, im Sinn hatte, sondern darüber hinaus mit der Nutzung seines Werkes auch durch Bildersuchmaschinen einverstanden war. Dass sich dieses Ergebnis mit dem Urheberwillen, auf den es bekanntlich für die Ermittlung des neuen Publikums vornehmlich ankommt, erklären ließe, haben die obenstehenden Überlegungen zur schlichten Einwilligung gezeigt.[396] Folgt man diesem Gedankengang, würde der erneute Upload auf die Übersichtsseiten der Bildersuchmaschinen kein neues Publikum erreichen, da der Urheber auch an das Publikum der Übersichtsseite der Bildersuchmaschine bei seiner ursprünglichen Zustimmung gedacht hätte. Mithin würde kein Eingriff in Art. 3 Abs. 1 InfoSoc-RL vorliegen. Das Institut der schlichten Einwilligung wäre zwar nicht obsolet, da sein Kerngehalt weiterhin für die Auslegung des neuen Publikums Geltung beanspruchen würde, allerdings würde die schlichte Einwilligung nicht mehr rechtfertigend auf nachgeordneter Ebene als eigenständiges Rechtsinstitut benötigt werden.

Einem solchen deutschen Auslegungsverständnis des Urheberwillens folgt der EuGH in der *Córdoba*-Entscheidung jedoch nicht. Dieser legt dar, dass bei unmittelbaren[397] Nutzungshandlungen, zu denen auch der Upload von Vorschaubildern gehört, der Urheber mit seinem Willen nur Nutzer der ursprünglichen Internetseite erfasst.[398] Die Wiedergabe auf der Übersichtsseite einer Bildersuchmaschine wäre nach europarechtlicher Auslegung nicht durch den Urheberwillen gedeckt.[399]

Zu dieser Feststellung kommt der EuGH durch eine ergebnisüberprüfende Auslegung des typisierten Urheberwillens.[400] Mit anderen Worten überprüft der

393 BGH, Urt. v. 29.04.2010 (Az. I ZR 69/08), GRUR 2010, S. 628 (632f.), Rn. 38 – Vorschaubilder I.

394 Vgl. zur Einschränkung durch die Literatur S. 41ff.

395 Vgl. hierzu S. 64ff.

396 Vgl. hierzu S. 29ff.

397 *Ohly*, GRUR 2020, S. 179 (184); *Ohly*, GRUR 2018, S. 996 (996).

398 EuGH, Urt. v. 19.12.2019 (Az. C-263/18), GRUR 2020, S. 179 (183f.), Rn. 70 – Tom Kabinet; EuGH, Urt. v. 07.08.2018 (Az. C-161/17), GRUR 2018, S. 911 (913), Rn. 35 – Córdoba.

399 Vgl. zur Kritik an der Auslegung des neues Publikums in der *Córdoba*-Entscheidung S. 61ff.

400 *Dietrich*, NJ 2018, S. 485 (488); *Wypchol*, EuZW 2018, S. 819 (823).

Gerichtshof ein mögliches Ergebnis (Wiedergabe für kein neues Publikum) auf seine Richtigkeit und Vereinbarkeit mit übergeordneten europarechtlichen Erwägungen. Mit den Grundsätzen des *Córdoba*-Urteils ist eine Auslegung des Willens dergestalt, dass der Urheber auch mit einer Nutzung durch Bildersuchmaschinen einverstanden wäre, nicht vereinbar, denn eine solche Auslegung würde zum einen dem Recht vorbeugender Art die Wirksamkeit nehmen. Er kann – nähme man keine Wiedergabe für ein neues Publikum an – nicht mehr ohne Weiteres verlangen, dass die Wiedergabe des Werkes durch die Bildersuchmaschine beendet wird.[401] Zum anderen würde eine Auslegung im Sinne der Vorschaubilder-Doktrin dazu führen, dass auf der Ebene der Verwertungsrechte eine faktische Erschöpfung gemäß Art. 3 Abs. 3 InfoSoc-RL eintreten würde und der Urheber bereits sehr früh im Tatbestandsaufbau seinen Vergütungsanspruch verlieren würde.[402] All diese Erwägungen sind nicht im Sinne des Urhebers und deshalb zu Recht im Rahmen des willensorientierten Publikumsbegriffs zu prüfen.

An dieser Stelle wird der Unterschied des neuen Publikums zur schlichten Einwilligung besonders deutlich. Die grundlegenden Erwägungen sind freilich miteinander verwandt. Allerdings führt die Auslegungsmethodik des EuGH einerseits und des BGH andererseits zu unterschiedlichen Ergebnissen. Gleichwohl sind die beiden Institute nebeneinander anwendbar. Die schlichte Einwilligung ist als urheberrechtsexterne Lösung auf der Ebene der Rechtfertigungsgründe nachrangig zu prüfen.[403] Auch ist es nicht widersprüchlich, bei der Auslegung der (schlichten) Einwilligung zu einem anderen Auslegungsergebnis als bei der Prüfung des neuen Publikums, welches auf der Ebene der Verwertungsrechte angesiedelt ist, zu kommen. Als urheberrechtsexternes Institut ist der BGH bei seiner Auslegung nicht ausschließlich an die Erwägungen und Grundsätze der InfoSoc-RL sowie an die Rechtsprechung des EuGH gebunden, sondern kann auf die nationale allgemeine Rechtsgeschäftslehre zurückgreifen. Wie bereits dar-

401 EuGH, Urt. v. 07.08.2018 (Az. C-161/17), GRUR 2018, S. 911 (913), Rn. 30 – Córdoba.

402 EuGH, Urt. v. 07.08.2018 (Az. C-161/17), GRUR 2018, S. 911 (913), Rn. 32ff. – Córdoba.

403 *R. Tinnefeld*, Einwilligung, S. 189 ff. Das Verhältnis von Einwilligung und Verwertungsrechten war lange Zeit Gegenstand eines heftigen Streits, der zur Frage, in welchem Stufenverhältnis die Einwilligung zu den Schrankenbestimmungen der §§ 44a ff. UrhG bzw. Art. 5 InfoSoc-RL steht, entbrannte. Da Schranken nach allgemeiner Auffassung Teil des Verwertungsrechts sind und nicht etwa Rechtfertigungsgründe, lässt sich die Diskussion übertragen. Nach heute h. M. sind Schranken und damit auch der Eingriff in ein Verwertungsrecht vorrangig zu prüfen (vgl. zur h. M.: EuGH, Urt. v. 27.06.2013 (Az. C-457/11, C-458/11, C-459/11, C-460/11), GRUR Int. 2013, S. 821 (823), Rn. 40 – Drucker und Plotter II; BVerfG, Beschl. v. 30.08.2010 (Az. 1 BvR 1631/08), GRUR Int. 2011, S. 72 (76f.), Rn. 66 – Drucker und Plotter II; BGH, Beschl. v. 21.07.2011 (Az. I ZR 28/11), GRUR Int. 2011, S. 955 (959), Rn. 49 – Drucker und Plotter II; BGH, Beschl. v. 21.07.2011 (Az. I ZR 30/11), ZUM 2011, S. 724 (728), Rn. 53 – PC II; vgl. zur a. A., die heute nicht mehr vertreten wird: BGH, Urt. v. 06.12.2007 (Az. I ZR 94/05), NJW 2008, S. 751 (753f.), Rn. 23 – Drucker und Plotter I.

gestellt, lässt sich das Auslegungsergebnis des BGH durchaus mit nationalen Grundsätzen erklären.[404]

Auch ein weiteres Argument in den Entscheidungsgründen des *Córdoba*-Urteils könnte für die Wiedergabe an ein neues Publikum sprechen. Der EuGH stellt nämlich klar, dass die Hyperlinking-Rechtsprechung bei Uploads keine Anwendung finde.[405] Hierfür stellt der Gerichtshof auf drei Unterschiede zwischen Upload und Hyperlink ab. Erstens dienten Hyperlinks dem guten Funktionieren des Internets, da sie die Verbreitung von Informationen ermöglichten. Der erneute Upload eines Werkes habe aber nicht die gleiche Bedeutung, sodass eine Abwägung zwischen Art. 11 Abs. 1 S. 2 GRCh und Art. 17 Abs. 2 GRCh zugunsten des Urhebers ausfalle. Zweitens führten Hyperlinks ins Leere, sobald das verlinkte Werk aus dem Internet genommen werde. Bei einem erneuten Upload verliere der Urheber die Kontrolle über das Werk und damit sein Recht vorbeugender Art. Drittens habe der Linksetzer nur eine untergeordnete Rolle, wohingegen der Uploader eine zentralere Rolle einnehme.[406]

Übertragen auf die Vorschaubilder-Sachverhalte ergibt sich das Folgende: Der erste vom EuGH hervorgehobene Unterschied von Upload zu Hyperlink lässt sich nicht ohne Weiteres für die Vorschaubilder-Wiedergabe nutzbar machen. Ein gewöhnlicher Upload hat nach der *Córdoba*-Entscheidung nicht dieselbe Bedeutung für die Funktionsfähigkeit des Internets wie ein Hyperlink. Dem ist zunächst zuzustimmen. Allerdings gilt das nicht für Uploads von Vorschaubildern im Rahmen der Bildersuche. Wie bereits mehrfach erwähnt, haben Suchmaschinen für die Funktionsfähigkeit des Internets eine entscheidende Bedeutung.[407] Bildersuchmaschinen leisten zum Auffinden von Inhalten einen wesentlichen Beitrag.[408] Ohne die Existenz von Suchmaschinen wäre die Nutzung des Internets nahezu unmöglich.[409] Aufgrund dieser wertenden Vergleichbarkeit ist das erste Argument des EuGH für die Vorschaubilder-Konstellationen nicht fruchtbar zu machen.

Das zweite Argument des EuGH lässt sich hingegen sehr leicht auf Vorschaubilder übertragen. Der Urheber verliert durch die Vervielfältigung seines Werkes das Recht vorbeugender Art. Anders als bei Hyperlinks wird der Zugriff auf das Vorschaubild durch Entfernung der ursprünglichen Bilddatei aus dem Internet nicht verhindert. Die Vorschaubilder bleiben – jedenfalls für eine ge-

404 Vgl. hierzu S. 35ff.

405 So nun auch BGH, Urt. v. 28.03.2019 (Az. I ZR 132/17), ZUM 2019, S. 871 (874), Rn. 37 – Testversion.

406 EuGH, Urt. v. 07.08.2018 (Az. C-161/17), GRUR 2018, S. 911 (914), Rn. 39ff. – Córdoba.

407 BVerfG, Beschl. v. 10.10.2016 (Az. 1 BvR 2136/14), GRUR 2017, S. 159 (160), Rn. 14 – News Aggregatoren.

408 *Ungern-Sternberg*, GRUR 2009, S. 369 (372).

409 BGH, Urt. v. 21.09.2017 (Az. I ZR 11/16), GRUR 2018, S. 178 (184f.), Rn. 56 – Vorschaubilder III.

wisse Zeit – weiterhin auf den Übersichtsseiten der Suchmaschinen auffindbar. Die Wiedergabe des Vorschaubildes ist mithin eine von der ursprünglichen Wiedergabe losgelöste unabhängige Nutzungshandlung. Der technische Unterschied zum Hyperlinking tritt hier besonders zutage und führt zu einem Kontrollverlust des Urhebers.

Der dritte Grund des EuGH, eine Übertragung seiner Hyperlinking-Rechtsprechung abzulehnen, ist die zentrale Rolle des Uploaders im Vergleich zur untergeordneten Rolle des Linksetzers. Der Linksetzer fügt in der Tat nur einen elektronischen Querverweis auf seine Internetseite ein, wohingegen der Uploader deutlich aktiver wird. Er lädt das Bild von einer fremden Internetseite herunter und auf seine eigene Internetseite erneut hoch. Dieser Gedanke lässt sich auch auf die Bildersuche übertragen. Die Suchmaschinengesellschaften betreiben einen erheblichen finanziellen, personellen und technischen Aufwand, um das Internet auf Treffer zu durchsuchen. Dass der Download der Bilddateien und der anschließende Upload der Vorschaubilder automatisiert erfolgen, steht dieser Bewertung nicht entgegen. Der Suchprozess durch die *Crawler* wird durch die Betreiber der Suchmaschinen angestoßen, überwacht und stetig technisch durch Programmierer weiterentwickelt. Die Rolle der Suchmaschinenbetreiber ist demnach eine dominantere als die Rolle des Linksetzers.

Zwar können nicht alle Argumente, die gegen eine Übertragbarkeit der Hyperlinking-Rechtsprechung auf die Upload-Konstellationen sprechen, auch auf die Wiedergabe von Vorschaubildern übertragen werden, gleichwohl überwiegen die Argumente, dies dennoch zu tun. Der Urheber verliert die Kontrolle über sein Werk und die Suchmaschinenbetreiber spielen dabei eine zentrale Rolle. Folgt man dieser Auffassung, müsste man einen Eingriff in Art. 3 Abs. 1 InfoSoc-RL annehmen. Dieses Ergebnis gilt unabhängig davon, ob das Werk rechtmäßig oder rechtswidrig in das Internet gestellt wurde, denn ein Eingriff in das Recht der öffentlichen Wiedergabe ist erst recht anzunehmen, wenn der Urheber seine Zustimmung nicht einmal für die Ursprungsinternetseite erteilt hat. Zudem liegt auch nach dieser Auffassung zusätzlich ein Eingriff in das Vervielfältigungsrecht nach Art. 2 lit. a InfoSoc-RL vor.

Dieser Rechtsauffassung hat sich nun auch das Landgericht Hamburg angeschlossen. Dieses hatte eigentlich über die Rechtmäßigkeit der neuen *Google*-Bildersuche und über die dort verwendeten Blow-up-Bilder zu entscheiden,[410] nutzte aber die Gelegenheit in einem *obiter dictum* auszuführen, dass ein ohne die Zustimmung des Urhebers erstelltes Vervielfältigungsstück nach der *Córdoba*-Entscheidung das Recht aus Art. 3 InfoSoc-RL verletze. Das Gericht stellt zudem klar, dass eine Nutzung durch Bildersuchmaschinen »*typischerweise vom Willen des Rechtsinhabers getragen ist und insofern nach urhebervertragsrecht-*

410 Vgl. hierzu sogleich S. 96f.

lichen Regeln gestattet sein kann«.[411] Im Grundsatz kommt es demnach selbst unter Berücksichtigung der jüngeren europäischen Rechtsprechung weiterhin auf eine Rechtfertigung durch die schlichte Einwilligung an.

3. Stellungnahme für die Vergleichbarkeit mit Upload-Fällen

Die beiden Erklärungsansätze, wie Vorschaubilder im europäischen Urheberrecht zu behandeln sind, kommen zu unterschiedlichen Ergebnissen. Sofern man mit der ersten Meinung die Hyperlinking-Rechtsprechung des EuGH normativ auf Vorschaubilder-Fälle übertragen möchte, kommt man zu dem Ergebnis, dass ein Eingriff in das Recht der öffentlichen Wiedergabe nach Art. 3 Abs. 1 InfoSoc-RL nicht vorliegt. In der Folge wäre der deutsche Ansatz zur schlichten Einwilligung obsolet. Folgt man hingegen dem zweiten Modell und überträgt die Upload-Rechtsprechung auf die Wiedergabe von Vorschaubildern, müsste man einen Eingriff in das Verwertungsrecht tatbestandlich bejahen. Dies hätte zur Konsequenz, dass man sich über etwaige Rechtfertigungsgründe Gedanken machen müsste und die schlichte Einwilligung wieder entscheidungserheblich werden könnte. Es bedarf mithin eines Streitentscheides.

Der zweiten Meinung ist zu folgen, wonach die Upload-Rechtsprechung übertragbar ist.[412] Auch wenn innerhalb der erstgenannten Meinung teilweise die Hyperlinking-Rechtsprechung nur wegen ihrer normativen Vergleichbarkeit auf die Vorschaubilder-Fälle übertragen werden soll, bildet die zweite Meinung die technischen Gegebenheiten besser ab. Die Darstellung eines Vorschaubildes ist ein Upload[413] und sollte auch rechtlich so behandelt werden.[414] Die letztgenannte Meinung berücksichtigt, dass derselbe Schutzgegenstand erneut öffentlich zugänglich gemacht wird.[415] Es kommt mithin zu einer Entkopplung von der ursprünglichen Quelle.[416]

Darüber hinaus sprechen die Vergütungsinteressen des Urhebers für einen Eingriff in das Recht der öffentlichen Wiedergabe. Die InfoSoc-RL[417] und neuerdings auch die DSM-RL[418] heben dieses Interesse deutlich hervor. Die Vergü-

411 LG Hamburg, Urt. v. 19.12.2018 (Az. 308 O 145/17), S. 19, nicht veröffentlicht.
412 Im Ergebnis auch: BGH, Beschl. v. 25.04.2019 (Az. I ZR 113/18), GRUR 2019, S. 725 (726f.), Rn. 14f. – Deutsche Digitale Bibliothek; LG Hamburg, Urt. v. 19.12.2018 (Az. 308 O 145/17), S. 19, nicht veröffentlicht; *Specht*, GRUR 2019, S. 253 (256); *Höppner/Schaper*, MMR 2017, S. 512 (515).
413 *Höppner/Schaper*, MMR 2017, S. 512 (513).
414 *R. Tinnefeld*, Einwilligung, S. 54.
415 BGH, Urt. v. 28.03.2019 (Az. I ZR 132/17), ZUM 2019, S. 871 (874), Rn. 37 – Testversion; *Grünberger*, ZUM 2018, S. 271 (280f.); *Oechsler*, GRUR Int. 2019, S. 231 (232).
416 *Boden/Bosch*, IPRB 12/2017, S. 282 (285).
417 Erwägungsgründe 10 und 38.
418 Art. 18 und 20 DSM-RL sowie Erwägungsgründe 35, 48, 60, 61, 73, 75 und 78.

tungsinteressen des Urhebers werden auf der Ebene der Verwertungsrechte, etwaige Nutzerinteressen hingegen auf der Ebene der Schranken bzw. der Rechtswidrigkeit berücksichtigt.[419] Einen Eingriff in Art. 3 InfoSoc-RL abzulehnen würde dieser Dogmatik widersprechen und die Vergütungsinteressen des Urhebers völlig aushöhlen. Freilich entfällt der Vergütungsanspruch des Urhebers aber auch dann, wenn der Eingriff in das Verwertungsrecht an späterer Stelle im Deliktsaufbau etwa durch das Institut der schlichten Einwilligung gerechtfertigt wird. Darauf kommt es aber hier nicht an, da jedes Merkmal im Deliktsaufbau für sich zu prüfen ist.

Es darf zudem nicht vergessen werden, dass die Reichweite der schlichten Einwilligung jeweils für den konkreten Einzelfall geprüft werden muss. Es ist keinesfalls selbstverständlich, dass die Anzeige von Vorschaubildern stets durch die schlichte Einwilligung gerechtfertigt wird. Zu denken ist insbesondere an Fälle, in denen das Werk ohne Zustimmung des Urhebers in das Internet gestellt wurde oder in denen die Auslegung des Urheberinteresses, z. B. wegen der Einrichtung einer technischen Schutzmaßnahme, ein anderes Ergebnis gebietet. Würde man einen Eingriff bereits auf der Ebene der Verwertungsrechte ablehnen, weil man die Hyperlinking-Rechtsprechung entsprechend anwendet, würde der Vergütungsanspruch *per se* entfallen. Dies ist mit den Vergütungsinteressen des Urhebers, die die InfoSoc-RL und DSM-RL hervorhebt, nicht in Einklang zu bringen.

Zudem ist das Erschöpfungsverbot nach Art. 3 Abs. 3 InfoSoc-RL nicht mit der erstgenannten Meinung zu vereinbaren. Der Upload eines Bildes in das Internet würde unweigerlich dazu führen, dass das Recht aus Art. 3 Abs. 1 InfoSoc-RL für die Vervielfältigung und öffentliche Zugänglichmachung von Vorschaubildern nicht greift. Dies würde zu einer faktischen Onlineerschöpfung führen. Die richtungsweisende *Córdoba*-Entscheidung stellt nämlich klar, dass frei im Internet verfügbare Werke gerade nicht für jedermann frei sind.[420] Zu diesem Ergebnis kam auch die Analyse der Rechtsnatur des neuen Publikums.[421] Die Hyperlinking-Rechtsprechung liest sich hingegen noch ganz anders. Der Urheber dachte an alle Nutzer des Internets und erreicht somit ein neues Publikum. Der EuGH fängt zu Recht dieses sehr weite Verständnis der Hyperlinking-Rechtsprechung jedenfalls für unmittelbare Wiedergaben, wie Uploads von Vorschaubildern, wieder ein und besinnt sich auf das tradierte Urheberrechtsverständnis.[422] Zu einer faktischen Onlineerschöpfung kommt es daher nur für Sachverhalte, die *»im speziellen Zusammenhang mit Hyperlinks«*[423] stehen.

419 *Hofmann*, ZUM 2018, S. 641 (641).
420 EuGH, Urt. v. 07.08.2018 (Az. C-161/17), GRUR 2018, S. 911 (913), Rn. 33f. – Córdoba.
421 Vgl. hierzu S. 64ff.
422 In diesem Sinne: *Pfeifer*, NJW 2018, S. 3490 (3492).
423 EuGH, Urt. v. 07.08.2018 (Az. C-161/17), GRUR 2018, S. 911 (914), Rn. 39 – Córdoba.

Ob der EuGH diese Rechtsprechung überhaupt noch aufrechterhalten wird, bleibt abzuwarten.

Die Überlegungen, die hinter der *Córdoba*-Entscheidung stehen, sprechen aber auch in anderer Hinsicht für eine Übertragbarkeit auf die Vorschaubilder-Fälle. Die Betreiber von Internetseiten, die fremde Werke einbinden möchten, müssen stets die Erlaubnis des Urhebers einholen.[424] Dies ergibt sich bereits aus dem Wortlaut des Art. 3 Abs. 1 InfoSoc-RL. Der konkludent erklärte Wille des Urhebers, der im Rahmen des neuen Publikums Berücksichtigung findet, hilft hierbei nicht weiter, da die Reichweite der Erklärung nur die Nutzer der konkreten Internetseite erfasst. Dies folgt aus der ergebnisüberprüfenden Auslegung des EuGH, die insoweit zu einem anderen Ergebnis als die Auslegung des BGH führt. Eine Zustimmung des Urhebers kann im Einzelfall natürlich – über die Reichweite des neuen Publikums hinaus – im Sinne der Vorschaubilder-I- und -II-Rechtsprechung erklärt werden.

Darüber hinaus könnte der Urheber ein berechtigtes Interesse haben, dass sein Bild aus dem Internet und daher auch von den Übersichtsseiten der Suchmaschinen entfernt werden soll. Zu denken ist an Fälle, in denen die abgebildete Person ihre Zustimmung widerruft oder in denen der Urheber sich von seinem Werk distanzieren will[425] oder selbst aufgrund vertraglicher Verpflichtungen hierzu angehalten ist. Würde man der erstgenannten Meinung folgen, hätte der Urheber keine rechtlichen Möglichkeiten, die Wiedergabe zu unterbinden, weil eine faktische Erschöpfung eingetreten ist. Folgt man hingegen der zweitgenannten Meinung, würde ein Eingriff in das Verwertungsrecht zunächst vorliegen, der jedoch über das Institut der schlichten Einwilligung gerechtfertigt sein kann. Der Urheber könnte dann aber – zumindest nach BGH-Verständnis – seine schlichte Einwilligung *erga omnes* widerrufen und hätte einen Unterlassungsanspruch.

Abschließend bleibt festzuhalten, dass durch das Bereitstellen von Vorschaubildern auch unter Würdigung der EuGH-Rechtsprechung von einem Eingriff in die Verwertungsrechte nach Art. 2 lit. a und 3 Abs. 1 InfoSoc-RL auszugehen ist. Die schlichte Einwilligung hat weiterhin als Rechtfertigungsgrund ihre Daseinsberechtigung.

424 *Haberstumpf* meint sogar, dass dies von nun an auch für Hyperlinks gelte; vgl. *Haberstumpf*, ZUM 2018, S. 678 (679).

425 *Boden/Bosch*, IPRB 12/2017, S. 282 (285).

III. Rechtmäßigkeit der Blow-up-Bilder

Von der Frage der Rechtmäßigkeit der Vorschaubilder ist die rechtliche Bewertung der vergrößerten Blow-up-Bilder zu trennen.[426] Bei den Blow-up-Bildern handelt es sich technisch um einen Inlinelink.[427] Die urheberrechtliche Zulässigkeit von Hyperlinks ist in dieser Arbeit bereits umfassend diskutiert worden.[428] Der Gerichtshof hat in den Entscheidungen *Svensson*, *BestWater International* und *GS Media* die Zulässigkeit von Hyperlinks sowie von Frame-Links bestätigt. Diese Rechtsprechung ist auch auf Links, die von Suchmaschinen gesetzt werden, anwendbar.[429]

Mit der Frage nach der Rechtmäßigkeit der Blow-up-Bilder beschäftigen sich gegenwärtig auch deutsche Gerichte. Das Landgericht Hamburg hat sich erstinstanzlich hierzu geäußert und die europäische Rechtsprechung auf die Blow-up-Sachverhalte übertragen.[430] Der dortige Kläger ist der Meinung, dass Hotlinks bzw. Inlinelinks,[431] die zu Fotografien, welche mit seiner Zustimmung in das Internet gestellt wurden, führen, nicht unter die Framing-Rechtsprechung des EuGH fallen würden. Die *Google*-Bildersuche sei technisch eine Bilddatenbank und keine reine Bildersuchmaschine. Zudem würde die Darstellungsweise das Ursprungswerk substituieren.[432] Das Landgericht macht klar, dass die *BestWater International*-Rechtsprechung auch auf das Hot- bzw. Inlinelinking[433] Anwendung findet, denn in beiden Fällen entstünde für den Nutzer der Eindruck, dass er auf der verlinkenden Seite bliebe.[434] Diese Ansicht verdient aus den bereits genannten Gründen Zustimmung.[435] In der Tat ist ein Inlinelink technisch ein *iframe*-Element, sodass die Framing-Judikatur übertragbar ist. Das Substitutionsargument ist sicherlich nicht von der Hand zu weisen und auch bekannt aus der deutschen Diskussion zur Zulässigkeit von Vorschaubildern.[436] Allerdings ist

426 Für eine Unzulässigkeit der neuen Google-Bildersuche plädiert *Götting*, in: *Ahlberg/Götting*, BeckOK UrhR, § 19a, Rn. 4a.

427 Vgl. zu den technischen Hintergründen S. 79ff.

428 Vgl. hierzu S. 53ff. und 83ff.

429 BGH, Urt. v. 21.09.2017 (Az. I ZR 11/16), GRUR 2018, S. 178 (184), Rn. 56 – Vorschaubilder III.

430 LG Hamburg, Urt. v. 19.12.2018, Az. 308 O 145/17, S. 19, nicht veröffentlicht; Berufung ist anhängig am OLG Hamburg unter dem Az. 5 U 15/19.

431 Im dortigen Verfahren war die Terminologie streitig (Urteil, S. 17). Mit diesen synonymen Begriffen ist – so auch das LG Hamburg – jedoch dasselbe technische Verfahren gemeint (vgl. hierzu S. 79ff.).

432 LG Hamburg, Urt. v. 19.12.2018, Az. 308 O 145/17, S. 7f., nicht veröffentlicht.

433 Sogar der EuGH verwendet in der BestWater International-Entscheidung den Begriff des Inlinelinkings; vgl. EuGH, Beschl. v. 21.10.2014 (Az. C-348/13), GRUR 2014, S. 1196 (1197), Rn. 17 – BestWater International.

434 LG Hamburg, Urt. v. 19.12.2018, Az. 308 O 145/17, S. 19, nicht veröffentlicht.

435 Im Ergebnis auch: *Höppner/Schaper*, MMR 2017, S. 512 (518).

436 *Berberich*, MMR 2005, S. 145 (148); *Leistner/Stang*, CR 2008, S. 499 (506).

es nach der EuGH-Rechtsprechung unerheblich, ob das Zielwerk substituiert wird. Die Framing-Technologie, die der EuGH gebilligt hat, zielt geradezu darauf ab, das Zielwerk auf der eigenen Internetseite einzubinden und damit zu substituieren. Darüber hinaus findet auch keine vollständige Substitution statt, da das Blow-up in der Regel herunterskaliert wird. Da das verlinkte Werk mit Zustimmung des Klägers in das Internet eingestellt wurde, wird kein neues Publikum erreicht. Aber auch wenn das Werk rechtswidrig in das Internet eingestellt worden wäre, würde nach den herausgearbeiteten Grundsätzen kein Eingriff in Art. 3 InfoSoc-RL vorliegen, weil die Kenntnisvermutung aus der *GS Media*-Entscheidung für Suchmaschinenbetreiber gerade nicht gilt.[437]

Etwas anderes gilt nur, wenn durch das Blow-up-Bild beschränkende Maßnahmen (wie z. B. Paywalls) umgangen werden, die auf der Internetseite, zu der der Link führt, getroffen wurden.[438] Das Linking wäre zudem auch rechtswidrig, wenn der Suchmaschinenbetreiber positiv weiß, dass das Werk rechtswidrig in das Internet eingestellt wurde, beispielsweise weil er vom Urheberrechteinhaber hierauf hingewiesen wurde.[439] Der Link wäre im letzteren Falle allerdings erst ab dem Zeitpunkt der positiven Kenntnis rechtswidrig und muss erst dann umgehend entfernt werden.

D. Zusammenfassung

Das Kapitel hat aufgezeigt, dass die Frage, wie sich die Rechtsprechung des EuGH auf das Institut der schlichten Einwilligung auswirkt, nicht trivial ist. Der Gerichtshof hat sich zu Vorschaubilder-Fällen bislang nicht direkt geäußert.

Die Analyse des neuen Publikums zeigt, dass dieses Merkmal eine private Zugangsregel darstellt, welche zwar Elemente einer Einwilligungslösung in sich trägt, allerdings nicht ohne Weiteres mit der schlichten Einwilligung gleichzusetzen ist. Insbesondere das Abstellen auf subjektive Elemente aus der Sphäre des Nutzers, wie der Nutzervorsatz oder die Gewinnerzielungsabsicht, sprechen gegen eine Einwilligungslösung. Gleichwohl lässt sich festhalten, dass der EuGH bei der Auslegung des neuen Publikums subjektive Interessen von privaten Rechtssubjekten (Urheber und Nutzer) mit einfließen lässt. Diese normativen Erwägungen sind jedoch fehlplatziert und sollten besser wie in der Rechtssache *Soulier* in einem eigenständigen (rechtsgeschäftlichen) Rechtsinstitut Nieder-

437 Vgl. hierzu S. 83ff.

438 EuGH, Urt. v. 13.02.2014 (Az. C-466/12), GRUR 2014, S. 360 (361), Rn. 31 – Svensson.

439 EuGH, Urt. v. 09.09.2016 (Az. C-160/15), GRUR 2016, S. 1152 (1155), Rn. 49 – GS Media; *Höppner/Schaper*, MMR 2017, S. 512 (514).

schlag finden. Das Merkmal des neuen Publikums sollte gänzlich aufgegeben werden.

Betrachtet man die Bildersuchfälle im europäischen Lichte, muss man entsprechend den technischen Gegebenheiten zwischen den Vorschaubildern und den vergrößerten Blow-ups trennen. Nach hier vertretener Auffassung kann auf die Vorschaubilder-Sachverhalte die Rechtsprechung in der Rechtssache *Córdoba* übertragen werden. Es liegt nach dieser Auslegung eine Wiedergabe für ein neues Publikum vor, weil dem Urheber anderenfalls das Recht vorbeugender Art und sein Vergütungsanspruch genommen würden. Zudem könnte eine faktische Onlineerschöpfung eintreten. Die Hyperlinking-Rechtsprechung ist weder direkt noch normativ übertragbar. Die urheberrechtliche Zulässigkeit der Blow-up-Bilder hingegen richtet sich nach der Rechtsprechung zum Hyperlinking und stellt keine größeren Probleme dar.

Im Ergebnis lässt sich deshalb festhalten, dass die schlichte Einwilligung in Vorschaubilder-Konstellationen selbst unter Berücksichtigung der europäischen Rechtsprechung zu Art. 3 InfoSoc-RL weiterhin ihre Daseinsberichtigung hat. Die schlichte Einwilligung steht nachrangig im Prüfungsaufbau zum neuen Publikum auf der Ebene der Rechtfertigungsgründe und unterliegt der nationalen Auslegungsmethodik. Die Auslegung des Urheberwillens im Tatbestandsmerkmal des neuen Publikums durch den EuGH und im Rahmen der schlichten Einwilligung durch den BGH kann zu divergierenden Ergebnissen führen.

2. Teil: Kollisionsrechtliche Behandlung der schlichten Einwilligung

§ 3 Grundlagen des Internationalen Urheberrechts im Internet

Nachdem im ersten Teil die Grundlagen der schlichten Einwilligung im deutschen und europäischen Urheberrecht verdeutlicht wurden, soll nun die Verbindung zum Internationalen Privatrecht hergestellt werden. Bevor jedoch konkret auf die kollisionsrechtliche Behandlung der schlichten Einwilligung eingegangen wird, sollen zunächst in diesem Kapitel die Grundlagen des Internationalen Urheberrechts im Internet überblicksmäßig dargestellt werden. Dieses Kapitel erhebt keinen Anspruch, sämtliche Nuancen dieses sehr weiten Forschungsfelds zu rekapitulieren. Vielmehr sollen dem Leser die wichtigsten Grundlagen an die Hand gegeben werden, um im Anschluss das Zusammenspiel des materiellen Urheberrechts mit dem Kollisionsrecht besser nachvollziehen zu können.

Zunächst werden typische grenzüberschreitende Sachverhalte im Internet aufgezeigt. Es wird auffallen, dass Internetfälle stets von sogenannten Multi-State-Sachverhalten geprägt sind (hierzu unter **A.**). Sodann wird der fast schon *»idealistisch anmutende Streit«*[440] innerhalb der zwei meistbeachteten Theorieströmungen im Überblick vorgestellt: das herrschende Territorialitäts- und Schutzlandprinzip sowie das Universalitäts- und Ursprungslandprinzip (hierzu unter **B.**). Hierbei werden jeweils die übergeordneten Prinzipien und die einschlägigen Kollisionsregeln näher betrachtet. Ein besonderes Augenmerk wird auf die Eignung dieser Theorien im Zusammenhang mit Internetsachverhalten gelegt. Auch das Internationale Urhebervertragsrecht soll in aller Kürze dargestellt werden. Schließlich werden die Ergebnisse, die auch der weiteren Arbeit zugrunde gelegt werden, zusammengefasst (hierzu unter **C.**).

440 *Drexl*, in: *Säcker et al.*, MüKo BGB, IntImmGR, Rn. 15.

A. Multi-State-Sachverhalte im Internet

Urheberrechtliche Sachverhalte im Internet enden nicht an Staatsgrenzen.[441] Verbindungen zu ausländischen Rechtsordnungen sind damit eine Selbstverständlichkeit. Dies ist nicht nur in offensichtlichen Konstellationen, in denen ein inländischer Rechteinhaber gegen einen ausländischen Rechtsverletzer Ansprüche geltend macht, der Fall, sondern auch dann, wenn beide Parteien ihren Wohn- oder Geschäftssitz im Inland haben. Beispielsweise führt der Upload eines urheberrechtlich geschützten Werkes in das Internet dazu, dass das Werk weltweit abrufbar ist und damit sämtliche Rechtsordnungen der Welt potenziell betroffen sein könnten.[442] Solche grenzüberschreitenden Nutzungen erreichen im Internetzeitalter eine völlig neue quantitative Dimension.[443]

Es ist Aufgabe des Internationalen Urheberrechts, auch in Fällen der ubiquitären Mediennutzung eine oder mehrere Rechtsordnungen dem Sachverhalt zuzuweisen.[444] Das Aufkommen des Internets hat spätestens mit dem Irrtum aufgeräumt, dass die althergebrachten Grundsätze des Internationalen Urheberrechts die Lösung für eine Vielzahl der grenzüberschreitenden Fragen bringen könnten.[445]

Auch im Zusammenhang mit der urheberrechtlichen Nutzung durch Bildersuchmaschinen stellt sich typischerweise ein kollisionsrechtlicher Sachverhalt dar, für den nun folgend ein Beispielsfall gebildet werden soll:

Der Urheber einer Fotografie ist ein niederländischer Staatsangehöriger mit gewöhnlichem Aufenthalt in Amsterdam. Dieser erteilt einem deutschen Lizenznehmer, der seinen gewöhnlichen Aufenthalt in Aschaffenburg hat, ein ausschließliches Nutzungsrecht an seinem Werk. Der Nutzungsberechtigte lädt die Fotografie auf seine Internetseite, die an ein deutsches Publikum gerichtet ist. Der Server, auf dem die Datei gespeichert ist, steht in London. Die US-amerikanische Suchmaschine *Google* greift auf die Fotografie zu, vervielfältigt sie und lädt sie auf ihre Server in den USA, von denen das angefertigte Vorschaubild weltweit bestimmungsgemäß einsehbar ist. Der Urheber überlegt, nach welchem Recht er gegen *Google* vorgehen könnte, um die Darstellung der Vorschaubilder zu verhindern. Bereits ein solcher kurzer Sachverhalt, der keineswegs nur theoretisch-konstruierter Natur ist, wird aufzeigen, dass die Frage nach dem anwendbaren Recht im Internet nicht leicht zu beantworten ist. Auf diesen Beispielsfall wird im weiteren Verlauf dieses Kapitels immer wieder zurückzukommen sein.

---

441 *Schack*, UrhR, Rn. 905.
442 *Peukert/Rehbinder*, UrhR, Rn. 1196.
443 *Walter*, in: *Loewenheim*, UrhR, § 58, Rn. 60.
444 *Schack*, UrhR, Rn. 905.
445 *Schack*, in: *Baetge et al.*, FS Kropholler, S. 651 (651).

B. Theorien im Internationalen Urheberrecht

Das Internationale Urheberrecht wird beherrscht von einem erbittert geführten Streit zweier Theorieströmungen. Die deutsche Rechtsprechung, der europäische Gesetzgeber und ein Teil der Literatur gehen zumindest im Wesentlichen vom sogenannten Territorialitäts- und Schutzlandprinzip aus (hierzu unter I.). Eine wieder aufstrebende Gegenmeinung wird beherrscht vom sogenannten Universalitäts- und Ursprungslandprinzip (hierzu unter II.). Davon zu unterscheiden sind die kollisionsrechtlichen Fragen rund um das Urhebervertragsrecht (hierzu unter III.). Dieser Streit hat ganz praktische Relevanz, denn er führt – gerade im Internet – oft zu unterschiedlichen Ergebnissen und teilweise zu einer nicht mehr handhabbaren Häufung von anzuwendenden Rechtsordnungen. Die Gerichte haben die kollisionsrechtlichen Regeln von Amts wegen zu prüfen[446] und dürfen deshalb die nachstehenden Erwägungen nicht außer Acht lassen.

I. Territorialitäts- und Schutzlandprinzip

1. Territorialitätsprinzip

Das Territorialitätsprinzip beschränkt die nationalen Schutzrechte auf das Gebiet des Staates, der durch seine Gesetzgebung die Schutzrechte anerkennt. Es ist mithin die räumliche Reichweite des nationalen Schutzes gemeint.[447] Ein inländisches Schutzrecht kann nur im Inland, ein ausländisches Schutzrecht nur im dortigen Ausland verletzt werden.[448] Hieraus folgt aber nicht, dass ausländische Sachverhalte nicht auch für das inländische Recht Bedeutung erlangen können.[449] Aus dem Territorialitätsprinzip ergibt sich, dass ein Urheber für sein Werk nicht ein einheitliches Recht beanspruchen kann, sondern eine Vielzahl national gewährter, räumlich begrenzter Urheberrechte innehat. Dieser Effekt wird bildlich auch als Urheberrechtsbündel, -mosaik oder -flickenteppich bezeichnet.[450] Seine historische Grundlage hat das Prinzip im Privilegienwesen, wonach Autoren, Verleger und Drucker von den Landesfürsten Privilegien für das eigene staatliche Territorium verliehen bekommen haben.[451] Heute werden Urheberrechte nicht mehr hoheitlich verliehen, sondern entstehen mit der Schöpfung des Werkes

446 *Nordemann-Schiffel*, in: *Fromm/Nordemann*, UrhG, Vor. §§ 120ff., Rn. 58.

447 BGH, Urt. v. 16.06.1994 (Az. I ZR 24/92), NJW 1994, S. 2888 (2889) – Joseph Beuys; *Peukert/Rehbinder*, UrhR, Rn. 156.

448 *Schack*, UrhR, Rn. 915.

449 BGH, Urt. v. 18.02.1993 (Az. I ZR 71/91), GRUR 1993, S. 550 (552) – The Doors.

450 *Lauber-Rönsberg*, in: *Ahlberg/Götting*, BeckOK UrhR, Sonderbereiche: Kollisionsrecht, Rn. 4.

451 *Schack*, UrhR, Rn. 911; *Klass*, GRUR Int. 2007, S. 373 (379).

(sogenanntes Schöpferprinzip).[452] Nach einem modernen Erklärungsansatz rechtfertigt sich das Territorialitätsprinzip durch den Umstand, dass Immaterialgüterrechte durch das jeweilige nationale Recht bestimmt werden und deswegen nur für diese Rechtsordnung Geltung beanspruchen können.[453]

Das Territorialitätsprinzip ist als Grundsatz des Internationalen Immaterialgüterrechts allgemein anerkannt.[454] Es wird heute von den meisten völkerrechtlichen Verträgen vorausgesetzt.[455] Dieser Grundsatz ist auch mit deutschem Verfassungsrecht[456] und Europarecht[457] zu vereinbaren.

Weniger Einigkeit besteht hingegen bei der Wirkung des Territorialitätsprinzips. Überwiegend wird es als sachrechtliches Prinzip verstanden, wonach erst auf der Ebene des nationalen Urheberrechts ein hinreichender Inlandsbezug festgestellt werden müsse.[458] Das inländische Urheberrecht müsse durch eine zumindest teilweise im Inland begangene Handlung verletzt werden.[459] Nach dieser Auffassung folgt aus dem Territorialitätsprinzip zumindest unmittelbar kein kollisionsrechtlicher Gehalt. Vielmehr sei die Verletzungshandlung materiell-rechtlich zu lokalisieren.[460] Dies sei ein Unterschied zum Internationalen Deliktsrecht, wo bereits auf der Ebene der Kollisionsnorm *(lex loci delicti commissi)* die Frage nach dem Handlungsort zu stellen sei.[461] Da dem Territorialitätsprinzip kein kollisionsrechtlicher Gehalt zukomme, bedürfe es einer gesonderten Kollisionsnorm, die im gleich noch näher zu betrachtenden Schutzlandprinzip[462] zu sehen sei.[463]

Eine andere Auffassung begreift das Prinzip kollisionsrechtlich, wonach schon auf der Ebene der Kollisionsregel die Verletzungshandlung einer be-

---

452 *Thum*, in: *Wandtke/Bullinger*, UrhR, § 7, Rn. 1.
453 *Grünberger*, ZVglRWiss 108 (2009), S. 134 (147).
454 Vgl. statt vieler: *Peukert/Rehbinder*, UrhR, Rn. 1143.
455 *Peukert/Rehbinder*, UrhR, Rn. 474.
456 BVerfG, Beschl. v. 23.01.1990 (Az. 1 BvR 306/86), GRUR 1990, S. 438 (441), Rn. 48 – Bob Dylan.
457 EuGH, Urt. v. 14.07.2005 (Az. C-192/04), GRUR 2006, S. 50 (53), Rn. 46 – Lagardère.
458 *Drexl*, in: *Säcker et al.*, MüKo BGB, IntImmGR, Rn. 14; *Fezer/Kroos*, in: *Staudinger*, BGB, Int. Wirtschaftsrecht, Rn. 1085; *Thorn*, in: *Palandt*, BGB, Art. 8 Rom II-VO, Rn. 7; *v. Welser*, in: *Wandtke/Bullinger*, UrhR, Vor. §§ 120ff., Rn. 4 f.; *Schack*, UrhR, Rn. 918; *Peukert*, in: *Handl et al.*, Beyond Territoriality, S. 189 (202); *Schack*, in: *Baetge et al.*, FS Kropholler, S. 651 (660); *Klass*, GRUR Int. 2007, S. 373 (376).
459 *Dreier*, in: *Dreier/Schulze*, UrhG, Vor. § 120, Rn. 32; *Lauber-Rönsberg*, in: *Ahlberg/Götting*, BeckOK UrhR, Sonderbereiche: Kollisionsrecht, Rn. 5.
460 Zur Frage, wie die h.M. die Lokalisierung vornimmt, siehe sogleich S. 108ff.; *Peukert/Rehbinder*, UrhR, Rn. 1208.
461 *Klass*, GRUR Int. 2007, S. 373 (376).
462 Vgl. hierzu S. 105ff.
463 *V. Welser*, in: *Wandtke/Bullinger*, UrhR, Vor. §§ 120ff., Rn. 5.

stimmten Rechtsordnung zugeordnet werden müsse.[464] Teilweise wird jedoch das Territorialitätsprinzip fälschlicherweise begrifflich mit dem Schutzlandprinzip gleichgesetzt.[465] Dass dem Schutzlandprinzip ein kollisionsrechtlicher Gehalt zukommt, ist unstreitig, jedoch sind diese Prinzipien nicht identisch. Eine Gleichstellung ist insoweit verfehlt. Im Übrigen darf das Kollisionsrecht nicht mit dem Sachrecht vermischt werden. Das Kollisionsrecht entscheidet über die Anwendung des Sachrechts und nicht umgekehrt. Die Anforderungen, die die nationalen Rechtsordnungen an die Lokalisierung der Verletzungshandlung stellen, weichen voneinander ab[466] und stehen im Zeitpunkt der kollisionsrechtlichen Prüfung auch noch nicht fest. Diese sachrechtlichen Wertungen dürfen nicht mit dem Kollisionsrecht vermischt werden. Der herrschenden Meinung, die das Territorialitätsprinzip als einen sachrechtlichen Grundsatz ansieht, ist damit zu folgen.

2. Schutzlandprinzip

Das Schutzlandprinzip (*lex loci protectionis*) ist hingegen eine Kollisionsregel. Unter dem Schutzlandprinzip ist das Recht des Staates zu verstehen, für dessen Gebiet das Immaterialgüterrecht geltend gemacht wird.[467] Für das deutsche Internationale Privatrecht geht diese Theorie zurück auf *Ulmer*[468] und wird gewöhnlich mit Art. 5 Abs. 2 S. 2 RBÜ begründet.[469] Das Schutzland ist nicht mit der *lex fori* zu verwechseln. Das Recht des angerufenen Gerichts ist nämlich nicht zwingend identisch mit dem Recht des Schutzlandes. Man muss nur an Fälle denken, in denen wegen einer in mehreren Staaten begangenen Urheberrechtsverletzung am allgemeinen Gerichtsstand des Beklagten geklagt wird.[470] Das international zuständige Gericht muss sich dann auch mit den behaupteten Eingriffen in ausländische Rechte befassen.[471] Vom Schutzlandprinzip zu trennen ist zudem das Fremdenrecht der §§ 120ff. UrhG. Das Fremdenrecht ist nach zutreffender herrschender Meinung kein Kollisionsrecht, sondern bestimmt dar-

---

464 *Nordemann-Schiffel*, in: *Fromm/Nordemann*, UrhG, Vor. §§ 120ff., Rn. 79; *Härting*, Internetrecht, Rn. 2338.

465 Unklar in einem Nebensatz: BVerfG, Beschl. v. 23.01.1990 (Az. 1 BvR 306/86), GRUR 1990, S. 438 (441), Rn. 48 – Bob Dylan; *Walter*, in: *Loewenheim*, UrhR, § 58, Rn. 24.

466 *Drexl*, in: *Säcker et al.*, MüKo BGB, IntImmGR, Rn. 12.

467 St. Rspr. EuGH, Urt. v. 22.06.1994 (Az. C-9/93), GRUR Int. 1994, S. 614 (615), Rn. 22 – Ideal Standard II; BGH, Urt. v. 24.05.2007 (Az. I ZR 42/04), GRUR 2007, S. 691 (692) – Staatsgeschenk; OLG Frankfurt am Main, Urt. v. 13.03.2020 (Az. 11 U 6/19), GRUR-RS 2020, S. 6695, Rn. 39 – Modefotograf; *Drexl*, in: *Säcker et al.*, MüKo BGB, IntImmGR, Rn. 10.

468 *Ulmer*, Immaterialgüterrecht, S. 12.

469 *V. Welser*, in: *Wandtke/Bullinger*, UrhR, Vor. §§ 120ff., Rn. 4.

470 *Schack*, UrhR, Rn. 1044.

471 *Ulmer*, Immaterialgüterrecht, S. 12.

über, ob und unter welchen Voraussetzungen das UrhG ausländischen Staatsangehörigen für ihre im Ausland erschienenen Werke Schutz gewährt.[472]

Das Schutzlandprinzip war bereits vor Inkrafttreten der Rom II-VO[473] in Deutschland – zumindest nach einer verbreiteten Meinung – gewohnheitsrechtlich anerkannt.[474] Nunmehr regelt Art. 8 Abs. 1 Rom II-VO, dass auf außervertragliche Schuldverhältnisse wegen einer Verletzung von Rechten des geistigen Eigentums das Recht des Staates anwendbar ist, für den der Schutz beansprucht wird. In Erwägungsgrund 26 bekennt sich der europäische Verordnungsgeber zu einem angeblich *»allgemein anerkannten Grundsatz der lex loci protectionis«*. Übersehen hat der Gesetzgeber allerdings, dass es in Europa keinen solchen Grundsatz gibt. Zum Beispiel erfolgt nach griechischem, portugiesischem und rumänischem Recht sowie nach früherer französischer Rechtsprechung zumindest in Teilaspekten eine Anknüpfung nach dem Ursprungslandprinzip.[475]

Umstritten ist zudem die Reichweite des Schutzlandprinzips. Nach einer Meinung innerhalb der Vertreter des Schutzlandprinzips ist die Reichweite sehr umfassend und ausnahmslos zu verstehen. Das Prinzip gelte für alle das Urheberrecht betreffenden Aspekte, wie die Schutzvoraussetzungen, den Schutzbereich, das Bestehen und die Reichweite der Schrankenregelungen, die Schutzdauer, den Bestand sowie den Umfang gesetzlicher Vergütungsansprüche, die Übertragbarkeit, die dingliche Wirkung von Lizenzen, die Teilnehmerhaftung sowie für vermögensrechtliche, urheberpersönlichkeitsrechtliche und bereicherungsrechtliche Ansprüche aus der Verletzung von Schutzrechten.[476] Andere Vertreter des Schutzlandprinzips erkennen zwar dessen weitreichende Geltung grundsätzlich an, zeigen sich aber gleichwohl offen für die punktuelle Behandlung von vereinzelten Rechtsfragen durch das Ursprungslandprinzip. Hierauf wird noch näher eingegangen.[477]

472 *Nordemann-Schiffel*, in: *Fromm/Nordemann*, UrhG, Vor. §§ 120ff., Rn. 1b.

473 Verordnung EG Nr. 864/2007 des Europäischen Parlaments und des Rates vom 11. Juli 2007 über das auf außervertragliche Schuldverhältnisse anzuwendende Recht (Rom II-VO).

474 OLG Frankfurt am Main, Urt. v. 13.03.2020 (Az. 11 U 6/19), GRUR-RS 2020, S. 6695, Rn. 39 – Modefotograf; LG München I, Urt. v. 23.11.2011 (Az. 21 O 25511/10), ZUM-RD 2012, S. 49 (59) – Elvis Presley; *Fezer/Kroos*, in: *Staudinger*, BGB, Int. Wirtschaftsrecht, Rn. 913.

475 *Drexl*, in: *Säcker et al.*, MüKo BGB, IntImmGR, Rn. 165.

476 BGH, Urt. v. 21.09.2017 (Az. I ZR 11/16), GRUR 2018, S. 178 (180), Rn. 13 – Vorschaubilder III; BGH, Urt. v. 21.04.2016 (Az. I ZR 43/14), GRUR 2016, S. 1048 (1050), Rn. 24 – An Evening with Marlene Dietrich; BGH, Urt. v. 24.09.2014 (Az. I ZR 35/11), GRUR 2015, S. 264 (265), Rn. 24 – Hi Hotel II; OLG Frankfurt am Main, Urt. v. 13.03.2020 (Az. 11 U 6/19), GRUR-RS 2020, S. 6695, Rn. 39 – Modefotograf; *Drexl*, in: *Säcker et al.*, MüKo BGB, IntImmGR, Rn. 199; *Grünberger*, in: *Hüßtege/Mansel*, Rom VO, Art. 8 Rom II-VO, Rn. 49ff.; *Peukert/Rehbinder*, UrhR, Rn. 1207; *Martiny*, ZEuP 2015, S. 838 (867).

477 Vgl. hierzu S. 111ff.

Für die Bestimmung des Schutzlandes ist schlicht das Klagebegehren entscheidend.[478] Dies erscheint zunächst verwunderlich, denn der Kläger kann einseitig durch die Formulierung des Klageantrags über die Anwendung des Sachrechts entscheiden. Wie bereits festgestellt, folgt jedoch aus dem sachrechtlichen Territorialitätsprinzip, dass für eine erfolgreiche Klage unter anderem ein hinreichender Inlandsbezug notwendig ist.[479] Erst an dieser Stelle wird das faktische Zusammenspiel von Territorialitäts- und Schutzlandprinzip deutlich.[480] Diese Einschränkung auf sachrechtlicher Stufe relativiert die Dominanz des Klägers auf der Ebene des Kollisionsrechts.

Die Anknüpfung an das Klagebegehren hat jedoch auch eine Kehrseite. Werden konkrete Verletzungshandlungen in mehreren Staaten – oder gar weltweit – behauptet, ist bei der Fallprüfung an so viele Rechtsordnungen anzuknüpfen, wie es Schutzländer gibt.[481] Die praktischen Schwierigkeiten liegen auf der Hand. Nach der Rechtsprechung des BGH führt die gleichzeitige Geltendmachung mehrerer Schutzrechte sogar zu einer kumulativen Häufung der Streitgegenstände,[482] was zu einer drastischen Erhöhung des Streitwerts[483] und damit zu einem gesteigerten Prozessrisiko führt. Dies dürfte auch der Grund dafür sein, dass eine Geltendmachung von globalen Schutzrechten in der Praxis kaum anzutreffen ist. Zudem haben Rechteinhaber bei der gerichtlichen Geltendmachung ihrer Ansprüche häufig nur den eigenen Wirtschaftsraum im Blick. Für deutschsprachige Werke begnügt sich der Urheber häufig mit Rechtsschutz für das Gebiet der Bundesrepublik. Allenfalls begehrt er noch Rechtsschutz für den deutschsprachigen Raum in Österreich und in der Schweiz. Selbstredend ist es aber nicht ausgeschlossen, dass ein Kläger die praktischen und prozessualen Risiken nicht scheut und – in einer zunehmend globalisierten Wirtschaftswelt – weitreichenden oder gar weltweiten Schutz nachsucht. Als Beispiel kann ein US-amerikanisches Verfahren angeführt werden, in dem die Klägerin Schadensersatz für Urheberrechtsverletzungen in immerhin 18 Schutzländern verlangte.[484] Das Schutzlandprinzip müsste sich demnach auch

---

478 BGH, Urt. v. 08.07.2004 (Az. I ZR 25/02), GRUR 2004, S. 855 (856) – Hundefigur; Österreichischer OGH, Beschl. v. 09.08.2011 (Az. 17 Ob 6/11y), GRUR 2012, S. 464 (465) – alcom-international.at; *Drexl*, in: *Säcker et al.*, MüKo BGB, IntImmGR, Rn. 12; *Walter*, in: *Loewenheim*, UrhR, § 58, Rn. 27; *v. Welser*, in: *Wandtke/Bullinger*, UrhR, Vor. §§ 120ff., Rn. 3; *Klass*, GRUR Int. 2007, S. 373 (376).

479 *V. Welser*, in: *Wandtke/Bullinger*, UrhR, Vor. §§ 120ff., Rn. 3.

480 *Klass*, GRUR Int. 2007, S. 373 (379).

481 Österreichischer OGH, Entsch. v. 28.09.1993 (Az. 4 Ob 125/93), GRUR Int. 1994, S. 638 (639) – Adolf Loos-Werke II.

482 BGH, Urt. v. 24.05.2007 (Az. I ZR 42/04), GRUR 2007, S. 691 (691f.) – Staatsgeschenk.

483 Vgl. § 39 Abs. 1 GKG und § 5 Hs. 1 ZPO.

484 Boosey & Hawkes Music Publishers, Ltd. v. Walt Disney Co., 145 F.3 d 481, 491f. (2 d Cir. 1998) – Fantasia.

an diesen Extremfällen messen lassen, versagt aber in Fällen der ubiquitären Werknutzung.

3. Inlandsbezug auf Sachrechtsebene

Nachdem das Zusammenwirken des sachrechtlichen Territorialitätsprinzips und des kollisionsrechtlichen Schutzlandprinzips geklärt wurde, stellt sich die Frage, wie auf der Ebene des deutschen Sachrechts die Verletzungshandlung lokalisiert werden kann. Sofern die Schutzlandanknüpfung jedoch zur Anwendung eines ausländischen Sachrechts führt, beurteilt sich selbstredend der notwendige Inlandsbezug – sofern überhaupt gefordert – nach dieser Rechtsordnung. Nachstehend wird die deutsche Rechtslage wiedergegeben.

Zunächst ist festzuhalten, dass die jeweiligen Verletzungshandlungen getrennt voneinander zu betrachten sind. Wenn also im eingangs genannten Beispielsfall die Vervielfältigung der Fotografie am Serverstandort[485] in den USA stattfindet, ist kein hinreichender Inlandsbezug bezüglich § 16 UrhG in Deutschland festzustellen. Das gilt sogar dann, wenn – wie im Beispielsfall – die Vervielfältigung des Vorschaubildes erst die technischen Voraussetzungen für die spätere Wiedergabe schafft.[486] Ist das erstellte Vorschaubild bestimmungsgemäß sodann aber aus Deutschland abrufbar, könnte hinsichtlich der öffentlichen Zugänglichmachung nach § 19a UrhG ein ausreichender Inlandsbezug gegeben sein.[487] Insoweit ist es nämlich grundsätzlich ausreichend, dass Teilakte der grenzüberschreitenden Verwertungshandlung im Inland stattfinden.[488] Das simple Beispiel zeigt jedoch schon auf, dass Sachverhalte im Zusammenhang mit einer öffentlichen Zugänglichmachung im Internet zu erheblichen Lokalisierungsproblemen führen. Das Vorschaubild ist immerhin weltweit abrufbar.

Um bei ubiquitären Nutzungshandlungen die sachrechtliche Lokalisierung einzugrenzen, wird teilweise vorgeschlagen, die Nutzungshandlung nur im Eingabeland (*place of initiation*) zu lokalisieren.[489] Einen anderen Ansatz verfolgt die französische Rechtsprechung in einem mit dem Beispielsfall vergleichbaren Sachverhalt. Aus dem Serverstandort in den USA folge ein hinreichender Inlandsbezug zum US-Recht.[490] Eine solche Sichtweise eröffnet jedoch Manipu-

485 *Intveen*, Int. UrhR, S. 31.
486 *Lauber-Rönsberg*, in: *Ahlberg/Götting*, BeckOK UrhR, Sonderbereiche: Kollisionsrecht, Rn. 22.
487 *Nordemann-Schiffel*, in: *Fromm/Nordemann*, UrhG, Vor. §§ 120ff., Rn. 70.
488 *Lauber-Rönsberg*, in: *Ahlberg/Götting*, BeckOK UrhR, Sonderbereiche: Kollisionsrecht, Rn. 20.
489 KOM (95) 382 endg., S. 42; *Walter*, in: *Loewenheim*, UrhR, § 58, Rn. 74.
490 Trib. grande instance Paris, Entsch. v. 27.5.2008 (Az. 05/12 117 Jus Luminum n J492 793) – Google France zitiert nach *Walter*, in: *Loewenheim*, UrhR, § 58, Rn. 74.

lationsmöglichkeiten Tür und Tor, da sich der Serverstandort leicht per Datenübertragung in ein sogenanntes Urheberrechtsparadies verlegen ließe. Zudem ist es nicht einzusehen, warum bei einer weltweiten Verletzungshandlung ausgerechnet der Ort der Einspeisung oder des Serverstandorts relevant werden sollte,[491] zumal der Upload einer Datei häufig partiell sogar auf mehreren Servern gleichzeitig erfolgen kann.

Andere Stimmen in der Literatur möchten für die sachrechtliche Lokalisierung auf den gewöhnlichen Aufenthalt oder den (Wohn-)Sitz des Verletzten[492] bzw. den Ort des Schadenseintritts abstellen. Teilweise sollen diese Anknüpfungen in einer sogenannten Anknüpfungsleiter nacheinander zur Anwendung kommen.[493] Hiergegen wird eingewandt, dass dieser Ansatz die territoriale Struktur des Urheberrechts verkenne und zu komplexen und schwer vorhersehbaren Anknüpfungsvorgängen führe.[494]

Teilweise wird die sogenannte *Bogsch*-Theorie zur sachrechtlichen Lokalisierung von Verletzungshandlungen im Internet herangezogen. Die *Bogsch*-Theorie wurde ursprünglich für das Senderecht nach § 20 UrhG entwickelt. Neben dem Ausstrahlungsland seien auch alle weiteren Länder relevant, in denen die Hörfunk- oder Fernsehsendung zu empfangen sei.[495] Hierdurch soll verhindert werden, dass der Urheber durch Verlegung der Sendestation in ein Urheberrechtsparadies benachteiligt werde.[496] Überwiegend wird vertreten, dass diese Theorie auch auf das Recht der öffentlichen Zugänglichmachung anzuwenden sei.[497] Hieraus folge, dass grundsätzlich das Recht des Sendestaates und zudem die Rechte der Empfangsstaaten zur Anwendung kämen. In anderen Worten: Es seien *de facto* alle Sender- und Empfängerrechtsordnungen weltweit parallel anwendbar.[498] Dies führt zunächst im Sinne einer Eingrenzung nicht weiter.

Um diesen sehr weiten Kreis einzuschränken, verlangen die Rechtsprechung und Teile der Literatur darüber hinaus, dass das konkrete Angebot bestimmungsgemäß abrufbar ist und der Webseitenbetreiber das örtliche Publikum gezielt ansprechen will.[499] Kriterien hierfür sollen z. B. die Sprache der Internet-

491 *Walter*, in: *Loewenheim*, UrhR, § 58, Rn. 76.
492 *Ricketson/Ginsburg*, International Copyright, Rn. 20.29.
493 *Dessemontet*, SJZ 1996, S. 285 (293f.) zitiert nach *Walter*, in: *Loewenheim*, UrhR, § 58, Rn. 75 m.w.N.
494 *Walter*, in: *Loewenheim*, UrhR, § 58, Rn. 75.
495 *Härting*, Internetrecht, Rn. 2834.
496 *Schwarz/Reber*, in: *Loewenheim*, UrhR, § 21, Rn. 100.
497 *V. Welser*, in: *Wandtke/Bullinger*, UrhR, Vor. §§ 120ff., Rn. 19.
498 OLG München, Urt. v. 09. 10. 2003 (Az. 29 U 2690/03), GRUR-RR 2004, S. 252 (253) – Pietra di Soln; LG Hamburg, Urt. v. 05. 09. 2003 (Az. 308 O 449/03), GRUR-RR 2004, S. 313 (315) – Thumbnails; *Lauber-Rönsberg*, in: *Ahlberg/Götting*, BeckOK UrhR, Sonderbereiche: Kollisionsrecht, Rn. 26.
499 *Peukert/Rehbinder*, UrhR, Rn. 1209; *Ungern-Sternberg*, GRUR 2013, S. 248 (254).

seite oder die Zahlungs- und Versandmodalitäten,[500] etwaige Hinweise auf eine inländische Niederlassung oder Veranstaltungen sowie eine inländische Top-Level-Domain sein.[501] Ein wirtschaftlich spürbarer Inlandsbezug, wie ihn der BGH[502] für das Markenrecht gefordert hat, kann für das Urheberrecht hingegen nicht angenommen werden.[503] Ein hinreichender Inlandsbezug liegt nicht vor, wenn ein urheberrechtlich geschütztes Werk auf einem für ein ausländisches Publikum betriebenen, fremdsprachigen Blog unerlaubt zugänglich gemacht wird.[504] Dem BGH genügte in der Vorschaubilder-I-Entscheidung – hingegen im Zusammenhang mit der internationalen Zuständigkeit – bereits, dass das Werk bestimmungsgemäß (auch) in Deutschland abrufbar war.[505]

Die *Bogsch*-Theorie ist nicht unumstritten. So wird kritisiert, dass man durch eine Fiktion den tatsächlichen Handlungsort, der nun mal am Ort des Uploads liegt, an jeden beliebigen Ort weltweit transferieren könne. Die Anwendung von unzähligen Rechtsordnungen führe zu Normwidersprüchen und sei wegen der Uferlosigkeit nicht praxistauglich.[506] Diese Kritik ist nicht ganz unberechtigt. Wenn man – wie der BGH – zutreffend davon ausgeht, dass die Internetseite der *Google*-Bildersuche auch für das deutsche Publikum bestimmungsgemäß zugänglich gemacht wurde, muss man dies zugleich für alle Länder, für die *Google* eine Bildersuchfunktion zugänglich macht, annehmen. Dies führt zur Anwendung fast aller Rechtsordnungen der Welt. Eine Einschränkung kann nur für Internetseiten, die auf das Publikum einer bestimmten Region zugeschnitten sind, angenommen werden. Als Beispiel kann die Webpräsenz einer lokalen Tageszeitung oder des örtlichen Sportvereins genannt werden. Die Einschränkung durch die (modifizierte) Bogsch-Theorie führt also nur bei regional ausgerichteten Internetseiten zu einer spürbaren Auswirkung auf die sachrechtliche Lokalisierung der Verletzungshandlung, nicht jedoch bei den *Global Playern* unter den Internetseiten, wie z. B. *Google*, *Facebook* und *Instagram*, da diese weltweit tätig sind.

500 EuGH, Urt. v. 18.10.2012 (Az. C-173/11), GRUR 2012, S. 1245 (1247 f.), Rn. 39 ff. – Football Dataco; *Lauber-Rönsberg*, in: *Ahlberg/Götting*, BeckOK UrhR, Sonderbereiche: Kollisionsrecht, Rn. 26.

501 *H. Hoffmann*, NJW 2018, S. 2453 (2455).

502 BGH, Urt. v. 13.10.2004 (Az. I ZR 163/02), GRUR 2005, S. 431 (433) – Hotel Maritime.

503 *Walter*, in: *Loewenheim*, UrhR, § 58, Rn. 89.

504 LG Hamburg, Urt. v. 17.06.2016 (Az. 308 O 161/13), GRUR-RS 2016, S. 12262 – Internet-Blog.

505 BGH, Urt. v. 29.04.2010 (Az. I ZR 69/08), NJW 2010, S. 2731 (2732), Rn. 14 – Vorschaubilder I.

506 *Schwarz/Reber*, in: *Loewenheim*, UrhR, § 21, Rn. 100 ff.

4. Kritik bei Internetsachverhalten

Dieses Ergebnis wird für Internetsachverhalte deshalb häufig kritisiert. Die Globalisierung der Medienwelt und insbesondere die Existenz des Internets seien mit der Idee eines räumlich begrenzten Urheberrechts nicht mehr in Einklang zu bringen[507] und es wirke *»anachronistisch«*.[508] Der *»Ballast des Privilegienwesens«* sei abzuwerfen.[509]

Die Anwendung einer unbestimmten Anzahl von Rechten sei nicht mit der Aufgabe des Kollisionsrechts, eine Anknüpfung an die Rechtsordnung mit der engsten Verbindung zum Sachverhalt herzustellen, zu vereinbaren.[510] Dies führe zu unvorhersehbaren und unangemessenen Folgen.[511] Dass diese Kritik insbesondere bei ubiquitären Verletzungshandlungen zutrifft, wurde bereits aufgezeigt.[512] Ein international zuständiges Gericht müsste bei der Behauptung einer weltweiten Verletzungshandlung für jedes einzelne Schutzland zunächst den hinreichenden Inlandsbezug auf nationaler Sachrechtsebene prüfen. Wenn die verletzende Internetseite – wie im Beispielsfall die Google-Bildersuche – jedoch international ausgerichtet ist, führt dieser Prüfungspunkt im deutschen Sachrecht zu keiner weiteren Einschränkung. In der Folge müsste sich der Richter mit nahezu sämtlichen Rechtsordnungen dieser Welt auseinandersetzen. Dies führt zu einer schlechterdings nicht mehr zu leistenden Aufgabe.[513]

II. Universalitäts- und Ursprungslandprinzip

1. Universalitätsprinzip

Den Problemen, die das Territorialitätsprinzip mit sich bringt, versuchen dessen Kritiker mit dem Universalitätsprinzip zu begegnen, das von einer universalen Geltung von Rechten aus geistiger Schöpfung ausgeht.[514] Die Annahme des Territorialitätsprinzips, dass es so viele Urheberrechte wie Rechtsordnungen gebe, sei mit dem modernen Recht nicht zu vereinbaren.[515] Das Urheberrecht sei als Einheit zu verstehen,[516] welches sich bei Grenzübertritt nicht auflöse und gegebenenfalls in einer anderen Person unter veränderten Entstehungs- und

507 *Klass*, GRUR Int. 2007, S. 373 (374).
508 *Klass*, GRUR Int. 2007, S. 373 (381).
509 *Schack*, in: *Baetge et al.*, FS Kropholler, S. 651 (663).
510 *Oppermann*, Anknüpfung, S. 16.
511 *Nordemann-Schiffel*, in: *Fromm/Nordemann*, UrhG, Vor. §§ 120ff., Rn. 75.
512 Vgl. hierzu S. 108ff.
513 *Drexl*, in: *Säcker et al.*, MüKo BGB, IntImmGR, Rn. 272; *Kur*, GRUR Int. 2012, S. 857 (866).
514 *Intveen*, Int. UrhR, S. 87.
515 *Drobnig*, RabelsZ 40 (1976), S. 195 (197).
516 *V. Welser*, in: *Wandtke/Bullinger*, UrhR, Vor. §§ 120ff., Rn. 5.

Übertragungsvoraussetzung neu begründet werde.[517] Statt eines Bündels von vielen Urheberrechten erhalte der Schöpfer ein einheitliches, weltweit wirksames und nach der Rechtsordnung eines Staates begründetes Recht.[518] Das Universalitätsprinzip wird dabei sogar teilweise auf das Naturrecht gestützt. Als ein solches Recht existiere es folglich nicht nur für das Territorium, in dem es das Gesetz anerkenne.[519] Damit steht das Universalitätsprinzip im unmittelbaren Gegensatz zum Territorialitätsprinzip.[520]

Das Universalitätsprinzip ist, wie das Territorialitätsprinzip, ein sachrechtliches Prinzip.[521] Dies liegt allerdings nicht unmittelbar auf der Hand, da die Kernaussage des Universalitätsprinzips immerhin die weltweite Anerkennung von Rechten ist. Gleichwohl trifft das Prinzip aber auch keine Aussage darüber, nach welchem Recht das einheitliche Urheberrecht ursprünglich entsteht. Nach der zutreffenden Auffassung von *Drexl* kann das Universalitätsprinzip zwar als Prinzip der einheitlichen Anknüpfung verstanden werden, eine Kollisionsnorm begründet es aber nicht.[522]

2. Ursprungslandprinzip

Das Ursprungslandprinzip (*lex originis*) ist der kollisionsrechtliche Ausfluss des Universalitätsprinzips. Das Ursprungslandprinzip versucht Rechtsfragen im Zusammenhang mit Urheberrechten weltweit einheitlich an das Recht eines Staates anzuknüpfen.[523]

Der Vorteil des Ursprungslandprinzips liegt den Befürwortern zufolge darin, dass eine weltweite Vermarktung der Rechte vereinfacht werde. Der Urheber könne sich auf das Recht des Ursprungslandes verlassen.[524] Zudem füge sich das Ursprungslandprinzip besser in eine globalisierte Welt ein.[525] Die Vertreter dieses Ansatzes argumentieren zudem häufig mit dem menschen- und persönlichkeitsrechtlichen Kern des Urheberrechts, der überall anzuerkennen sei.[526]

Es existiert aber nicht nur eine Lesart des Ursprungslandprinzips. Vielmehr wird es in einer großen Zahl von Variationen vertreten. Die konsequente Anwendung nur einer Rechtsordnung für sämtliche Teilaspekte eines urheber-

517 *Schack*, UrhR, Rn. 919.
518 *Klass*, GRUR Int. 2007, S. 373 (380).
519 *Schack*, Anknüpfung, S. 23.
520 *Intveen*, Int. UrhR, S. 87.
521 *Klass*, GRUR Int. 2007, S. 373 (380).
522 *Drexl*, in: *Säcker et al.*, MüKo BGB, IntImmGR, Rn. 16.
523 *Klass*, GRUR Int. 2007, S. 373 (377).
524 *Nordemann-Schiffel*, in: *Fromm/Nordemann*, UrhG, Vor. §§ 120ff., Rn. 60.
525 *Drexl*, in: *Säcker et al.*, MüKo BGB, IntImmGR, Rn. 21.
526 *Nordemann-Schiffel*, in: *Fromm/Nordemann*, UrhG, Vor. §§ 120ff., Rn. 60; *Schack*, MMR 2000, S. 59 (62).

rechtlichen Sachverhalts wird in dieser extremen Ausprägung gleichwohl nicht mehr vertreten.[527] Die Verfechter des Ursprungslandprinzips fordern üblicherweise eine differenzierende Betrachtung. Hierbei wird immer wieder betont, dass eine Sonderanknüpfung einzelner Rechtsfragen durchaus mit der grundsätzlichen Geltung des Territorialitätsprinzips zu vereinbaren sei.[528] Auch Art. 8 Abs. 1 Rom II-VO stehe dem nicht entgegen, da diese Norm nur für Verletzungen von Rechten des geistigen Eigentums gelte, nicht hingegen für sonstige Rechtsfragen.[529]

Als bedeutendster Vertreter des Ursprungslandprinzips im deutschen Schrifttum gilt *Schack*. Dieser vertritt eine vermittelnde Lösung, die im Kern die Idee eines einheitlichen Urheberrechts wahrt.[530] Nach ihm soll kollisionsrechtlich für die Fragen der Entstehung des Urheberrechts,[531] der ersten Inhaberschaft[532] und der Übertragung des Urheberrechts[533] an das Ursprungsland angeknüpft werden. Als Ursprungsland soll bei unveröffentlichten Werken das Personalstatut des Urhebers herangezogen werden, welches sich in Anlehnung an Art. 5 Abs. 4 lit. c RBÜ nach dessen Staatsangehörigkeit richte.[534] Bei veröffentlichten Werken sei die Bindung zum Werkschöpfer gelockert, sodass eine objektbezogene Anknüpfung an den Ort der Erstveröffentlichung (*lex publicationis*) in Betracht käme.[535] Eine Besonderheit sei bei Erstveröffentlichungen im Internet anzunehmen. Hierfür soll der Standort des Servers gelten, wobei *Schack* selbst eingesteht, dass dieser zufällig sein könne.[536] Das Schutzlandprinzip soll hingegen nur eingeschränkt für Fragen der notwendigen Schöpfungshöhe,[537] des Inhaltes und der Schranken des Urheberrechts,[538] der Schutzdauer[539] und des Fremdenrechts[540] zur Anwendung kommen. Überträgt man diese Thesen auf das eingangs skizzierte Beispiel, wäre aufgrund des Serverstandorts in London englisches Recht auf die Fragen der Entstehung, der ersten Inhaberschaft und der Übertragung des Urheberrechts anzuwenden. Da die Parteien aber keinerlei Verbindung zu England haben, erscheint diese Anknüpfung willkürlich.

---

527 *Nordemann-Schiffel*, in: *Fromm/Nordemann*, UrhG, Vor. §§ 120ff., Rn. 60.
528 Vgl. statt vieler: *Walter*, in: *Loewenheim*, UrhR, § 58, Rn. 20.
529 *V. Welser*, in: *Wandtke/Bullinger*, UrhR, Vor. §§ 120ff., Rn. 11; *Klass*, GRUR Int. 2007, S. 373 (375).
530 *Schack*, UrhR, Rn. 1045.
531 *Schack*, Anknüpfung, S. 63.
532 *Schack*, Anknüpfung, S. 67.
533 *Schack*, Anknüpfung, S. 70.
534 *Schack*, UrhR, Rn. 1027.
535 *Schack*, UrhR, Rn. 1028.
536 *Schack*, UrhR, Rn. 1029.
537 *Schack*, UrhR, Rn. 1033.
538 *Schack*, UrhR, Rn. 1046.
539 *Schack*, UrhR, Rn. 1048.
540 *Schack*, UrhR, Rn. 1049.

Auch andere Vertreter des Ursprungslandprinzips argumentieren ähnlich.[541] Nach ihnen soll sich ebenfalls die Frage der ersten Inhaberschaft,[542] der Entstehung und der Übertragung nach dem Recht des Ursprungslandes richten.[543]

Im Gegensatz zu *Schack* wird aber angemerkt, dass bei Internetveröffentlichungen nicht der beliebig austauschbare und vorrangig nach technischen Gegebenheiten ausgewählte Serverstandort für die Anknüpfung entscheidend sei.[544] In der Tat birgt die Anknüpfung an den Serverstandort – wie bereits erwähnt – erhebliche Probleme, da sich der Nutzer in sogenannte Urheberrechtsparadiese, also Staaten mit geringem Schutzniveau, zurückziehen und von dort die Verwertungshandlungen im Internet vornehmen könnte.[545] Vielmehr soll die Staatsangehörigkeit[546] oder der gewöhnliche Aufenthalt[547] des Urhebers maßgeblich sein. Für den vorstehenden Beispielsfall wäre nun niederländisches Recht, da der Urheber niederländischer Staatsangehöriger ist und in Amsterdam lebt, für die Fragen der Entstehung, der ersten Inhaberschaft und der Übertragung maßgeblich.

Van Eechoud schlägt vor, für Rechtsfragen nach der Existenz, dem Umfang und der Schutzdauer das Recht des Nutzungsorts anzuwenden. Für die Frage nach der ersten Inhaberschaft soll entweder der gewöhnliche Aufenthalt oder die Hauptniederlassung des Urhebers maßgeblich sein. Die Übertragbarkeit richte sich nach dem Forderungsstatut. Fragen rund um (ubiquitäre) Rechtsverletzungen müssten nach einem abgestuften System beurteilt werden. Sofern keine Rechtswahl getroffen wurde, sei auf den gemeinsamen gewöhnlichen Aufenthalt der Parteien abzustellen. Für den Fall, dass ein solcher Ort nicht existiere, komme es auf den Ort der Nutzung, sodann auf den gewöhnlichen Aufenthalt des Rechteinhabers und schließlich auf den gewöhnlichen Aufenthalt des Rechtsverletzers an.[548]

Dem Thema haben sich zudem bereits internationale Forschergruppen gewidmet und Anknüpfungsregeln für das Internationale Urheberrecht entwickelt, die dem Gedanken des Ursprungslandprinzips folgen.

Das American Law Institute (*ALI*) hat das Modellgesetz »*Intellectual Property: Principles Governing Jurisdiction, Choice of Law and Judgments in Transnational*

---

541 *Nordemann-Schiffel*, in: *Fromm/Nordemann*, UrhG, Vor. §§ 120ff., Rn. 76; *v. Welser*, in: *Wandtke/Bullinger*, UrhR, Vor. §§ 120ff., Rn. 11.

542 *Peukert/Rehbinder*, UrhR, Rn. 1210.

543 *V. Welser*, in: *Wandtke/Bullinger*, UrhR, Vor. §§ 120ff., Rn. 11.

544 Auch *Schack* hat im persönlichen Gespräch mit dem Autor angekündigt, künftig nicht mehr auf den Serverstandort abstellen zu wollen.

545 *Nordemann-Schiffel*, in: *Fromm/Nordemann*, UrhG, Vor. §§ 120ff., Rn. 76.

546 *V. Welser*, in: *Wandtke/Bullinger*, UrhR, Vor. §§ 120ff., Rn. 11.

547 *Peukert/Rehbinder*, UrhR, Rn. 1210.

548 Zum Ganzen: *van Eechoud*, Choice of law, S. 226ff.

Disputes (ALI-Principles)« vorgeschlagen.[549] Die *ALI*-Principles gehen grundsätzlich gemäß § 301 Abs. 1 lit. b von der Existenz des Schutzlandprinzips aus, sehen jedoch für *»ubiquitous infringements«* in § 321 Abs. 1 eine Ausnahme vor. Der Richter hat hiernach die Möglichkeit – nicht die Pflicht –, bei ubiquitären Sachverhalten von der Urheberrechtszersplitterung, die das Schutzlandprinzip mit sich bringt, zugunsten einer Anknüpfung an nur eine Rechtsordnung mit der engeren Verbindung zum Sachverhalt abzuweichen.[550] Als Beispiel für ubiquitäre Sachverhalte werden in der Kommentierung Internetsachverhalte genannt.[551] Für die Frage, wann eine enge Verbindung besteht, gibt das Modellgesetz gleich selbst mehrere Kriterien an die Hand: Dies sollen insbesondere *(1.)* der Aufenthaltsort der Parteien, *(2.)* der Ort, an dem der Schwerpunkt des Rechtsverhältnisses zwischen den Parteien zu lokalisieren ist, *(3.)* der Handlungs- und Investitionsort der Parteien und *(4.)* der Ort des Marktes, auf den die Aktivitäten der Parteien abzielen, sein.

Die Kriterien der *ALI*-Principles können nicht umfassend überzeugen. Die ersten beiden Kriterien führen bei Internetsachverhalten selten zu einer exakten Zuordnung und die letzten beiden Kriterien privilegieren großvolumige Märkte und führen insbesondere zu einer Bevorzugung des auf den Export von Kreativwirtschaft und Investitionsschutz ausgerichteten US-Marktes.[552] Dies würde sich auch so für den kurzen Beispielsfall ergeben. Aufgrund der unterschiedlichen Aufenthaltsorte der Parteien (Niederlande und USA) und des Umstandes, dass das gesetzliche Rechtsverhältnis (Schadensersatz- und Unterlassungsanspruch bezüglich der Nutzung der Vorschaubilder) keine Lokalisierung zu einem Schwerpunktstaat zulässt, führen die Kriterien *(1.)* und *(2.)* nicht weiter. Der größere Investitionsumfang *(3.)* ist jedoch eindeutig bei *Google* zu sehen, sodass das US-Recht privilegiert würde. Kategorie *(4.)* führt nicht weiter, da die Marktaktivitäten weder vom Urheber, der seine Werke auch international vermarktet, noch vom Suchmaschinenbetreiber, der ebenfalls international tätig ist, einem bestimmten Marktort zuzuordnen sind. Mithin würde nach den *ALI*-Principles zumindest ein Argument für die Anwendung des US-Rechts sprechen.

Ein ähnliches Projekt wurde durch die Europäische Max-Planck-Gruppe für Internationales Privat- und Zivilprozessrecht des geistigen Eigentums (*CLIP*) betrieben.[553] Die *CLIP*-Gruppe hat Grundregeln zur Auslegung und Ergänzung des Rechts entwickelt, welche den Gesetzgebern als Vorbild und den Gerichten

549 Die *ALI*-Principles sind abrufbar bei *WestLaw International.*

550 *Richter,* Parteiautonomie, S. 84.

551 *Drexl,* in: *Säcker et al.,* MüKo BGB, IntImmGR, Rn. 357.

552 *Drexl,* in: *Säcker et al.,* MüKo BGB, IntImmGR, Rn. 357.

553 Das in die deutsche Sprache übersetzte Regelwerk ist abrufbar unter: https://www.ip.mpg.de/fileadmin/ipmpg/content/clip/CLIP_Grundregeln.pdf, letzter Abruf: 01.09.2020.

als Auslegungshilfe dienen können.[554] Die Gruppe fühlte sich bei der Erstellung der Grundregeln nicht an europäisches Recht gebunden.[555] Die Grundregeln sehen überall dort Ergänzungen vor, wo das europäische Recht nicht harmonisiert ist oder wo die geltende Rechtslage nicht zu sachgerechten Lösungen führt. Die *CLIP*-Regeln leugnen in Art. 3:102 und Art. 3:601 ebenfalls nicht die grundsätzliche Existenz des Territorialitäts- und Schutzlandprinzips. Eine Abweichung erfolgt aber in Fällen, in denen es unbedingt erforderlich erscheint, um die Rechtsfindung nicht zu erschweren.[556] Für die Frage der Rechtsverletzungen im Internet sehen die *CLIP*-Grundregeln mit Art. 3:603 eine Sonderanknüpfung für ubiquitäre Medienrechtsverletzungen vor. Mit dieser Einschränkung auf Medien geht die *CLIP*-Gruppe einen vorsichtigeren Weg als die *ALI*-Principles.[557]

In Art. 3:603 Abs. 1 heißt es:

> »In Streitigkeiten, welche Rechtsverletzungen zum Gegenstand haben, die über ubiquitäre Medien, wie das Internet, begangen werden, kann das Gericht das Recht des Staates anwenden, welcher über die engste Verbindung mit der Rechtverletzung verfügt, falls angenommen werden kann, dass die Rechtsverletzung in jedem Staat stattfindet, in welchem die Signale empfangen werden können. Diese Regel gilt auch für den Bestand, die Dauer, die Schranken und den Umfang, soweit sich diese Fragen in Verletzungsverfahren als Nebenfragen ergeben.«[558]

Welche Kriterien für die Auslegung der engsten Verbindung heranzuziehen sind, legt Art. 3:603 Abs. 2 der *CLIP*-Grundregeln fest. Hiernach sollen insbesondere der gewöhnliche Aufenthalt oder die Hauptniederlassung des Rechtsverletzers bzw. der Ort der Verletzungshandlung oder des -erfolges maßgeblich sein. Die *CLIP*-Regeln nehmen also vornehmlich Kriterien aus der Sphäre des Nutzers in den Blick, was zur Folge hat, dass in den meisten Fällen einheitlich dessen Heimatrecht zur Anwendung kommt. Nur die Anknüpfung an den Erfolgsort könnte im Einzelfall zur Anwendung des Heimatrechts des Rechteinhabers führen.[559] Jedenfalls kommt immer nur eine Rechtsordnung zur Anwendung. Für das eingangs genannte Beispiel wäre hiernach US-amerikanisches Recht anzuwenden, da die Hauptniederlassung von *Google* in Kalifornien ist. Die übrigen Kriterien führen nicht weiter, da der Ort der Verletzungshandlung und des -erfolges im vorliegenden Fall nicht nur auf einen Staat zu beschränken ist.[560]

---

554 *CLIP*-Grundregeln, Vor. Teil 1.

555 *Kur*, GRUR Int. 2012, S. 857 (859).

556 *Kur*, GRUR Int. 2012, S. 857 (859).

557 *Drexl*, in: *Säcker et al.*, MüKo BGB, IntImmGR, Rn. 359.

558 Deutsche Übersetzung von *Katzenberger*.

559 *Kur*, GRUR Int. 2012, S. 857 (866).

560 Dies ergibt sich aus der (eingeschränkten) Anwendung der *Bogsch*-Theorie. Bei international ausgerichteten Internetseiten ist das Angebot bestimmungsgemäß weltweit abrufbar. Vgl. hierzu S. 108ff.

Neben den bereits aufgezeigten Anknüpfungsmomenten wird innerhalb des Meinungsspektrums zudem auch der Ort der Schöpfung des Werkes oder eine Kombinationslösung aus diversen Kriterien vertreten.[561] Der Ort der Schöpfung liegt im Beispielsfall in den Niederlanden.

Wie der Überblick über die vorstehenden Meinungen gezeigt hat, ist die größte Schwierigkeit die exakte Bestimmung des Ursprungslands.[562] Die unterschiedlichen Ansätze führen zu völlig verschiedenen Ergebnissen. Im Ausgangsfall könnte man je nach Lesart des Ursprungslandprinzips die Niederlande, England oder die USA als Ursprungsland betrachten.

3. Eignung bei Internetsachverhalten

Zweifelsohne birgt das Ursprungslandprinzip für Internetsachverhalte große Vorteile, da diese *per se* sogenannte Multi-State-Sachverhalte sind. Die Anknüpfung an nur eine Rechtsordnung verhindert eine Rechtszersplitterung.[563] Der zuständige Richter müsste nicht mit der unlösbaren Aufgabe konfrontiert werden, den Sachverhalt nach allen denkbaren Schutzlandrechtsordnungen zu prüfen.

Gelegentlich wird am Ursprungslandprinzip jedoch kritisiert, dass dieses eine Rechtszersplitterung tatsächlich nicht verhindere, da bei veröffentlichten Werken an den Ort der Erstveröffentlichung angeknüpft werde und dieser bei Internetveröffentlichungen überall läge und somit letztlich wiederum jede Rechtsordnung zu prüfen sei.[564] Diese Kritik verkennt jedoch, dass sich die Vertreter des Ursprungslandprinzips dieser Problematik durchaus bewusst sind und einschränkend zur Anknüpfung an den Ort der (analogen) Erstveröffentlichung für Internetveröffentlichungen einen bestimmbaren Anknüpfungsmoment, der zur Anwendung von nur einer Rechtsordnung führt, verlangen.

Trotz aller Vorteile ist das Ursprungslandprinzip aber auch nicht das international-privatrechtliche Allheilmittel. Aus Sicht der Nutzer ist das Ursprungslandprinzip mit erheblichen Rechtsunsicherheiten belastet.[565] Der Nutzer müsste vor der Verwertung eines Werkes im Internet zunächst dessen Ursprung klären. Abgesehen von der Frage des einschlägigen Anknüpfungsmoments ist diese Recherche auch in tatsächlicher Hinsicht kaum zu realisieren. Der Nutzer kann bei einem urheberrechtlich geschützten Werk auf einer Internetseite in den meisten Fällen weder aufklären, wo der Ort der Schöpfung, des Serverstandorts

561 *Klass*, GRUR Int. 2007, S. 373 (378).

562 *Klass*, GRUR Int. 2007, S. 373 (378).

563 *Drexl*, in: *Säcker et al.*, MüKo BGB, IntImmGR, Rn. 21.

564 *Drexl*, in: *Säcker et al.*, MüKo BGB, IntImmGR, Rn. 340; *Hoeren*, Internetrecht, Teil 7.8, Rn. 36.

565 *Nordemann-Schiffel*, in: *Fromm/Nordemann*, UrhG, Vor. §§ 120ff., Rn. 76.

oder des gewöhnlichen Aufenthaltes des Urhebers liegt, noch welche Staatsangehörigkeit der Urheber hat.[566]

Die Vorteile des Ursprungslandprinzips entfalten sich zudem auch nur dann, wenn alle Rechtsordnungen diesem Prinzip folgen würden. Selbst wenn dies in Zukunft der Fall sein sollte, müssten sich alle Staaten auch auf einheitliche Anknüpfungsmomente verständigen, um wirklich eine weltweit einheitliche Ursprungsrechtsordnung bestimmen zu können.[567] Einem solchen Vorhaben fehlen zurzeit die politischen Erfolgsaussichten. Die Staaten, die sich dem Schutzlandprinzip verschrieben haben, begrenzen im Einklang mit dem Territorialitätsprinzip ihr materielles Recht auf das eigene Staatsgebiet. Dieser Nichtanwendungswille fremden Rechts lässt sich derzeit politisch nicht überwinden.[568]

III. Internationales Urhebervertragsrecht

Der Vollständigkeit halber seien folgend in aller Kürze die Grundsätze des Internationalen Urhebervertragsrechts erwähnt. Seit Inkrafttreten der Rom I-VO gilt für das Vertragsstatut das europäische Kollisionsrecht.

Sofern die Parteien eine wirksame Rechtswahl getroffen haben, unterliegt der Vertrag gemäß Art. 3 Abs. 1 Rom I-VO diesem Recht. Sofern keine Rechtswahl getroffen wurde, gilt Art. 4 Rom I-VO. Der dortige Abs. 1 enthält eine Liste typischer Verträge, die aber für das Urheberrecht kaum eine Bedeutung haben.[569] Nach Art. 4 Abs. 2 Rom I-VO unterliegt der Vertrag sodann dem Recht des Staates, in dem die Partei, welche für den Vertrag die charakteristische Leistung zu erbringen hat, ihren gewöhnlichen Aufenthalt hat. Der Urheber erbringt in der Regel diese Leistung, wenn die Gegenseite nur zur Zahlung verpflichtet ist. Dies kann anders zu beurteilen sein, wenn den Lizenznehmer eine eigene Ausübungslast trifft.[570] Von Art. 4 Abs. 2 Rom I-VO kann im Einzelfall nach Abs. 3 abgewichen werden, wenn sich aus der Gesamtheit der Umstände ergibt, dass der Vertrag eine offensichtlich engere Verbindung zu einem anderen Staat hat. Zudem sieht Art. 4 Abs. 4 Rom I-VO für Fälle, in denen eine Bestimmung des anzuwendenden Rechts nach Art. 4 Abs. 1 oder 2 Rom I-VO nicht möglich ist, vor, dass der Vertrag dem Recht des Staates, zu dem er die engste Verbindung auf-

566 *Nordemann-Schiffel*, in: *Fromm/Nordemann*, UrhG, Vor. §§ 120ff., Rn. 61.
567 *Drexl*, in: *Säcker et al.*, MüKo BGB, IntImmGR, Rn. 22.
568 *Nordemann-Schiffel*, in: *Fromm/Nordemann*, UrhG, Vor. §§ 120ff., Rn. 61.
569 *Nordemann-Schiffel*, in: *Fromm/Nordemann*, UrhG, Vor. §§ 120ff., Rn. 82.
570 *V. Welser*, in: *Wandtke/Bullinger*, UrhR, Vor. §§ 120ff., Rn. 24; *Schack*, UrhR, Rn. 1287.

weist, unterliegt. Die Ausnahmeregelungen des Art. 4 Abs. 3 und 4 Rom I-VO sind jedoch eng auszulegen.[571]

Für internationale Urheberverträge stellt sich zudem die Frage, ob sich das Verpflichtungs- und Verfügungsgeschäft einheitlich nach dem Vertragsstatut richten (sogenannte Einheitstheorie)[572] oder ob das dingliche Verfügungsgeschäft aufgrund des deutschen Trennungs- und Abstraktionsprinzips vom Verpflichtungsgeschäft gespalten und nach dem Schutzlandprinzip behandelt wird (sogenannte Spaltungstheorie)[573].[574] Da die schlichte Einwilligung keine dingliche Wirkung hat,[575] bedarf es hierzu keiner näheren Ausführungen.

Für den eingangs erwähnten Beispielsfall müsste ein etwaiger Streit um den Lizenzvertrag nach niederländischem Recht geklärt werden. Mangels Rechtswahl der Parteien bestimmt sich das anzuwendende Recht nach Art. 4 Abs. 2 Rom I-VO. Da den Lizenznehmer nur eine Zahlungspflicht trifft, ist die charakteristische Leistung die Einräumung eines ausschließlichen Nutzungsrechts. Diese Pflicht trifft den Urheber, der seinen gewöhnlichen Aufenthalt in den Niederlanden hat.

Da es sich bei der vorliegend interessierenden Fallgestaltung, der (vermeintlich) unerlaubten Werknutzung durch Bildersuchmaschinen, vordergründig nicht um vertragliche, sondern um gesetzliche Ansprüche handelt, soll es zunächst bei dieser kurzen Darstellung der Grundlagen bleiben. Gleichwohl hat das Internationale Urhebervertragsrecht für diese Arbeit eine Bedeutung. Es wird insofern aber auf eine spätere Stelle verwiesen, an der noch zu klären sein wird, ob Art. 4 Rom I-VO für die kollisionsrechtliche Behandlung der schlichten Einwilligung analog angewendet werden kann.[576]

C. Zusammenfassung

Das Internationale Urheberrecht ist keineswegs nur ein Feld für rein akademische Überlegungen. Wie die vorstehenden Erwägungen gezeigt haben, sind Internetsachverhalte in Verbindung mit dem Kollisionsrecht alles andere als trivial zu lösen. Erforderlich ist jedenfalls, dass der Rechtsanwender im Zusammenhang mit Internetsachverhalten in kollisionsrechtlicher Hinsicht sensibilisiert sein

571 *Nordemann-Schiffel*, in: *Fromm/Nordemann*, UrhG, Vor. §§ 120ff., Rn. 82.

572 *Stimmel*, GRUR Int. 2010, S. 783 (790).

573 BGH, Urt. v. 29.03.2001 (Az. I ZR 182/98), NJW 2002, S. 596 (597) – Lepo Sumera.

574 Zum Streitstand: *Bach*, in: *Spindler/Schuster*, Elektronische Medien, Art. 4 Rom I-VO, Rn. 25; *Martiny*, in: *Säcker et al.*, MüKo BGB, Art. 4 Rom I-VO, Rn. 246f.

575 BGH, Urt. v. 29.04.2010 (Az. I ZR 69/08), GRUR 2010, S. 628 (631), Rn. 34 – Vorschaubilder I.

576 Vgl. hierzu S. 193ff.

muss, da diese in den allermeisten Fällen sogenannte Multi-State-Sachverhalte sind.

Der erbittert geführte Streit zwischen den Vertretern des Territorialitäts- und Schutzlandprinzips einerseits und den Befürwortern des Universalitäts- und Ursprungslandprinzips andererseits spitzt sich bei Internetsachverhalten nochmals zu. Die rechtssichere Festlegung einer oder mehrerer Rechtsordnungen hat bei ubiquitären Nutzungshandlungen, wie solche im Internet, einen noch höheren Stellenwert.

Es wurde festgestellt, dass das Territorialitätsprinzip ein sachrechtliches Institut ist, welches zur Lokalisierung einer Nutzungshandlung herangezogen wird. Bei Internetsachverhalten wird überwiegend vertreten, die *Bogsch*-Theorie entsprechend auch für das Recht der öffentlichen Zugänglichmachung heranzuziehen. Hiernach sollen der Ort der Einspeisung und der Ort des Abrufes maßgeblich sein. Auch wenn die Rechtsprechung versucht, diese uferlose Anzahl von möglichen Rechtsordnungen durch das Kriterium des bestimmungsgemäßen Abrufes wieder einzufangen, gelingt dies nur für regional ausgerichtete Internetseiten und nicht für *Global Player*. Die Vertreter eines territorialen Ansatzes verweisen bei der Suche nach einer Kollisionsregel auf das Schutzlandprinzip, welches mittlerweile Eingang in Art. 8 Rom II-VO gefunden hat. Hiernach kann der Kläger selbst durch die Formulierung seines Klageantrags das anwendbare Sachrecht bestimmen. Seine Klage kann aber nur dann begründet sein, wenn ein hinreichender sachrechtlicher Inlandsbezug vorliegt, was jedenfalls zumindest bei international ausgerichteten Webseiten immer der Fall ist. Bei der Behauptung einer globalen Verletzung von Schutzrechten führt das Territorialitäts- und Schutzlandprinzip zur Prüfung aller weltweiten Urheberrechtsordnungen.

Das Gegenkonzept ist das Universalitätsprinzip, welches von der einheitlichen, weltweiten Geltung von Urheberrechten ausgeht. Das hieraus folgende Ursprungslandprinzip ist die korrespondierende Kollisionsregel. Die Vertreter des Ursprungslandprinzips sind sich insbesondere bei ubiquitären Internetsachverhalten nicht über die konkreten Anknüpfungsmomente einig. Das Meinungsspektrum erstreckt sich vom Standort des Servers, über die Staatsangehörigkeit, den Ort des gewöhnlichen Aufenthaltes des Urhebers, den Ort der Schöpfung bis hin zu Kombinationslösungen der Forschungsgruppe vom *ALI* oder der *CLIP*-Gruppe. In dieser Unsicherheit liegt auch die größte Schwäche des Ursprungslandprinzips. Selbst wenn sich alle Staaten auf das Ursprungslandprinzip als Kollisionsregel verständigen würden, müsste man sich auch noch auf einen weltweit einheitlichen Anknüpfungsmoment einigen.

Gleichwohl verdient das Ursprungslandprinzip bei der ubiquitären Werknutzung *de lege ferenda* grundsätzlich die Zustimmung. Die Grundannahme, dass nur eine Rechtsordnung weltweit über die wesentlichen Rechtsfragen wie Entstehung des Rechts, erste Inhaberschaft und Übertragung entscheiden, birgt mehr Vor- als Nachteile. Die praktischen Konsequenzen des Schutzlandprinzips sind nicht mehr handhabbar.

Von dieser rechtspolitischen Frage, welchem Konzept der Vorrang einzuräumen ist, muss jedoch die Frage getrennt werden, welches Prinzip mit dem geltenden Recht zu vereinbaren ist. *De lege lata* muss man grundsätzlich vom Schutzlandprinzip ausgehen. Dies ordnet Art. 8 Abs. 1 Rom II-VO unmittelbar an. Zwar spricht der Wortlaut der Norm zunächst nur von der Verletzung von Rechten des geistigen Eigentums, sodass man argumentieren könnte, alle weiteren Rechtsfragen seien von dieser Kollisionsregel nicht unmittelbar umfasst. Allerdings folgt aus dem Erwägungsgrund 26 S. 1 der Rom II-VO, dass der Verordnungsgeber diesen Grundsatz allgemein anerkennt. Aus Art. 15 Rom II-VO ergibt sich zudem, dass der Gesetzgeber die Anwendbarkeit der einzelnen Kollisionsregeln innerhalb der Rom II-VO möglichst umfassend verstanden haben möchte.[577]

Durch Art. 8 Abs. 1 Rom I-VO werden jedoch nicht sämtliche kollisionsrechtlichen Einzelfragen in diesem Zusammenhang geklärt. Für diese Arbeit kann der Streit über die Reichweite des Schutzlandprinzips aber weitestgehend offenbleiben. Die durchaus schwierige Frage, ob beispielsweise unter anderem die originäre Rechteinhaberschaft trotz der grundsätzlichen Geltung des Schutzlandprinzips als Vorfrage durch das Ursprungslandprinzip behandelt werden kann,[578] ist für die kollisionsrechtliche Behandlung der schlichten Einwilligung nicht weiter erheblich. Gleiches gilt für die vorliegend nicht unmittelbar relevanten Fragen nach der Entstehung, der Übertragung, dem Bestand, dem Umfang und der Schutzdauer des Urheberrechts.[579] Durchaus streitentscheidend ist hingegen die Frage, ob die schlichte Einwilligung als vertragsnahes Rechtsinstitut kollisionsrechtlich durch das Schutzlandprinzip nach Art. 8 Abs. 1, 15 Rom II-VO oder das Vertragsstatut nach Art. 4 Rom I-VO (analog) behandelt wird. Dieser Frage wird nun in den nachfolgenden Kapiteln im Detail nachgegangen werden.

577 KOM (2003) 427 endg., S. 25; *Drexl*, in: *Säcker et al.*, MüKo BGB, IntImmGR, Rn. 176.
578 Vgl. hierzu *Grünberger*, in: *Hüßtege/Mansel*, Rom VO, Art. 8 Rom II-VO, Rn. 52.
579 Vgl. hierzu S. 112ff.

§ 4 Einheitliche Anknüpfung nach Art. 8, 15 Rom II-VO

A. Kritik am Problembewusstsein der Rechtsprechung

Der kollisionsrechtlichen Behandlung der schlichten Einwilligung wurde bislang von der Lehre kaum Beachtung geschenkt.[580] Die Rechtsprechung hat sich zu dieser – zugegebenermaßen – sehr speziellen Frage erst gar nicht geäußert. Die allgemeineren Verlautbarungen zur Sonderanknüpfung im Anwendungsbereich der Rom II-VO lassen jedoch den Schluss zu, dass eine gesonderte Anknüpfung an allgemeine Rechtfertigungsgründe nicht für möglich gehalten wird.[581] Ob dies auch für vertragsnahe Rechtfertigungsgründe gilt, wird sich noch zeigen.

Die Rechtsprechung muss sich in diesem Zusammenhang aber jedenfalls den Vorwurf gefallen lassen, dass sie viel zu häufig nur oberflächlich den kollisionsrechtlichen Sachverhalt prüft. Die überwiegende Anzahl der deutschen Gerichte erkennt die Auslandsberührung von Internetsachverhalten bereits gar nicht und unterstellt ungeprüft deutsches Sachrecht. Unabhängig davon, welches Ergebnis die Prüfung des Kollisionsrechts für die vorliegende Rechtsfrage mit sich bringen wird, bleibt festzuhalten, dass ein Übergehen des Internationalen Privatrechts methodisch mehr als fragwürdig ist, zumal die Gerichte von Amts wegen verpflichtet sind, das Kollisionsrecht anzuwenden.[582] Der Rechtsprechung muss man deswegen attestieren, dass ihr das notwendige Problembewusstsein im Zusammenhang mit Multi-State-Sachverhalten im Internet fehlt. Eine Auseinandersetzung mit dem Internationalen Privatrecht muss gerade bei Internetsachverhalten stets erfolgen.[583]

---

580 Die einzige Äußerung hierzu findet sich bei *Peukert*, in: *Bullinger et al.*, FS Wandtke, S. 459 (467).

581 *Dörner*, in: *Schulze/Dörner*, BGB, Art. 15 Rom II-VO, Rn. 2; *Jakob/Picht*, in: *Rauscher*, EuZPR/EuIPR, Art. 15 Rom II-VO, Rn. 6; *Junker*, in: *Säcker et al.*, MüKo BGB, Art. 15 Rom II-VO, Rn. 8; *Sack*, WRP 2008, S. 1405 (1409); *Spickhoff*, in: *Bamberger et al.*, Beck-OK BGB, Art. 15 Rom II-VO, Rn. 4; *Thorn*, in: *Palandt*, BGB, Art. 15 Rom II-VO, Rn. 3.

582 BGH, Urt. v. 16.06.1994 (Az. I ZR 24/92), NJW 1994, S. 2888 (2889) – Joseph Beuys.

583 Vgl. hierzu S. 102.

Das fehlende Problembewusstsein der Rechtsprechung soll am Beispiel von Entscheidungen aufgezeigt werden, die sich mit der Rechtsfigur der schlichten Einwilligung beschäftigt haben. Von insgesamt 24 analysierten Entscheidungen, die sich mit der schlichten Einwilligung in multinationale Onlinenutzungen auseinandergesetzt haben, enthalten 19 Entscheidungen[584] gar keine Äußerungen zum Kollisionsrecht. Lediglich fünf Urteile[585] beinhalten zumindest rudimentäre international-privatrechtliche Erwägungen. Die Gerichte postulieren in diesen wenigen Entscheidungen lediglich die Anwendbarkeit deutschen Urheberrechts. Teilweise bleibt es bei dieser einfachen Feststellung ohne nähere Prüfung.[586] Gelegentlich wird immerhin kurz auf das Schutzlandprinzip[587] bzw. auf Art. 8 Rom II VO[588] verwiesen. Keine dieser Entscheidungen beleuchtet jedoch die Besonderheiten der schlichten Einwilligung im international-privatrechtlichen Kontext. Soweit die Rechtsprechung den Multi-State-Sachverhalt überhaupt erkennt, scheint es für sie eine nicht erwähnenswerte Selbstverständlichkeit zu sein, dass eine Sonderanknüpfung an die schlichte Einwilligung von vornherein ausscheidet.

Eine Begründung für die Ausdehnung des Schutzlandprinzips auf vertragsnahe Rechtfertigungsgründe liefern die Gerichte indes nicht. Betrachtet man die

584 BGH, Urt. v. 19.10.2011 (Az. I ZR 140/10), NJW 2012, S. 1886 – Vorschaubilder II; OLG München, Urt. v. 17.08.2017 (Az. U 2225/15 Kart), GRUR-RS 2017, S. 122821; OLG München, Urt. v. 17.03.2016 (Az. 29 U368/16), ZUM-RD 2016, S. 381; OLG München, Urt. v. 14.07.2016 (Az. 29 U 953/16), GRUR-RR 2017, S. 89; OLG Düsseldorf, Urt. v. 15.12.2015 (Az. I-20 U 3/15), GRUR-RS 2016, S. 03787; OLG Hamburg, Urt. v. 10.12.2015 (Az. 5 U 6/11), GRUR-RS 2015, S. 122367; KG, Urt. v. 28.09.2015 (Az. 24 U 178/14), ZUM-RD 2016, S. 459; OLG Hamburg, Urt. v. 22.02.2011 (Az. 3 U 247/00), GRUR 2011, S. 831; OLG Hamburg, Urt. v. 23.06.2010 (Az. 5 U 220/08), BeckRS 2012, S. 00521; LG München I, Urt. v. 20.02.2019 (Az. 37 O 22800/16), GRUR-RS 2019, S. 6941, Rn. 65; LG Hamburg, Urt. v. 26.10.2018 (Az. 308 O 145/17), nicht veröffentlicht; LG Hamburg, Urt. v. 03.08.2016 (Az. 308 O 96/13), MMR 2017, S. 564; LG Köln, Urt. v. 16.06.2016 (Az. 14 O 355/14), BeckRS 2016, S. 20192; LG Berlin, Urt. v. 27.01.2015 (Az. 16 O 279/14), ZUM-RD 2015, S. 741; LG Köln, Urt. v. 16.01.2014 (Az. 14 O 378/13), GRUR-RS 2014, S. 19044; LG Köln, Urt. v. 13.2.2014 (Az. 14 O 184/13), MMR 2015, S. 55; LG Köln, Urt. v. 22.06.2011 (Az. 28 O 819/10), BeckRS 2011, S. 16732; LG Memmingen, Urt. v. 04.05.2011 (Az. 12 S 796/10), ZUM-RD 2011, S. 628; LG Hamburg, Urt. v. 12.04.2011 (Az. 310 O 201/10), ZUM-RD 2011, S. 503; LG Erfurt, Urt. v. 15.03.2007 (Az. 3 O 1108/05), MMR 2007, S. 393.

585 BGH, Urt. v. 29.04.2010 (Az. I ZR 69/08), GRUR 2010, S. 628 – Vorschaubilder I; OLG Jena, Urt. v. 27.2.2008 (Az. 2 U 319/07), MMR 2008, S. 408; LG Berlin, Urt. v. 26.01.2016 (Az. 16 O 103/14), BeckRS 2016, S. 10918; LG Hamburg, Urt. v. 26.09.2008 (Az. 308 O 248/07), BeckRS 2008, S. 23065; LG Hamburg, Urt. v. 05.09.2003 (Az. 308 O 449/03), GRUR-RR 2004, S. 313 (315).

586 BGH, Urt. v. 29.04.2010 (Az. I ZR 69/08), GRUR 2010, S. 628 – Vorschaubilder I.

587 OLG Jena, Urt. v. 27.2.2008 (2 U 319/07), MMR 2008, S. 408; LG Hamburg, Urt. v. 26.09.2008 (Az. 308 O 248/07), BeckRS 2008, S. 23065; LG Hamburg, Urt. v. 05.09.2003 (Az. 308 O 449/03), GRUR-RR 2004, S. 313 (315).

588 LG Berlin, Urt. v. 26.01.2016 (Az. 16 O 103/14), BeckRS 2016, S. 10918.

Rechtsprechung des BGH zur Reichweite des Schutzlandprinzips, führt dies auch nicht weiter. Der BGH nimmt in ständiger Rechtsprechung an, dass nach dem Recht des Schutzlandes

> »das Bestehen des Rechts, die Rechtsinhaberschaft des Verletzten, Inhalt und Umfang des Schutzes sowie der Tatbestand und die Rechtsfolgen einer Rechtsverletzung zu beurteilen [seien]«.[589]

Die Rechtfertigungsgründe werden nicht in der Formel des BGH genannt. Die schlichte Einwilligung fällt also zunächst nicht ausdrücklich unter diese Definition. Ob eine kollisionsrechtliche Behandlung der schlichten Einwilligung über das Statut des Art. 8 Abs. 1 Rom II-VO tatsächlich so selbstverständlich ist, wie es die Rechtsprechung anzunehmen scheint, wird Gegenstand der nachfolgenden Untersuchung sein.

B. Einheitliche Anknüpfung an Schutzland nach Art. 8 Abs. 1, 15 lit. b Rom II-VO

Eine Sonderanknüpfung an die schlichte Einwilligung könnte aber aufgrund der Regelungen des Art. 15 lit. a oder b Rom II-VO abgelehnt werden. Art. 15 Rom II-VO beschreibt den Geltungsbereich des nach der Verordnung anzuwendenden Rechts. Hierbei handelt es sich nicht um eine Kollisionsregel, sondern um eine Hilfsnorm, die der Qualifikation dienen soll.[590] Die Schaffung einer solchen Vorschrift war notwendig, da die Mitgliedstaaten bei der Qualifikation nicht einheitlich vorgingen.[591] Als besondere Qualifikationsnorm ist diese als *lex specialis* vor den allgemeinen und ungeschriebenen Qualifikationslehren zu prüfen.[592] Art. 15 Rom II-VO hält in Buchstabe a) fest, dass auch der »*Grund und der Umfang der Haftung*« nach dem durch diese Verordnung bestimmten Sachrecht zu beantworten sind. Unter Buchstabe b) wird dies auch für »*Haftungsausschlussgründe sowie jede Beschränkung und Teilung der Haftung*« gesetzlich festgehalten.

Teilweise wird in diesem Zusammenhang vertreten, dass Art. 15 Rom II-VO die Besonderheiten des speziellen Immaterialgüterrechts nicht im hinreichenden Maße berücksichtige und deshalb bei der Anwendung in diesem Rechtsgebiet

---

589 St. Rspr. BGH, Urt. v. 21.09.2017 (Az. I ZR 11/16), GRUR 2018, S. 178 (180), Rn. 13 – Vorschaubilder III; BGH, Urt. v. 21.04.2016 (Az. I ZR 43/14), GRUR 2016, S. 1048 (1050), Rn. 24 – An Evening with Marlene Dietrich; BGH, Urt. v. 24.09.2014 (Az. I ZR 35/11), GRUR 2015, S. 264 (265), Rn. 24 – Hi Hotel II.

590 *Junker*, in: *Säcker et al.*, MüKo BGB, Art. 15 Rom II-VO, Rn. 1.

591 KOM (2003) 427 endg., S. 25; im damaligen Entwurf noch Art. 11 Rom II-VO-E.

592 Vgl. hierzu S. 141 ff.

Vorsicht geboten sei.[593] Dieser Auffassung kann man sich indes nicht anschließen. Der europäische Gesetzgeber hat Art. 15 Rom II-VO einheitlich für die gesamte Verordnung geschaffen. Dies gilt aufgrund der systematischen Stellung trotz des Umstandes, dass die Vorschrift zugegebenermaßen auf das Recht der unerlaubten Handlung zugeschnitten ist.[594] Sie schließt Art. 8 Rom II-VO nicht aus und beansprucht deshalb auch Geltung für das Internationale Immaterialgüterrecht.[595]

In diesem Kapitel wird zu klären sein, ob die Qualifikationsnorm des Art. 15 lit. a oder b Rom II-VO auch Rechtfertigungsgründe, wie die schlichte Einwilligung, umfasst und somit eine einheitliche kollisionsrechtliche Behandlung über das Statut des geistigen Eigentums angezeigt oder eine Sonderanknüpfung möglich ist. Für die weitere Bearbeitung wird zwischen allgemeinen und rechtsgeschäftlichen, dem Vertragsrecht angenäherten Rechtfertigungsgründen unterschieden.

Für allgemeine Rechtfertigungsgründe wird gemeinhin vertreten, dass sie unter Art. 15 lit. a oder b Rom II-VO zu fassen seien (hierzu unter **I.**). Ob dies auch für rechtsgeschäftliche Rechtfertigungsgründe gilt, ist dagegen heftig umstritten (hierzu unter **II.**).

I. Allgemeine Rechtfertigungsgründe

Das Schrifttum zum geltenden europäischen Kollisionsrecht ist sich zunächst darüber einig, dass allgemeine Rechtfertigungsgründe unter Art. 15 Rom II-VO zu subsumieren seien.[596] Hierzu gehören z.B. die Notwehr, der Notstand, das Selbsthilferecht sowie die Besitzkehr. Im Zusammenhang mit der Rechtfertigung von Verletzungen des geistigen Eigentums spielen diese Rechtfertigungsgründe nur eine untergeordnete Rolle. Gleichwohl könnte der Meinungsstand hierzu auch für die kollisionsrechtliche Behandlung der Rechtfertigung durch die (schlichte) Einwilligung erhellend sein.

Umstritten ist allerdings bereits, welches Regelbeispiel des Art. 15 Rom II-VO für allgemeine Rechtfertigungsgründe einschlägig ist. Teilweise wird vorgeschlagen, dass allgemeine Rechtfertigungsgründe unter Art. 15 lit. a Rom II-VO

---

593 *Klass*, GRUR Int. 2008, S. 546 (547, Fn. 9).

594 *Nordmeier*, in: *Hüßtege/Mansel*, Rom VO, Art. 15 Rom II-VO, Rn. 1.

595 *Bach*, in: *Spindler/Schuster*, Elektronische Medien, Art. 15 Rom II-VO, Rn. 1.

596 *Dörner*, in: *Schulze/Dörner*, BGB, Art. 15 Rom II-VO, Rn. 2; *Jakob/Picht*, in: *Rauscher*, EuZPR/EuIPR, Art. 15 Rom II-VO, Rn. 6; *Junker*, in: *Säcker et al.*, MüKo BGB, Art. 15 Rom II-VO, Rn. 8; *Nietner*, Entscheidungseinklang, S. 193; *Sack*, WRP 2008, S. 1405 (1409); *Spickhoff*, in: *Bamberger et al.*, BeckOK BGB, Art. 15 Rom II-VO, Rn. 4; *Thorn*, in: *Palandt*, BGB, Art. 15 Rom II-VO, Rn. 3.

zu fassen seien.[597] Zu den dort genannten Haftungsvoraussetzungen gehöre auch die Frage, welche Anforderungen an die Rechtswidrigkeit zu stellen sind.[598] Andere Vertreter in der Literatur wollen Rechtfertigungsgründe als »*Haftungsausschlussgründe*« im Sinne des Art. 15 lit. b Rom II-VO verstanden wissen.[599] Es wird zugestanden, dass nach deutschem Verständnis die Frage der Rechtswidrigkeit auch unter Buchstabe a) gefasst werden könne,[600] allerdings müsse die Verordnung autonom-europarechtlich ausgelegt werden.[601] Auch die Kommission geht in ihrer Begründung davon aus, dass haftungsausschließende oder -beschränkende Elemente wie z. B. Rechtfertigungsgründe unter Buchstabe b) zu fassen seien. Namentlich wird in der Kommissionsbegründung als Beispiel der Notstand erwähnt.[602]

Auch wenn es auf diesen dogmatischen Streit nicht weiter ankommt, da die Verordnung unabhängig vom Vorliegen eines konkreten Regelbeispiels insgesamt einschlägig ist,[603] sprechen das Autonomieargument und die Gesetzgebungsmaterialien zur Norm eher dafür, Art. 15 lit. b Rom II-VO für allgemeine Rechtfertigungsgründe heranzuziehen.

Bereits vor dem Inkrafttreten der Rom II-VO war im deutsch-nationalen Kollisionsrecht in höchstrichterlicher Rechtsprechung[604] und Literatur[605] überwiegend anerkannt, dass an allgemeine Rechtfertigungsgründe nicht gesondert angeknüpft wird. Nur teilweise wurde im Zusammenhang mit dem Internationalen Deliktsrecht vertreten, dass die Widerrechtlichkeit einer Tat abweichend vom Recht des Erfolgsorts nach dem Recht des Handlungsorts zu beurteilen sei.[606] Teilweise wurde auch für sehr spezielle Rechtfertigungsgründe, wie für das frühere Züchtigungsrecht, eine Sonderanknüpfung angenommen.[607] Diese

597 *Dörner*, in: *Schulze/Dörner*, BGB, Art. 15 Rom II-VO, Rn. 2; *Jakob/Picht*, in: *Rauscher*, EuZPR/EuIPR, Art. 15 Rom II-VO, Rn. 6; *Junker*, in: *Säcker et al.*, MüKo BGB, Art. 15 Rom II-VO, Rn. 8; *Spickhoff*, in: *Bamberger et al.*, BeckOK BGB, Art. 15 Rom II-VO, Rn. 4; *Thorn*, in: *Palandt*, BGB, Art. 15 Rom II-VO, Rn. 3; *Sack*, WRP 2008, S. 1405 (1409).

598 *Sack*, WRP 2008, S. 1405 (1409).

599 *Junker*, in: *Säcker et al.*, MüKo BGB, Art. 15 Rom II-VO, Rn. 12; *Schaub*, in: *Prütting et al.*, BGB, Art. 8 Rom II-VO, Rn. 3; *Schaub*, in: *Prütting et al.*, BGB, Art. 15 Rom II-VO, Rn. 3.

600 *Schaub*, in: *Prütting et al.*, BGB, Art. 8 Rom II-VO, Rn. 3.

601 *Nordmeier*, in: *Hüßtege/Mansel*, Rom VO, Art. 15 Rom II-VO, Rn. 4.

602 KOM (2003) 427 endg., S. 26.

603 *Jakob/Picht*, in: *Rauscher*, EuZPR/EuIPR, Art. 15 Rom II-VO, Rn. 5.

604 BGH, Urt. v. 17.12.1963 (Az. VI ZR 200/62), NJW 1964, S. 650 (651); BGH, Urt. v. 13.07.1954 (Az. I ZR 14/53), NJW 1954, S. 1931 (1932); RG, Urt. v. 12.03.1906 (Az. 435/05 VI), JW 1906, S. 297 (298).

605 *B. Hoffmann*, in: *Staudinger*, EGBGB, Art. 40, Rn. 24; *Hohloch*, in: *Erman*, BGB, Art. 40 EGBGB, Rn. 22; *Bernitt*, Anknüpfung Vorfragen, S. 161; *Brandt*, Sonderanknüpfung, S. 30; *Lütkehaus*, Personalprinzip, S. 78.

606 Vgl. zum Meinungsstand: *Brandt*, Sonderanknüpfung, S. 24ff.; *Koziol*, in: *Sandrock*, FS Beitzke, S. 575 (577); *Lütkehaus*, Personalprinzip, S. 79.

607 *Rabel*, Conflict of Laws, S. 257.

Mindermeinungen haben sich im deutsch-nationalen Kollisionsrecht indes zu Recht nicht durchsetzen können.

Wie bereits erwähnt, werden nach allgemeiner Auffassung Rechtfertigungsgründe im geltenden europäischen Kollisionsrecht nach Art. 15 lit. b Rom II-VO einheitlich mit dem Hauptfragenstatut angeknüpft. Das ist für die hier interessierende Fallgestaltung Art. 8 Abs. 1 Rom II-VO. Der Sinn und Zweck des Art. 15 Rom II-VO ist es, eine einheitliche Anknüpfung zu gewährleisten.[608] Durch die Vorschrift des Art. 15 Rom II-VO sollen Normenwidersprüche,[609] die durch Angleichung aufzulösen wären, sowie Rechtszersplitterungen[610] verhindert werden. Die Vorschrift dient damit der Rechtssicherheit.[611] Dieses Ziel hebt die Verordnung in Erwägungsgrund 14 S. 1 selbst hervor, wonach *»[d]as Erfordernis der Rechtssicherheit und die Notwendigkeit, in jedem Einzelfall Recht zu sprechen, [...] wesentliche Anforderungen an einen Rechtsraum [sind]«*. Der Rom II-VO und insbesondere der Qualifikationsnorm des Art. 15 wird in der Kommissionsbegründung zur Erreichung dieses Ziels ein *»sehr umfassender Anwendungsbereich«* zugesprochen.[612] Dieser Aspekt ist nicht als selbstverständlich anzusehen, denn im Gesetzgebungsprozess gab es noch Bestrebungen des Europäischen Parlaments, zumindest im Verkehrsunfallrecht mit Personenschäden den Haftungsgrund und die Haftungsfolge jeweils gespalten anzuknüpfen.[613]

Das Prinzip der einheitlichen Anknüpfung ist aber keineswegs undurchlässig. Die Rom II-VO durchbricht an diversen Stellen selbst die Statutseinheit. Es ist allgemein anerkannt, dass Erst- und Vorfragen gespalten angeknüpft werden sollen. Auch gewisse kollisionsrechtliche Teilfragen unterliegen einer Sonderanknüpfung. Zudem schafft die Verordnung selbst durch die Art. 14, 16, 17 und 26 Rom II-VO Ausnahmen von der Statutseinheit.

Nach allgemeiner Meinung sind Erst- und Vorfragen kollisionsrechtlich gesondert anzuknüpfen.[614] Art. 15 Rom II-VO dient insoweit also auch der Abgrenzung von Rechtsfragen, die einem anderen Statut als dem der außervertraglichen Rechtsverhältnisse zugewiesen sind.[615] Auch unselbstständige Teilfragen, die von einem übergeordneten Rechtsverhältnis abgespalten werden

608 *Hohloch*, in: *Erman*, BGB, Art. 15 Rom II-VO, Rn. 1; *Junker*, in: *Säcker et al.*, MüKo BGB, Art. 15 Rom II-VO, Rn. 5.
609 *Thorn*, in: *Palandt*, BGB, Art. 15 Rom II-VO, Rn. 2.
610 *Spickhoff*, in: *Bamberger et al.*, BeckOK BGB, Art. 15 Rom II-VO, Rn. 4.
611 KOM (2003) 427 endg., S. 25; *Junker*, in: *Säcker et al.*, MüKo BGB, Art. 15 Rom II-VO, Rn. 2 f.
612 KOM (2003) 427 endg., S. 25.
613 Legislative Entschließung des Europäischen Parlaments zu Art. 4 Abs. 2 Rom II-VO-E, KOM (2003) 0427 – C5-0338/2003-2003/0168 (COD); *Junker*, in: *Säcker et al.*, MüKo BGB, Art. 15 Rom II-VO, Rn. 5.
614 *Spickhoff*, in: *Bamberger et al.*, BeckOK BGB, Art. 15 Rom II-VO, Rn. 1; *Thorn*, in: *Palandt*, BGB, Art. 15 Rom II-VO, Rn. 2; *Hay/Rösler*, IPR/IZVR, S. 139ff.
615 *Nordmeier*, in: *Hüßtege/Mansel*, Rom VO, Art. 15 Rom II-VO, Rn. 3.

können, sind unter Umständen gesondert anzuknüpfen,[616] wenn dies durch eine abweichende Qualifikation[617] oder aufgrund gesetzlicher Anordnung[618] geboten ist. Diesen sehr wichtigen Aspekt gilt es im späteren Verlauf der Arbeit im Detail aufzugreifen.[619]

Aber auch Art. 14 Rom II-VO durchbricht das Prinzip der Statutseinheit. Diese Vorschrift lässt unter engen Voraussetzungen eine teilweise Rechtswahl der Parteien zu. Sofern die Parteien eine Rechtswahl frei vereinbart haben, kann es ebenfalls zu einer Sonderanknüpfung kommen.[620] Auch wenn die freie Rechtswahl nach Art. 8 Abs. 3 Rom II-VO nicht für das Internationale Immaterialgüterrecht gilt,[621] zeigt dieses Beispiel die Durchlässigkeit von Art. 15 Rom II-VO. Eine Abkehr vom Prinzip der Statutseinheit regelt zudem Art. 16 Rom II-VO, wenn es sich um eine zwingende Eingriffsnorm handelt.[622] Die Sonderanknüpfung an Eingriffsnormen ist jedoch selten und hat für das Immaterialgüterrecht keine große Bedeutung.[623] Auch Art. 17 Rom II-VO lockert ebenfalls das Prinzip der Statutseinheit auf.[624] Hiernach sind bei der Beurteilung des Verhaltens einer Person, deren Haftung geltend gemacht wird, die Sicherheits- und Verhaltensregeln am Ort und zum Zeitpunkt des haftungsbegründenden Ereignisses zu berücksichtigen. Art. 17 Rom II-VO ordnet zunächst keine Sonderanknüpfung an, sondern regelt, dass die Sicherheits- und Verhaltensmaßstäbe einer fremden Rechtsordnung als Tatsachenelement zu berücksichtigen sind.[625] Als Beispiel kann der Verkehrsunfall zweier deutscher Staatsangehöriger in Südafrika angeführt werden, bei dem die Beifahrerin verletzt wird, weil die Fahrerin das Linksfahrgebot missachtet hat.[626] Das deutsche Gericht hat die südafrikanischen Straßenverkehrsregeln bei seiner Entscheidungsfindung nach deutschem Recht zu berücksichtigen. Schließlich stellt der *ordre public*-Vorbehalt des Art. 26 Rom II-VO ebenfalls eine Durchbrechung dar, wenn das berufene Sachrecht mit der

616 *Bernitt,* Anknüpfung Vorfragen, S. 9ff.; *Hay/Rösler,* IPR/IZVR, S. 137; *B. Hoffmann/Thorn,* IPR, § 6, Rn. 43; *Junker,* IPR, § 10, Rn. 39; *Nietner,* Entscheidungseinklang, S. 191ff.

617 *Rechtslexikon.net,* Begriff: Teilfrage, abrufbar unter: http://www.rechtslexikon.net/d/teilfrage/teilfrage.htm, letzter Abruf: 01.09.2020.

618 Vgl. zum Zusammenhang zwischen Vorfrage bzw. Teilfrage und Qualifikation: *Bernitt,* Anknüpfung Vorfragen, S. 23f.

619 Siehe hierzu S. 141ff.

620 *Jakob/Picht,* in: *Rauscher,* EuZPR/EuIPR, Art. 15 Rom II-VO, Rn. 2; *Thorn,* in: *Palandt,* BGB, Art. 15 Rom II-VO, Rn. 2.

621 *Thorn,* in: *Palandt,* BGB, Art. 14 Rom II-VO, Rn. 1.

622 *Junker,* in: *Säcker et al.,* MüKo BGB, Art. 15 Rom II-VO, Rn. 28; *Thorn,* in: *Palandt,* BGB, Art. 15 Rom II-VO, Rn. 2.

623 Allgemeiner: *Spickhoff,* in: *Bamberger et al.,* BeckOK BGB, Art. 16 Rom II-VO, Rn. 3.

624 *Junker,* in: *Säcker et al.,* MüKo BGB, Art. 15 Rom II-VO, Rn. 28.

625 *Junker,* in: *Säcker et al.,* MüKo BGB, Art. 17 Rom II-VO, Rn. 2.

626 BGH, Urt. v. 10.02.2009 (Az. VI ZR 28/08), NJW 2009, S. 1482 zum autonom-deutschen IPR; hierzu sogleich mehr.

öffentlichen Ordnung der *lex fori* offensichtlich unvereinbar ist.[627] Nach dem Erwägungsgrund 32 kann das nationale Gericht, sofern es das öffentliche Interesse rechtfertigt, unter außergewöhnlichen Umständen diese Vorbehaltsklausel anwenden.

Die zahlreichen Ausnahmen vom Prinzip der Statutseinheit zeigen, dass es sich hierbei keineswegs um ein unumstößliches Prinzip des europäischen Kollisionsrechts handelt. Gleichwohl lässt es sich nicht leugnen, dass eine einheitliche Anknüpfung von allgemeinen Rechtfertigungsgründen diesem Prinzip dienlich und deswegen auch zutreffend ist. Dies ist auch zweckmäßig, denn die oben beispielhaft genannten Rechtfertigungsgründe, wie die Notwehr oder der Notstand, stehen dem Täter nur dann zur Seite, wenn er sich in einer konkreten Notlage befindet. Ob eine solche vorliegt, hängt ganz vom Sachverhalt ab, den auch die Hauptfrage zu klären hat.[628] Die allgemeinen Rechtfertigungsgründe entstammen zudem dem Deliktsrecht oder stehen diesem zumindest dogmatisch nahe. Eine Loslösung von der Rom II-VO wäre deshalb unsachgemäß.

II. Rechtsgeschäftliche Rechtfertigungsgründe

Weniger eindeutig ist die Frage, wie mit rechtsgeschäftlichen, dem Vertragsrecht nahestehenden, Rechtfertigungsgründen kollisionsrechtlich zu verfahren ist. Dies ist in der Literatur höchst umstritten, für die vorliegende Arbeit jedoch im gleichen Maße entscheidend, denn die schlichte Einwilligung ist nach hier vertretener Auffassung eine rechtsgeschäftliche Willenserklärung.[629]

Teilweise wird vertreten, dass für rechtsgeschäftliche Rechtfertigungsgründe nichts anderes gelten könne als für allgemeine Rechtfertigungsgründe. Sie seien einheitlich mit dem Statut der Hauptfrage anzuknüpfen (hierzu unter **1.**). Andere Stimmen in der Literatur halten aufgrund der dogmatischen Nähe zum Vertragsrecht eine Sonderanknüpfung an das Vertragsstatut zumindest in Teilaspekten für notwendig (hierzu unter **2.**). Die Zwischenergebnisse dieses Kapitels werden abschließend zusammengefasst (hierzu unter **3.**).

627 *Junker*, in: *Säcker et al.*, MüKo BGB, Art. 15 Rom II-VO, Rn. 28.
628 *Bernitt*, Anknüpfung Vorfragen, S. 161.
629 Vgl. für das deutsche Recht hierzu S. 37 ff. Vgl. zu der Frage, ob dies auch für das europäische Recht gilt, S. 168 ff.

1. Unzulässigkeit einer Sonderanknüpfung

Teilweise wird eine Sonderanknüpfung an rechtsgeschäftliche Rechtfertigungsgründe abgelehnt.[630] Gegen eine Sonderanknüpfung spricht neben den bereits genannten Argumenten im Zusammenhang mit den allgemeinen Rechtfertigungsgründen zudem ein rechtshistorischer Grund aus der Entstehungsgeschichte der Rom II-VO. Art. 15 lit. b Rom II-VO entspricht dem Wortlaut von Art. 8 Nr. 2 des Haager Übereinkommens über das auf Straßenverkehrsunfälle anzuwendende Recht (HStVÜ).[631] Das HStVÜ ist ein kollisionsrechtlicher Staatsvertrag, der über das anzuwendende Recht bei grenzüberschreitenden Verkehrsunfällen entscheidet.[632] Im Zusammenhang mit Art. 8 Nr. 2 HStVÜ wurde aber vertreten, dass vertragliche Haftungsausschlüsse ebenfalls vom Übereinkommen erfasst seien und deshalb eine Sonderanknüpfung ausscheide.[633] Nach Art. 8 Nr. 2 HStVÜ werden vom Anwendungsbereich des Übereinkommens »*die Haftungsausschlussgründe sowie jede Beschränkung und jede Aufteilung der Haftung*« erfasst. Damit entspricht der Wortlaut fast identisch der Fassung des jetzigen Art. 15 lit. b Rom II-VO. Dies ist nicht verwunderlich, denn das HStVÜ hat dem europäischen Gesetzgeber teilweise als Vorlage für die Rom II-VO gedient.[634]

Nichts anderes gilt für Art. 8 Nr. 2 des Haager Übereinkommens über das auf die Produkthaftung anzuwendende Recht (HProdHÜ). Auch dieser Wortlaut entspricht dem des Art. 15 lit. b Rom II-VO.[635] Für das HProdHÜ wurde ebenfalls vertreten, dass an rechtfertigende Erklärungen des Herstellers oder des Lieferanten nicht gespalten angeknüpft werden soll.[636] Diese historischen Argumente sprechen zunächst für eine Behandlung von rechtsgeschäftlichen Rechtfertigungsgründen nach Art. 15 lit. b Rom II-VO und damit gegen eine Sonderanknüpfung.

Auch in der Literatur wird teilweise eine Sonderanknüpfung an rechtsgeschäftliche Rechtfertigungsgründe – in der Regel aber ohne eingehendere Begründung – abgelehnt. *Jakob* und *Picht* vertreten die Auffassung, dass rechtsgeschäftliche Haftungsausschlüsse unter Art. 15 lit. b Rom II-VO fielen.[637] Als

630 *Dörner*, in: *Schulze/Dörner*, BGB, Art. 15 Rom II-VO, Rn. 3; *Halfmeier*, in: *Calliess*, Art. 15 Rom II-VO, Rn. 9; *Jakob/Picht*, in: *Rauscher*, EuZPR/EuIPR, Art. 15 Rom II-VO, Rn. 10; *Spickhoff*, in: *Hilbig-Lugani*, FS Coester-Waltjen, S. 825 (828); *Bernitt*, Anknüpfung Vorfragen, S. 161.

631 *Junker*, in: *Säcker et al.*, MüKo BGB, Art. 15 Rom II-VO, Rn. 2.

632 Die Bundesrepublik Deutschland ist dem Übereinkommen nicht beigetreten.

633 *Essén*, Explanatory Report, S. 29.

634 KOM (2003) 427 endg., S. 10, 28; *Fawcett et al.*, IPR, S. 860.

635 *Junker*, in: *Säcker et al.*, MüKo BGB, Art. 15 Rom II-VO, Rn. 2.

636 *Reese*, HProdHÜ, S. 21.

637 *Jakob/Picht*, in: *Rauscher*, EuZPR/EuIPR, Art. 15 Rom II-VO, Rn. 10.

Beispiel für rechtsgeschäftliche Haftungsausschlüsse werden neben den nicht näher bezeichneten Rechtfertigungsgründen sodann aber noch die höhere Gewalt und familienrechtliche Haftungsbeschränkungen genannt. Dies lässt Zweifel aufkommen, ob die Autoren den Begriff des Rechtsgeschäfts im technischen Sinne verstehen, denn jedenfalls die höhere Gewalt ist keine rechtsgeschäftliche Haftungsbeschränkung, sondern ein von außen kommendes, unverschuldetes und unabwendbares tatsächliches Ereignis.[638] *Bernitt* ist der Meinung, dass die rechtfertigende Einwilligung zu den allgemeinen Rechtfertigungsgründen zähle und deren tatbestandliches Vorliegen nicht abstrakt, sondern nur für eine bestimmte Handlung festzustellen sei. Eine gesonderte Anknüpfung sei deshalb nicht möglich.[639] *Dörner* vertritt ohne nähere Begründung die Auffassung, dass unter Art. 15 lit. b Rom II-VO auch das Zustandekommen, die materielle Wirksamkeit und die Wirkung eines Haftungsausschlusses fallen müssten.[640] Damit würden die tatbestandlichen Voraussetzungen, die Auslegung, die Wirkung und die Rechtsfolge der schlichten Einwilligung durch das Statut nach Art. 8 Abs. 1, 15 lit. b Rom II-VO bestimmt werden. *Spickhoff* hat sich mit einer ähnlichen Fragestellung auseinandergesetzt. Er hat untersucht, wie die Patientenverfügung kollisionsrechtlich anzuknüpfen ist. Sie sei immerhin ebenfalls eine vorweggenommene Konkretisierung der Einwilligung und damit ein rechtsgeschäftlicher Rechtfertigungsgrund für Heilbehandlungen und ärztliche Eingriffe.[641] Er hält eine Sonderanknüpfung an diesen Rechtfertigungsgrund nicht für möglich, denn Art. 15 lit. b Rom II-VO stünde dem entgegen. Eine gespaltene Anknüpfung an Rechtfertigungsgründe sei generell nicht möglich.[642] Gegen eine Sonderanknüpfung von vertragsnahen Rechtfertigungsgründen spricht zudem die teilweise geäußerte Auffassung, dass einseitige Rechtsgeschäfte im Zusammenhang mit bestehenden Rechtsverhältnissen stets nach dem sogenannten Geschäftsstatut, also dem Statut des übergeordneten Rechtsverhältnisses, zu behandeln seien.[643]

Folgt man diesen Auffassungen, würde die schlichte Einwilligung trotz ihrer Rechtsnatur als rechtsgeschäftlicher, vertragsnaher Rechtfertigungsgrund gemeinsam mit dem Hauptfragenstatut des Art. 8 Abs. 1, 15 lit. b Rom II-VO angeknüpft werden. Eine Sonderanknüpfung wäre damit abzulehnen. Dies

638 *Henrich*, in: *Bamberger et al.*, BeckOK BGB, § 206, Rn. 3.
639 *Bernitt*, Anknüpfung Vorfragen, S. 161.
640 *Dörner*, in: *Schulze/Dörner*, BGB, Art. 15 Rom II-VO, Rn. 3.
641 *Schwab*, in: *Säcker et al.*, MüKo BGB, § 1901a, Rn. 16; *Spickhoff*, in: *Hilbig-Lugani*, FS Coester-Waltjen, S. 825 (828).
642 *Spickhoff*, in: *Hilbig-Lugani*, FS Coester-Waltjen, S. 825 (828).
643 *Becker*, Sonderanknüpfung, S. 12f.; *S. Lorenz*, NJW 2000, S. 3305 (3308).

entspräche im Ergebnis – ohne dass sich das Gericht hierzu konkret geäußert hätte – der Rechtsprechung des BGH in der Vorschaubilder-I-Entscheidung.[644]

2. Zulässigkeit einer Sonderanknüpfung

Dem steht eine erhebliche Gegenposition in der Literatur entgegen, wonach rechtsgeschäftliche Rechtfertigungsgründe aufgrund ihrer dogmatischen Nähe zum Vertragsstatut zumindest teilweise nach der Rom I-VO anzuknüpfen seien.[645]

Überwiegend wird innerhalb dieses Meinungsspektrums argumentiert, dass das Deliktsstatut – bzw. vorliegend das Statut nach Art. 8 Rom II-VO – nur über die Frage entscheide, ob und in welchem Umfang eine rechtsgeschäftliche Haftungsbeschränkung überhaupt zulässig sei (Frage der Wirkung).[646] Nicht unter diese Kollisionsnorm falle hingegen, ob eine rechtsgeschäftliche Haftungsbeschränkung tatbestandlich vorliege (Frage der Wirksamkeit).[647] Das Vertragsstatut nach der Rom I-VO entscheide deshalb über die Wirksamkeit, das Zustandekommen und die übrigen Fragen rund um das (vertragsnahe) Rechtsgeschäft.[648] Vereinzelt wird sogar argumentiert, dass bei einem vertraglichen Rechtfertigungsgrund die Rechtsfrage insgesamt dem Vertragsstatut unterworfen werden müsse.[649]

In einer englischsprachigen Kommentierung zu Art. 15 lit. b Rom II-VO vertreten *Cheshire, North* und *Fawcett* eine gesonderte Anknüpfung an vertragliche Haftungsbeschränkungen.[650] Die Autoren berufen sich hierbei zunächst auf die Kommissionsbegründung, in der, trotz vieler Beispiele für haftungsausschließende oder -beschränkende Elemente, keine Hinweise auf rechtsgeschäftliche Rechtfertigungsgründe zu finden seien.[651] Anders als noch unter der Geltung der bereits erwähnten Haager Übereinkommen (HStVÜ und HProdHÜ), bei denen rechtsgeschäftliche Haftungsausschlüsse vom Statut der Hauptfrage erfasst seien, könne man unter der Geltung der Rom I- und II-VO

644 BGH, Urt. v. 29.04.2010 (Az. I ZR 69/08), GRUR 2010, S. 628 – Vorschaubilder I.

645 *Dickinson,* Rome II, Art. 15, Rn. 14.15; *Engel,* in: *Herberger et al.,* jurisPK BGB, Art. 15 Rom II-VO, Rn. 11; *Hohloch,* in: *Erman,* BGB, Art. 15 Rom II-VO, Rn. 10; *Nordmeier,* in: *Hüßtege/Mansel,* Rom VO, Art. 15 Rom II-VO, Rn. 10; *Fawcett et al.,* IPR, S. 881; *Seibl,* IPRax 2010, S. 347 (350 f.).

646 *Engel,* in: *Herberger et al.,* jurisPK BGB, Art. 15 Rom II-VO, Rn. 11; *Hohloch,* in: *Erman,* BGB, Art. 15 Rom II-VO, Rn. 10; *Brandt,* Sonderanknüpfung, S. 89; *Delachaux,* Anknüpfung, S. 200.

647 *Hohloch,* in: *Erman,* BGB, Art. 15 Rom II-VO, Rn. 10.

648 *Dickinson,* Rome II, Art. 15, Rn. 14.15; *Nordmeier,* in: *Hüßtege/Mansel,* Rom VO, Art. 15 Rom II-VO, Rn. 10.

649 Für das US-Recht: *Rabel,* Conflict of Laws, S. 293.

650 *Fawcett et al.,* IPR, S. 860.

651 KOM (2003) 427 endg., S. 26.

nicht mehr davon ausgehen, dass vertragliche oder vertragsnahe Elemente ebenfalls unter die Rom II-VO fielen. Die Verordnungen seien im Einklang miteinander auszulegen. Das bedeute, dass die Rom II-VO über die Zulässigkeit eines rechtsgeschäftlichen Haftungsausschlusses und die Rom I-VO über die Wirksamkeit und Reichweite des Rechtsgeschäfts entscheide.[652] Dies liege daran, dass bei einem Rechtsgeschäft die haftungsbeschränkende Wirkung aus einer autonomen Entscheidung der Partei folge und deshalb das Vertragsstatut einschlägig sei.[653]

Besonders hervorzuheben ist die Auffassung von *Seibl*.[654] Dieser nimmt eine Entscheidung des BGH[655] zum Anlass, im Einklang mit den vorstehenden Vertretern eine Sonderanknüpfung an rechtsgeschäftliche Haftungsbeschränkungen zu fordern. Da die BGH-Entscheidung in gewissen Details Parallelen zur schlichten Einwilligung aufweist, soll sie kurz dargestellt werden:

Die Klägerin und die Beklagte sind deutsche Medizinstudentinnen, die einen ausbildungsbezogenen, gemeinsamen Auslandsaufenthalt in Südafrika absolvierten. Die Beklagte mietete ein Fahrzeug in Kapstadt an, welches den Parteien vereinbarungsgemäß während ihres Aufenthaltes gemeinsam zur Verfügung stehen sollte. Sie vereinbarten zudem, dass sie die Kosten hierfür gemeinsam tragen und dass sie sich beim Fahren abwechseln werden. Bei Abschluss des Mietvertrags irrten die Studentinnen übereinstimmend darüber, dass in Südafrika eine der deutschen Rechtslage vergleichbare Absicherung bei Verkehrsunfällen bestünde. Aus diesem Grund schlossen die Parteien keine zusätzliche private Unfallversicherung beim Vermieter ab. Die Beklagte bog unter Missachtung des in Südafrika geltenden Linksfahrgebots auf die rechte Fahrbahnseite ab, wodurch es zu einer Kollision mit einem anderen Fahrzeug kam. Die Klägerin wurde hierbei erheblich verletzt und machte Ansprüche geltend.

Interessant sind zunächst die Ausführungen des Gerichts zum Kollisionsrecht. Der BGH nimmt für mögliche deliktische Ansprüche die Anwendbarkeit des Deliktsstatuts und im Zusammenhang mit etwaigen Ansprüchen aus einer schuldhaften Verletzung der Sorgfaltspflichten aus einer Innengesellschaft bürgerlichen Rechts die Einschlägigkeit des Vertragsstatuts an.[656] Das Gericht differenziert also zwischen den geltend gemachten Ansprüchen. In der Sache

652 *Fawcett et al.*, IPR, S. 860.
653 *Fawcett et al.*, IPR, S. 881.
654 *Seibl*, IPRax 2010, S. 347 (350).
655 BGH, Urt. v. 10.02.2009 (Az. VI ZR 28/08), NJW 2009, S. 1482.
656 Dem Fall lag noch deutsch-autonomes IPR zugrunde. Für das Recht der BGB-Innengesellschaft war anerkannt, dass die Bereichsausnahme des Art. 37 S. 1 Nr. 2 EGBGB a. F. nicht galt (BGH, Rn. 10) und deswegen das Vertragsstatut zur Anwendung kam. Ob man bei der kollisionsrechtlichen Qualifikation aber tatsächlich auf den Anspruch als Qualifikationsgegenstand abstellen kann, wird noch zu erörtern sein. Ablehnend hierzu siehe S. 144ff.

selbst entschied der BGH, dass aufgrund einer konkludent getroffenen Vereinbarung oder im Wege ergänzender Vertragsauslegung davon auszugehen sei, dass die Parteien einen Haftungsausschluss für einfache Fahrlässigkeit vereinbart hätten.

Seibl ist nun der Meinung, dass der BGH eine Sonderanknüpfung an die konkludente Parteiabrede und damit an einen rechtsgeschäftlichen Haftungsausschluss angenommen habe.[657] Dies sei nur konsequent, denn der Haftungsausschluss basiere schließlich auf einer ergänzenden Vertragsauslegung, die *»denknotwendig nur [...] eine dem Vertragsstatut unterfallende Fragestellung«*[658] sein könne. Er nimmt diese Entscheidung zum Anlass darauf hinzuweisen, dass die Frage des Zustandekommens und des Inhaltes des vertraglichen Haftungsausschlusses dem Vertragsstatut unterfalle. Die Wirkung einer vertraglichen Vereinbarung auf die Verantwortlichkeit des Täters hänge wiederum vom Deliktsstatut ab. Dieses entscheide darüber, ob die deliktische Verantwortung überhaupt durch einen Vertrag modifiziert werden könne. Nach dieser Auffassung sei *»grundsätzlich für die Qualifikation zwischen dem Wirksamkeitsstatut des Haftungsausschlusses und seinem Wirkungsstatut zu differenzieren«.*[659]

Der Entscheidung des BGH kann eine Sonderanknüpfung an das Vertragsstatut in dieser Deutlichkeit hingegen nicht entnommen werden. Das Gericht unterscheidet zwar – anders als noch die Berufungsinstanz[660] – zwischen der Anknüpfung an das Vertrags- und Deliktsrecht, allerdings nur hinsichtlich der verschiedenen Anspruchsgrundlagen. Zur Frage, ob eine vertragliche Sonderanknüpfung innerhalb des Deliktsstatuts vorgenommen werden müsse, äußert sich das Gericht gerade nicht. Diese Frage musste der BGH auch nicht entscheiden, da unter der Geltung beider Statuten deutsches Sachrecht zur Anwendung kommt. Daraus folgt freilich noch keine Wertung, ob die Auffassung von *Seibl* nicht trotzdem zutreffend sein kann. Seine Deutung der BGH-Entscheidung ist für die vorliegende Arbeit insoweit von Relevanz, als es sowohl im entschiedenen Fall als auch für die vorliegende Rechtsfrage auf die Auslegung von konkludenten Erklärungen ankommt. Eine Sonderanknüpfung an konkludent bzw. schlicht erklärte Rechtsgeschäfte wäre demnach möglich.

Auch weitere Autoren in der Literatur sind grundsätzlich der Auffassung, dass ein Rechtfertigungsgrund, der sich aus einem besonderen Verhältnis ergibt, gesondert anzuknüpfen sei.[661] Gehört ein Rechtfertigungsgrund einem speziellen Rechtsgebiet an, so sei in einem weiteren Schritt zu klären, ob der Rechtfertigungsgrund aufgrund seines Schwerpunktes und seines Inhaltes gegenüber dem

657 *Seibl*, IPRax 2010, S. 347 (350).
658 *Seibl*, IPRax 2010, S. 347 (350).
659 *Seibl*, IPRax 2010, S. 347 (350f.).
660 OLG Stuttgart, Urt. v. 07.01.2008 (Az. 5 U 161/07), NJOZ 2008, S. 2798.
661 *Bernitt*, Anknüpfung Vorfragen, S. 164; *Böhmer*, Rechtfertigungsgründe, S. 18ff.

Delikttatbestand rechtlich verselbstständigt sei. Als Beispiel wird das frühere Züchtigungsrecht der Eltern bzw. Lehrer genannt. Der Bestand und Inhalt dieser Rechte könne unabhängig von der Hauptfrage beantwortet werden, sodass eine gesonderte Anknüpfung notwendig sei. Die rechtfertigende Einwilligung sei jedoch kein solches besonderes Verhältnis.[662] Dabei wird jedoch verkannt, dass die Einwilligung nach zutreffender Meinung ein Rechtsgeschäft darstellt und deshalb aus einem privatrechtlichen Verhältnis entspringt.

Van Eechoud geht ebenfalls davon aus, dass es bei der kollisionsrechtlichen Behandlung von immaterialgüterrechtlichen Rechtmäßigkeitsfragen zu einer gespaltenen Anknüpfung aufgrund unterschiedlicher Qualifikationsergebnisse kommen kann.[663]

Den vorstehenden Meinungen ist weitestgehend gemein, dass sie eine Sonderanknüpfung an rechtsgeschäftliche Rechtfertigungsgründe grundsätzlich anerkennen. Gleichwohl wollen sie das Deliktsstatut nicht vollständig außer Acht lassen. Dieses soll über die grundsätzliche Wirkung einer rechtsgeschäftlichen Beschränkung entscheiden, wohingegen das Vertragsstatut für die sonstigen Fragen wie Wirksamkeit, Zustandekommen, Auslegung und Reichweite der Erklärungen einschlägig sei.

Auch einem aktuellen Urteil des BGH[664] aus dem Internationalen Immaterialgüterrecht liegt dieser Grundgedanke zugrunde. Der BGH beschäftigte sich mit der kollisionsrechtlichen Behandlung einer patentrechtlichen Prioritätsrechtsübertragung. Ob das Prioritätsrecht wirksam übertragen werden kann (im Sinne einer Übertragbarkeit), bestimme sich nach dem Recht des Erstanmeldestaates.[665] Welche Anforderungen an die rechtsgeschäftliche (konkludente) Vereinbarung zur Übertragung des Prioritätsrechts zu stellen sind, richte sich nach dem Vertragsstatut.[666] Natürlich geht es hier nicht um die Rechtfertigung einer Patentrechtsverletzung. Der Grundgedanke, der hinter der Sonderanknüpfung und der Unterscheidung zwischen Wirkung der Übertragung und Wirksamkeit des Rechtsgeschäfts steht, kann dennoch auf die schlichte Einwilligung übertragen werden.

Die vorstehenden Argumente haben allesamt aufgezeigt, dass zwischen der Wirkung des Rechtfertigungsgrunds und der Wirksamkeit des Rechtsgeschäfts

662 *Bernitt,* Anknüpfung Vorfragen, S. 161; *Böhmer,* Rechtfertigungsgründe, S. 21; *Rabel,* Conflict of Laws, S. 256.

663 *Van Eechoud,* Choice of law, S. 212f.

664 BGH, Urt. v. 04.09.2018 (Az. X ZR 14/17), GRUR 2019, S. 271 – Drahtloses Kommunikationsnetz.

665 BGH, Urt. v. 16.04.2013 (Az. X ZR 49/12), GRUR 2013, S. 712 (S. 712), Rn. 12 m.w.N. – Fahrzeugscheibe; *Meier-Beck,* GRUR 2019, S. 985 (987).

666 BGH, Urt. v. 04.09.2018 (Az. X ZR 14/17), GRUR 2019, S. 271 (276), Rn. 68 – Drahtloses Kommunikationsnetz; *Harguth,* GRUR 2019, S. 1134 (1136).

unterschieden werden muss. Übertragen auf die schlichte Einwilligung ergibt sich folgendes Bild. Das Schutzlandprinzip nach Art. 8 Abs. 1 Rom II-VO entscheidet – als spezielles Deliktsstatut – über die Frage, ob unter der Geltung des berufenen Sachrechts eine Einwilligung in eine urheberrechtliche Verwertungshandlung haftungsausschließend oder -beschränkend ist (Frage der Wirkung). Fraglich ist also, ob die nationale Rechtsordnung die Einwilligung als legitimierendes Element grundsätzlich anerkennt.

Dies ist für das Urheberrecht schnell beantwortet. Zumindest für den europäischen Rechtsraum gibt die InfoSoc-RL das Ergebnis bereits vor. An diversen Stellen der InfoSoc-RL wird die *»Zustimmung«* bzw. *»Erlaubnis«* des Urhebers erwähnt.[667] Da die InfoSoc-RL vollharmonisierend[668] umgesetzt werden musste, haben zwangsläufig alle Mitgliedstaaten der Europäischen Union die Einwilligung als Haftungsbeschränkung anzuerkennen. Es kommt hierbei nicht auf die Frage an, ob die Zustimmung nach der InfoSoc-RL[669] wie eine Schrankenregelung tatbestandsbeschränkend oder rechtfertigend wirkt.[670] Entscheidend ist allein, ob eine Zustimmung in urheberrechtliche Nutzungen nach dem europäischen Rechtsrahmen grundsätzlich legitimierende Wirkung haben kann. Dies ist der Fall. Für das deutsche Sachrecht wurde zudem ebenfalls festgestellt, dass die schlichte Einwilligung nach herrschender, wenn auch nicht unumstrittener Meinung, ein Rechtfertigungsgrund ist.[671] Auch im US-amerikanischen Rechtsraum ist die Einwilligung als Haftungsbeschränkung anerkannt (z. B. durch die *»implied license«*).[672] Die Einwilligung ist als haftungsbeschränkendes Element ein weltweit verbreitetes Institut.

Von größerer Tragweite ist die kollisionsrechtliche Behandlung der Wirksamkeit, des Zustandekommens, der Auslegung und der Reichweite des Rechtsgeschäfts, die nach der hier diskutierten Auffassung dem Vertragsstatut unterfiele (Frage der Wirksamkeit). Die im deutschen Sachrecht kontrovers diskutierte Frage nach der Dogmatik und Anerkennung der schlichten Einwilligung[673] würde sich international-privatrechtlich folglich nach dem Vertragsstatut richten. Zunächst ist jedoch hervorzuheben, dass die dargestellten Literaturmeinungen häufig den zweiseitigen Vertrag als rechtsgeschäftlichen Haftungsausschließungsgrund im Blick haben.[674] Ob man diese Auffassung auch auf

667 Z.B. Art. 2, Art. 3 Abs. 1, Abs. 2, Art. 4 Abs. 1, Abs. 2 InfoSoc-RL.
668 EuGH, Urt. v. 13.02.2014 (Az. C-466/12), GRUR 2014, S. 360 (361), Rn. 33ff. – Svensson.
669 EuGH, Urt. v. 16.11.2016 (Az. C-301/15), GRUR 2017, S. 62 (63), Rn. 34 m.w.N. – Soulier.
670 Vgl. zur parallelen deutschen Diskussion S. 39f.
671 Vgl. hierzu S. 39f.
672 Vgl. hierzu S. 47ff.
673 Vgl. hierzu S. 25ff.
674 *Dickinson,* Rome II, Art. 15, Rn. 14.15; *Engel,* in: *Herberger et al.,* jurisPK BGB, Art. 15 Rom II-VO, Rn. 11; *Hohloch,* in: *Erman,* BGB, Art. 15 Rom II-VO, Rn. 10; *Nordmeier,* in:

ein einseitiges Rechtsgeschäft wie die schlichte Einwilligung übertragen kann, wird der weitere Verlauf der Arbeit aufzeigen. Sollte man eine Übertragung dieses Ansatzes auf einseitige Rechtsgeschäfte bejahen können, würde das Vertragsstatut nach Art. 4 Rom I-VO (analog) über die durchaus schwierigen Fragen zur Auslegung der schlichten Einwilligung sowie deren Anforderungen an den Erklärungstatbestand, den Zugang und den Widerruf entscheiden.

Zusammenfassend gesprochen würde das Statut des geistigen Eigentums darüber entscheiden, ob einer Einwilligung im nationalen Urheberrecht grundsätzlich haftungsbeschränkende Wirkung zukäme (üblicherweise: *ja!*). Das Vertragsstatut hingegen würde über die viel spannendere Frage bestimmen, ob die Umstände, die eine schlichte Einwilligung begründen, auch tatbestandlich eine Einwilligung im Sinne der nationalen Rechtsgeschäftslehren ist (z. B. in Deutschland und den USA: *ja!*).

3. Zwischenergebnis: keine Klärung durch Art. 15 lit. b Rom II-VO möglich

Umstritten ist, wie kollisionsrechtlich mit rechtsgeschäftlichen Haftungsausschlussgründen zu verfahren ist. Die beiden dargestellten Meinungsströme kommen zu unterschiedlichen Ergebnissen. Bereits jetzt lässt sich jedoch festhalten, dass das Prinzip der Statutseinheit für den Streitentscheid nicht weiterhilft. Die Rom I- und II-VO stehen im Einklang miteinander[675] und sind gleichrangig nebeneinander anwendbar.[676] Sollte sich herausstellen, dass ein rechtsgeschäftlicher Rechtfertigungsgrund dem Vertragsstatut nähersteht als dem Deliktsstatut, folgt aus dem Prinzip der Statutseinheit jedenfalls kein Sonderanknüpfungsverbot an die Rom I-VO, zumal dieser ein vergleichbares Prinzip in Art. 12 Rom I-VO zugrunde liegt.[677] Zudem kennt das Prinzip der Statutseinheit selbst viele Durchlässigkeiten.

Die Frage, ob vertragsnahe Rechtfertigungsgründe und damit auch die schlichte Einwilligung unter Art. 8 Abs. 1, 15 lit. b Rom II-VO fallen, ist nicht zweifelsfrei aus diesen Regelungen selbst heraus zu beantworten. Für beide Auffassungen sprechen gute Gründe. Der Autor neigt jedoch dazu der letztgenannten Auffassung zuzusprechen. Die Frage, ob ein vertraglicher Haftungsausschlussgrund rechtfertigend wirkt, wird demnach durch Art. 8 Abs. 1, 15 lit. b Rom II-VO bestimmt. Die Frage nach der Wirksamkeit und Reichweite des Rechtsgeschäfts, also auch die nationale Anerkennung einer (schlichten) Einwilligung, bestimmt sich kollisionsrechtlich nach Art. 4 Rom I-VO (analog).

Hüßtege/Mansel, Rom VO, Art. 15 Rom II-VO, Rn. 10; *Fawcett et al.*, IPR, S. 860; *Seibl*, IPRax 2010, S. 347 (350 f.).

675 Erwägungsgrund 7 Rom I-VO.

676 *Freitag*, in: *Bernreuther*, FS Spellenberg, S. 169 (170).

677 *Spickhoff*, in: *Bamberger et al.*, BeckOK BGB, Art. 12 Rom I-VO, Rn. 1.

Diese Tendenz beim Streitentscheid soll nun durch die Hilfe der allgemeinen Lehren der Qualifikation ausführlich bestätigt werden.

Durch eine umfassende und detaillierte Qualifikation der schlichten Einwilligung soll diese Frage geklärt werden (hierzu unter § 5). Die weitere Untersuchung wird zeigen, ob rechtsgeschäftliche Rechtfertigungsgründe, wie die schlichte Einwilligung, überhaupt taugliche Qualifikationsgegenstände sind und damit einer Sonderanknüpfung zugänglich sein können. Zudem wird von Relevanz sein, ob die schlichte Einwilligung auch unter autonom-europarechtlichen Gesichtspunkten überhaupt als vertragsnahes Rechtsgeschäft begriffen werden kann. Ob die schlichte Einwilligung unter das Vertragsstatut nach Art. 4 Rom II-VO (analog) oder unter das Immaterialgüterrechtstatut nach Art. 8 Abs. 1, 15 lit. b Rom-VO zu fassen ist, wird in einem späteren Kapitel behandelt (hierzu unter § 6). Der Streitentscheid innerhalb der vorgenannten Literaturmeinungen wird deshalb final an anderer Stelle erfolgen.[678]

678 Vgl. hierzu S. 189f.

§ 5 Allgemeine Lehren der Qualifikation

A. Rechtsnatur der Qualifikation

Die verordnungsinterne Qualifikationsnorm des Art. 15 lit. b Rom II-VO hilft nicht zweifelsfrei weiter. Ob rechtsgeschäftliche Rechtfertigungsgründe unter das Statut des geistigen Eigentums nach Art. 8 Abs. 1, 15 lit. b Rom II-VO fallen, ist aufgrund der normativen Nähe zum Vertragsrecht umstritten. Zur internationalprivatrechtlichen Einordnung der schlichten Einwilligung ist dieser Streit jedoch entscheidend. Da die europäischen Kollisionsverordnungen keine allgemeinen Vorschriften zur Qualifikation enthalten (eine *»Rom 0-VO«* wurde bislang nicht geschaffen),[679] müssen zur Beantwortung der vorliegenden Frage die allgemeinen Lehren des Internationalen Privatrechts herangezogen werden.

Das Problem der Qualifikation ist bereits im späten 19. Jahrhundert von *Kahn*[680] und *Bartin*[681] erkannt worden und zählt seitdem zu den schwierigsten Fragen des Internationalen Privatrechts. Es wird zuweilen als das *»Hauptproblem des IPR schlechthin«*[682] bezeichnet. Im Zusammenhang mit der *»Wunderwelt der Qualifikation«*[683] ist nahezu alles umstritten, was nur umstritten sein kann. Selbst das Reichsgericht hat sich mit einem Qualifikationsfehler im viel diskutierten Tennessee-Wechsel-Fall[684] eine *»unsterbliche Blamage«*[685] auferlegt. Einigkeit besteht lediglich dabei, dass sich die Qualifikation auf den Anknüpfungsgegenstand, also den Tatbestand der Kollisionsregel, bezieht.[686] Obwohl das Problem der Qualifikation seit langem bekannt ist, sind nur wenige Gesetzgeber den Schritt zu einer Kodifizierung gegangen. So wie in Deutschland gibt es auch in

679 *Heiss/Kaufmann-Mohi*, in: *Leible/Unberath*, Rom 0-VO, S. 181 (184).
680 *Kahn*, JherJb 30 (1891), S. 1 (107).
681 *Bartin*, Clunet 24 (1897), S. 720 (720ff.).
682 *Bernasconi*, Qualifikation, S. 6.
683 *Mistelis*, Qualifikation, S. 2.
684 RG, Urt. v. 04.01.1882 (Az. I 636/81), RGZ 7, 21ff. – Tennessee-Wechsel-Fall.
685 *Ferid*, IPR, S. 142.
686 *Looschelders*, in: *Staudinger*, BGB, Einl. IPR, Rn. 1081.

den allermeisten Staaten keine geschriebenen Qualifikationsregeln. Vielmehr ist eine allgemeine Tendenz festzustellen, dem Richter für die Durchführung der Qualifikation eine weitreichende Flexibilität einzuräumen.[687]

Der Begriff der Qualifikation meint die Feststellung der Qualität, Beschaffenheit oder Eigenschaft eines Gegenstandes.[688] Im angelsächsischen Rechtskreis wird passenderweise von *classification* oder *characterization* gesprochen. Auch im deutschen Recht sollte man besser von Klassifizierung oder Charakterisierung sprechen, um das Institut seinem Wesen nach zutreffender zu beschreiben.[689] Gleichwohl hat sich der Begriff der Qualifikation durchgesetzt, der die Zuordnung zu einer Kollisionsregel beschreibt.[690] Mit anderen Worten fragt die Qualifikation danach, welche Kollisionsregel am besten zur Rechtsfrage passt, z.B. ob eine Rechtsfrage immaterialgüterrechtlicher, vertraglicher oder unterhaltsrechtlicher Natur ist.[691]

Aber auch die Rechtsnatur der Qualifikation selbst ist umstritten. Problematisch ist nämlich, ob die Qualifikation entweder die Auslegung einer Kollisionsregel, die Subsumtion unter eine solche Vorschrift oder gar beides darstellt. Bereits diese grundlegende Frage ist lebhaft umstritten. Nach einer Auffassung in der Literatur beschreibt die Qualifikation die Auslegung des Anknüpfungsgegenstandes im Tatbestand einer Kollisionsregel.[692] Die Qualifikation würde nach dieser Ansicht mithin die Frage zu klären haben, ob z.B. unter das geistige Eigentum gemäß Art. 8 Abs. 1 Rom II-VO auch das Urheberrecht zu fassen[693] oder ob auch eine einseitige Willenserklärung als ein Vertrag im Sinne des Art. 4 Rom I-VO (analog) zu verstehen ist.[694]

Eine Gegenströmung vertritt die Auffassung, dass die Qualifikation die Subsumtion des Qualifikationsgegenstandes unter den Anknüpfungsgegenstand meint.[695] Damit geht nicht unbedingt nur die Frage einher, ob ein Sachverhalt unter den Tatbestand der Kollisionsnorm fällt.[696] Der maßgebliche Sachverhalt im kollisionsrechtlichen Sinne muss nicht zwingend der Lebenssachverhalt sein. In Betracht kommen daneben auch der Anspruch, die Sachnorm, das Rechts-

687 *Heiss/Kaufmann-Mohi*, in: *Leible/Unberath*, Rom 0-VO, S. 181 (196).
688 *Mistelis*, Qualifikation, S. 26.
689 *H. Weber*, Qualifikation, S. 201.
690 *Hay/Rösler*, IPR/IZVR, S. 123.
691 *Hay/Rösler*, IPR/IZVR, S. 123.
692 *Thorn*, in: *Palandt*, BGB, Vor. Art. 3 EGBGB, Rn. 27; *Eichenhofer*, in: *Martinek*, FS Jahr, S. 435 (447); *Grundmann*, Qualifikation, S. 4; *Kegel/Schurig*, IPR, S. 336.
693 Diese Frage bejaht Erwägungsgrund 26 S. 2 Rom II-VO eindeutig.
694 Vgl. hierzu S. 190ff.
695 *Lorenz*, in: *Bamberger et al.*, BeckOK BGB, Einl. IPR, Rn. 53; *B. Hoffmann/Thorn*, IPR, S. 222; *Junker*, IPR, § 7, Rn. 1; *Kropholler*, IPR, S. 113f.; *Rauscher*, IPR, Rn. 443.
696 Vgl. den Meinungsstreit zum Qualifikationsgegenstand sogleich.

verhältnis oder die konkrete Rechtsfrage.[697] Insofern unterscheidet sich der kollisionsrechtliche Subsumtionsgegenstand vom materiellen Sachrecht.[698] Nach dieser Meinung müsste man den Qualifikationsgegenstand seinem Wesen nach bestimmen und ihn sodann einer Kollisionsnorm zuordnen.

Eine vermittelnde und auch dieser Arbeit zugrundeliegende Ansicht betrachtet die Qualifikation als Kombination aus beiden Aspekten, denn Auslegung und Subsumtion sind beim Qualifikationsvorgang untrennbar miteinander verknüpft. Eine Subsumtion unter einen Systembegriff der Kollisionsregel ist nicht möglich, ohne diesen Begriff während des Qualifikationsvorgangs auszulegen.[699] Bei der Qualifikation handelt es sich um einen zusammenhängenden Gesamtprozess. Es bedarf einer wechselseitigen Zuordnung und Annäherung, um zu einem Ergebnis zu kommen.[700] Der Anknüpfungsgegenstand im Obersatz (*z.B.* geistiges Eigentum oder Vertrag) muss zwar ausgelegt werden, wobei aber nicht unbedingt notwendig ist, dass dieser Schritt zuerst geschieht.[701] Vielmehr ist es auch denkbar, dass der Qualifikationsgegenstand zunächst seinem Wesen nach bestimmt und einer möglichen Kollisionsregel angenähert wird. Die Problemstellung dieser Arbeit ist ein gutes Beispiel für eine solche Vorgehensweise. Ob die schlichte Einwilligung vertrags- oder immaterialgüterakzessorisch angeknüpft werden kann, entscheidet erst die noch folgende nähere Einordnung. Sollte man aber bereits als ersten Schritt Art. 4 Rom I-VO und Art. 8 Rom II-VO auslegen, führt dies zunächst zu keinem Erkenntnisgewinn.

Der dargestellte Qualifikationsprozess wird im weiteren Verlauf der Arbeit vollzogen. Zunächst muss jedoch die Reichweite des Qualifikationsgegenstandes geklärt werden (hierzu unter **B.**). Nur durch eine exakte Feststellung der Reichweite lässt sich überhaupt eine konkrete Aussage darüber treffen, ob eine Anknüpfung an die schlichte Einwilligung zulässig ist oder ob nicht an einen viel abstrakteren Begriff, wie z.B. den urheberrechtlich geprägten Sachverhalt als Ganzen, angeknüpft werden müsste. Sodann soll die Qualifikationsmethodik im nationalen und europäischen Kollisionsrecht näher beleuchtet werden (hierzu unter **C.**). Darauffolgend wird zu klären sein, zu welchem Qualifikationsergebnis diese Arbeit *in concreto* für die schlichte Einwilligung kommt (hierzu unter **D.**). Dieses Ergebnis soll abschließend zusammengefasst dargestellt werden (hierzu unter **E.**). Der Frage, welcher Kollisionsnorm der Qualifikationsgegenstand zuzuordnen ist, wird ein eigenes Kapitel gewidmet (hierzu unter **§ 6**).

697 *Rauscher*, IPR, Rn. 443.

698 Zur sachrechtlichen Subsumtion des Lebenssachverhalts: *Schwab/Löhnig*, Zivilrecht, Rn. 12ff.

699 *V. Hein*, in: *Säcker et al.*, MüKo BGB, Einl. IPR, Rn. 111; *Heinze*, in: *Baetge et al.*, FS Kropholler, S. 105 (108); *Bar/Mankowski*, IPR, S. 637; *Finkelmeier*, Qualifikation, S. 17; *Lüderitz*, IPR, Rn. 125; *Mistelis*, Qualifikation, S. 31; *Siehr*, IPR, S. 429.

700 *Looschelders*, in: *Staudinger*, BGB, Einl. IPR, Rn. 1083.

701 A.A. *v. Hein*, in: *Säcker et al.*, MüKo BGB, Einl. IPR, S. 111.

B. Qualifikationsgegenstand

Die Frage nach dem Qualifikationsgegenstand ist für diese Arbeit von besonderer Bedeutung. Mit diesem Begriff ist konkret der Subsumtionsgegenstand der Anknüpfung gemeint,[702] also die Frage, was den Gegenstand der Subsumtion unter den Obersatz im Tatbestand der Kollisionsregel bildet.[703] Ob nämlich z. B. an das konkrete Rechtsinstitut der schlichten (vertragsnahen) Einwilligung angeknüpft werden kann oder ob nicht vielmehr der abstraktere (urheberrechtliche) Sachverhalt Gegenstand der Qualifikation ist, könnte schließlich zu unterschiedlichen Ergebnissen bei der Frage nach dem Wesen des Qualifikationsgegenstandes führen. Dies soll im weiteren Verlauf geklärt werden.

Die Bestimmung des Qualifikationsgegenstandes ist jedoch ein weiteres dogmatisches Minenfeld. Nirgends im Internationalen Privatrecht ist ein Teilbereich so umstritten wie dieser. Die Antworten gehen dementsprechend weit auseinander[704] und zwar unabhängig davon, welche nationale Diskussion man betrachtet.[705] Auch der BGH behandelt diese Frage nicht einheitlich.[706]

Gelegentlich wird zu bedenken gegeben, ob es der Festlegung auf einen konkreten Qualifikationsgegenstand überhaupt bedürfe.[707] Die Fokussierung auf nur einen Gegenstand verkenne die Qualifikation als Gesamtprozess.[708] Dem ist entgegenzuhalten, dass die gleichzeitige Betrachtung aller nachstehend näher erörterten in Betracht kommenden Qualifikationsgegenstände zu einem willkürlichen Ergebnis führt. Um dies zu verhindern, bedarf es einer *»passgenauen Binnenabgrenzung«* des Qualifikationsgegenstandes.[709]

Teilweise wird vertreten, dass das Lebensverhältnis qualifiziert werden müsse (hierzu unter **I.**). Andere möchten an den Anspruch (hierzu unter **II.**) oder an die Sachnorm anknüpfen (hierzu unter **III.**). Darüber hinaus wird das Rechtsverhältnis als Qualifikationsgegenstand in das Spiel gebracht (hierzu unter **IV.**). Schließlich meinen manche Autoren, dass es auf die konkrete Rechtsfrage bzw. das konkrete Rechtsinstitut ankommen müsse (hierzu unter **V.**).

---

702 *Reuter*, Qualifikation, S. 17.

703 *Bernasconi*, Qualifikation, S. 68.

704 *H. Weber*, Qualifikation, S. 203.

705 *Heiss/Kaufmann-Mohi*, in: *Leible/Unberath*, Rom 0-VO, S. 181 (196f.).

706 Z.B. BGH, Urt. v. 19.12.1958 (Az. IV ZR 87/58), NJW 1959, S. 717 (718): Qualifikationsgegenstand sei die Sachnorm; BGH, Urt. v. 10.02.2009 (Az. VI ZR 28/08), NJW 2009, S. 1482 (1482), Rn. 9 f.: Qualifikationsgegenstand sei der Anspruch; BGH, Urt. v. 21.09.1995 (Az. VII ZR 248/94), NJW 1996, S. 54 (54): Qualifikationsgegenstand sei Sachverhalt und Rechtsverhältnis; jeweils aber ohne nähere Begründung.

707 *V. Hein*, in: *Säcker et al.*, MüKo BGB, Einl. IPR, Rn. 112.

708 *Bernasconi*, Qualifikation, S. 70.

709 *Finkelmeier*, Qualifikation, S. 27.

I. Lebensverhältnis

Vereinzelt wird in der Literatur vorgeschlagen, dass das Lebensverhältnis für die Qualifikation nutzbar zu machen sei.[710] Schließlich sei das Lebensverhältnis der *»Urstoff«*[711] der rechtlichen Prüfung. Der Rückgriff auf das Lebensverhältnis bezwecke die Rechtsordnung, die das Lebensverhältnis anschließend rechtlich ordnen werde, zu bestimmen.[712] Es sei nicht einzusehen, dass der Subsumtionsgegenstand im Kollisionsrecht ein anderer als im Sachrecht sei. Schließlich sei es im Sachrecht eine Selbstverständlichkeit, dass das Lebensverhältnis zu subsumieren ist.[713]

Diesem Ansinnen wird zu Recht entgegengehalten, dass das Lebensverhältnis für den kollisionsrechtlichen Zweck deutlich zu weit gefasst und deshalb unbrauchbar ist. Man denke nur an das Lebensverhältnis des Todes eines Menschen. Hier sind gleich diverse Rechtsgebiete, wie z. B. das Erb-, Güter- und Pflegschaftsrecht, das erbrechtliche Formstatut oder die Testierfähigkeit betroffen, und zwar unabhängig davon, ob im Sach- oder Kollisionsrecht.[714] Eine Zuordnung zu einer konkreten Kollisionsregel ist aufgrund der fehlenden Präzision einer rechtlichen Fragestellung schlicht unmöglich.[715]

Dies liegt vor allem daran, dass Kollisionsregeln – anders als Sachnormen – nicht an konkrete Tatsachen anknüpfen, sondern deutlich weitere und vor allem abstraktere Systembegriffe aufweisen,[716] wie etwa Vertrag, unerlaubte Handlung oder geistiges Eigentum. Das Kollisionsrecht verlangt stets eine gewisse rechtli-

---

710 *Looschelders*, in: *Staudinger*, BGB, Einl. IPR, Rn. 1085; *Schlosshauer-Selbach*, IPR, Rn. 99; *Looschelders* gibt jedoch zu bedenken, dass der Lebenssachverhalt in verschiedener Hinsicht rechtlich relevant werden könnte. Sodann sei auf die Rechtsfrage bzw. das Rechtsinstitut abzustellen. In diesem Zusammenhang kommt dann aber die Frage auf, warum nicht gleich auf letztere Qualifikationsgegenstände abgestellt wird. Genauso wenig überzeugend ist *Schlosshauer-Selbach*, wenn er als Beispiel für ein *»Lebensverhältnis«* den Tod einer Person *und* die notwendige Verteilung des Nachlasses angibt. Auch dieses Beispiel ist bereits eine rechtlich zugespitzte Frage, also eine Rechtsfrage.

711 *Rabel*, RabelsZ 5 (1931), S. 241 (244).

712 *B. Hoffmann/Thorn*, IPR, S. 176; *Rabel*, RabelsZ 5 (1931), S. 241 (244).

713 *Bernasconi*, Qualifikation, S. 76ff., der aber selbst eingesteht, dass es nicht auf den *»nackten«* Sachverhalt ankommen könne, sondern ein *»juristisch (vor)geformter«* Sachverhalt nötig sei. Als Beispiel nennt er die Frage, ob ein Schlag gegen eine Person eine unerlaubte Handlung darstelle (vgl. dort S. 78f.). Der *»juristisch (vor)geformte«* Sachverhalt ist jedoch bei Lichte betrachtet nichts anderes als eine konkrete Rechtsfrage (siehe hierzu sogleich S. 150ff.).

714 *V. Hein*, in: *Säcker et al.*, MüKo BGB, Einl. IPR, Rn. 112.

715 *Reuter*, Qualifikation, S. 17f.; *Schmidt*, HWB, EUP; Stichwort: Rechtsgeschäft, abrufbar unter: http://hwb-eup2009.mpipriv.de/index.php/Rechtsgeschäft, letzter Abruf: 01.09.2020.

716 *Hausmann*, in: *Hausmann/Odersky*, IPR, § 3, Rn. 2; *Reuter*, Qualifikation, S. 17 f. gibt aber zu bedenken, dass auch das Sachrecht teilweise mit höchst abstrakten Rechtsbegriffen arbeite (z. B. § 138 BGB). Gleichwohl sei es *»Grundaufgabe der Juristen durch Auslegung abstrakt formulierte Begriffe inhaltlich näher zu bestimmen«*.

che Färbung, die das blanke Lebensverhältnis noch nicht aufweisen kann.[717] Die gegenläufigen rechtlichen Interessen der Parteien sind bei der Betrachtung des bloßen Sachverhalts noch nicht herausgearbeitet und einer kollisionsrechtlichen Behandlung daher unzugänglich.[718] Die Anknüpfung an den Sachverhalt führt letztlich zu einem willkürlichen Ergebnis.[719] Zu dieser Einschätzung ist bereits der Entdecker des Qualifikationsproblems *Kahn* im Jahr 1891 gekommen:

> »Aus Thatsachen allein läßt sich unmöglich ableiten, daß sie unter ein bestimmtes Territorialrecht zu subsumieren sind; gerade so wenig wie man vier Kilo Hafer durch drei Bund Heu dividiren kann. Man muß nothwendig die Thatsachen zu einer Rechtsregel ins Verhältnis setzen.«[720]

Auch eine Übertragung auf die für diese Arbeit relevante konkrete Fallfrage bestätigt, dass diese Ansicht abzulehnen ist. Das Lebensverhältnis, wie es z. B. den Vorschaubilder-Entscheidungen[721] zugrunde liegt, gibt noch keine Hinweise für die spätere Subsumtion unter eine Kollisionsregel. Ist dieses konkrete Lebensverhältnis urheber-, persönlichkeits- oder vertragsrechtlich geprägt? Rekurriert man in den typischen Bildersuchfällen allein auf das tatsächliche Lebensverhältnis, lässt sich diese Frage nicht beantworten.

II. Anspruch

Teilweise wird der Anspruch als kollisionsrechtlicher Qualifikationsgegenstand diskutiert.[722] Übertragen auf die vorliegende Fallgestaltung wäre demnach an die Ansprüche des Urhebers gegen den Suchmaschinenbetreiber anzuknüpfen. All diese Ansprüche entstammen dem Urheberrecht, sodass an das Immaterialgüterstatut nach Art. 8 Abs. 1 Rom II-VO anzuknüpfen wäre. Für eine Sonderanknüpfung an die schlichte Einwilligung wäre hingegen kein Raum, da diese keinen eigenständigen Anspruch darstellen würde.

---

717 *Bar/Mankowski*, IPR, Rn. 179; *Kropholler*, IPR, S. 116; *Makarov*, IPR, S. 64; *Mistelis*, Qualifikation, S. 227f.

718 *Reuter*, Qualifikation, S. 19.

719 *Reuter*, Qualifikation, S. 19.

720 *Kahn*, JherJb 30 (1891), S. 1 (108f.).

721 Vgl. hierzu S. 30ff.

722 BGH, Urt. v. 10.02.2009 (Az. VI ZR 28/08), NJW 2009, S. 1482 (1482), Rn. 9 f.: Deliktische Ansprüche seien nach Art. 40 Abs. 2 S. 1 EGBGB, vertragliche Ansprüche nach Art. 27 Abs. 1 S. 2 EGBGB a. F. zu behandeln; RG, Urt. v. 07.07.1932 (Az. IV 162/32), IPRspr. 1932, Nr. 6, S. 16 (17); RG, Urt. v. 13.12.1929 (Az. VII 202/19), IPRspr. 1930, Nr. 8, S. 20 (22); OLG Stuttgart, Urt. v. 04.12.1957 (Az. 4 U 75/56), NJW 1958, S. 1972 (1972): Qualifizierung eines Auseinandersetzungsanspruchs als eheliches Güterrecht gemäß Art. 15 EGBGB a. F.; *Hartwieg*, RabelsZ 57 (1993), S. 607 (616f.).

Dieser Auffassung ist jedoch entgegenzuhalten, dass sie sich in einen logischen Widerspruch verstrickt. Was ein Anspruch dem Grunde nach ist, regelt das nationale Sachrecht, für Deutschland etwa § 194 Abs. 1 BGB. Die Formulierung eines Anspruchs ist ohne Rückgriff auf das Sachrecht also nicht möglich. Es ist aber gerade Aufgabe des Kollisionsrechts, das Sachrecht zu bestimmen. Würde man indes die Wertungen des Sachrechts zur Bestimmung der Kollisionsregel heranziehen, befände man sich in einem unzulässigen Zirkelschluss. Der Zirkelschluss leidet aber daran, dass er vorgibt, ein Ergebnis aus einer Prämisse abzuleiten, ohne offenzulegen, dass das Ergebnis bereits Teil der Prämisse war. Es wird daher nichts Neues erschlossen.[723] Zudem sind Kollisionsregeln nicht nach Anspruchszielen geordnet, sodass auch aus diesem Grund der Anspruch ein untauglicher Qualifikationsgegenstand ist.[724]

III. Sachnorm

Gelegentlich wird geltend gemacht, dass die materiellen Sachnormen die eigentlichen Qualifikationsgegenstände seien.[725] Diese könnten einzelne Normen oder Normengruppen sein. Die Einordnung der maßgeblichen Sachnormen seien entscheidend für die kollisionsrechtliche Qualifikation. Fremde Sachnormen könne man nur zutreffend anwenden, wenn die teleologischen und systematischen Bezüge des ausländischen Rechts berücksichtigt würden. Deshalb müsse man bei der Qualifikation die ausländischen Einflüsse auf die jeweilige Sachnorm direkt berücksichtigen.[726]

> »Denn der Rohstoff der Kollisionsnorm sind ja die Sachnormen, ja mehr als das, sie sind die wahren Herren, denen die Kollisionsnormen zu dienen, für deren rechte Anknüpfung sie zu sorgen haben.«[727]

Auch der EuGH schließt sich gelegentlich dieser Sichtweise an. So hat er beispielsweise § 1371 Abs. 1 BGB als erbrechtlich qualifiziert.[728] Dass der EuGH zwangsläufig eine Sachnorm in den Blick nehmen muss, ist aber dem Wesen des Vorabentscheidungsverfahrens nach Art. 267 AEUV geschuldet. Hiernach entscheidet der EuGH über die Auslegung einer europäischen Rechtsnorm.[729] Das

723 *Joerden,* Logik im Recht, S. 316f.

724 *Bar/Mankowski,* IPR, S. 663.

725 KG, Beschl. v. 30.01.1957 (Az. 1 W 350/57), IPRspr. 1956/1957, Nr. 9; *Wengler,* in: *Caemmerer et al.,* FS Wolff, S. 337 (373); *Bar/Mankowski,* IPR, S. 663; *R. Neuner,* RabelsZ 8 (1934), S. 81 (86); *Raape,* IPR, S. 103ff.; *M. Wolff,* IPR, S. 49ff.

726 Zum Ganzen: *Grundmann,* Qualifikation, S. 35.

727 *Raape,* IPR, S. 107.

728 EuGH, Urt. v. 01.03.2018 (Az. C-558/16), NJW 2018, S. 1377 – Mahnkopf.

729 *Looschelders,* in: *Staudinger,* BGB, Einl. IPR, Rn. 1103.

Vorabentscheidungsverfahren ist jedoch zur Lösung von grundlegenden Qualifikationsfragen problembehaftet, da es nur punktuelle Fragen klären kann.[730] Für den hier vorliegenden dogmatischen Streit sind die EuGH-Ausführungen deshalb nicht von besonderem Wert.

Für die Fallfrage ist der Sachnorm-Ansatz jedoch nicht erkenntnisbringend. Er ist nicht geeignet eine Antwort zu geben, wenn mehrere Sachnormen aus unterschiedlichen Rechtsgebieten für die Falllösung entscheidungserheblich sind. Zum Beispiel ist für den urheberrechtlichen Unterlassungs- und Schadensersatzanspruch in den Vorschaubilder-Fällen § 97 UrhG von zentraler Relevanz. Die Voraussetzungen und die Wirkung der schlichten Einwilligung bestimmen sich jedoch nach der Rechtsgeschäftslehre gemäß den §§ 104ff. BGB.

Die Sachnorm ist aber auch aus anderen Gründen nicht als Qualifikationsgegenstand geeignet. Die Anwendung einer konkreten Sachnorm steht auf kollisionsrechtlicher Ebene noch gar nicht fest. Ob überhaupt eine Sachnorm für den geltend gemachten Anspruch, z.B. § 97 UrhG, vorgesehen ist, bestimmt selbstredend erst das Sachrecht.[731] Das Kollisionsrecht entscheidet jedoch über die Anwendung des Sachrechts.[732] Entsprechend den Ausführungen zur Untauglichkeit des Anspruchs als Qualifikationsgegenstand unterliegt die Falllösung auch hier einem unzulässigen Zirkelschluss.

Es darf hierbei aber nicht verkannt werden, dass die Sachnorm für einen späteren Arbeitsschritt dennoch bedeutsam wird. Wenn das maßgebliche Statut und die einschlägige Rechtsordnung ermittelt wurden, gilt es selbstverständlich zu klären, welche Sachnormen aus dieser Rechtsordnung einschlägig sind. Dies darf aber nicht mit der Qualifikation auf kollisionsrechtlicher Ebene verwechselt werden.[733]

IV. Rechtsverhältnis

Eine häufig anzutreffende Auffassung geht davon aus, dass das Rechtsverhältnis Gegenstand der Qualifikation sei.[734] Diese Auffassung geht zurück auf einen prominenten Befürworter. Bereits *von Savigny* vertrat die Anknüpfung an das Rechtsverhältnis:

---

730 *Unberath/Cziupka*, in: *Rauscher*, EuZPR/EuIPR, Einl. Rom II-VO, Rn. 50.

731 *Kropholler*, IPR, S. 118.

732 *V. Hein*, in: *Säcker et al.*, MüKo BGB, Einl. IPR, Rn. 112; *Bernasconi*, Qualifikation, S. 72; *Finkelmeier*, Qualifikation, S. 27; *Kropholler*, IPR, S. 118.

733 *Kropholler*, IPR, S. 118.

734 BGH, Urt. v. 21.09.1995 (Az. VII ZR 248/94), NJW 1996, S. 54 (54), wobei es zumindest auch auf den Sachverhalt ankommen soll: *»Die maßgebliche Kollisionsnorm des deutschen internationalen Privatrechts muß das Gericht in der Weise ermitteln, daß es den Sachverhalt*

> »Für [die] Collision läßt sich nunmehr die gemeinsame Aufgabe dahin bestimmen, daß bei jedem Rechtsverhältniß dasjenige Rechtsgebiet ausgesucht werde, welchem dieses Rechtsverhältniß seiner eigenthümlichen Natur nach angehört oder unterworfen ist.«[735]

Ein Rechtsverhältnis sei eine *»Beziehung zwischen Person und Person, durch eine Rechtsregel bestimmt«*.[736]

Auf die Vorschaubilder-Fälle übertragen ergibt sich für das Internationale Privatrecht folgendes Bild. Das Rechtsverhältnis zwischen dem Urheber und dem Suchmaschinenbetreiber, welches durch ein etwaiges gesetzliches Schuldverhältnis entstehen könnte, ist seinem Schwerpunkt nach urheberrechtlicher Natur. Hieran ändert es auch nichts, dass die zentrale Frage der Fallgestaltung auf ein rechtsgeschäftliches Institut zurückzuführen ist, da durch die schlichte Einwilligung kein eigenständiges Rechtsverhältnis begründet wird.[737]

Allerdings unterliegt bei näherer Betrachtung das Rechtsverhältnis den gleichen Bedenken wie die vorstehend diskutierten und abgelehnten Vorschläge. Das Rechtsverhältnis entsteht erst dadurch, dass ein Lebensverhältnis durch eine nationale Rechtsordnung als ein solches bestimmt wird. Die Rechtsordnung, die festlegt, ob ein Rechtsverhältnis vorliegt oder nicht, ist jedoch auf der Ebene des kollisionsrechtlichen Tatbestandes noch gar nicht ermittelt worden.[738] Dies hat bereits *Kahn* in seiner Grundlagenforschung erkannt.[739] Die nach *von Savigny* hervorgehobene Rechtsregel, welche die Beziehung zwischen zwei Personen bestimmt, steht noch gar nicht fest.[740] Man müsste die Rechtsordnung bereits kennen, die man zu suchen versucht. Genau wie der Anspruch und die Sachnorm unterliegt das Rechtsverhältnis einem Zirkelschluss und ist deshalb als tauglicher Qualifikationsgegenstand abzulehnen.

---

und das dem Rechtsstreit zugrundeliegende Rechtsverhältnis aus der Sicht des Forums qualifiziert und einer der Kollisionsnormen des deutschen internationalen Privatrechts zuordnet«; *v. Welser*, in: *Wandtke/Bullinger*, UrhR, Vor. §§ 120ff., Rn. 13; *Drobnig*, RabelsZ 40 (1976), S. 195 (196); *Kahn*, JherJb 30 (1891), S. 1 (108f.).

735 *Savigny*, Römisches Recht, § 348, S. 28.

736 *Savigny*, Römisches Recht, § 52, S. 333.

737 BGH, Urt. v. 29.04.2010 (Az. I ZR 69/08), GRUR 2010, S. 628 (631), Rn. 34 – Vorschaubilder I.

738 *Bar/Mankowski*, IPR, S. 663; *Bernasconi*, Qualifikation, S. 72; *Kropholler*, IPR, S. 116; *Makarov*, IPR, S. 63; *Mistelis*, Qualifikation, S. 226f.; *R. Neuner*, RabelsZ 8 (1934), S. 81 (83).

739 *Kahn*, JherJb 30 (1891), S. 1 (111).

740 *Finkelmeier*, Qualifikation, S. 27f.

V. Konkrete Rechtsfrage

Schließlich werden die Rechtsfragen bzw. Rechtsinstitute als Qualifikationsgegenstände in die Diskussion eingebracht.[741] Die Rechtsfrage sei der Übergang von Tatsache zu Recht, denn sie verknüpfe den Lebenssachverhalt mit der Sachnorm.[742] Mit ihr übergingen faktische Geschehnisse in rechtliche Wertungen, sodass die Rechtsfrage ein tauglicher Qualifikationsgegenstand sei.[743] Mit der Rechtsfrage würde entweder nach bestimmten Rechtsfolgen von Tatsachen gefragt oder umgekehrt nach gewissen Tatsachen gesucht, um eine bestimmte Rechtsfolge zu erreichen.[744] Auf die Rechtsfrage als richtigen Qualifikationsgegenstand hat bereits *Zitelmann* im Jahr 1897 hingewiesen:

> »Die einzelne Anwendungsnorm befiehlt immer, ein gewisses Recht solle angewendet werden. Worauf? auf [sic!] eine Frage, die einer bestimmten privatrechtlichen Materie angehört, wir nannten sie kurz die Rechtsfrage.«[745]

Ein solcher Mittelweg durch das Meinungsspektrum hat durchaus seine Berechtigung. Das Lebensverhältnis wird rechtlich kanalisiert und ist damit einer kollisionsrechtlichen Bearbeitung zugänglich. Gleichwohl ist es auf dieser kollisionsrechtlichen Ebene noch nicht notwendig, die Rechtsfrage nach nationalem Systemdenken zu formulieren.[746] Man kann also beispielhaft danach fragen, ob der Eigentümer gegen den Besitzer die Herausgabe begehren kann. Nicht notwendig und wegen des unzulässigen Zirkelschlusses auch nicht möglich ist es danach zu fragen, ob ein Anspruch z.B. aus § 985 BGB besteht.[747]

Wenn man sich mit den vorgenannten Argumenten zutreffend für die Rechtsfrage bzw. das Rechtsinstitut als Qualifikationsgegenstand entscheidet, hat man freilich noch keine Antwort auf die Frage gefunden, wie abstrakt bzw. konkret die maßgebliche Rechtsfrage zu formulieren ist. Um bei der Fallgestaltung dieser Arbeit zu bleiben, stellen sich alternativ die folgenden relevanten Rechtsfragen: *(1.)* Dürfen die Suchmaschinenbetreiber die Werke als

---

741 *Hausmann*, in: *Hausmann/Odersky*, IPR, § 3, Rn. 4; *v. Hein*, in: *Säcker et al.*, MüKo BGB, Einl. IPR, Rn. 111; *Looschelders*, in: *Staudinger*, BGB, Einl. IPR, Rn. 1085; *Lorenz*, in: *Bamberger et al.*, BeckOK BGB, Einl. IPR, Rn. 53; *Bar/Mankowski*, IPR, S. 663; *Finkelmeier*, Qualifikation, S. 28f.; *Grundmann*, Qualifikation, S. 5; *Gutzwiller*, in: *Stammler*, Deutsches Recht, S. 1515 (1540); *Hüßtege/Ganz*, IPR, S. 11; *Makarov*, IPR, S. 64; *Schwind*, IPR, S. 25; *Siehr*, IPR, S. 429; *Steiger*, Rechtsfrage, S. 15; *Wendehorst*, in: *Coester*, FS Sonnenberger, S. 743 (750); *Zitelmann*, IPR, S. 207; *Dörner*, StAZ 1988, S. 345 (349); *Falconbridge*, Can. B. Rev. 30 (1952), S. 103 (106); *Falconbridge*, L. Q. Rev. 53 (1937), S. 235 (236); *Lewald*, JW 1932, S. 2253 (2253).

742 *H. Weber*, Qualifikation, S. 229.

743 *H. Weber*, Qualifikation, S. 228.

744 *Finkelmeier*, Qualifikation, S. 29.

745 *Zitelmann*, IPR, S. 207.

746 *V. Hein*, in: *Säcker et al.*, MüKo BGB, Einl. IPR, Rn. 113.

747 Vgl. zur Qualifikation des EBV: *Finkelmeier*, Qualifikation, S. 1ff.

verkleinerte Vorschaubilder nutzen? Oder fragt man konkreter danach, ob *(2.)* das Verhalten des Urhebers zu einer Legitimation dieser Nutzung führt? Je nach Abstraktion der Rechtsfrage könnte der Fokus und damit die kollisionsrechtliche Behandlung entweder auf einer urheberrechtlichen oder einer vertragsnahen Rechtsfrage liegen.

Das Problem des Abstraktionsgrades der Rechtsfrage ist nicht neu. Dennoch wurde diese Frage im wissenschaftlichen Diskurs nur rudimentär behandelt.[748] Sofern eine detailliertere Diskussion überhaupt zu finden ist, wird vertreten, dass es sich bei der entscheidenden Rechtsfrage im kollisionsrechtlichen Sinne um eine *»konkrete«* bzw. *»bestimmte Rechtsfrage«* handeln müsse.[749]

Über diesen Minimalkonsens hinaus ist vieles vage. *Bernasconi* meint, dass es darauf ankomme, welchen Aspekt des Sachverhalts die Rechtsfrage betonen würde. Dieser Aspekt entscheide auch darüber, welcher Verweisungsbegriff einschlägig sei.[750] In diese Richtung hat bereits *Zitelmann* argumentiert, dass die maßgeblichen Rechtsfragen im kodifizierten Kollisionsrecht solche seien, die *»durch die Empirie als internationalprivatrechtlich interessant entgegengebracht werden«*.[751] *Kropholler* geht davon aus, dass man auch danach fragen könne, ob eine bestimmte Tatsache eine bestimmte Rechtsfolge habe.[752] Diesen Eingrenzungen folgend, wäre es möglich, auf das Verhalten des Urhebers, das eine bestimmte Tatsache darstellt, und die daraus resultierende rechtfertigende Wirkung der Einwilligung als bestimmte Rechtsfolge abzustellen, da diese Frage den rechtlichen Kern der Vorschaubilder-Problematik ausmacht.

Die Literatur gibt zudem Einzelbeispiele an die Hand, die bei einer Einschätzung, was die konkrete Rechtsfrage nun ist, helfen können. *Kropholler* nennt als Beispiel für eine konkrete Frage die nach dem Charakter eines Gegenstandes als unbewegliches oder bewegliches Vermögen.[753] *Junker* geht – sehr passend für den vorliegenden Untersuchungsgegenstand – davon aus, dass auch gewisse Teilaspekte wie z. B. *»bestimmte Anforderungen an eine Erklärung«* oder einzelne Rechtsinstitute der Gegenstand der Qualifikation sein könnten.[754] Gemein ist diesen Beispielen, dass sie einen hohen Detailgrad aufweisen und nicht zwingend nach globalen, übergeordneten Rechtsfragen suchen.

748 *Mistelis*, Qualifikation, S. 230.

749 *V. Hein*, in: *Säcker et al.*, MüKo BGB, Einl. IPR, Rn. 113; *Schmidt*, HWB, EUP; Stichwort: Rechtsgeschäft, abrufbar unter: http://hwb-eup2009.mpipriv.de/index.php/Rechtsgeschäft, letzter Abruf: 01.09.2020; *Rauscher*, IPR, Rn. 443.

750 *Bernasconi*, Qualifikation, S. 75.

751 *Zitelmann*, IPR, S. 208.

752 *Kropholler*, IPR, S. 117.

753 *Kropholler*, IPR, S. 117.

754 *Junker*, IPR, § 7, Rn. 13 bezeichnet diese Teilaspekte jedoch ungenau als *»Rechtsätze«*. Gemeint ist hier aber ersichtlich keine Sachnorm, sondern im Ergebnis eine konkrete Rechtsfrage.

Die genannten Eingrenzungsversuche und Beispiele für eine konkrete Rechtsfrage erinnern an ein vergleichbares Institut aus dem Allgemeinen Teil des Internationalen Privatrechts.[755] Auch bei der sogenannten Teilfrage wird der Sachverhalt ähnlich konkret aufgespalten. Die Teilfrage ist ein unselbstständiger Bestandteil eines komplexeren Rechtsverhältnisses, dass aufgrund gesetzlicher oder richterrechtlicher Anordnung gespalten angeknüpft wird. Die Teilfrage tritt – anders als die Vorfrage – nicht isoliert, sondern stets im Zusammenhang mit einer anderen, umfangreicheren Rechtsfrage auf.[756] Beispiele für gesondert anzuknüpfende Teilfragen sind die Geschäftsfähigkeit (Art. 7 Abs. 1 S. 1 EGBGB), die Form eines Rechtsgeschäfts (Art. 11 Rom I-VO), die Vertretungsmacht[757] (Art. 8 EGBGB), die Ehefähigkeit (Art. 13 Abs. 1 EGBGB) oder die Testamentsform (Art. 27 EuErbVO[758]).[759] Die Beispiele verdeutlichen, dass auch im Rahmen der Teilfrage ein ähnlich hoher Detailgrad vertreten wird.

Dennoch gibt es in Kontinentaleuropa kaum gerichtliche Entscheidungen, die derart konkret formulierte Rechtsfragen qualifizieren.[760] Dies könnte damit zu erklären sein, dass im europäischen Rechtsraum eine Zersplitterung der Anknüpfung (sogenannte *dépeçage*) grundsätzlich nicht erwünscht ist.[761] Die Abspaltung von Teilfragen könnte nämlich zu schwierigen Anpassungsproblemen führen.[762] Die Zurückhaltung ist auch mit dem Prinzip der Statutseinheit, der damit einhergehenden und von den Rom-Verordnungen erstrebten Rechtssicherheit im Kollisionsrecht sowie dem möglichst weitgehenden Anwendungsbereich der Rom-Verordnungen zu erklären.[763] Andererseits wurde bereits ausführlich dargestellt, dass es höchst umstritten ist, ob im Zusammenhang mit der Anknüpfung an rechtsgeschäftliche Rechtfertigungsgründe eine Sonderanknüpfung an das Vertragsstatut auch im Geltungsbereich der Rom II-VO nicht doch möglich ist.[764] Die deutsche Rechtsprechung hat dieses Problem bislang nicht behandelt.

---

755 *Mistelis* sieht keinen dogmatischen Zusammenhang zwischen Qualifikations- und Vorfragen-/Teilfragenproblemen; vgl. *Mistelis*, Qualifikation, S. 40.

756 *B. Hoffmann/Thorn*, IPR, S. 235.

757 *Hausmann*, in: *Hausmann/Odersky*, IPR, § 6, Rn. 1 ff.

758 Verordnung (EU) Nr. 650/2012 des Europäischen Parlaments und des Rates vom 4. Juli 2012 über die Zuständigkeit, das anzuwendende Recht, die Anerkennung und Vollstreckung von Entscheidungen und die Annahme und Vollstreckung öffentlicher Urkunden in Erbsachen sowie zur Einführung eines Europäischen Nachlasszeugnisses.

759 *B. Hoffmann/Thorn*, IPR, S. 236.

760 *Mistelis*, Qualifikation, S. 230.

761 *Aubart*, Dépeçage, S. 148 f.

762 *Bar/Mankowski*, IPR, § 7, Rn. 251; *B. Hoffmann/Thorn*, IPR, S. 236.

763 Vgl. hierzu S. 126 ff.

764 Vgl. hierzu S. 130 ff.

Weniger umstritten ist diese Frage in Staaten des *common laws.* Um den Rechtsvergleich zu den USA erneut aufzugreifen,[765] kann man anmerken, dass es im dortigen Internationalen Privatrecht eine Selbstverständlichkeit ist, an die konkrete einzelne und streitige Rechtsfrage anzuknüpfen (sogenanntes *issue*).[766] Eine Spaltung des Fragenkomplexes wird damit gerne in Kauf genommen (*dépeçage*).[767] Freilich ist dieser Rechtsvergleich aufgrund der signifikanten Unterschiede in den Kollisionsrechtssystemen ein eher gewagter.[768] Er soll aber dennoch nicht unerwähnt bleiben. Die meisten Bundesstaaten in den USA folgen dem sogenannten *Restatement (Second) of Conflict of Laws.*[769] Hierbei handelt es sich um eine vom *ALI* herausgegebene Kodifikation, die auf der US-Rechtsprechung aufbaut, der aber keine Gesetzeskraft zukommt. Das Ziel des *Restatement (Second)* ist, das anwendbare Recht mit der *»most significant relationship«* zu bestimmen. Dieses Ziel soll durch eine sogenannte *»issue-by-issue-analysis«* erreicht werden.[770] Durch diese Methodik wird die gesonderte Anknüpfung an mehrere Teilfragen und damit die Anwendung von verschiedenen Rechtsordnungen gefördert.[771] Die US-amerikanischen Gerichte folgen diesem Ansatz insbesondere auch für die kollisionsrechtliche Behandlung von außervertraglichen Schuldverhältnissen.[772]

Zusammenfassend lässt sich festhalten: Die vorstehend erörterten Eingrenzungen und Beispiele aus der Literatur – die durch den Rechtsvergleich mit dem US-Kollisionsrecht flankierend bestätigt werden – zeigen auf, dass es bei der Bestimmung der Rechtsfrage auch auf Einzelaspekte ankommen kann. Als Beispiele wurden die Einordnung als Mobilie oder Immobilie oder die tatbestandlichen Anforderungen an eine Willenserklärung genannt. Hierfür spricht auch der Vergleich zur kollisionsrechtlichen Teilfrage. Hieran gemessen ist es durchaus vorstellbar, dass auf die Legitimationswirkung des konkludenten Urheberverhaltens abgestellt werden kann. Dies ist in den Vorschaubilder-Entscheidungen der *»internationalprivatrechtlich interessante«*[773] Aspekt, auf den der rechtliche Fokus[774] gerichtet ist. Verglichen mit der Detailtiefe der vorste-

765 Vgl. zur *»implied license«* in den USA S. 47ff.

766 *Trutmann,* Deliktsobligationen, S. 100f.

767 *Hay,* US-Recht, Rn. 242.

768 *Aubart,* Dépeçage, S. 49.

769 *ALI,* Restatement of Law Second 1971, Conflict of Laws 2d, Volume 1, §§ 1–331.

770 *Aubart,* Dépeçage, S. 41.

771 *Aubart,* Dépeçage, S. 44.

772 Z.B. *Foster v. United States,* 768 F.2d 1278, 1281 (11th Cir. 1985): *»Pursuant to the conflicts doctrine of ›depecage‹, different substantive issues in a single case may have to be resolved under the laws of different states where the choices influencing decisions differ«.*

773 *Zitelmann,* IPR, S. 208.

774 *Bernasconi,* Qualifikation, S. 75.

henden Beispiele ist die Frage nach der Legitimationswirkung des Urheberverhaltens keineswegs zu konkret.

Hierbei darf aber nicht verkannt werden, dass es freilich noch einen zweiten Qualifikationsgegenstand gibt. Selbstverständlich kann und muss übergeordnet auch danach gefragt werden, ob der Urheber von der Bildersuchmaschine die Unterlassung der Nutzung der Vorschaubilder oder Schadensersatz grundsätzlich verlangen kann. Die Frage nach der Legitimationswirkung steht jedoch selbstständig als Qualifikationsgegenstand neben dieser übergeordneten Fragestellung. Der weitere Verlauf der Arbeit wird klären, ob aus den beiden Qualifikationsgegenständen eine gespaltene Sonderanknüpfung folgt. Hierfür wird eine entscheidende Rolle spielen, ob das legitimierende Urheberverhalten immaterialgüterrechtlich oder rechtsgeschäftlich bzw. vertragsnah zu qualifizieren ist.

C. Qualifikationsmethodik

Um die soeben aufgeworfene Frage beantworten zu können, soll im nächsten Schritt die Qualifikationsmethodik näher beschrieben werden. Hat man festgestellt, dass der Qualifikationsgegenstand die konkrete Rechtsfrage ist, hat man freilich noch nichts darüber gesagt, wie man zu einer kollisionsrechtlichen Zuordnung kommt. Die Qualifikationsmethodik beschreibt also den Weg zum Qualifikationsergebnis.[775] Häufig wird die Methodik auch als Qualifikationsstatut bezeichnet.[776]

Nach einer nahezu unwidersprochenen Meinung soll im – für diese Arbeit maßgeblichen – europäischen Kollisionsrecht europäisch-autonom qualifiziert werden.[777] Damit wird einem Ansatz gefolgt, der sich bei der Qualifikation im Zusammenhang mit staatsvertraglichen Kollisionsnormen schon lange durchgesetzt hat.[778] Unter einer autonomen Qualifikation versteht man eine Methodik, die sich bei der Auslegung und Subsumtion der Kollisionsregel weder an die

775 *Bar/Mankowski*, IPR, S. 639.

776 *Junker*, IPR, § 7, Rn. 16; *Kropholler*, IPR, S. 120.

777 *Looschelders*, in: *Staudinger*, BGB, Einl. IPR, Rn. 1102; *Lorenz*, in: *Bamberger et al.*, Beck-OK BGB, Einl. IPR, Rn. 63; *Thorn*, in: *Palandt*, BGB, Vor. Art. 3 EGBGB, Rn. 28; *Unberath/Cziupka*, in: *Rauscher*, EuZPR/EuIPR, Einl. Rom II-VO, Rn. 48; *Bar/Mankowski*, IPR, S. 656ff.; *Hay/Rösler*, IPR/IZVR, S. 124; *Kropholler*, IPR, S. 125; *Rauscher*, IPR, Rn. 481; *Reiher*, Vertragsbegriff, S. 39f.; *Schmidt*, HWB, EUP; Stichwort: Rechtsgeschäft, abrufbar unter: http://hwb-eup2009.mpipriv.de/index.php/Rechtsgeschäft, letzter Abruf: 01.09.2020; *Thorn*, in: *Kieninger/Remien*, Kollisionsrechtsvereinheitlichung, S. 139 (143); *Wendehorst*, in: *Coester*, FS Sonnenberger, S. 743 (751).

778 *B. Hoffmann/Thorn*, IPR, S. 227; *Hüßtege/Ganz*, IPR, S. 12; *Junker*, IPR, § 7, Rn. 22; *Mistelis*, Qualifikation, S. 200; *Rauscher*, IPR, Rn. 479; *Siehr*, IPR, S. 432.

inländische noch an die ausländische Rechtsordnung binden lassen möchte, sondern eigene Maßstäbe entwickelt.[779] Dass nur eine europäisch-autonome Qualifikation in Betracht kommt, ergibt sich bereits daraus, dass dem EuGH für die europäischen Kollisionsnormen gemäß Art. 19 Abs. 1 S. 2 EUV die finale Auslegungskompetenz vorbehalten ist. Die autonome Qualifikation innerhalb des europäischen Kollisionsrechts dient dem Ziel, einen internationalen Entscheidungseinklang herzustellen. Der Anwendungsvorrang des Unionsrechts darf bei der Qualifikation nicht unterlaufen werden.[780]

Der EuGH vertritt darüber hinaus in ständiger Rechtsprechung die zutreffende Auffassung, dass Rechtssätze des Unionsrechts europäisch-autonom auszulegen sind.[781] Die Qualifikation ist zwar nicht gleichzusetzen mit der Auslegung, allerdings methodisch eine Kombination aus Auslegung des Systembegriffs und Subsumtion hierunter.[782] Nimmt man diesen Zusammenhang zwischen Auslegung und Subsumtion ernst, folgt hieraus, dass auch die Qualifikation autonom erfolgen muss, da eine nichtautonome Qualifikation bei gleichzeitiger autonomer Auslegung widersprüchlich wäre.[783] Daneben ergibt sich das Gebot der autonomen Auslegung auch unmittelbar aus dem Subtext der Rom II-VO. So wird in den Erwägungsgründen 11 und 30 jedenfalls für die Begriffe des außervertraglichen Schuldverhältnisses und des Verschuldens bei Vertragsschluss eine autonome Qualifikation ausdrücklich festgelegt.

Nach alledem steht fest, dass die konkreten Rechtsfragen im Zusammenhang mit dem europäischen Kollisionsrecht europäisch-autonom auszulegen sind. Natürlich ist damit noch keine Aussage darüber getroffen, was hinter diesem Begriff steht und wie der Rechtsanwender methodisch vorzugehen hat. Dies wird in der Folge zu klären sein. Einen Aufschluss kann die parallele Diskussion zum Qualifikationsstatut aus dem deutschen Internationalen Privatrecht geben. Diese Erkenntnisse können zum Teil auf das europäische Kollisionsrecht übertragen werden.

Dieses Kapitel beleuchtet die hierzu vertretenen Theorien. Im Rahmen der nachfolgenden Diskussion wird zunächst die Qualifikation nach dem Heimatrecht, die *lex fori*, dargestellt (hierzu unter I.). Sodann wird die Qualifikation nach dem sogenannten berufenen Recht, die *lex causae*, näher beleuchtet (hierzu

---

779 *Kegel/Schurig*, IPR, S. 343.

780 *V. Hein*, in: *Säcker et al.*, MüKo BGB, Einl. IPR, Rn. 126.

781 EuGH, Urt. v. 17.09.2002 (Az. C-334/00), EuZW 2002, S. 655 (656), Rn. 19 – Tacconi; EuGH, Urt. v. 22.02.1979 (Az. 133/78), BeckRS 2004, S. 71542 – Gourdain; EuGH, Urt. v. 14.10.1976 (Az. 28/76), NJW 1977, S. 489 (490) – Eurocontrol.

782 Vgl. zum Meinungsstreit S. 141ff.

783 EuGH, Urt. v. 17.09.2002 (Az. C-334/00), EuZW 2002, S. 655 (656), Rn. 19 – Tacconi; EuGH, Urt. v. 14.10.1976 (Az. Rs 28/76), NJW 1977, S. 489 (490) – Eurocontrol; *Hay/Rösler*, IPR/IZVR, S. 124f.; *Heinze*, in: *Baetge et al.*, FS Kropholler, S. 105 (108f.).

unter **II.**). Daneben haben sich rechtsvergleichende (hierzu unter **III.**) und funktional-teleologische Qualifikationsansätze (hierzu unter **IV.**) herausgebildet. Es wird hierbei stets zwischen dem deutschen und dem europäischen Meinungsstand unterschieden. Abschließend werden die Ergebnisse sodann zusammengefasst (hierzu unter **V.**).

I. Qualifikation nach der lex fori

Eine sehr verbreitete Qualifikationsmethodik im deutschen Kollisionsrecht ist die Qualifikation nach der *lex fori*. Die Systembegriffe der Kollisionsnormen werden nach dem Recht des Forumstaates umschrieben.[784] Diese Methodik hat den Vorteil, dass alle Rechtsfragen bzw. Rechtsinstitute dieselbe Qualifikation erfahren und damit Wertungswidersprüche vermieden werden.[785] Im deutschen Internationalen Privatrecht hat sich dieser *»eigentlich selbstverständliche«*[786] Ansatz in Rechtsprechung[787] und Literatur[788] durchgesetzt. Im spanischen, portugiesischen, rumänischen und tunesischen Internationalen Privatrecht ordnen sogar gesetzliche Regelungen die *lex fori*-Qualifikation ausdrücklich an.[789]

Begründet werden kann dieser Ansatz mit einem rechtstheoretischen Argument, da die mögliche Verweisung zu einer Auslandsrechtsordnung eine einschränkende Wirkung auf die Souveränität des inländischen Gesetzgebers hat. Eine solche Einschränkung kann es aber nur geben, wenn der inländische Gesetzgeber dies auch angeordnet hat. Der Wille des Gesetzgebers – ausgedrückt in Kollisionsnormen – muss also nach seinen eigenen Vorstellungen interpretiert werden.[790]

Dem Ansatz kann grundsätzlich gefolgt werden. Die Systembegriffe einer Kollisionsrechtsordnung werden vom Recht bestimmt, dem sie angehören. Es ist konsequent, die Begriffe aus dem EGBGB, wie z. B. die Allgemeine Ehewirkung in Art. 14 EGBGB, nach deutschem Verständnis zu qualifizieren.[791] Dabei sind jedoch die Begriffe des Kollisionsrechts nicht immer zwingend identisch mit denen

784 *Ferid*, IPR, S. 144; *Hay/Rösler*, IPR/IZVR, S. 124; *B. Hoffmann/Thorn*, IPR, S. 226f.; *Rauscher*, IPR, Rn. 469.

785 *Rauscher*, IPR, Rn. 470.

786 *Kropholler*, IPR, S. 120.

787 BGH, Urt. v. 21.09.1995 (Az. VII ZR 248/94), NJW 1996, S. 54 (54).

788 *Bernasconi*, Qualifikation, S. 129ff.; *Ferid*, IPR, S. 144; *Hay/Rösler*, IPR/IZVR, S. 124; *B. Hoffmann/Thorn*, IPR, S. 226; *Hüßtege/Ganz*, IPR, S. 12; *Junker*, IPR, § 7, Rn. 27; *Kegel/Schurig*, IPR, S. 337; *Kropholler*, IPR, S. 120; *Lüderitz*, IPR, S. 59; *Rauscher*, IPR, Rn. 469.

789 *Siehr*, IPR, S. 430f.

790 *Ferid*, IPR, S. 144; *Kegel/Schurig*, IPR, S. 337.

791 *B. Hoffmann/Thorn*, IPR, S. 227.

des Sachrechts.[792] Dem Sachrecht kommt indes eine Indizwirkung für das Begriffsverständnis im Kollisionsrecht zu.[793] Dem deutschen Richter sind seine Rechtsbegriffe bekannt und er kann sie deshalb zutreffend anwenden.[794]

Diese strenge *lex fori*-Qualifikation stößt jedoch bei ausländischen, dem inländischen Recht unbekannten, Rechtsfragen bzw. Rechtsinstituten an ihre Grenze. In diesen Fällen wird der strenge *lex fori*-Ansatz von der herrschenden Meinung aufgeweicht und gemeinhin eine funktional-telelogische Qualifikation vorgeschlagen, die den zuvor beschriebenen Ansatz als Ausgangspunkt nimmt und sie mit zweckgeleiteten Erwägungen verknüpft.[795] Hierauf wird später noch genauer eingegangen.[796]

Die strenge nationale *lex fori*-Qualifikation ist im europäischen Kollisionsrecht wegen der zuvor beschriebenen Autonomie des Unionsrechts ausgeschlossen. Die nationalen Gerichte und der EuGH müssen bei der Qualifikation eine einheitliche Rechtsanwendung gewährleisten. Dem steht der Rückgriff auf nationales Systemdenken von vornherein entgegen.[797]

Der Grundgedanke der *lex fori*-Qualifikation ist aber auch für das europäische Recht übertragbar. Sofern das europäische Recht Elemente einer *lex fori* aufweist, kann für die autonome Qualifikation auf das materielle Unionsrecht zurückgegriffen werden (sogenannte Qualifikation nach der *lex commune*).[798] Insofern handelt es sich um den Rückgriff auf eine supranationale *lex fori.*[799]

Dem europäischen Gemeinschaftsrecht fehlt es jedoch gelegentlich an belastbaren sachrechtlichen Systembegriffen, die für eine autonome Qualifikation herangezogen werden könnten.[800] Bestehen allerdings solche Querbezüge innerhalb des EU-Rechts, sind diese für eine *»makrosystematische Auslegung über den einzelnen Rechtsakt hinaus«*[801] zu berücksichtigen.[802] Dies folgt bereits daraus, dass das Kollisionsrecht im Kontext mit dem benachbarten Unionsprivatrecht steht.[803] Sogar das europäische Kollisionsrecht stellt immer wieder auf die Bedeutung der Querbezüge ab (z.B. Erwägungsgrund 7 der Rom I-VO, Art. 4

792 *Kegel/Schurig,* IPR, S. 338.
793 *Junker,* IPR, § 7, Rn. 27; *Kegel/Schurig,* IPR, S. 339.
794 *Hüßtege/Ganz,* IPR, S. 12.
795 *Hay/Rösler,* IPR/IZVR, S. 124; *Kegel/Schurig,* IPR, S. 337; *Siehr,* IPR, S. 434.
796 Vgl. hierzu S. 164ff.
797 EuGH, Urt. v. 17.09.2002 (Az. C-334/00), EuZW 2002, S. 655 (656), Rn. 19 – Tacconi; EuGH, Urt. v. 14.10.1976 (Az. RS 28/76), NJW 1977, S. 489 (490) – Eurocontrol; *v. Hein,* in: *Säcker et al.,* MüKo BGB, Einl. IPR, Rn. 126; *Hay/Rösler,* IPR/IZVR, S. 124f.
798 *V. Hein,* in: *Säcker et al.,* MüKo BGB, Einl. IPR, Rn. 131; *Nehne,* Europäisches IPR, S. 187; *Reiher,* Vertragsbegriff, S. 39.
799 *Heiss/Kaufmann-Mohi,* in: *Leible/Unberath,* Rom 0-VO, S. 181 (191).
800 *V. Hein,* in: *Säcker et al.,* MüKo BGB, Einl. IPR, Rn. 127; *Nehne,* Europäisches IPR, S. 192.
801 *Heinze,* in: *Baetge et al.,* FS Kropholler, S. 105 (110).
802 *Bar/Mankowski,* IPR, S. 657.
803 *Heinze,* in: *Baetge et al.,* FS Kropholler, S. 105 (109).

Abs. 1 lit. h Rom I-VO, Art. 6 Abs. 4 lit. b und c Rom I-VO).[804] Zudem kann das einschlägige europäische Kollisionsrecht selbst Begriffsdefinitionen oder Anwendbarkeitskataloge bereithalten, die selbstredend für die Qualifikation herangezogen werden können.[805] Andererseits ist es nicht immer zwingend, dass die Begriffe des Sekundärrechts gleichlautend in das Kollisionsrecht Einfluss finden.[806]

Auch der EuGH geht bei der Auslegung von Begriffen des EuGVÜ[807] und der Brüssel I-VO[808] immer wieder rechtsaktübergreifend vor.[809] Der EuGH formuliert den Rückgriff auf sekundäres Unionsrecht bei der Auslegung z.B. der EuGVÜ wie folgt:

> »Angesichts des Zusammenhangs zwischen dem EuGVÜ und dem Gemeinschaftsrecht [...] ist auf die Bedeutung abzustellen, die diesem Begriff im Gemeinschaftsrecht zukommt.«[810]

Dieser Gedanke ist auch für die kollisionsrechtliche Qualifikation aufzugreifen, da – wie bereits öfters dargestellt – Auslegung und Qualifikation dogmatisch zusammenhängen.[811] Festzuhalten bleibt, dass bei der autonom-europäischen Qualifikation auf das Systemverständnis des europäischen Sachrechts zurückgegriffen werden kann, sofern ein solches existiert. Der Rückgriff auf nationales Systemdenken ist hingegen ausgeschlossen.

II. Qualifikation nach der lex causae

Die Gegenposition zur *lex fori*-Lehre ist die Qualifikation nach der *lex causae.* Dieser Ansatz geht in der deutschsprachigen Literatur zurück auf *Wolff.*[812]

804 *Hausmann*, in: *Hausmann/Odersky*, IPR, § 3, Rn. 15; *Weller*, in: *Weller et al.*, Europäisches Kollisionsrecht, S. 1 (66).

805 *Hay/Rösler*, IPR/IZVR, S. 124f.

806 *V. Hein*, in: *Säcker et al.*, MüKo BGB, Einl. IPR, Rn. 131.

807 EuGH, Urt. v. 14.11.2002 (Az. C-271/00), EuZW 2003, S. 30 (32), Rn. 43, 45 – Baten: Auslegung des Begriffs »*soziale Sicherheit*« i.S.v. Art. 1 Abs. 2 EuGVÜ durch Rückgriff auf Art. 4 VO (EWG) Nr. 1408/71; EuGH, Urt. v. 01.10.2002 (Az. C-167/00), EuZW 2002, S. 657 (659), Rn. 43 – Henkel: Auslegung des Begriffs »*schädigendes Ereignisses*« i.S.v. Art. 5 Nr. 3 EuGVÜ durch Rückgriff auf Art. 7 RL 93/13/EWG; EuGH, Urt. v. 08.03.1988 (Az. 9/87), NJW 1989, S. 1424 (1424), Rn. 14 – Arcado: Auslegung des Begriffs »*Vertrag oder Ansprüche aus einem Vertrag*« i.S.v. Art. 5 Nr. 1 EuGVÜ durch Rückgriff auf Art. 15, 17 RL (EG) 86/653.

808 EuGH, Urt. v. 13.12.2007 (Az. C-463/06), NJW 2008, S. 819 (820f.), Rn. 9 – FBTO: Auslegung des Art. 11 Abs. 2, 9 Abs. 1 lit. b Brüssel I-VO unter Rückgriff auf Art. 3 RL 20/26/EG und Erwägungsgrund 16a.

809 *Heinze*, in: *Baetge et al.*, FS Kropholler, S. 105 (110f.).

810 EuGH, Urt. v. 14.11.2002 (Az. C-271/00), EuZW 2003, S. 30 (32), Rn. 43 – Baten.

811 *Heinze*, in: *Baetge et al.*, FS Kropholler, S. 105 (108).

812 *M. Wolff*, IPR, S. 49ff.

»Der deutsche Richter hat einen ausländischen Rechtssatz so einzuordnen, wie ihn dasjenige ausländische Recht einordnet, das bei solcher Einordnung anwendbar ist. [...] Indem sie sich der ausländischen Einordnung unterwirft, verhindert sie, daß ausländisches Recht dem Geiste dieses Rechts zuwider angewendet wird.«[813]

Im Kern geht diese Ansicht davon aus, dass jede Rechtsfrage bzw. jedes Rechtsinstitut genauso aufzufassen seien, wie das ausländische Recht selbst die Rechtsfrage oder das -institut behandelt. Für die Auslegung könne man die ausländischen Gesetze, die Rechtsprechung und die dortige juristische Literatur heranziehen.[814] Das fremde Recht soll also so angewendet werden, *»wie dieses gewachsen sei«*.[815] Die Auslegung einer Kollisionsregel und die Subsumtion hierunter werden an ausländisches Recht delegiert.[816] In letzter Konsequenz bedeutet dies, dass ein und dieselbe Kollisionsregel von Fall zu Fall unterschiedliche Inhalte haben kann, weil stets eine andere Rechtsordnung für die Qualifikation berufen ist.[817]

Die Qualifikation nach der *lex causae* wird gemeinhin aber abgelehnt.[818] Dieser Ansatz leidet nach teilweise vertretener Auffassung bereits an einem Zirkelschluss, da das Kollisionsrecht erst zur *lex causae* führe. Die Qualifikation könne deshalb nicht unter dem Einfluss einer noch nicht feststehenden Rechtsordnung erfolgen.[819] Andere Vertreter meinen hingegen, die *lex causae*-Lehre sei zwar aus anderen Gründen untauglich, einen Zirkelschluss könne man ihr jedoch nicht unterstellen.[820] Immerhin postuliere dieser Ansatz nicht, dass die maßgebliche Rechtsordnung bereits gefunden sei. Vielmehr soll auf eine bloß hypothetische Anknüpfung zurückgegriffen werden. Die potenziell berufene Rechtsordnung sei dann durchaus in der Lage – ohne logische Brüche – Grundlage der Qualifikation zu sein.[821] Nimmt man das Schutzlandprinzip als Beispiel, fällt jedoch sofort ins Auge, dass der Rückgriff auf eine hypothetische Anknüpfung untauglich ist. Das Schutzland kann, bevor es durch den Klageantrag im konkreten Rechtsstreit nicht präzisiert wurde, bei ubiquitären Internetsachverhalten überall zu suchen und zu finden sein. Ein hypothetischer Rückgriff auf alle Rechtsordnungen der Welt ist zwar nicht unlogisch, aber jedenfalls untauglich.

813 *M. Wolff*, IPR, S. 54.
814 *M. Wolff*, IPR, S. 56.
815 *Bar/Mankowski*, IPR, S. 641.
816 *Lüderitz*, IPR, S. 59.
817 *Kegel/Schurig*, IPR, S. 340.
818 *Bar/Mankowski*, IPR, S. 641f.; *Bernasconi*, Qualifikation, S. 154ff.; *Ferid*, IPR, S. 144; *B. Hoffmann/Thorn*, IPR, S. 228f.; *Hüßtege/Ganz*, IPR, S. 12; *Junker*, IPR, § 7, Rn. 21; *Kegel/Schurig*, IPR, S. 342; *Kropholler*, IPR, S. 122; *Lüderitz*, IPR, S. 59.
819 *V. Hein*, in: *Säcker et al.*, MüKo BGB, Einl. IPR, Rn. 116; *Ferid*, IPR, S. 144.
820 *Kegel/Schurig*, IPR, S. 342.
821 *Bernasconi*, Qualifikation, S. 152f.

Die Literatur ist sich sodann aber weitestgehend einig, dass die *lex causae*-Lehre aus den nachfolgenden Gründen nicht geeignet ist. Die *lex causae*-Qualifikation läuft auf ein System einseitiger Kollisionsnormen hinaus.[822] Einseitige Kollisionsnormen bestimmen nur, unter welchen Bedingungen das inländische Recht zur Anwendung kommt. Sie regeln hingegen nicht, wann ausländisches Recht einschlägig ist.[823] Es kommt zu Konstellationen, in denen eine Vielzahl oder auch gar keine der in Betracht kommenden Rechtsordnungen einschlägig wäre. Dies könnte z. B. der Fall sein, wenn in keiner der verwiesenen Rechtsordnungen eine Norm aufzufinden ist, die auf die aufgeworfene Rechtsfrage eine Antwort gibt (sogenannter Normenmangel). Ein ähnliches Problem entsteht, wenn in den maßgeblichen Rechtsordnungen eine Vielzahl sich widersprechender Normen zu finden ist (sogenannte Normenhäufung).[824] Zwar ist dies kein kollisionsrechtliches Problem, allerdings führt dieser Ansatz auf sachrechtlicher Ebene zu erheblichen praktischen (Anpassungs-)Problemen.[825] Die *lex causae*-Lehre ist daher mit der herrschenden Meinung für das nationale Recht abzulehnen.

Die Qualifikation nach der *lex causae* ist auch für das europäische Kollisionsrecht abzulehnen.[826] Zwar wird dieser Ansatz auch für das EU-Recht vereinzelt vertreten,[827] jedoch leidet diese Methode – wie bereits erörtert – unter einem Zirkelschluss, begünstigt ein System einseitiger Kollisionsnormen und kann zum Normenmangel bzw. zur Normenhäufung führen. Etwas anderes kann nur gelten, wenn das EU-Recht selbst eine *lex causae*-Qualifikation ausnahmsweise ausdrücklich anordnet.[828] Dies betrifft z. B. den hier nicht weiter relevanten Fall einer *lex causae*-Qualifikation von Arbeitskampfmaßnahmen im Zusammenhang mit Art. 9 Rom II-VO, die durch Erwägungsgrund 27 der Rom II-VO ausdrücklich angeordnet wird.[829]

822 *Bernasconi*, Qualifikation, S. 156.
823 *Lorenz*, in: *Bamberger et al.*, BeckOK BGB, Einl. IPR, Rn. 45.
824 *Bernasconi*, Qualifikation, S. 157; *B. Hoffmann/Thorn*, IPR, S. 228 f.; *Kropholler*, IPR, S. 122.
825 *V. Hein*, in: *Säcker et al.*, MüKo BGB, Einl. IPR, Rn. 116; *Bernasconi*, Qualifikation, S. 157 f.
826 *V. Hein*, in: *Säcker et al.*, MüKo BGB, Einl. IPR, Rn. 127.
827 *Nehne*, Europäisches IPR, S. 195.
828 *V. Hein*, in: *Säcker et al.*, MüKo BGB, Einl. IPR, Rn. 134.
829 *V. Hein*, in: *Säcker et al.*, MüKo BGB, Einl. IPR, Rn. 134.

III. Rechtsvergleichende Qualifikation

Anders als die *lex fori-* und *lex causae*-Lehren löst sich die rechtsvergleichende Qualifikation von einem sachrechtlich geprägten Ansatz.[830] Die Rechtsvergleichung als Methodik des Internationalen Privatrechts geht im deutschsprachigen Raum zurück auf *Kahn*.

> »Die beiden bisher im internationalen Privatrecht herrschenden und sich bekämpfenden Methoden – die nationalistische und die internationalistische – sollen überwunden und vereinigt werden durch die rechtsvergleichende Methode.«[831]

Rabel ist es mehr als 30 Jahre später zu verdanken, dass die Diskussion über die rechtsvergleichende Methodik erneut belebt wurde.[832]

> »Der Tatbestand der Kollisionsnormen bezieht sich nicht auf eine Erscheinung der lex fori, der dann Erscheinungen fremder Rechte gleichzustellen sind, sondern von vornherein auf das Gemeinsame dieser Rechtserscheinungen. […] Die Auslegung der Kollisionsnormen muß sich, soweit sie durch den Gedankenkreis des einheimischen Rechtssystems nicht gebunden, die fremden Rechtserscheinungen frei erfassen kann, der Rechtsvergleichung bedienen.«[833]

Das Kollisionsrecht, das *»es mit allen Rechten der Erde zu tun hat, muss sie alle in den Kreis seiner Vorsorge einbeziehen«*.[834] Für das Internationale Privatrecht ergibt sich nach *Rabel* die Notwendigkeit, rechtsvergleichend eigene Begriffe zu bilden.[835] Dieser Methodik kann zugesprochen werden, dass sie einen Beitrag zur *»Emanzipation des IPR«*[836] leistet, da sie sich von einem bestimmten materiellrechtlichen Systemdenken löst und ein neues, autonomes System entwickelt.[837]

Dem rechtsvergleichenden Ansatz wird häufig die mangelnde Praktikabilität entgegengehalten.[838] Er sei eine nur in einer *»idealisierten Welt der Theorie existierende Methode«*.[839] Dem Richter fehlten häufig die Ressourcen, um umfangreich rechtsvergleichend tätig zu werden.[840] Ein solches Vorgehen sei viel zu aufwendig, um ernsthaft in Betracht zu kommen. Der Richter müsste, um nur

830 *Looschelders*, in: *Staudinger*, BGB, Einl. IPR, Rn. 1090.
831 *Kahn*, Abhandlungen, S. 502.
832 *Rabel*, RabelsZ 5 (1931), S. 241 (254ff.).
833 *Rabel*, RabelsZ 5 (1931), S. 241 (257, 287).
834 *Rabel*, RabelsZ 5 (1931), S. 241 (282).
835 *Rabel*, RabelsZ 5 (1931), S. 241 (283).
836 *Kegel/Schurig*, IPR, S. 345.
837 *Kegel/Schurig*, IPR, S. 345; *Kropholler*, IPR, S. 124f.
838 *Looschelders*, in: *Staudinger*, BGB, Einl. IPR, Rn. 1090; *Bernasconi*, Qualifikation, S. 172f.; *Finkelmeier*, Qualifikation, S. 40; *B. Hoffmann/Thorn*, IPR, S. 229; *Junker*, IPR, § 7, Rn. 23; *Rauscher*, IPR, S. 113.
839 *Rauscher*, IPR, S. 113.
840 *V. Hein*, in: *Säcker et al.*, MüKo BGB, Einl. IPR, Rn. 117.

einen Fall zu bearbeiten, unzählige[841] Rechtsordnungen der Welt zu Rate ziehen. Abgesehen vom erheblichen Aufwand würden auch die fehlenden Sprachkenntnisse und die fehlende Verfügbarkeit von ausländischer Rechtsprechung und Literatur die praktische Arbeit torpedieren.[842]

Zudem sei die Rechtsvergleichung keine normative, sondern eine deskriptive Methodik. Das Internationale Privatrecht müsse jedoch entscheiden und nicht nur beschreiben.[843] Ein *»internationales Etwas«*,[844] das aus wissenschaftlicher Empirie gewonnen werde, könne nicht der Qualifikationsmethodik dienen.[845] Die zu betrachtende Rechtsfrage stehe zudem innerhalb der maßgeblichen Rechtsordnung in einem Funktionszusammenhang und könne nicht herausgelöst werden.[846]

Darüber hinaus sei unklar, wo der Ausgangspunkt einer rechtsvergleichenden Betrachtung liege. Womit soll die Rechtsfrage überhaupt verglichen werden?[847] Die erste grobe rechtliche Einordnung der maßgeblichen Rechtsfrage müsse – trotz der grundsätzlichen Ablehnung der *lex fori*-Methode – genau nach dieser erfolgen. Erst dann könne man rechtsvergleichend tätig werden.[848] Aber auch der Endpunkt des Vergleichsvorgangs sei unklar. Wann ist Schluss mit der Rechtsvergleichung? Wie viele Rechtsordnungen müssen herangezogen werden?[849] Die rechtsvergleichende Qualifikation ist also zumindest problembehaftet und wird im nationalen Kollisionsrecht selten angewandt.

So eindeutig ist aber überraschenderweise das Meinungsbild für das EU-Kollisionsrecht nicht. Es wird teilweise eine rechtsvergleichende Qualifikation im europäischen Recht befürwortet.[850] Die Praktikabilitätsargumente aus dem nationalen Kollisionsrecht, die zu einer überwiegenden Ablehnung führen, sollen für das europäische Recht gerade nicht greifen, da der EuGH als supranationales

---

841 *Rabel* fordert sogar, alle Rechtsordnungen heranzuziehen: *»wertvolle Bestreben der einstigen Internationalisten [...], die für alle Rechtsordnungen passende speziellen Statuten aufzusuchen und allgemein gültig zu formulieren«*; vgl. *Rabel*, RabelsZ 5 (1931), S. 241 (258). *Bernasconi* gibt zu bedenken, dass es wohl ausreichend sei, wenn man nur solche Rechtsordnungen zu Rate ziehe, die für die Fallbearbeitung von Interesse sein könnten; vgl. *Bernasconi*, Qualifikation, S. 174.

842 *Bar/Mankowski*, IPR, S. 650.

843 *Kegel/Schurig*, IPR, S. 345 f.

844 *Bar/Mankowski*, IPR, S. 653.

845 *Bar/Mankowski*, IPR, S. 653.

846 *Rauscher*, IPR, S. 113.

847 *Bernasconi*, Qualifikation, S. 170.

848 *H. Weber*, Qualifikation, S. 118.

849 *Bernasconi*, Qualifikation, S. 173; *Finkelmeier*, Qualifikation, S. 40.

850 *V. Hein*, in: *Rauscher*, EuZPR/EuIPR, Einl. Rom I-VO, Rn. 66; *Heiss/Kaufmann-Mohi*, in: *Leible/Unberath*, Rom 0-VO, S. 181 (191); *Reiher*, Vertragsbegriff, S. 40; *Schmidt*, HWB, EUP; Stichwort: Rechtsgeschäft, abrufbar unter: http://hwb-eup2009.mpipriv.de/index.php/Rechtsgeschäft, letzter Abruf: 01.09.2020; *Thorn*, in: *Kieninger/Remien*, Kollisionsrechtsvereinheitlichung, S. 139 (143); *Trautmann*, Europäisches Kollisionsrecht, S. 283.

Gericht – anders als der nationale Richter – in der Lage sein soll, umfassend rechtsvergleichend tätig zu werden.[851] Überzeugend ist dieser Einwand letztlich aber nicht, denn auch dem nationalen Richter stehen keine anderen Methoden als dem EuGH zur Verfügung. Es ist nicht einzusehen, weshalb dieselbe Vorschrift vom EuGH methodisch anders als vom nationalen Gericht angewendet werden soll, nur weil dem EuGH größere Ressourcen zur Verfügung stehen.

Andere Stimmen im Europarecht möchten die Rechtsvergleichung zwar nicht *per se* als Qualifikationsmethode ausschließen, allerdings sei diese nur eine Hilfsüberlegung, um ein gefundenes Ergebnis zu verifizieren.[852] Für den EuGH seien vornehmlich die Systematik und die Zielsetzung der Rechtsfrage maßgeblich und nicht die nationalen Wertungen der Mitgliedstaaten.[853] Es wird zudem darauf hingewiesen, dass der rechtsvergleichenden Qualifikation immer weniger Bedeutung zukomme, da die Regelungsdichte im EU-Sekundärrecht stets größer werde.[854] In anderen Worten: Es bestünde für eine Rechtsvergleichung wegen der Möglichkeit des Rückgriffs auf eine supranationale *lex fori* kein Bedürfnis.

Nach der Rechtsprechung des EuGH zur Auslegung von europäischen Rechtssätzen sind zum einen die Ziele und der Aufbau des jeweiligen Rechtsakts zu berücksichtigen, zum anderen aber auch die sich aus der *»Gesamtheit der nationalen Rechtssysteme ergebenden allgemeinen Grundsätze«* heranzuziehen.[855]

Der EuGH stützt sich bei der Auslegung von europäischen Rechtsakten immer wieder auf diese allgemeinen Grundsätze.[856] Es geht dem Gerichtshof hierbei nicht darum, einen Minimalkonsens aus den Rechtsordnungen aller Mitgliedstaaten zu destillieren, sondern um die Feststellung eines gemeinsamen, unionsweiten Grundgedankens.[857] Die Aufgabe der Rechtsvergleichung ist es demzufolge, bei der Suche nach einer europäischen Lösung zu unterstützen, die in

851 *Basedow*, in: *Schlosser*, Materielles Recht, S. 131 (142).

852 *Heiss/Kaufmann-Mohi*, in: *Leible/Unberath*, Rom 0-VO, S. 181 (191f.).

853 *V. Hein*, in: *Säcker et al.*, MüKo BGB, Einl. IPR, Rn. 127.

854 *Weller*, in: *Weller et al.*, Europäisches Kollisionsrecht, S. 1 (66).

855 EuGH, Urt. v. 14.12.2006 (Az. C-283/05), EuZW 2007, S. 156 (158), Rn. 26 – ASML Netherlands BV; EuGH, Urt. v. 15.05.2003 (Az. C-266/01), BeckRS 2004, S. 75823 – TIARD; EuGH, Urt. v. 21.04.1993 (Az. C-172/91), NJW 1993, S. 2091 (2092), Rn. 18 – Sonntag; EuGH, Urt. v. 22.02.1979 (Az. 133/78), BeckRS 2004, S. 71542 – Gourdain; EuGH, Urt. v. 21.06.1978 (Az. RS 150/779), BeckRS 2004, S. 71743 – Bertrand; EuGH, Urt. v. 14.10.1976 (Az. 28/76), NJW 1977, S. 489 (490) – Eurocontrol; EuGH, Urt. v. 17.12.1970 (Az. 11/70), NJW 1971, S. 343 (343f.).

856 *Martiny*, RabelsZ 45 (1981), S. 427 (441).

857 *Heiss/Kaufmann-Mohi*, in: *Leible/Unberath*, Rom 0-VO, S. 181 (191); *Martiny*, RabelsZ 45 (1981), S. 427 (443).

allen Mitgliedstaaten konsensfähig ist.[858] So hat der Gerichtshof zur Definition eines Bürgschaftsvertrags z. B. ausgeführt, dass

> »nach den allgemeinen Grundsätzen, die sich aus den Rechtssystemen der Vertragsstaaten ergeben, [...] es sich bei einem Bürgschaftsvertrag um ein Dreiecksverhältnis, in dem der Bürge sich gegenüber dem Gläubiger verpflichtet, die vom Hauptschuldner eingegangenen Verpflichtungen zu erfüllen, sofern dieser sie nicht selbst erfüllt«

handelt.[859] Hieraus ergibt sich, dass der EuGH auch zur Auslegung von einfachen Rechtsbegriffen auf die Methodik der Rechtsvergleichung zurückgreift.

Sofern in den Mitgliedstaaten ein gemeinsamer Grundsatz festzustellen ist, spricht vieles dafür, dass dieser einheitliche Ansatz auch Einfluss auf die Qualifikation nimmt. Andererseits wird die Notwendigkeit einer europäisch-autonomen Qualifikation umso deutlicher, je größer die Unterschiede innerhalb der nationalen Systeme sind.[860] Die Rechtsvergleichung kann nach alledem als europäische Qualifikationsmethode zur Verifizierung eines durch die anderen Methoden gefundenen Zwischenergebnisses herangezogen werden.

IV. Funktional-teleologische Qualifikation

Die funktional-teleologische Qualifikation ist ihrem Wesen nach eine Kombination des strengen *lex fori*-Ansatzes und des rechtsvergleichenden Ansatzes.[861] Sie greift die Idee *Rabels* auf, sich nicht starr an das heimische Verständnis zu klammern, sondern einen eigenen, autonomen Maßstab zu bilden.[862] Sie wird auch als moderner *lex fori*-Ansatz bezeichnet.[863] Bei der funktional-teleologischen Qualifikation wird die Funktion bzw. der Zweck des Systembegriffs mit der Funktion bzw. dem Zweck der maßgeblichen Rechtsfrage verglichen.[864] Ein solches Vorgehen hat im Gegensatz zum strengen *lex fori*-Ansatz den Vorteil, dass auch dem eigenen Recht fremde Rechtsfragen einer Qualifikation zugeführt werden können.[865]

Die funktional-teleologische Qualifikation wird in zwei Ausprägungen vertreten. Nach *Kegel* und *Schurig* soll zum einen der Fokus auf die Ermittlung der

858 *Unberath/Cziupka*, in: *Rauscher*, EuZPR/EuIPR, Einl. Rom II-VO, Rn. 51.
859 EuGH, Urt. v. 15.05.2003 (Az. C-266/01), BeckRS 2004, S. 75823, Rn. 27 – TIARD.
860 *Martiny*, RabelsZ 45 (1981), S. 427 (442); *Trautmann*, Europäisches Kollisionsrecht, S. 283.
861 *Looschelders*, in: *Staudinger*, BGB, Einl. IPR, Rn. 1091; *Hay/Rösler*, IPR/IZVR, S. 124; *B. Hoffmann/Thorn*, IPR, S. 229; *Rauscher*, IPR, S. 113.
862 *Finkelmeier*, Qualifikation, S. 41.
863 *Looschelders*, in: *Staudinger*, BGB, Einl. IPR, Rn. 1091.
864 *Looschelders*, in: *Staudinger*, BGB, Einl. IPR, Rn. 1091; *Kropholler*, IPR, S. 125.
865 *Kropholler*, IPR, S. 126; *Rauscher*, IPR, S. 115.

jeweiligen *»internationalprivatrechtlichen Interessen«*[866] der Kollisionsnormen gelegt werden. Der Zweck, der hinter einer Kollisionsnorm stehe, diene als Maßstab für die Ermittlung des Inhaltes und der Reichweite des maßgeblichen Systembegriffs.[867]

Die Rechtsprechung und andere Teile der Literatur betrachten zum anderen vornehmlich die Funktionen der maßgeblichen ausländischen Rechtsfragen und vergleichen diese mit inländischen Einrichtungen.[868] Dieser Ansatz ist vom Gedanken geleitet, dass die der Rechtsfrage unterliegenden Bedürfnisse und Probleme der Beteiligten weltweit gleich seien und nur die Art der Problemlösung je nach Jurisdiktion verschieden sein könnten.[869] Der Regelungszweck bleibe jedoch der Gleiche.[870] Die wesentliche Fragestellung sei die nach der Funktionsähnlichkeit einer Rechtsfrage.[871]

Der BGH beschreibt die funktional-teleologischen Qualifikation wie folgt:

> »Die dem deutschen Richter obliegende Aufgabe ist es, die Vorschriften[872] des ausländischen Rechts nach ihrem Sinn und Zweck zu erfassen, ihre Bedeutung vom Standpunkt des ausländischen Rechts zu würdigen und sie mit Einrichtungen der deutschen Rechtsordnungen zu vergleichen. Auf der so gewonnenen Grundlage ist sie den aus den Begriffen und Abgrenzungen der deutschen Rechtsordnung aufgebauten Merkmalen der deutschen Kollisionsnorm zuzuordnen.«[873]

Als Beispiel für eine funktional-teleologische Qualifikation können mehrere Entscheidungen des BGH angeführt werden.[874] So hat das Gericht das dem deutschen Recht fremde Prinzip der Trennung von Tisch und Bett seiner Funktion nach dem Begriff der Scheidung im Sinne des Art. 17 EGBGB a.F. zugeordnet.[875] Die islamische Morgengabe wurde vom BGH seiner Funktion nach als allgemeine Ehewirkung nach Art. 14 EGBGB qualifiziert.[876] Vor Einführung der gleichgeschlechtlichen Ehe hat der BGH eine solche im Ausland geschlossene Ehe funktionsadäquat als Lebenspartnerschaft im Sinne des Art. 17b EGBGB eingeordnet.[877] Der moderne *lex fori*-Ansatz ist für die Qualifikation von dem

866 *Kegel/Schurig*, IPR, S. 346.
867 *Kegel/Schurig*, IPR, S. 346.
868 BGH, Urt. v. 19.12.1958 (Az. IV ZR 87/58), NJW 1959, S. 717 (718); *Junker*, IPR, § 7, Rn. 28ff.; *Neuhaus*, IPR, S. 129.
869 *Neuhaus*, IPR, S. 129.
870 *B. Hoffmann/Thorn*, IPR, S. 230.
871 *Hay/Rösler*, IPR/IZVR, S. 124.
872 Nach zutreffender Ansicht ist Qualifikationsgegenstand jedoch die konkrete Rechtsfrage (vgl. hierzu S. 150ff.).
873 BGH, Urt. v. 19.12.1958 (Az. IV ZR 87/58), NJW 1959, S. 717 (718).
874 *Looschelders*, in: *Staudinger*, BGB, Einl. IPR, Rn. 1092ff.
875 BGH, Urt. v. 22.03.1967 (Az. IV ZR 148/65), NJW 1967, S. 2109.
876 BGH, Urt. v. 09.12.2009 (Az. XII ZR 107/08), NJW 2010, S. 1528.
877 BGH, Beschl. v. 20.04.2016 (Az. XII ZR 15/15), NJW 2016, S. 2322.

inländischen Recht unbekannten Rechtsfragen die ständige Rechtsprechung der deutschen Gerichte.[878]

Nach zutreffender Ansicht kommt es aber weder ausschließlich auf den Normzweck der Kollisionsregel noch ausschließlich auf den Sinn und Zweck der maßgeblichen Rechtsfrage an. Vielmehr müssen beide Aspekte bei der Qualifikation berücksichtigt und miteinander in Einklang gebracht werden.[879] Dies kann vor allem damit begründet werden, dass der Qualifikationsvorgang sowohl Auslegung der Kollisionsnorm als auch Subsumtion hierunter erfasst. Eine Trennung des Gesamtvorgangs ist nicht sinnvoll.[880] Die Funktionsanalyse der Rechtsfrage und die Zweckbestimmung des Systembegriffs als Qualifikationsmethode widersprechen sich also nicht, sondern ergänzen sich vielmehr.[881]

Die Ausführungen zum nationalen Recht lassen sich auch auf die europäische Rechtslage übertragen; auch dort ist die funktional-teleologische Qualifikation verbreitet.[882] Im europäischen Recht müssen Sinn und Zweck der Kollisionsnorm und die Funktion der maßgeblichen konkreten Rechtsfrage hinterfragt werden.[883] Der EuGH orientiert sich bei der Qualifikation am Regelungszweck einer Rechtsfrage und nicht am Standort im Gesetz.[884]

Die Qualifikation muss im Einklang mit den Zielen und der Systematik der jeweiligen Rechtsakte erfolgen.[885] Dies entspricht der ständigen Rechtsprechung des EuGH.[886] Hierfür lassen sich in dessen Rechtsprechung mehrere Beispiele finden.

In einem jüngeren Urteil hat sich der EuGH mit der Frage beschäftigt, ob die deutsche Regelung des § 1371 Abs. 1 BGB erb- oder güterrechtlich zu qualifizieren ist. Relevant wurde diese Frage im Zusammenhang mit der Ausstellung eines Europäischen Nachlasszeugnisses. Das Gericht musste über die streitige Frage[887] entscheiden, ob es sich bei der deutschen erbrechtlichen Lösung gemäß § 1371 Abs. 1 BGB um eine Rechtsnachfolge von Todes wegen im Sinne des Anwendungsbereichs des Art. 1 Abs. 1 EuErbVO handelt. Da die EuErbVO in Art. 20ff. auch Bestimmungen zum Kollisionsrecht enthält, hat die Entscheidung

878 Umfangreiche Nachweise zur deutschen Rechtsprechung bei *Looschelders*, in: *Staudinger*, BGB, Einl. IPR, Rn. 1095ff.

879 *V. Hein*, in: *Säcker et al.*, MüKo BGB, Einl. IPR, Rn. 118; *B. Hoffmann/Thorn*, IPR, S. 230.

880 Vgl. hierzu S. 141ff.

881 *Finkelmeier*, Qualifikation, S. 43.

882 *V. Hein*, in: *Säcker et al.*, MüKo BGB, Einl. IPR, Rn. 127; *Unberath/Cziupka*, in: *Rauscher*, EuZPR/EuIPR, Einl. Rom II-VO, Rn. 48; *Looschelders*, in: *Hilbig-Lugani*, FS Coester-Waltjen, S. 531 (533); *J. Weber*, DNotZ 2016, S. 424 (430).

883 *Looschelders*, in: *Staudinger*, BGB, Einl. IPR, Rn. 1103.

884 *V. Hein*, in: *Säcker et al.*, MüKo BGB, Einl. IPR, Rn. 127.

885 *V. Hein*, in: *Säcker et al.*, MüKo BGB, Einl. IPR, Rn. 126; *Hay/Rösler*, IPR/IZVR, S. 124f.

886 Vgl. statt vieler: EuGH, Urt. v. 17.09.2002 (Az. C-334/00), EuZW 2002, S. 655 (656), Rn. 19 – Tacconi.

887 BGH, Beschl. v. 13.05.2015 (Az. IV ZB 30/14), NJW 2015, S. 2105: »*Rein güterrechtlich*«.

unmittelbare Auswirkungen auf das Internationale Privatrecht. Das Gericht argumentierte mit dem Sinn und Zweck des § 1371 Abs. 1 BGB und der hinter der Norm stehenden Rechtsfrage. Der Hauptzweck sei die Bestimmung des Erbteils des überlebenden Ehegattens. Es gehe funktional nicht um die Aufteilung von Vermögensgegenständen zwischen den Eheleuten. Die Vorschrift ziele deshalb vordergründig auf die Rechtsnachfolge und nicht auf das eheliche Güterrecht ab.[888]

Ebenfalls mit teleologischen Argumenten qualifiziert der EuGH die Rechtsfrage, ob ein Geschäftsführer nach Eintritt der Zahlungsunfähigkeit der Gesellschaft zum Ersatz von Zahlungen, die nach dem Eintritt der Insolvenzreife getätigt wurden, verpflichtet ist, als insolvenzrechtlich im Sinne des Art. 4 EuInsVO a.F. Dies gelte trotz der systematischen Stellung des § 64 Abs. 1, Abs. 2 S. 1 GmbHG a. F. im Gesellschaftsrecht. Die Zahlungsverpflichtung weiche von den allgemeinen Regeln des Zivilrechts ab und greife nur für den Fall der Insolvenz. Die Zahlungsverpflichtung folge zudem nur aus einer Verletzung der Insolvenzantragspflicht. Das Ziel der Vorschrift sei es, etwaige Masseverkürzungen vor Eröffnung des Insolvenzverfahrens zu verhindern.[889]

In einer älteren Entscheidung zu Art. 5 Nr. 1 EuGVÜ behandelt der Gerichtshof einen Zahlungsanspruch, der seine Grundlage in einem vereinsrechtlichen Mitgliedschaftsverhältnis hat – jedenfalls für die gerichtliche Zuständigkeitsbestimmung im Sinne des EuGVÜ – wie einen vertraglichen Anspruch. Der EuGH argumentiert mit der Funktion und Zielsetzung des Übereinkommens. Sinn und Zweck der Zuständigkeitsregel sei es, dass das zuständige Gericht eine enge Verknüpfung zum Rechtsstreit habe. Der Erfüllungsort in Art. 5 Nr. 1 EuGVÜ sei eine solche enge Verknüpfung. Der EuGH argumentiert nun zweckgeleitet, dass ein Vereinsbeitritt eine ähnlich enge Verknüpfung wie ein Vertragsschluss schaffe. Der Vereinssitz sei nämlich ebenfalls häufig Ort der Erfüllung.[890] Die funktional-teleologische Qualifikation ist demnach für das unionale Kollisionsrecht eine weit verbreitete Methodik.

V. Zusammenfassung

Die vorstehenden Erörterungen haben gezeigt, dass sich keine einheitliche Qualifikationsmethodik im europäischen Kollisionsrecht herausgebildet hat.[891] Vielmehr handelt es sich um eine Kombination dreier Ansätze, die bereits aus

888 EuGH, Urt. v. 01.03.2018 (Az. C-558/16), NJW 2018, S. 1377 (1378), Rn. 40 – Mahnkopf.
889 EuGH, Urt. v. 10.12.2015 (Az. C-594/14), NJW 2016, S. 223 (224), Rn. 16, 18, 20 – Kornhaas.
890 EuGH, Urt. v. 22.03.1983 (Az. Rs 34/82), IPrax 1984, S. 85 (87) – Peters.
891 *Heiss/Kaufmann-Mohi*, in: *Leible/Unberath*, Rom 0-VO, S. 181 (194).

dem nationalen Recht bekannt sind. Sofern das europäische Sachrecht als supranationale *lex fori* einen Qualifikationsansatz bereithält, kann hierauf zurückgegriffen werden (*lex commune*). Daneben kann auch ein funktional-teleologischer Ansatz Aufschluss über die Natur des Qualifikationsgegenstandes geben. Ergänzt wird eine umfassende Qualifikation durch einen europäischen Rechtsvergleich, der das gefundene Ergebnis auf seine Konsensfähigkeit innerhalb der Mitgliedstaaten überprüft. Abzulehnen ist hingegen die Qualifikation nach der *lex causae*.

D. Einordnung der schlichten Einwilligung

Gemessen an diesen theoretischen Grundlagen wird nun die schlichte Einwilligung qualifiziert. Hierfür soll zunächst eine europäische *lex fori*-Qualifikation durchgeführt werden. Das europäische Sachrecht kennt insbesondere im Datenschutzrecht ebenfalls eine Einwilligung, die eine umfangreiche gesetzliche Kodifizierung in den Art. 4 Nr. 11, 6 Abs. 1 S. 1 lit. a, 7, 8 und 9 Abs. 2 lit. a der Datenschutzgrundverordnung (DSGVO) erfahren hat. Die nachstehende Untersuchung wird überprüfen, ob aus diesen gesetzlichen Regelungen ein Rückschluss für die europarechtlich-autonome Qualifikation der schlichten Einwilligung gezogen werden kann (hierzu unter **I.**). Daneben wird die vom EuGH favorisierte funktional-teleologische Qualifikation beleuchtet. Es wird untersucht werden, ob die schlichte Einwilligung im europäischen Kontext Bezüge zum Urhebervertragsrecht, insbesondere zur Lizenzvereinbarung, aufweist und damit dem Vertragsrecht normativ angenähert ist (hierzu unter **II.**). Das sodann gefundene Zwischenergebnis soll durch einen europäischen Rechtsvergleich verifiziert werden. Hierzu wird herausgearbeitet, ob im Privatrecht der EU-Mitgliedstaaten ein gemeineuropäisches Prinzip im Sinne einer vertragsnahen Rechtsgeschäftslehre existiert (hierzu unter **III.**). Schließlich wird das Ergebnis der autonomen Qualifikation zusammengefasst (hierzu unter **IV.**).

I. Europäische lex fori-Qualifikation: Parallele zur Einwilligung nach DSGVO

Der umfangreichen Kodifikation des datenschutzrechtlichen Einwilligungskonzepts könnten gewisse Gemeinsamkeiten und Unterschiede im Vergleich zur schlichten Einwilligung entnommen werden (hierzu unter **1.**). Aus der Rechtsnatur der europäischen Einwilligungslösung könnten zudem Rückschlüsse für die Qualifikation der schlichten Einwilligung gezogen werden (hierzu unter **2.**).

1. Gemeinsamkeiten und Unterschiede der Einwilligungskonzepte

Der europäische Gesetzgeber hat in den Art. 4 Nr. 11, 6 Abs. 1 S. 1 lit. a, 7, 8 und 9 Abs. 2 lit. a DSGVO die Einwilligung in die Datenverarbeitung einer umfangreichen gesetzlichen Kodifikation unterworfen. Die Gemeinsamkeiten und Unterschiede zur schlichten Einwilligung könnten Aufschluss geben, ob diese dem Vertragsrecht oder dem Immaterialgüterrecht normativ zuzuordnen sind.

Die datenschutzrechtliche Einwilligung ist in Art. 4 Nr. 11 DSGVO legaldefiniert als jede freiwillig von der betroffenen Person für den bestimmten Fall, in informierter Weise und unmissverständlich abgegebene Willensbekundung in Form einer Erklärung oder einer sonstigen eindeutigen bestätigenden Handlung, mit der die betroffene Person zu verstehen gibt, dass sie mit der Verarbeitung der sie betreffenden personenbezogenen Daten einverstanden ist. Art. 6 Abs. 1 S. 1 lit. a DSGVO erhebt die Einwilligung zum Rechtfertigungsgrund und betont, dass die Einwilligung einer Zweckbindung unterliegen muss. Art. 7 DSGVO enthält Regelungen zur Beweislast (Abs. 1), zur Form bei schriftlich erteilten Einwilligungen (Abs. 2), zum Widerruf (Abs. 3) und zum Kopplungsverbot mit Verträgen (Abs. 4). Art. 8 DSGVO enthält spezielle Bestimmungen für die Einwilligungen von Minderjährigen. Der sekundärrechtliche Einwilligungsbegriff wird von Art. 8 Abs. 2 GRCh vorgegeben, allerdings ist er gleichzeitig von diesem primärrechtlichen Begriff zu unterscheiden.[892] Die nachstehende Untersuchung befasst sich nur mit dem sekundärrechtlichen Einwilligungsbegriff.

Für eine europäische *lex fori*-Qualifikation fällt sofort ins Auge, dass der Verordnungstext von einer Willensbekundung spricht. Diese ist entweder eine Erklärung oder eine sonstige eindeutig bestätigende Handlung. Der Erwägungsgrund 32 S. 2 konkretisiert, dass die Einwilligung durch eine *»andere Erklärung oder Verhaltensweise geschehen [kann], mit der die betroffene Person in dem jeweiligen Kontext eindeutig ihr Einverständnis mit der beabsichtigten Verarbeitung ihrer personenbezogenen Daten signalisiert«*. Hieraus ergibt sich, dass die datenschutzrechtliche Einwilligung – genauso wie die schlichte Einwilligung – grundsätzlich konkludent erklärt werden kann.[893] Die konkludente Willensbekundung muss jedoch unmissverständlich sein. Das konkludente Verhalten muss den Schluss zulassen, dass die betroffene Person nicht nur gleichgültig gehandelt hat.[894] Diese Anforderungen stellt auch der BGH an die schlichte Einwilligung. Dem schlüssigen Verhalten des Rechteinhabers müsse die objektive Erklärung entnommen werden können, dass er mit der Werknutzung

892 Streitig *Klement*, in: *Simitis et al.*, Datenschutzrecht, Art. 4 DSGVO, Rn. 2.

893 Allgemeine Meinung: *Gola*, in: *Gola*, DSGVO, Art. 4, Rn. 84; *Ingold*, in: *Sydow*, DSGVO, Art. 4, Rn. 170; *Heckmann/Paschke*, in: *Ehmann/Selmayr*, DSGVO, Art. 7, Rn. 37; *Stemmer*, in: *Brink/Wolff*, BeckOK Datenschutz, Art. 7 DSGVO, Rn. 81; *Krohm*, ZD 2016, S. 368 (371 f.).

894 *Ingold*, in: *Sydow*, DSGVO, Art. 4, Rn. 172.

einverstanden sei. Dies ergebe sich nach dem BGH im entschiedenen Vorschaubild-I-Fall »*ohne weiteres*«,[895] also unmissverständlich.

Im Internet kann die datenschutzrechtliche Einwilligung nach Erwägungsgrund 32 S. 2 sogar durch »*die Auswahl technischer Einstellungen*« erklärt werden. Somit ist auch durch die aktive[896] Einstellung des Browsers grundsätzlich eine Einwilligung möglich.[897] Auch dies erinnert an die Vorschaubilder-Rechtsprechung. Das Gericht geht bekanntlich davon aus, dass aus dem Umstand des vorbehaltlosen Einstellens eines Werkes in das Internet, ohne dass von der Blockierung der Suchmaschinenindexierung Gebrauch gemacht wurde, aus Sicht der Suchmaschinenbetreiber eine Einwilligung anzunehmen sei.[898] Sowohl die datenschutzrechtliche als auch die schlichte Einwilligung erlauben die Erklärung über technische Einstellungen im Internet zu erteilen.

Die beiden Einwilligungskonzepte haben zudem noch weitere Gemeinsamkeiten. Die datenschutzrechtliche Einwilligung muss für einen bestimmten Fall zeitlich vor[899] der Datenverarbeitung erteilt werden. Sie muss sich auf eine konkrete Datenverarbeitung und einen konkreten Verantwortlichen beziehen.[900] Auch die schlichte Einwilligung in urheberrechtliche Onlinenutzungen wird nicht abstrakt-generell erklärt.[901] Die vor der Werknutzung erteilte schlichte Einwilligung rechtfertigt nur die internetüblichen Verwertungen, vor allem die Nutzung der Werke als Vorschaubilder durch die Betreiber von Bildersuchmaschinen.[902]

Die Darlegungs- und Beweislast für das Vorliegen einer konkludenten Einwilligung trägt nach Art. 7 Abs. 1 DSGVO der Datenverarbeiter.[903] Dieser hat das Risiko einer zweifelhaften Willenskundgabe.[904] Genauso beurteilt sich die Darlegungs- und Beweislast im deutschen Zivilprozessrecht. Diejenige Partei, die sich auf den für sie günstigen Umstand – das tatbestandliche Vorliegen einer schlichten Einwilligung – beruft, ist für diese Umstände darlegungs- und gegebenenfalls beweisbelastet.[905]

---

895 BGH, Urt. v. 29.04.2010 (Az. I ZR 69/08), GRUR 2010, S. 628 (631f.), Rn. 33, 36 – Vorschaubilder I.
896 EuGH, Urt. v. 01.10.2019 (Az. C-673/17), NJW 2019, S. 3433 (3436), Rn. 62 – Planet49.
897 *Heckmann/Paschke*, in: *Ehmann/Selmayr*, DSGVO, Art. 7, Rn. 37; *Schantz*, NJW 2016, S. 1841 (1844).
898 BGH, Urt. v. 29.04.2010 (Az. I ZR 69/08), GRUR 2010, S. 628 (632), Rn. 36 – Vorschaubilder I.
899 *M.-T. Tinnefeld et al.*, Datenschutzrecht, S. 396f.
900 *Ingold*, in: *Sydow*, DSGVO, Art. 4, Rn. 174.
901 *Ohly*, Volenti non fit iniuria, S. 181.
902 BGH, Urt. v. 29.04.2010 (Az. I ZR 69/08), GRUR 2010, S. 628 (632), Rn. 36 – Vorschaubilder I.
903 A.A. *Klement*, in: *Simitis et al.*, Datenschutzrecht, Art. 7 DSGVO, Rn. 46.
904 *Heckmann/Paschke*, in: *Ehmann/Selmayr*, DSGVO, Art. 7, Rn. 72.
905 Allgemein: BGH, Urt. v. 05.02.1999 (Az. V ZR 353/97), NJW 1999, S. 1702 (1703).

Allerdings sind die beiden Einwilligungskonzepte nicht vollständig deckungsgleich. Es bestehen auch Unterschiede. Die datenschutzrechtliche Einwilligung muss freiwillig erfolgen. Hiervon ist auszugehen, wenn die betroffene Person effektiv die Möglichkeit hat, über die Datenverarbeitung zu entscheiden (Erwägungsgrund 42 S. 5).[906] Dies ist zunächst nicht sonderlich überraschend, allerdings erhebt Art. 4 Nr. 11 DSGVO die Freiwilligkeit zu einer Wirksamkeitsvoraussetzung.[907] Insoweit besteht ein Unterschied zum deutschen Recht, wonach eine unfreiwillig abgegebene Willenserklärung zwar wirksam, aber nach §§ 119ff. BGB unter Umständen anfechtbar sein kann.[908]

Die Einwilligung im Sinne der DSGVO kann gemäß Art. 7 Abs. 3 jederzeit widerrufen werden. Die zuvor erfolgte Verarbeitung wird hierdurch allerdings nicht rechtswidrig. Der Widerruf muss so einfach wie die Erteilung der Einwilligung sein. Auch die schlichte Einwilligung kann widerrufen werden. Nach der rechtsfehlerhaften BGH-Rechtsprechung kann der Widerruf jedoch nur *erga omnes*, also durch gegenläufiges Verhalten, erfolgen, indem entsprechende technische Sicherungen gegen das Auffinden der Bilder durch Suchmaschinen installiert werden.[909] Nach zutreffender Ansicht in der Literatur ist der Widerruf der schlichten Einwilligung in jeder Form möglich.[910] Ein tatsächlicher Unterschied in den beiden Einwilligungskonzepten ergibt sich jedoch durch die Regelung des Art. 7 Abs. 3 S. 3 DSGVO, wonach die betroffene Person über die Widerrufsmöglichkeit vorab informiert werden muss. Eine solche Informationspflicht besteht innerhalb des Kontexts der schlichten Einwilligung nicht.

Ein weiterer Unterschied hinsichtlich der Informationspflichten folgt aus Art. 4 Nr. 11 DSGVO. Die betroffene Person muss in informierter Weise die Einwilligung erklären. Hieraus folgt für den Datenverarbeiter sogar eine vorgelagerte Informationspflicht.[911] Eine solch weitreichende Informationspflicht kennt das Institut der schlichten Einwilligung nicht. Ganz im Gegenteil, denn der BGH betont, dass es ohne Bedeutung sei, ob der Urheber gewusst habe, welche konkreten Nutzungshandlungen im Einzelnen mit der üblichen Bildersuche verbunden seien. Es komme nur auf den objektiven Erklärungsinhalt an.[912]

Damit lässt sich festhalten, dass die beiden Einwilligungskonzepte zwar nicht vollständig deckungsgleich sind, allerdings in ganz wesentlichen Punkten Ähnlichkeiten aufweisen. Insbesondere handelt es sich bei beiden Instituten um

---

906 *Ingold*, in: *Sydow*, DSGVO, Art. 7, Rn. 29.
907 *Ingold*, in: *Sydow*, DSGVO, Art. 4, Rn. 175.
908 *Wendtland*, in: *Bamberger et al.*, BeckOK BGB, § 119, Vor. Rn. 1.
909 BGH, Urt. v. 29.04.2010 (Az. I ZR 69/08), GRUR 2010, S. 628 (632), Rn. 37 – Vorschaubilder I.
910 *R. Tinnefeld*, Einwilligung, S. 155ff.
911 *Ingold*, in: *Sydow*, DSGVO, Art. 7, Rn. 35.
912 BGH, Urt. v. 29.04.2010 (Az. I ZR 69/08), GRUR 2010, S. 628 (632), Rn. 36 – Vorschaubilder I.

Willenserklärungen, die auch konkludent durch technische Einstellungen bei der Internetnutzung aktiv erklärt werden können.

2. Rückschlüsse von der Rechtsnatur der datenschutzrechtlichen Einwilligung auf die Qualifikation der schlichten Einwilligung

Diese Gemeinsamkeiten im Kern vorweggeschickt, stellt sich nun die Frage, welche Rückschlüsse sich für die Qualifikation ziehen lassen. Im nächsten Schritt soll die Rechtsnatur der europäischen datenschutzrechtlichen Einwilligung untersucht werden. Sollte die Einwilligung im Sinne der DSGVO rechtsgeschäftliche Elemente enthalten, könnte man diese Erkenntnis auch für die Qualifikation, der hinter der schlichten Einwilligung stehenden Rechtsfrage übertragen, ohne dass auf deutsches Systemdenken bei der autonomen Qualifikation zurückgegriffen werden müsste.

Vor Inkrafttreten der DSGVO war für das nationale Datenschutzrecht die Rechtsnatur der Einwilligung höchst umstritten. Das Meinungsspektrum erstreckte sich – wie bereits in einem allgemeineren Zusammenhang dargestellt[913] – vom Realakt, über die geschäftsähnliche Handlung bis hin zur rechtsgeschäftlichen Willenserklärung.[914] Auf diesen nationalen Streitstand kommt es hier allerdings nicht an. Zum einen hat die DSGVO das nationale Datenschutzrecht weitestgehend aufgrund des Anwendungsvorrangs des Unionsrechts verdrängt,[915] zum anderen muss die Qualifikation der schlichten Einwilligung, wie bereits mehrfach erörtert, europäisch-autonom erfolgen.[916]

Ein ähnlicher Meinungsstreit lässt sich aber auch für das europäische Datenschutzrecht ausmachen. Es ist nämlich auch hier umstritten, ob die Einwilligung im Sinne der DSGVO ein Rechtsgeschäft,[917] ein Realakt[918] oder eine Handlung *sui generis*[919] ist.[920] Teilweise wird auch vertreten, dass es auf diesen Streit nicht ankomme, da das europäische Sekundärrecht keine Rechtsge-

913 Vgl. hierzu S. 37ff.

914 Siehe zum Meinungsstand im früheren nationalen Datenschutzrecht: *Rogosch*, Einwilligung, S. 36ff.

915 Vgl. auch § 1 Abs. 5 BDSG.

916 Vgl. hierzu S. 154ff.

917 *Frenzel*, in: *Paal/Pauly*, DSGVO, Art. 6, Rn. 10; *Rüpke et al.*, Datenschutzrecht, § 13, Rn. 10; *Schild*, in: *Brink/Wolff*, BeckOK Datenschutz, Art. 4 DSGVO, Rn. 130; *Spindler/Dalby*, in: *Spindler/Schuster*, Elektronische Medien, Art. 7 DSGVO, Rn. 1; *Funke*, Einwilligung, S. 82ff.; *Heckmann*, Internetrecht, Kapitel 9, Rn. 262.

918 *Schulz*, in: *Gola*, DSGVO, Art. 7, Rn. 9.

919 *Buchner/Kühling*, in: *Kühling/Buchner*, DSGVO, Art. 7, Rn. 1a.

920 Teilweise wird sogar angenommen, dass die Einwilligung ein Grundrechtsverzicht sei. Diese Meinung verkennt aber, dass zwischen dem sekundär- und primärrechtlichen Einwilligungsbegriff zu trennen ist. Vgl. zur Mindermeinung ohne nähere Begründung: *Fladung/Pötters*, in: *Wybitul*, DSGVO, Art. 7, Rn. 3.

schäftslehre kenne und man Normen des Unionsrechts nicht in deutsches Systemdenken zwängen dürfe.[921] Die Bedenken der letztgenannten Meinung sind sicherlich nicht ganz von der Hand zu weisen, sollen aber zunächst einmal zurückgestellt werden. Sie werden ausführlich an späterer Stelle behandelt.[922] Es wird aufgezeigt, dass die Rechtsgeschäftslehre keineswegs nur eine deutsche Rechtserscheinung ist.

Eine im Vordringen befindliche Meinung betrachtet die Einwilligung im Sinne der DSGVO zutreffend als rechtsgeschäftliche Willenserklärung. Die Äußerung eines Willens erlangt rechtsgeschäftliche Bedeutung, wenn die Willensäußerung auf einen rechtlichen Erfolg gerichtet ist. Durch die datenschutzrechtliche Einwilligung wird die Datenverarbeitung gemäß Art. 6 Abs. 1 S. 1 lit. a DSGVO legitimiert.[923] Den umgekehrten rechtlichen Erfolg hat der Widerruf gemäß Art. 7 Abs. 3 DSGVO.[924]

Für eine rechtsgeschäftliche, vertragsnahe Einordnung spricht auch der systematische Standort der Einwilligung im Gefüge der DSGVO. Der Gesetzgeber hat die Einwilligung ihrer Bedeutung entsprechend an zentraler,[925] erster Stelle in Art. 6 Abs. 1 S. 1 DSGVO geregelt. Es ist kein Zufall, dass die Erfüllung eines Vertrags als Rechtfertigungsgrund unmittelbar danach an zweiter Stelle zu finden ist. Diese systematische Nähe der Einwilligung zum Vertragsrecht streitet ebenfalls für die Einordnung als Rechtsgeschäft.[926] Die Legaldefinition der Einwilligung in Art. 4 Nr. 11 DSGVO als Willensbekundung spricht ebenfalls für sich.

Auch aus dem Umstand, dass personenbezogene Daten zunehmend als Wirtschaftsgüter begriffen werden, folgt eine stärkere Annäherung der Einwilligung an das Vertragsrecht. Die Einwilligung ist Ausfluss der Selbstbestimmung des Betroffenen.[927] Die betroffene Person wird als Marktteilnehmer wahrgenommen, der privatautonom über seine personenbezogenen Daten verfügen kann. Das privatautonome Instrument, das der Gesetzgeber der betroffenen Person an die Hand gibt, ist die datenschutzrechtliche Einwilligung.[928]

Die vorstehenden Überlegungen zeigen auf, dass die vereinzelt in der Literatur geäußerte Annahme eines Realaktes nicht überzeugen kann. Die Vertreter dieses Ansatzes meinen rechtsirrig, dass durch die Einwilligung gerade keine Rechtsfolge herbeigeführt wird. Sie verkennen hierbei aber die Legitimationswirkung

921 *Ingold*, in: *Sydow*, DSGVO, Art. 7, Rn. 13; *Klement*, in: *Simitis et al.*, Datenschutzrecht, Art. 7 DSGVO, Rn. 84.

922 Vgl. hierzu S. 180ff.

923 *Funke*, Einwilligung, S. 82.

924 *Frenzel*, in: *Paal/Pauly*, DSGVO, Art. 6, Rn. 10; *Rüpke et al.*, Datenschutzrecht, § 13, Rn. 10.

925 *Eßer*, in: *Auernhammer*, DSGVO, Art. 4, Rn. 94.

926 *Schantz*, in: *Simitis et al.*, Datenschutzrecht, Art. 6 Abs. 1 DSGVO, Rn. 15.

927 *Albrecht/Jotzo*, Datenschutzrecht, S. 69.

928 *Schantz*, in: *Simitis et al.*, Datenschutzrecht, Art. 6 Abs. 1 DSGVO, Rn. 6.

des Art. 6 Abs. 1 S. 1 lit. a DSGVO. Zudem beziehe sich die datenschutzrechtliche Einwilligung - so die Gegenmeinung - nicht unmittelbar auf ein Rechtsgeschäft.[929] Dabei wird jedoch verkannt, dass es nicht auf die Rechtsnatur des Eingriffs in die informationelle Selbstbestimmung, sondern auf die Rechtsnatur der Einwilligung ankommt.[930]

Ebenfalls abzulehnen ist die Auffassung, wonach die datenschutzrechtliche Einwilligung eine rechtserhebliche Handlung *sui generis* sei. Diese Auffassung wird damit begründet, dass es nicht möglich sei, die europäisch-datenschutzrechtliche Einwilligung in nationale Kategorien - wie die einer Rechtsgeschäftslehre - einzukleiden.[931] Die Rechtsgeschäftslehre ist jedoch keine ausschließlich deutsche Rechtskategorie. Vielmehr hat sich die Rechtsgeschäftslehre in den allermeisten nationalen Rechtsordnungen der EU-Mitgliedstaaten entweder gesetzlich oder jedenfalls in der Lehre durchgesetzt und ist weit überwiegend anerkannt. Wie noch darzustellen sein wird, kann von einem gemeineuropäischen Konzept gesprochen werden.[932] Die Einordnung als Handlung *sui generis* gebietet auch nicht der Umstand, dass die datenschutzrechtliche Einwilligung nicht ausschließlich zwischen Privatrechtssubjekten Wirkung entfaltet, sondern auch im Öffentlichen Recht Anwendung finden kann.[933] Im Ansatz zutreffend ist, dass die Einwilligung in die Datenverarbeitung grundsätzlich auch gegenüber Hoheitsträgern erklärt werden kann.[934] Allerdings hat der Rechtfertigungsgrund der Einwilligung im öffentlichen Datenschutzrecht kaum Bedeutung, da es häufig aufgrund des Subordinationsverhältnisses an dem konstituierenden Merkmal der Freiwilligkeit fehlen dürfte.[935] Bei der Einordnung der datenschutzrechtlichen Einwilligung ist der Rückgriff auf eine unbestimmte Kategorie *sui generis* nicht notwendig und auch nicht zielführend.

Vieles spricht also für eine rechtsgeschäftliche, vertragsnahe Einordnung der datenschutzrechtlichen Einwilligung. Für eine vertragsakzessorische Behandlung der datenschutzrechtlichen Einwilligung kann auch der Meinungsstand zu den Öffnungsklauseln der Art. 8 Abs. 1 UAbs. 2 DSGVO und Art. 9 Abs. 2 lit. a DSGVO angeführt werden. Nach Art. 8 Abs. 1 UAbs. 2 DSGVO können die Mitgliedstaaten durch Rechtsvorschrift die Altersgrenze für die Einwilligungsfähigkeit eines Kindes zwischen 13 und 16 Jahren festlegen. In dieser Öffnungsklausel wird nicht nur ein Verweis auf das materielle Recht des Mitglied-

929 Zum Ganzen: *Schulz*, in: *Gola*, DSGVO, Art. 7, Rn. 9.
930 *Ohly*, Volenti non fit iniuria, S. 49, 207ff.
931 *Buchner/Kühling*, in: *Kühling/Buchner*, DSGVO, Art. 7, Rn. 1a.
932 Vgl. hierzu S. 180ff.
933 So aber *Klement*, in: *Simitis et al.*, Datenschutzrecht, Art. 8, Rn. 83.
934 *Klement*, in: *Simitis et al.*, Datenschutzrecht, Art. 7 DSGVO, Rn. 50.
935 Vgl. Erwägungsgrund 43 S. 1; *Klement*, in: *Simitis et al.*, Datenschutzrecht, Art. 7 DSGVO, Rn. 51.

staates, sondern überwiegend auch auf das Internationale Privatrecht gesehen.[936] Umstritten ist aber, wie sich das maßgebliche Recht ermitteln lässt. So wird vertreten, dass das anwendbare Recht die Rom I-VO direkt[937] bzw. analog[938] bestimmen soll. Als privatautonome Selbstbindung falle die Einwilligung in den weiten Anwendungsbereich der Rom I-VO bzw. sei die Einwilligung als rechtsgeschäftliche Beziehung vom Anwendungsbereich der Verordnung erfasst.[939] Da Kinder stets als Verbraucher anzusehen seien, müsse das anwendbare Recht nach Art. 6 Abs. 1 Rom I-VO bestimmt werden.[940] Sollten die speziellen Voraussetzungen des Art. 6 Abs. 1 Rom I-VO nicht erfüllt sein, komme die Auffangregelung des Art. 4 Rom I-VO in Betracht.[941]

Die Gegenmeinung lehnt die Anwendung der Rom I-VO ab und möchte das nach Art. 3 Abs. 1 DSGVO maßgebliche Sitzlandprinzip als datenschutzrechtliche Kollisionsnorm begreifen.[942] Die datenschutzrechtliche Kollisionsnorm sei als speziellere Vorschrift der Rom I-VO vorzuziehen.[943] Richtigerweise ist aber Art. 3 Abs. 1 DSGVO keine Kollisionsnorm, sondern regelt ausschließlich den räumlichen Anwendungsbereich.[944] Die DSGVO kennt vielmehr gar keine eigene Kollisionsregel,[945] womit die erstgenannte Meinung vorzugswürdig ist.

Ein vergleichbarer Meinungsstand existiert für die Öffnungsklausel des Art. 9 Abs. 2 lit. a DSGVO. Die Vorschrift regelt den ausdrücklichen Einwilligungsvorbehalt für besonders sensible Daten. Das Recht der Mitgliedstaaten kann anordnen, dass eine Einwilligung in diese sensible Datenverarbeitung generell verboten sein soll. Auch hier stellt sich die Frage nach dem anwendbaren Kollisionsrecht, die ebenfalls mit dem Vertragsstatut der Rom I-VO beantwortet wird.[946]

Die Einwilligung im Sinne der DSGVO ist nach alledem ein vertragsnahes Rechtsgeschäft. Für die europarechtliche *lex fori*-Qualifikation der schlichten Einwilligung in urheberrechtliche Onlinenutzungen, die im Kern Gemeinsamkeiten mit der datenschutzrechtlichen Einwilligung aufweist, ist dies ein bedeutendes Indiz. Der Vergleich der beiden Einwilligungskonzepte spricht bei der

936 *Klement*, in: *Simitis et al.*, Datenschutzrecht, Art. 8, Rn. 23; *Laue*, ZD 2016, S. 463 (465).
937 *Laue*, ZD 2016, S. 463 (466).
938 *Klement*, in: *Simitis et al.*, Datenschutzrecht, Art. 8, Rn. 23.
939 *Laue/Kremer*, Datenschutzrecht, § 1, Rn. 105; *Laue*, ZD 2016, S. 463 (465).
940 *Laue/Kremer*, Datenschutzrecht, § 1, Rn. 106.
941 *Laue*, ZD 2016, S. 463 (466).
942 *Karg*, in: *Brink/Wolff*, BeckOK Datenschutz, Art. 8 DSGVO, Rn. 21.
943 *Karg*, in: *Brink/Wolff*, BeckOK Datenschutz, Art. 8 DSGVO, Rn. 24.
944 *Klar*, in: *Kühling/Buchner*, DSGVO, Art. 3, Rn. 107; *Zerdick*, in: *Ehmann/Selmayr*, DSGVO, Art. 3, Rn. 7; *Laue*, ZD 2016, S. 463 (464).
945 *Hornung*, in: *Simitis et al.*, Datenschutzrecht, Art. 3, Rn. 1.
946 *Greve*, in: *Auernhammer*, DSGVO, Art. 9, Rn. 20; *Laue/Kremer*, Datenschutzrecht, § 1, Rn. 107ff.; *Laue*, ZD 2016, S. 463 (466).

Einordnung der schlichten Einwilligung ebenfalls für ein vertragsnahes Rechtsgeschäft.

II. Funktional-teleologische Qualifikation: Parallele zur Lizenzvereinbarung

Zu einem ähnlichen Zwischenergebnis könnte die vom EuGH favorisierte funktional-teleologische Qualifikation kommen. Die Qualifikation muss hiernach im Einklang mit den Zielen und der Funktion der jeweiligen Rechtsakte erfolgen.[947] Nach zutreffender Ansicht kommt es sowohl auf den Zweck der maßgeblichen Rechtsfrage als auch auf den Normzweck der Kollisionsregel an. Beide Aspekte müssen bei der Qualifikation berücksichtigt und miteinander in Einklang gebracht werden.[948] Dieses Kapitel behandelt zunächst die Funktionsähnlichkeit der schlichten Einwilligung mit der Lizenzvereinbarung. Ob der Sinn und Zweck der in Betracht kommenden Kollisionsnormen nach Art. 8 Rom II-VO oder Art. 4 Rom I-VO (analog) das gefundene Ergebnis tragen, wird ausführlich an späterer Stelle untersucht (hierzu unter **§ 6**).

Der Regelungszweck der schlichten Einwilligung ist die Legitimation einer Werknutzung. Diese erfolgt durch eine privatautonome, einseitige Willenserklärung des Rechteinhabers.[949] Nachstehend soll die Funktionsähnlichkeit der schlichten Einwilligung zur neuerdings europäisch kodifizierten Lizenzvereinbarung aufgezeigt werden. Das Urhebervertragsrecht war bisher ein vom Europarecht kaum beeinflusstes Rechtsgebiet.[950] In der Rechtssache *Falco* hat die Generalanwältin in ihrem Schlussantrag den Lizenzvertrag einer umfassenden Rechtsvergleichung unterzogen und folgende europaweit gültige Definition herausgearbeitet:

> »Den genannten Rechtstexten und Werken des Schrifttums lässt sich entnehmen, dass der Lizenzvertrag ein synallagmatischer Vertrag ist, dessen Wesen darin besteht, dass der Lizenzgeber dem Lizenznehmer das Recht zur Nutzung bestimmter Rechte des geistigen Eigentums einräumt und der Lizenznehmer dem Lizenzgeber dafür ein Lizenzentgelt zahlt. Durch die Erteilung der Lizenz gestattet der Lizenzgeber dem Lizenznehmer die Vornahme von Handlungen, die ohne Lizenzerteilung eine Verletzung der Rechte des geistigen Eigentums darstellen würden. Die Lizenz kann in verschiedener Weise eingeschränkt sein; sie kann ausschließlich oder nicht ausschließlich sein, räumlich, zeitlich oder nach der Art ihrer Nutzung begrenzt sein.«[951]

---

947 *Hay/Rösler*, IPR/IZVR, S. 124f.; *v. Hein*, in: *Säcker et al.*, MüKo BGB, Einl. IPR, Rn. 126.
948 *V. Hein*, in: *Säcker et al.*, MüKo BGB, Einl. IPR, Rn. 118; *B. Hoffmann/Thorn*, IPR, S. 230.
949 Vgl. zur Dogmatik der schlichten Einwilligung S. 35ff.
950 *Berger et al.*, Urhebervertragsrecht, § 1, Rn. 10.
951 Generalanwältin *Trstenjak*, Schlussantrag v. 27.01.2019 (Az. C-533/07), BeckRS 2008, S. 70107, Rn. 51 – Falco.

Seit dem Inkrafttreten der DSM-RL am 6. Juni 2019 hat das Lizenzvertragsrecht auch Einzug in das europäische Sekundärrecht gefunden. Die DSM-RL setzt an diversen Stellen die Existenz einer rechtsgeschäftlichen[952] Lizenzvereinbarung[953] als Ausdruck der Nutzungsgestattung voraus, ohne sie jedoch durch eine Legaldefinition näher zu bestimmen. Aus den Einzelvorschriften der Richtlinie und ihren Erwägungsgründen ergibt sich jedoch ein belastbarer Überblick zum Recht der europäischen Lizenzvereinbarung. Das in der DSM-RL nun partiell kodifizierte Urhebervertragsrecht weist erhebliche Parallelen zum deutschen Recht in den §§ 32ff. UrhG auf, welches ersichtlich ein Vorbild für die europäische Neuregelung war.[954] Nach Erwägungsgrund 61 S. 8 und 10 wird die Lizenzvereinbarung zwischen zwei Parteien geschlossen und ist eine freiwillige, gleichsam privatautonome, Entscheidung. Aus dem im Gesetzgebungsverfahren besonders umstrittenen Art. 17 DSM-RL, der die Haftung von bestimmten Onlinediensteanbietern regelt, ergibt sich in Art. 17 Abs. 1 UAbs. 2, Abs. 2 DSM-RL, dass die Lizenzvereinbarung in diesem Zusammenhang die Wirkung einer Erlaubnis hat. Durch diese Erlaubnis können die Vertragsparteien selbst Inhalt und Umfang der zulässigen Nutzung regeln.[955] Eine Lizenzvereinbarung sieht üblicherweise nach Art. 18 DSM-RL vor, dass der Urheber eine angemessene und verhältnismäßige Vergütung als Gegenleistung für die Einräumung von Nutzungsrechten erhält. Gleichwohl verhindert es die DSM-RL aber auch nicht, eine vergütungsfreie Lizenz einzuräumen, wie es z.B. bei Open-Content-Lizenzvereinbarungen der Fall ist (Erwägungsgrund 82[956]). Art. 20 DSM-RL regelt einen Anspruch auf Vertragsanpassung, wenn sich die vereinbarte Vergütung als unverhältnismäßig niedrig erweist. Zur Durchsetzung dieser Ansprüche ergibt sich aus Art. 19 DSM-RL nun ein Auskunftsrecht gegen den Vertragspartner. Im Falle der Nichtverwertung des Werkes kann sich der Urheber gemäß Art. 21 DSM-RL vom Vertrag durch einen Widerruf lösen.[957] Trotz dieser ersten vertraglichen Vorschriften ist das europäische Urhebervertragsrecht bei Weitem noch nicht vollständig und abschließend geregelt (Erwägungsgrund 78 S. 2).[958]

Betrachtet man die schlichte Einwilligung nun funktional-telelogisch, ergeben sich deutliche Parallelen. Genau wie der Abschluss einer Lizenzvereinbarung

952 *Hofmann*, GRUR 2019, S. 1219 (1219).

953 Art. 8 Abs. 1, Abs. 4, Art. 12 Abs. 1 lit. b, Art. 17 Abs. 1 UAbs. 2, Abs. 2, Abs. 8 UAbs. 2 DSM-RL sowie Erwägungsgründe 24, 29, 43, 48, 61, 64, 66.

954 *Dreier*, GRUR 2019, S. 771 (777); *Pfeifer*, GRUR 2020, S. 14 (15).

955 *Wandtke/Hauck*, ZUM 2019, S. 627 (630).

956 *»Diese Richtlinie sollte nicht dahingehend ausgelegt werden, dass sie die Inhaber exklusiver Rechte im Rahmen des Urheberrechts der Union an der Vergabe von Lizenzen für die unentgeltliche Nutzung ihrer Werke oder sonstigen Schutzgegenstände hindert, etwa in Form von nichtausschließlichen Lizenzen, von denen alle Nutzer profitieren können.«*

957 *Dreier*, GRUR 2019, S. 771 (777).

958 *Pfeifer*, GRUR 2020, S. 14 (14f.).

basiert die Einwilligung auf einer privatautonomen Entscheidung des Rechteinhabers. Der Urheberwille manifestiert sich entweder durch eine einseitige Erklärung (schlichte Einwilligung) oder durch zwei übereinstimmende Erklärungen (Lizenzvereinbarung). Dieser funktionale Gleichlauf spricht für die Einordnung als vertragsnahes Rechtsgeschäft.[959] Zudem hat die schlichte Einwilligung, genauso wie die Lizenzvereinbarung, die Funktion, eine Legimitation der Werknutzung durch Mittel des allgemeinen Vertragsrechts herbeizuführen. Beide (quasi-)vertraglichen Erklärungsformen erlauben die spätere Werknutzung.[960] Dies ist auch der entscheidende Unterschied zu gesetzlichen Schrankenregelungen, die für das Kollisionsrecht urheberrechtlich zu qualifizieren sind. Ihre legitimierende Wirkung leiten die Schranken gerade nicht aus dem Erklärungswillen, sondern aus einer gesetzlichen Anordnung ab.[961] Dass durch die schlichte Einwilligung, anders als bei einem gewöhnlichen Lizenzvertrag, kein Vergütungsanspruch entsteht, steht dieser funktional-teleologischen Betrachtung nicht entgegen, denn auch ein Lizenzvertrag kann nach Erwägungsgrund 82 der DSM-RL als Open-Content-Lizenz unentgeltlich ausgestaltet werden.

Auch in der Literatur zum nationalen Urhebervertragsrecht wird die schlichte Einwilligung immer wieder in die Nähe zum (Lizenz-)Vertrag gerückt.[962] Zu diesem Ergebnis kommt die von *Ohly* entwickelte und bereits dargestellte[963] Stufenleiter der Gestattung. Die schlichte Einwilligung sei als widerrufliche Einwilligung auf der untersten Stufe der Leiter anzufinden.[964] Bereits eine Stufe darüber finden sich die schuldrechtlichen (vertraglichen) Gestattungen wieder.[965] Damit befinden sich beide Gestattungsformen in normativer Nähe, nämlich auf der Schnittstelle zwischen Vertrags- und Deliktsrecht, zueinander.[966] Die schlichte Einwilligung sei jedoch eher mit den stärkeren Formen der Gestattung, also mit einer irgendwie gearteten vertraglichen Rechteeinräumung, verwandt.[967]

959 *Ohly*, Volenti non fit iniuria, S. 207.

960 Dabei kommt es für die funktional-teleologische Qualifikation nicht auf die Frage an, ob die »*Erlaubnis*« tatbestandsausschließend (z. B. durch ein dingliches Nutzungsrecht) oder rechtfertigend (z. B. durch eine schlichte Einwilligung) wirkt. Entscheidend für die Funktionsbestimmung ist lediglich, dass sie die Werknutzung überhaupt legitimiert.

961 Vgl. für das deutsche Recht die Überschrift des UrhG in Abschnitt 6 (§§ 44a ff. UrhG): »*Schranken des Urheberrechts durch gesetzlich erlaubte Nutzungen*«.

962 Streitig vgl. hierzu die Diskussion um die Rechtsnatur der schlichten Einwilligung auf S. 37ff.

963 Vgl. hierzu S. 35ff.

964 *Ohly*, Volenti non fit iniuria, S. 277.

965 *Ohly*, Volenti non fit iniuria, S. 467.

966 *Ohly*, GRUR 2012, S. 983 (983).

967 *Ohly*, GRUR 2012, S. 983 (986).

Auch andere Stimmen in der Literatur rücken die schlichte Einwilligung in die Nähe des Vertragsrechts.[968] *Berger* kommentiert die schlichte Einwilligung im Zusammenhang mit der schuldrechtlichen Einwilligung gemäß § 29 Abs. 2 UrhG, räumt aber zu Recht ein, dass durch die schlichte Einwilligung eine schwächere Rechtsposition als durch einen Vertrag geschaffen werde.[969] Zu dieser Überzeugung kommen auch *Bullinger* und *Garbers-von Boehm,* nach denen die Figur der schlichten Einwilligung, die mit den Grundsätzen des Urhebervertragsrechts im Einklang stünde, einer vertraglichen Rechteeinräumung sehr nahe käme.[970]

Peukert weist auf eine Nähe der schlichten Einwilligung zum Open-Content-Lizenzvertrag hin, wenngleich er betont, dass selbstredend Unterschiede bestehen.[971] Konsequent möchte er für die schlichte Einwilligung kollisionsrechtlich das Vertragsstatut entsprechend anwenden.[972] Bezeichnend für Open-Content-Verträge, die auch in der DSM-RL Anklang gefunden haben,[973] ist, dass die Werknutzung für jedermann vergütungsfrei gestattet wird. Diese Vertragsform hat sich vor allem im Internet etabliert. Amateurhafte, aber auch professionelle Urheber stellen ihre Werke und Leistungen im Internet (zunächst) unentgeltlich frei zur Verfügung, um z.B. bei einem breiten Publikum Aufmerksamkeit zu generieren.[974] Den Urhebern geht es hierbei vordergründig um die Verbreitung des Werkes und weniger um finanzielle Aspekte.[975] Anders als bei der schlichten Einwilligung wird durch einen Open-Content-Lizenzvertrag in der Regel jedoch ein einfaches Nutzungsrecht eingeräumt.[976] Bei der schlichten Einwilligung erlangt der Nutzer hingegen kein eigenes Recht.[977] Für die funktional-telelogische Qualifikation der schlichten Einwilligung kommt es jedoch auf etwas anderes an. Die Auslegung des Urheberwillens ergibt, dass eine umfassende und vergütungsfreie Erreichbarkeit der Werke durch die Internet-Community gewollt ist, welche in den Vorschaubilder-Fällen technisch nur durch Bildersuchmaschinen ermöglicht werden kann.[978] Sowohl durch den Open-Content-Lizenzvertrag als auch durch die schlichte Einwilligung soll die Werknutzung legitimiert werden. Insoweit besteht in der Tat eine funktionale Parallele zum Open-Content-Lizenzvertrag.

968 A.A. *Jani*, ZUM 2019, S. 674 (679).
969 *Berger et al.*, Urhebervertragsrecht, § 1, Rn. 53.
970 *Bullinger/Garbers-von Boehm*, GRUR-Prax 2010, S. 257 (259).
971 *Peukert/Rehbinder,* UrhR, Rn. 769.
972 *Peukert*, in: *Bullinger et al.*, FS Wandtke, S. 459 (467).
973 Erwägungsgrund 82.
974 *Peukert/Rehbinder,* UrhR, Rn. 768.
975 *Schack,* UrhR, Rn. 611.
976 *J. Nordemann*, in: *Fromm/Nordemann,* UrhG, Vor. §§ 31 ff., Rn. 330b.
977 BGH, Urt. v. 29.04.2010 (Az. I ZR 69/08), GRUR 2010, S. 628 (631), Rn. 34 – Vorschaubilder I.
978 *Ohly*, GRUR 2012, S. 983 (987); *Peukert*, in: *Bullinger et al.*, FS Wandtke, S. 459 (466).

Aufgrund der dargelegten Funktionsähnlichkeit der beiden Rechtsfragen spricht auch die funktional-teleologische Qualifikation für eine vertragsnahe, rechtsgeschäftliche Qualifikation der schlichten Einwilligung.

III. Rechtsvergleichende Qualifikation: gemeineuropäische Rechtsgeschäftslehre

Als dritte Qualifikationsmethode soll eine rechtsvergleichende Betrachtung das bisher gefundene Zwischenergebnis verifizieren. Dem EuGH geht es bei der Rechtsvergleichung um das Auffinden eines gemeinsamen, europaweiten Rechtsgedankens,[979] der in nahezu allen Mitgliedstaaten konsensfähig ist.[980]

Die *lex fori*-Qualifikation und die funktional-teleologische Qualifikation kommen zum Zwischenergebnis, dass die schlichte Einwilligung der Rechtsgeschäftslehre und dem Lizenzvertragsrecht normativ nahesteht. Diese rechtsgeschäftliche These soll durch eine rechtsvergleichende Betrachtung auf ihre Konsensfähigkeit innerhalb der EU-Mitgliedstaaten überprüft werden. Dieses Kapitel erhebt nicht den Anspruch, die Rechtslage zur Einwilligungsdogmatik in sämtlichen Rechtsordnungen systematisch und vollständig darzustellen. Vielmehr beschränkt sich die Untersuchung auf einen Überblick zur Frage, ob ein rechtsgeschäftlicher Erklärungsansatz in den Mitgliedstaaten konsensfähig wäre. Hierfür wird ein repräsentativer Teil der nationalen Rechtsordnungen auf die Frage hin untersucht, ob im dortigen Recht eine Rechtsgeschäftslehre bekannt ist oder nicht.

Bevor man in die Vergleichung des Mitgliedstaatenrechts einsteigt, fällt zunächst auf, dass jedenfalls im europäischen Gemeinschaftsrecht die Rechtsgeschäftslehre nicht im Zentrum der Betrachtung steht. Der europäische Gesetzgeber hat sich als zentrales Regelungsobjekt in den Richtlinien und Verordnungen des europäischen Schuldrechts gegen die abstraktere Kategorie des Rechtsgeschäfts und für den zweiseitigen Vertrag, als praktisch häufigste Form des Rechtsgeschäfts, entschieden.[981]

Gleichwohl ist das Rechtsgeschäft der europarechtlichen Literatur nicht völlig fremd. Der Entwurf eines Gemeinsamen Referenzrahmens (*Draft Common Frame of Reference*) – ein von der Lehre entwickelter Vorschlag für eine gesamteuropäische Vertragsrechtskodifikation – kennt in Art. II.–1:101 Abs. 2 das Rechtsgeschäft und definiert es wie folgt:

979 *Martiny*, RabelsZ 45 (1981), S. 427 (443).
980 *Unberath/Cziupka*, in: *Rauscher*, EuZPR/EuIPR, Einl. Rom II-VO, Rn. 51.
981 *R. Schulze/Zoll*, Europäisches Vertragsrecht, S. 54.

»Ein Rechtsgeschäft ist jede Erklärung oder Vereinbarung, gleich ob ausdrücklich oder konkludent, die darauf abzielt, als solche Rechtswirkung zu haben. Es kann ein-, zwei- oder mehrseitig sein.«[982]

Nachfolgend soll nun die Rechtslage in ausgewählten mitgliedstaatlichen Rechtsordnungen in einem groben Überblick zusammengefasst werden. Die Lehre vom Rechtsgeschäft beruht historisch auf der deutschen Pandektenwissenschaft aus dem 19. Jahrhundert. Diese und damit auch die Rechtsgeschäftslehre hat Ende des 19. und Anfang des 20. Jahrhunderts in Europa und weltweit eine bemerkenswerte Verbreitung erfahren. Sie beeinflusste das europäische Zivilrechtsverständnis bis heute.[983]

In vielen EU-Mitgliedstaaten (insbesondere Österreich, Niederlande, Tschechische Republik, Polen, Bulgarien, Ungarn, Litauen, Portugal, Griechenland und Slowenien) hat der dortige Gesetzgeber eine Rechtsgeschäftslehre nach pandektistischem Vorbild gesetzlich kodifiziert.

Im österreichischen Allgemeinen Bürgerlichen Gesetzbuch (ABGB) wurde nachträglich eine Rechtsgeschäftslehre in den §§ 859ff. ABGB eingeführt.[984] Die österreichische Kodifikation der Rechtsgeschäftslehre ist nicht so umfangreich wie die deutsche, allerdings besteht Einigkeit im Hinblick auf den Begriff des Rechtsgeschäfts und die Relevanz von Willenserklärungen.[985] Nach § 863 Abs. 1 ABGB kann der (einseitige) Wille konkludent erklärt werden.[986] Der österreichische Gesetzgeber hat die Rechtsgeschäftslehre systematisch an das Vertragsrecht angelehnt. Dies sieht man bereits an der amtlichen Überschrift der §§ 859ff. ABGB (17. Hauptstück), die lautet: »*Von Verträgen und Rechtsgeschäften überhaupt*«.

Dem niederländischen Bürgerlichen Gesetzbuch (*Nieuw Burgerlijk Wetboek (NBW)*) liegt ebenfalls eine geschriebene Rechtsgeschäftslehre zugrunde. So enthält z.B. Art. 3:33 NBW eine Legaldefinition des Rechtsgeschäfts (*rechtshandeling*).[987] Die niederländische Lehre kennt zudem auch den Begriff der Willenserklärung (*wilsverklaring*).[988] Allerdings betreffen die Vorschriften – anders als im deutschen BGB – nicht das gesamte Gesetzbuch, sondern nur das Vermögensrecht.[989] Außerhalb des Vermögensrechts sind die Regelungen zur Rechtsgeschäftslehre aber gemäß Art. 3:59 NBW entsprechend anwendbar.[990]

---

982 Übersetzung nach *R. Schulze/Zoll*, Europäisches Vertragsrecht, S. 55.
983 *Ranieri*, Europäisches Obligationenrecht, S. 135.
984 *Kramer*, AcP 200 (2000), S. 365 (386).
985 *Posch/Ballon*, Österreichisches Recht, S. 61.
986 *Posch/Ballon*, Österreichisches Recht, S. 62.
987 Übersetzt: »*Ein Rechtsgeschäft setzt einen auf eine Rechtsfolge gerichteten Willen voraus, der sich durch eine Erklärung offenbart hat.*«
988 *Mincke*, Niederländisches Recht, § 8, Rn. 215.
989 *Hartkamp*, AcP 200 (2000), S. 507 (509).

Auch das tschechische Zivilgesetzbuch (ZGB)[991] (*Občanský zákoník*) erkennt in den §§ 545ff. ZGB das Rechtsgeschäft als eine Willenserklärung an, mit der die Rechtsordnung Rechtsfolgen, insbesondere die Entstehung, Änderung oder das Erlöschen eines Rechtsverhältnisses, verbindet. Unter Rechtsgeschäfte fallen nach tschechischem Recht nicht nur Verträge, sondern auch einseitige Willenserklärungen, wie die Einwilligung.[992]

Eine dem deutschen Recht sehr ähnliche, kodifizierte Rechtsgeschäftslehre findet sich auch in den Art. 56ff. des polnischen ZGB (*kodeks cywilny*).[993] Genau wie im deutschen Recht besteht das polnische Rechtsgeschäft aus mindestens einer Willenserklärung. Auch das einseitige, konkludent erklärte Rechtsgeschäft ist dem polnischen Juristen bestens bekannt,[994] wenngleich das polnische Recht einseitige Rechtsgeschäfte nach herrschender Meinung nur akzeptiert, wenn diese gesetzlich anerkannt sind (*numerus clausus*).[995] Das Rechtsgeschäft ist das wichtigste Instrument im polnischen Zivilrecht, um Rechtsverhältnisse nach dem Parteiwillen umzugestalten.[996]

Eine ähnliche Rechtslage wie in Polen herrscht in Bulgarien. Das bulgarische Gesetz über Schuldverhältnisse und Verträge (*Zakon za zadalzeniata i dogovorite*) ordnet in Art. 44 ZGB für einseitige Willenserklärungen die entsprechende Anwendung des Vertragsrechts an, sofern die einseitige Erklärung gesetzlich zulässig ist. Insofern gilt auch hier ein *numerus clausus.*[997] Der bulgarische Gesetzgeber behandelt damit die einseitige Willenserklärung wie ein vertragliches Institut.

Auch in Ungarn ist der Begriff des Rechtsgeschäfts bekannt. Eine umfangreiche Rechtsgeschäftslehre nach deutschem Vorbild gibt es dort allerdings nicht. Gleichwohl hat im ungarischen ZGB (*Polgári Törvénykönyv*) die Willenserklärung eine hohe Bedeutung erlangt (Art. 6:4ff. ZGB).[998] Nach Art. 6:2 Abs. 2 ZGB werden Rechtsgeschäfte nur in den gesetzlich geregelten Fällen anerkannt. Für sie gilt sodann aber das allgemeine Vertragsrecht entsprechend. Eine identische Verweisungsnorm auf das Vertragsrecht existiert auch für Willenserklärungen (Art. 6:9f. ZGB).

---

990 *Schmidt*, HWB, EUP; Stichwort: Rechtsgeschäft, abrufbar unter: http://hwb-eup2009.mpipriv.de/index.php/Rechtsgeschäft, letzter Abruf: 01.09.2020.

991 Auch Zivilgesetzbücher anderer europäischer Staaten werden in der Folge einheitlich mit ZGB abgekürzt.

992 *Ranieri*, Europäisches Obligationenrecht, S. 143; *Wabnitz et al.*, Tschechisches Recht, § 8, Rn. 36.

993 *Ranieri*, Europäisches Obligationenrecht, S. 143.

994 *Liebscher/Zoll*, Polnisches Recht, § 5, Rn. 15ff.

995 *Motyka-Mojkowski*, Polnisches Zivilrecht AT, § 17, Rn. 208.

996 *Motyka-Mojkowski*, Polnisches Zivilrecht AT, § 17, Rn. 206.

997 *Bar/Clive*, DCFR, S. 129.

998 *Küpper*, Ungarisches Recht, S. 143.

Das litauische ZGB (*Civilinis Kodeksas*) definiert den Begriff des Rechtsgeschäfts in Art. 1.63 Nr. 1 ZGB als Handlung, die darauf ausgerichtet ist bürgerliche Rechte und Pflichten zu schaffen, zu ändern oder aufzuheben. Nach Nr. 2 bis 5 der Vorschrift können Rechtsgeschäfte auch einseitig ausgestaltet sein.[999] Nach Art. 1.64 Nr. 1 und 2 ZGB kann das Rechtsgeschäft konkludent erklärt werden. Auch in der litauischen Rechtsgeschäftslehre wird für einseitige Rechtsgeschäfte in Art. 1.63 Nr. 5 ZGB auf die entsprechende Anwendung des Vertragsrechts verwiesen.

Genauso ist es im portugiesischem ZGB (*Código Civil*) vorgesehen. Art. 217 Abs. 1 ZGB legt fest, dass eine rechtsgeschäftliche Willenserklärung konkludent erklärt werden kann. Das portugiesische Recht kennt noch weitere Elemente einer Rechtsgeschäftslehre.[1000] Die Rezeption der deutschen Pandektistik durch den *Código Civil* wird besonders bei der Übernahme des Rechtsgeschäftsbegriffs und der Rechtsgeschäftslehre deutlich.[1001] Auch die gesetzliche Anerkennung einer stillschweigenden Willenserklärung wurde dem deutschen Recht entlehnt.[1002]

Das griechische ZGB (*Astikos Kodikas*) kennt in den Art. 127ff. eine umfangreiche kodifizierte Rechtsgeschäftslehre, die ebenfalls dem deutschen BGB entnommen wurde.[1003]

Schließlich wird im slowenischen Obligationenrecht (*Obligacijski zakonik*) in den Art. 14, 69, 71, 74, 75, 76, 78 das Rechtsgeschäft in ähnlicher Weise wie in Deutschland verstanden.[1004]

Andere EU-Mitgliedstaaten aus dem romanischen Rechtskreis (insbesondere Spanien, Italien und Frankreich) kennen zwar keine gesetzlich kodifizierte Rechtsgeschäftslehre nach pandektistischem Vorbild, allerdings ist die Existenz der Rechtsgeschäftslehre in den nationalen Lehren gemeinhin anerkannt.

Das spanische ZGB *(Código Civil)* kennt anders als das BGB keinen Allgemeinen Teil. Der Gesetzgeber entschied sich damit gegen eine erhöhte Abstraktionsebene.[1005] Die spanische Rechtswissenschaft hingegen erkennt das Rechtsgeschäft (*negocio jurídico*) als *»Grundfigur der privatrechtlichen Dogmatik«*[1006] an. Dieses besteht mindestens aus einer Willenserklärung (*declarcion de voluntad*)[1007] und kann einseitig erklärt werden.[1008]

---

999 *Galginaitis et al.*, Litauisches Recht, S. 66f.
1000 *Rathenau*, Portugiesisches Recht, § 11, Rn. 7.
1001 *Monteiro/Pinto*, in: *Grigoleit/Petersen*, FS Canaris, S. 1137 (1139).
1002 *Monteiro/Pinto*, in: *Grigoleit/Petersen*, FS Canaris, S. 1137 (1143).
1003 *Georgiades*, AcP 200 (2000), S. 493 (494).
1004 *Bar/Clive*, DCFR, S. 128.
1005 *Adomeit/Frühbeck*, Spanisches Recht, S. 59.
1006 *Wolters Kluwer Guías Jurídicas*, Begriff: Negocio jurídico, abrufbar unter: guiasjuridicas.wolterskluwer.es, letzter Abruf: 01.09.2020.
1007 *Ibán*, Spanisches Recht, S. 172.

Auch die italienische Lehre kennt, anders als das italienische ZGB *(Codice civile (C.C.))*, den Begriff des Rechtsgeschäfts (*negozio giuridico*).[1009] Das Gesetz stellt den zweiseitigen Vertrag in den Vordergrund. Das allgemeine Vertragsrecht regelt aber auch Institute, die in Deutschland der Rechtsgeschäftslehre unter fallen würden (Form, Auslegung, Stellvertretung, Willensmängel, Gesetz- und Sittenwidrigkeit).[1010] Nach Art. 1324 C.C. werden die Vorschriften des Vertragsrechts auf einseitige vermögensrechtliche Geschäfte entsprechend angewendet.[1011]

Die französische Rechtswissenschaft kennt ebenfalls das Rechtsgeschäft (*actes juridiques*).[1012] Die herrschende Doktrin beschreibt Rechtsgeschäfte als Willensakte, die sich auf einen privatrechtlichen Erfolg beziehen. Einseitige Rechtsgeschäfte werden in Frankreich nicht mehr in Frage gestellt. Ihnen kommt jedoch nicht dieselbe Bedeutung wie im deutschen Recht zu, da in Frankreich die Rechtswirkung häufig *qua* Gesetz oder durch richterliche Entscheidung und nicht durch einseitiges Rechtsgeschäft wie in Deutschland eintritt.[1013] Auch in Frankreich werden die Vorschriften aus dem Vertragsrecht auf einseitige Rechtsgeschäfte entsprechend angewendet.[1014]

Neben den Rechtsordnungen, die eine gesetzliche Rechtsgeschäftslehre kennen oder in denen eine solche zumindest durch die Lehre anerkannt ist, gibt es innerhalb der Europäischen Union nach dem Austritt des Vereinigten Königreichs[1015] nur noch die nordischen Rechtsordnungen, denen eine Rechtsgeschäftslehre völlig fremd sind. Dies betrifft die EU-Länder Dänemark, Schweden und Finnland. Der Allgemeine Teil des BGB hat in diesen Rechtsordnungen keine Entsprechung gefunden.[1016] Das durch Zusammenarbeit der nordischen Länder entstandene einheitliche Nordische Vertragsgesetz[1017] hat die deutsche Lehre vom Rechtsgeschäft nicht übernommen.[1018] Auch die Dogmatik

1008 *Wolters Kluwer Guías Jurídicas,* Begriff: Negocio jurídico, abrufbar unter: guiasjuridicas.wolterskluwer.es, letzter Abruf: 01.09.2020.
1009 *Kindler,* Italienisches Recht, § 9, Rn. 10.
1010 *Grundmann/Zaccaria,* Italienisches Recht, S. 196.
1011 *Grundmann/Zaccaria,* Italienisches Recht, S. 202f.; *Kindler,* Italienisches Recht, § 9, Rn. 10.
1012 *Sonnenberger et al.*, Französisches Recht, S. 158.
1013 *Ferid/Sonnenberger,* Französisches Recht, S. 383ff.; *Sonnenberger et al.,* Französisches Recht, S. 159.
1014 *Ferid/Sonnenberger,* Französisches Recht, S. 384.
1015 Im *common law* konnte sich die Kategorie des Rechtsgeschäfts (*juridical act*) nicht durchsetzen. Nach dem Austritt des Vereinigten Königreichs aus der EU bedarf es für eine europäisch-rechtsvergleichende Analyse jedoch keiner näheren Ausführungen mehr. Vgl. zum englischen und schottischen Recht: *Bar/Clive,* DCFR, S. 128; *Schmidt,* ZEuP 2010, S. 304 (308f.).
1016 *Göranson,* AcP 200 (2000), S. 503 (504).
1017 *Dübeck,* Dänisches Recht, S. 177.
1018 *Schmidt,* ZEuP 2010, S. 304 (309).

der Willenserklärung folgt nach nordischen Zivilrecht nicht dem übrigen europäischen Verständnis. Dies ergibt sich aus der sogenannten *Løfte*-Theorie.[1019] Die Verpflichtung entsteht hiernach nicht durch Willensübereinstimmung (sogenannte Willenstheorie), sondern durch die Übernahme dieser Verpflichtung, sofern der Empfänger gutgläubig ist.[1020] Die verpflichtende Wirkung entsteht im nordischen Rechtskreis durch die berechtigten Erwartungen, die durch die Erklärung geweckt werden (sogenanntes Erwartungsprinzip).[1021]

Die vorstehende Übersicht hat gezeigt, dass mit Ausnahme der wenigen nordischen Länder sich in den nationalen Rechtsordnungen der EU-Mitgliedstaaten eine Rechtsgeschäftslehre nahezu europaweit entwickelt hat. In den allermeisten Rechtsordnungen ist das Rechtsgeschäft gesetzlich anerkannt. Im romanischen Rechtskreis ist die Rechtsgeschäftslehre durch die Lehre akzeptiert. Auch das einseitige, konkludent erklärte Rechtsgeschäft – wie es die schlichte Einwilligung nach hier vertretener Auffassung ist – erfreut sich innerhalb der EU-Mitgliedstaaten einer breiten Akzeptanz. Zudem wird das einseitige Rechtsgeschäft oftmals in die Nähe des Vertragsrechts gerückt. Das Vertragsrecht wird häufig entsprechend auf einseitige Willenserklärungen angewendet.

Die rechtsvergleichende Betrachtung bestätigt mithin die anhand der supranationalen *lex fori*-Qualifikation und der funktional-teleologischen Qualifikation gefundenen Zwischenergebnisse. Die Qualifikation der schlichten Einwilligung als rechtsgeschäftliche, vertragsnahe Willenserklärung entspricht einem gemeinsamen, europäischen Grundgedanken und ist in (fast) allen Mitgliedstaaten konsensfähig.[1022]

IV. Ergebnis: vertragsnahe Einordnung der schlichten Einwilligung

Das vorstehende Kapitel hat die schlichte Einwilligung mit Hilfe der herausgearbeiteten europäischen Methoden autonom qualifiziert. In Ermangelung einer einheitlichen Qualifikationsmethodik im europäischen Kollisionsrecht[1023] mussten drei Ansätze, nämlich die supranationale *lex fori*-Qualifikation, der funktional-teleologische Ansatz und die europäisch-rechtsvergleichende Methodik, kombiniert werden. Die autonome Qualifikation kommt zum Ergebnis, dass die schlichte Einwilligung eine rechtsgeschäftliche, dem Vertragsrecht nahestehende Willenserklärung ist.

1019 *Ranieri*, Europäisches Obligationenrecht, S. 145.
1020 *Ranieri*, Europäisches Obligationenrecht, S. 146.
1021 *Dübeck*, Dänisches Recht, S. 176.
1022 Diese Vermutung, allerdings ohne sie zu belegen, hatte bereits *Ohly*, GRUR 2018, S. 996 (1004).
1023 *Heiss/Kaufmann-Mohi*, in: *Leible/Unberath*, Rom 0-VO, S. 181 (194).

Die supranationale *lex fori*-Qualifikation hat gezeigt, dass im europäischen Datenschutzrecht das Konzept der Einwilligung einer umfassenden Kodifizierung unterzogen wurde. Die schlichte Einwilligung in urheberrechtliche Onlinenutzungen ist hierzu zwar nicht völlig deckungsgleich, allerdings ergeben sich in den neuralgischen Punkten beachtenswerte Gemeinsamkeiten. Für beide Konzepte gilt, dass die Einwilligung, die eine Willensbekundung ist, konkludent – im Internet sogar durch aktive Auswahl technischer Einstellungen – erklärt werden kann. Nach zutreffender Ansicht ist die datenschutzrechtliche Einwilligung ein Rechtsgeschäft. Insoweit ist es konsequent dies auch für die schlichte Einwilligung in urheberrechtliche Onlinenutzungen anzunehmen.

Die europäisch-autonome Qualifikation der schlichten Einwilligung als Rechtsgeschäft ist nicht deshalb abzulehnen, weil es sich bei der Rechtsgeschäftslehre um eine rein deutsche Kategorie handeln würde. Vielmehr hat die rechtsvergleichende Darstellung gezeigt, dass die Rechtsgeschäftslehre in den nationalen Rechtsordnungen der EU-Mitgliedstaaten eine weite Verbreitung gefunden hat und überwiegend anerkannt ist.

Allerdings ist anzumerken, dass die Qualifikation der schlichten Einwilligung als Rechtsgeschäft für sich genommen noch nicht zielführend ist. Einseitige Rechtsgeschäfte existieren in allen Bereichen des Zivilrechts, weswegen eine kollisionsrechtliche Zuordnung zu einem konkreten Statut schwierig ist. Keineswegs kommt für ein Rechtsgeschäft stets das Vertragsstatut zur Anwendung. Zu denken ist beispielsweise an das einseitige, rechtsgeschäftliche[1024] Testament, welches mitnichten dem Vertragsstatut, sondern selbstverständlich dem Erbstatut nach Art. 24 EuErbVO unterworfen ist.

Die schlichte Einwilligung ist gleichwohl ihrem Wesen nach als vertragsnah und nicht etwa als immaterialgüterrechtlich zu qualifizieren. Dies ergibt sich zum einen erneut aus dem Vergleich zur datenschutzrechtlichen Einwilligung im Sinne der DSGVO. Die datenschutzrechtliche Einwilligung gemäß Art. 6 Abs. 1 S. 1 lit. a DSGVO steht systematisch unmittelbar vor dem vertraglichen Rechtfertigungsgrund des lit. b. Zudem werden Daten, genauso wie urheberrechtliche Nutzungen, im Rechtsverkehr als Wirtschaftsgüter aufgefasst, die einer vertraglichen Regelung unterworfen werden können. Auch die rechtsvergleichende Analyse hat diverse Rechtsordnungen aufgezeigt, die das Vertragsrecht für einseitige Willenserklärungen entsprechend heranziehen. Zu guter Letzt ergibt sich aus der funktional-telelogischen Qualifikation, dass die schlichte Einwilligung dem europäischen Lizenzvertragsrecht normativ angenähert ist. In beiden Konstellationen entscheidet ein privatautonomer Wille des Urhebers über die Zulässigkeit der Werknutzung. Die Funktion der schlichten Einwilligung einerseits und der Lizenzvereinbarung andererseits ist es, die Werknutzung zu legi-

1024 *Leipold*, in: *Säcker et al.*, MüKo BGB, Vor. § 2064, Rn. 8.

timieren. Insbesondere der Open-Content-Lizenzvertrag ist funktional mit der schlichten Einwilligung vergleichbar.

E. Zusammenfassung

Die vorstehenden Überlegungen haben gezeigt, dass die schlichte Einwilligung ihrem Wesen nach als eine vertragsnahe, rechtsgeschäftliche Willenserklärung zu qualifizieren ist.

Die Qualifikation verbindet nach zutreffender Ansicht Elemente der Auslegung mit der Subsumtion. Die Subsumtion unter einen Systembegriff der Kollisionsnorm ist nicht möglich, ohne diesen Begriff während des Qualifikationsvorgangs auszulegen. Es bedarf in diesem Gesamtprozess einer wechselseitigen Zuordnung und Annäherung, um zu einem Ergebnis zu kommen. Der Qualifikationsgegenstand wird seiner Eigenart nach charakterisiert und einer in Betracht kommenden Kollisionsnorm angenähert.

Als tauglicher Qualifikationsgegenstand kommt nur die konkrete Rechtsfrage in Betracht. Es kann hierfür auf die legitimierende Wirkung des konkludenten Urheberverhaltens abgestellt werden. Dies ist in den Vorschaubilder-Entscheidungen der Aspekt, auf den das rechtliche Augenmerk gerichtet ist. Die Frage nach der Legitimationswirkung des Urheberverhaltens ist, gemessen an den in der Literatur angeführten Beispielen und den Erkenntnissen aus dem US-Rechtsvergleich, keineswegs zu konkret. Als Qualifikationsgegenstand abzulehnen sind hingegen das Lebensverhältnis, der Anspruch, die Sachnorm und das Rechtsverhältnis. Diese in die Diskussion eingebrachten Qualifikationsgegenstände leiden entweder an einem Zirkelschluss, sind aufgrund ihrer Weitläufigkeit für eine kollisionsrechtliche Betrachtung ungeeignet oder lassen sich nicht in das System der Kollisionsregeln einbinden.

Die europäische Qualifikationsmethodik setzt sich aus mehreren Ansätzen zusammen. Sofern das europäische Sachrecht – wie vorliegend die DSGVO – als supranationale *lex fori* einen Qualifikationsansatz bereithält, kann hierauf zurückgegriffen werden (*lex commune*). Nach zutreffender Ansicht ist die datenschutzrechtliche Einwilligung eine rechtsgeschäftliche Willenserklärung, die in den entscheidenden Punkten Parallelen zur schlichten Einwilligung aufweist. Daneben konnte auch ein funktional-teleologischer Ansatz überzeugen. Die schlichte Einwilligung hat ihrer Funktion nach Ähnlichkeiten zur neuerdings europarechtlich determinierten Lizenzvereinbarung. Ergänzt wurde die autonome Qualifikation durch einen europäischen Rechtsvergleich, der aufgezeigt hat, dass die Rechtsgeschäftslehre nach deutschem Vorbild eine weite Verbreitung in der EU gefunden hat.

§ 6 Zuordnung zu möglichen Kollisionsnormen

A. Keine Anwendbarkeit von Art. 8 Rom II-VO

Nachdem die hinter der schlichten Einwilligung stehende Rechtsfrage ihrem Wesen nach eingeordnet wurde, stellt sich im nächsten Schritt die Frage nach der anwendbaren Kollisionsnorm. Auch dies ist nach zutreffendem Verständnis ein Teil des Qualifikationsvorgangs.[1025]

In Erinnerung soll der an früherer Stelle[1026] dargelegte Streit gerufen werden, ob rechtsgeschäftliche Rechtfertigungsgründe nach Art. 15 lit. b Rom II-VO einheitlich mit dem Immaterialgüterstatut angeknüpft werden können. Diese Frage wird in der Literatur nicht übereinstimmend beantwortet.

Zunächst wurde der Streit nicht entschieden, um die Frage mit Hilfe der allgemeinen Lehren der Qualifikation zu beantworten. Nachdem nun festgestellt wurde, dass an vertragsnahe Rechtfertigungsgründe, wie es die schlichte Einwilligung ist, gesondert angeknüpft werden kann, muss man konsequenterweise den Streit dahingehend auflösen, dass eine einheitliche Anknüpfung nach Art. 8 Abs. 1, 15 lit. b Rom II-VO ausscheidet. Bereits der Wortlaut von Art. 1 Abs. 1 S. 1, 8 Abs. 1 Rom II-VO geht davon aus, dass die Vorschrift nur für außervertragliche Schuldverhältnisse einschlägig ist. Der herausgearbeitete Qualifikationsgegenstand kann seinem vertragsnahen Wesen nach nicht unter Art. 8 Abs. 1 Rom II-VO subsumiert werden.

Gleichwohl ist Art. 8 Abs. 1, 15 lit. b Rom II-VO für die Behandlung der schlichten Einwilligung nicht völlig bedeutungslos. Das Schutzlandprinzip entscheidet, als spezielles Deliktsstatut, zumindest über die Frage, ob unter der Geltung des berufenen Sachrechts eine Einwilligung in eine urheberrechtliche Verwertungshandlung haftungsausschließend oder -beschränkend wirken kann. Dies dürfte international anerkannt sein. Für Fragen nach der (tatbestandlichen) Wirksamkeit des Rechtsgeschäfts muss allerdings eine andere Kollisionsnorm

1025 Vgl. hierzu S. 141 ff.
1026 Vgl. hierzu S. 125 ff.

gefunden werden, die dem vertragsnahen Wesen der schlichten Einwilligung gerecht wird.

B. Keine direkte Anwendbarkeit der Rom I-VO

Aber auch an der direkten Anwendbarkeit der Rom I-VO bestehen Zweifel. Nach Art. 1 Abs. 1 Rom I-VO ist der Anwendungsbereich der Verordnung nur bei vertraglichen Schuldverhältnissen eröffnet. Der Begriff dient vordergründig der Abgrenzung zur Rom II-VO.[1027] Die bisherigen Qualifikationsschritte haben zwar aufgezeigt, dass die schlichte Einwilligung ein vertragsnahes Institut ist. Allerdings ist fraglich, ob ein einseitiges Rechtsgeschäft unter den europarechtlichen Vertragsbegriff im Sinne der Rom I-VO subsumiert werden kann. Um diese Frage beantworten zu können, bedarf es nun eines weiteren Schrittes im Qualifikationsprozess, nämlich der Auslegung des Vertragsbegriffs.[1028]

Nach deutschem materiell-rechtlichem Verständnis kann ein Vertrag nicht als ein einseitiges Rechtsgeschäft begriffen werden. Da die Begriffe der Rom I- und II-VO jedoch autonom auszulegen sind,[1029] kommt es auf das deutsche Begriffsverständnis nicht an.

Weder in der Rom I-VO noch an anderer Stelle enthält das europäische Kollisionsrecht eine Definition des zentralen Vertragsbegriffs.[1030] Überwiegend werden deshalb zur Ausfüllung dieses Begriffs die Rechtsprechung zur Brüssel I-VO[1031] und die diese ablösende Brüssel Ia-VO[1032] herangezogen.[1033] Dieses Vorgehen rechtfertigt sich aus dem Erwägungsgrund 7 der Rom I-VO, wonach der *»materielle Anwendungsbereich und die Bestimmungen dieser Verordnung [mit der Brüssel I-VO und der Rom II-VO] im Einklang stehen«* sollen.

Der EuGH vertritt in ständiger Rechtsprechung zum Vertragsbegriff in Art. 5 Nr. 1 Brüssel I-VO bzw. Art. 7 Nr. 1 Brüssel Ia-VO, dass mindestens eine *»frei-*

1027 *Martiny*, in: *Säcker et al.*, MüKo BGB, Art. 4 Rom I-VO, Rn. 5.

1028 Vgl. zur Rechtsnatur der Qualifikation S. 141ff.

1029 *Magnus*, in: *Staudinger*, BGB, Art. 1 Rom I-VO, Rn. 27.

1030 *Ringe*, in: *Herberger et al.*, jurisPK BGB, Art. 1 Rom I-VO, Rn. 11.

1031 Verordnung (EG) Nr. 44/2001 des Rates vom 22. Dezember 2000 über die gerichtliche Zuständigkeit und die Anerkennung und Vollstreckung von Entscheidungen in Zivil- und Handelssachen.

1032 Verordnung (EU) Nr. 1215/2012 des Europäischen Parlaments und des Rates vom 12. Dezember 2012 über die gerichtliche Zuständigkeit und die Anerkennung und Vollstreckung von Entscheidungen in Zivil- und Handelssachen.

1033 KOM (2005) 650 endg., S. 5; EuGH, Urt. v. 28.07.2016 (Az. C-191/15), NJW 2016, S. 2727 (2728), Rn. 36 – Amazon; *Magnus*, in: *Staudinger*, BGB, Art. 1 Rom I-VO, Rn. 27; *A. Staudinger*, in: *Schulze/Dörner*, BGB, Art. 1 Rom I-VO, Rn. 3; *Lüttringhaus*, RabelsZ 77 (2013), S. 31 (46).

willig eingegangene Verpflichtung«,[1034] also eine Selbstbindung,[1035] vorliegen müsse. Der Vertragsbegriff sei zudem weit auszulegen.[1036] Selbstredend sind damit zweiseitige Verträge als Standardfall erfasst.[1037] Es sei aber nicht zwingend notwendig, dass der Vertrag synallagmatisch ausgestaltet ist.[1038] Teilweise wird auch für den Vertragsbegriff nach der Brüssel I/Ia-VO entsprechend dem deutschen Verständnis mindestens eine Zweiseitigkeit gefordert.[1039] Überwiegend werden jedoch im Schrifttum auch das einseitige Rechtsgeschäft mit verpflichtendem Charakter und das einseitige Leistungsversprechen als vertraglich angesehen.[1040] Dies ergebe sich daraus, dass es auch in diesen Fallgestaltungen um die Schaffung und Übernahme einer sonst nicht bestehenden freiwilligen Verpflichtung gehe.[1041]

Die letztgenannte Meinung kann auch die Rechtsprechung des EuGH zum Gerichtsstand bei (isolierten) Gewinnzusagen für sich geltend machen. Die Gewinnzusage nach § 661a BGB und § 5c Österreichisches Konsumentenschutzgesetz ist nach sehr streitiger,[1042] aber zutreffender Ansicht ein einseitiges Rechtsgeschäft[1043] oder zumindest eine geschäftsähnliche Handlung[1044].[1045] Der EuGH hat wiederholt zu diesen Fällen im Zusammenhang mit der internationalen Zuständigkeit entschieden und lehnte stets eine deliktische Qualifikation

1034 Noch zum EVÜ: EuGH, Urt. v. 05.02.2004 (Az. C-265/02), EuZW 2004, S. 351 (352), Rn. 24 – Frahuil; EuGH, Urt. v. 17.06.1992 (Az. C-26/91), BeckRS 2004, S. 75771, Rn. 15 – TMCS; bestätigend zur Brüssel I-VO: EuGH, Urt. v. 10.09.2015 (Az. C-47/14), EuZW 2015, S. 922 (924), Rn. 52 – Holterman; EuGH, Urt. v. 28.01.2015 (Az. C-375/13), NJW 2015, S. 1581 (15383), Rn. 39 – Kolassa: *»Feststellung einer Verbindlichkeit unerlässlich«*; EuGH, Urt. v. 17.09.2002 (Az. C-334/00), NJW 2002, S. 3159 (3159), Rn. 23 – Tacconi.

1035 *Martiny*, in: *Säcker et al.*, MüKo BGB, Art. 4 Rom I-VO, Rn. 5.

1036 EuGH, Urt. v. 20.01.2005 (Az. C-27/02), EuZW 2005, S. 177 (179), Rn. 48 – Engler.

1037 *Mankowski*, IPRax 2003, S. 127 (135).

1038 EuGH, Urt. v. 14.05.2009 (Az. C-180/06), EuZW 2009, S. 489 (491), Rn. 51 – Ilsinger.

1039 *Schwartze*, in: *Apathy*, FS Koziol, S. 407 (416).

1040 *V. Hein*, in: *Rauscher*, EuZPR/EuIPR, Art. 1 Rom I-VO, Rn. 7; *Kieninger*, in: *Ferrari et al.*, Int. Vertragsrecht, Art. 1 Rom I-VO, Rn. 7; *Lehmann*, in: *Ferrari/Leible*, Internationales Vertragsrecht, S. 17 (31); *Leible*, in: *Hüßtege/Mansel*, Rom VO, Art. 1 Rom I-VO, Rn. 8; *Mankowski*, in: *Magnus/Mankowski*, Brüssel I-VO, Art. 5, Rn. 34f.; *Ringe*, in: *Herberger et al.*, jurisPK BGB, Art. 1 Rom I-VO, Rn. 11; *A. Staudinger*, in: *Schulze/Dörner*, BGB, Art. 1 Rom I-VO, Rn. 3; *Bitter*, IPRax 2008, S. 96 (97); *Heiss*, ZfRV 2009, S. 18 (19); *Lüttringhaus*, RabelsZ 77 (2013), S. 31 (47).

1041 *Magnus*, in: *Staudinger*, BGB, Art. 1 Rom I-VO, Rn. 33.

1042 Zum Streitstand: *Schäfer*, in: *Säcker et al.*, MüKo BGB, § 661a, Rn. 6 ff.

1043 Kollisionsrechtlich als vertraglich qualifiziert: BGH, Urt. v. 01.12.2005 (Az. III ZR 191/03), NJW 2006, S. 230 (232), Rn. 29; *Sprau*, in: *Palandt*, BGB, § 661a, Rn. 1.

1044 *Kotzian-Marggraf/Kneller*, in: *Bamberger et al.*, BeckOK BGB, § 661a, Rn. 1; *Schäfer*, in: *Säcker et al.*, MüKo BGB, § 661a, Rn. 8; *Schulze*, in: *Schulze/Dörner*, BGB, § 661a, Rn. 1.

1045 Jedenfalls eines von beiden: BGH, Urt. v. 15.07.2004 (Az. III ZR 315/03), NJW 2004, S. 3039 (3040); BGH, Urt. v. 16.10.2003 (Az. III ZR 106/03), NJW 2003, S. 3620 (3621) m.w.N.; zum Streitstand: BGH, Urt. v. 28.11.2002 (Az. III ZR 102/02), NJW 2003, S. 426 (427).

ab.[1046] Dies wurde sogar für den besonders problematischen Fall der isolierten Gewinnzusage, also in einer Fallgestaltung, in der es nicht zu einem Vertragsschluss durch Warenbestellung kommt, entschieden. Der Gerichtshof geht vielmehr von einer vertraglichen Qualifikation im Sinne des Art. 5 Nr. 1 EuGVÜ bzw. Brüssel I-VO aus.[1047] Die Absendung einer Gewinnzusage, die dem Willen des Absenders entspringt, könne eine freiwillig eingegangene Verpflichtung im Sinne des zuständigkeitsrechtlichen Vertragsbegriffs sein.[1048]

Vereinzelt wird die Übertragung des zuständigkeitsrechtlichen Vertragsbegriffs der Brüssel I/Ia-VO auf das Internationale Privatrecht aber kritisiert. Der Vertragsbegriff habe je nach Rechtsgebiet unterschiedliche Funktionen.[1049] Sicherlich sind die Funktionsunterschiede zwischen Verfahrens- und Kollisionsrecht nicht von der Hand zu weisen. Gleichwohl zeigt sich in Erwägungsgrund 7 der Rom I-VO der gesetzgeberische Wille, die Begriffe gleichlaufend zu verwenden. Hierdurch soll der Entscheidungseinklang gefördert werden.[1050] Es entsteht eine Auslegungsharmonie der sachlichen Anwendungsbereiche der Rom- und Brüssel-Verordnungen, die aufgrund der gleich gerichteten verfahrens- und kollisionsrechtlichen Interessenlage gerechtfertigt ist.[1051] Dem zuvor beschriebenen, aus dem Zuständigkeitsrecht stammenden Vertragsbegriff kann damit auch für die Rom I-VO gefolgt werden.

Im vorherigen Kapitel wurde dargelegt, dass die schlichte Einwilligung funktional der Lizenzvereinbarung nahesteht.[1052] Zweifelslos liegt bei einer Lizenzvereinbarung eine freiwillig eingegangene Verpflichtung im vorstehenden Sinne vor. Überraschend ist aber, worin der EuGH die Verpflichtung beim Lizenzvertrag sieht. Der Gerichtshof hat im Zusammenhang mit Art. 5 Nr. 1 lit. b Brüssel I-VO bereits entschieden, dass das verpflichtende Element beim Lizenzvertrag nicht eine aktive Tätigkeit im Sinne einer Verpflichtung zur Nutzungsüberlassung sei. Es sei vielmehr die Verpflichtung des Rechteinhabers, der Nutzung nicht zu widersprechen. Damit liege die Verpflichtung des Lizenzgebers

1046 EuGH, Urt. v. 14.05.2009 (Az. C-180/06), EuZW 2009, S. 489 – Ilsinger; EuGH, Urt. v. 11.07. 2002 (Az. C-96/00), NJW 2002, S. 2697 – Gabriel.

1047 EuGH, Urt. v. 20.01.2005 (Az. C-27/08), NJW 2005, S. 811 (813), Rn. 45ff. – Engler: Der EuGH meint jedoch, in dem Auszahlungsverlangen des Gewinns, insoweit systemwidrig die »*Annahme*« der Gewinnzusage zu sehen (Rn. 55), und überlasst die finale Qualifikation dem BGH (Rn. 56). Dieser betrachtet die Gewinnzusage ebenfalls als vertraglich (BGH, Urt. v. 01.12.2005 (Az. III ZR 191/03), NJW 2006, S. 230 (231f.), Rn. 19ff.).

1048 EuGH, Urt. v. 20.01.2005 (Az. C-27/08), NJW 2005, S. 811 (813), Rn. 53 – Engler.

1049 *Leible/Lehmann*, RIW 2008, S. 528; *Schmidt-Kessel*, ZEuP 2004, S. 1019 (1031f.).

1050 *Bitter*, IPRax 2008, S. 96 (99).

1051 *Leible*, IPRax 2006, S. 365 (371).

1052 Vgl. hierzu S. 176ff.

in einem Unterlassen. Der Lizenzvertrag sei kein Dienstleistungsvertrag im Sinne der Brüssel I-VO.[1053]

Man könnte nun in die Versuchung kommen, diese Rechtsprechung auf die schlichte Einwilligung zu übertragen. Schließlich muss auch der Urheber durch seine freiwillig abgegebene Willenserklärung die Nutzung seines Werkes als Vorschaubild dulden. Dennoch besteht ein entscheidender Unterschied, da der Erklärungsempfänger zwar bis zum Widerruf der Einwilligung das Werk wie bei der vertraglichen Einräumung nutzen darf, allerdings erwirbt er kein eigenes durchsetzbares Recht auf Duldung.[1054] In diesem Zusammenhang von einer eingegangenen Verpflichtung des Urhebers zu sprechen, führt zu weit. Rechtsinstitute, denen es am verpflichtenden Merkmal fehlt, können nicht als vertragliches Schuldverhältnis im Sinne der Rom I-VO betrachtet werden.[1055] Dies hat der EuGH auch in einer Entscheidung zur Gewinnzusage betont.[1056]

Unter den Vertragsbegriff der Rom I-VO kann nach alledem die Rechtsfigur der schlichten Einwilligung trotz ihrer vertragsnahen Einordnung nicht subsumiert werden. Die Rom I-VO ist nicht unmittelbar anwendbar.

C. Einzelanalogien in der Rom I-VO

Nachdem festgestellt wurde, dass sowohl die Rom I- als auch die Rom II-VO nicht unmittelbar anwendbar sind, stellt sich nun die Frage nach einer einschlägigen Kollisionsregel. Da auch das deutsche Internationale Privatrecht keine geschriebene Kollisionsregel für einseitige Rechtsgeschäfte vorsieht, könnte eine Analogie zu Art. 4, 6 und 19 Rom I-VO eine Lösungsmöglichkeit bieten. Dieses Kapitel wird sich mit dieser Option eingehend beschäftigen. Zunächst soll die Möglichkeit des Einzelanalogieschlusses im Europarecht grundlegend betrachtet werden (hierzu unter **I.**). Es wird aufgezeigt, dass auch die europäische Methodenlehre für eine zulässige Analogie die Feststellung einer planwidrigen Regelungslücke auf unionaler Ebene (hierzu unter **II.**) und die Vergleichbarkeit der Interessenlage (hierzu unter **III.**) fordert. Schließlich werden die Ergebnisse abschließend zusammengefasst (hierzu unter **IV.**).

1053 EuGH, Urt. v. 23.04.2009 (Az. C-533/07), NJW 2009, S. 1865 (1866), Rn. 30f. – Falco.

1054 BGH, Urt. v. 29.04.2010 (Az. I ZR 69/08), GRUR 2010, S. 628 (631), Rn. 34 – Vorschaubilder I; *Ohly*, Volenti non fit iniuria, S. 176.

1055 *Reiher*, Vertragsbegriff, S. 183f.

1056 EuGH, Urt. v. 20.01.2005 (Az. C-27/08), NJW 2005, S. 811 (813), Rn. 50 – Engler: *»[D]ie Feststellung einer Verbindlichkeit [ist] unerlässlich«.*

I. Analogien im Europarecht

Dem EuGH wird gemeinhin aus Art. 19 Abs. 1 UAbs. 1 S. 2 EUV eine Rechtsfortbildungskompetenz zugeschrieben.[1057] Hiervon macht der Gerichtshof auch regen Gebrauch. Insbesondere der Analogieschluss ist allgemein im Europarecht anerkannt.[1058] Allerdings verwendet der EuGH diesen Begriff eher selten, denn anders als in der deutschen Methodenlehre, die eine Unterscheidung zwischen Auslegung und Rechtsfortbildung anhand der Wortlautgrenze trifft,[1059] verfolgt der EuGH diese Differenzierung nach französischem Vorbild zumindest nicht konsequent.[1060] Wenn der Gerichtshof einheitlich von Auslegung spricht, dann ist dieser Begriff autonom zu verstehen und umfasst auch die Rechtsfortbildung.[1061] Die begriffliche Differenzierung hat jedoch kaum inhaltliche Relevanz.[1062] Trotz der abweichenden Terminologie in der Rechtsprechung soll für den weiteren Verlauf dieser Arbeit das deutsche Begriffsverständnis zugrunde gelegt werden. Hierdurch wird sprachlich verdeutlicht, dass mit der Rechtsfortbildung im Sinne einer Analogie ein erhöhter Begründungsaufwand im Vergleich zur reinen Gesetzesanwendung einhergeht.[1063]

Die Rechtsgrundlage für Analogien im Europarecht ist der allgemeine Gleichheitsgrundsatz gemäß Art. 6 Abs. 1 EUV i.V.m. Art. 20, 21 GRCh.[1064] Gleichartige Sachverhalte dürfen ohne objektive Rechtfertigung im Hinblick auf den Regelungszweck einer Norm nicht verschieden und ungleichartige Sachverhalte nicht gleichbehandelt werden.[1065]

1057 BVerfG, Beschl. v. 08.03.1987 (Az. 2 BvR 687/85), BVerfGE 75, S. 223, Rn. 60 – Kloppenburg; *Henninger,* Methode, S. 408; *Martens,* Methodenlehre, Rn. 503; *J. Neuner,* in: *Riesenhuber,* Europäische Methodenlehre, § 12, Rn. 7.

1058 EuGH, Urt. v. 26.09.2013 (Az. C-509/11), EuZW 2013, S. 906 (907f.), Rn. 46ff. – ÖBB; EuGH, Urt. v. 11.5.2006 (Az. C-340/04), NJW 2006, S. 2679 (2681), Rn. 51ff. – Carbotermo; Generalanwalt *Villalón,* Schlussantrag v. 29.04.2014 (Az. C-399/12), BeckRS 2014, S. 80785, Rn. 103 – Deutschland/Rat: *»Die Analogie gehört zum Instrumentarium des Unionsrechts«*; *Ahmling,* Analogiebildung, S. 138ff.; *Gerhardt,* Analogiefähigkeit, S. 38; *Hobe,* Europarecht, § 10, Rn. 53; *F. Müller/Christensen,* Juristische Methodik, Rn. 82; *Pieper,* in: *Dauses/Ludwigs,* EU-Wirtschaftsrecht, B.I. Rechtsquellen, Rn. 185.

1059 BVerfG, Beschl. v. 30.03.1993 (Az. 1 BvR 1045/89), NJW 1993, S. 2861 (2863): *»Eine Rechtsfortbildung ›praeter legem‹ bedarf zwar sorgfältiger Begründung, ist jedoch nicht von vornherein ausgeschlossen«*; *Schwacke,* Methodik, S. 121.

1060 *Ahmling,* Analogiebildung, S. 139; *Henninger,* Methode, S. 409; *Martens,* Methodenlehre, S. 323.

1061 *Ahmling,* Analogiebildung, S. 139.

1062 *Martens,* Methodenlehre, S. 504.

1063 So auch die sprachliche Einordnung bei *Ahmling,* Analogiebildung, S. 140.

1064 *Pieper,* in: *Dauses/Ludwigs,* EU-Wirtschaftsrecht, B.I. Rechtsquellen, Rn. 185.

1065 EuGH, Urt. v. 14.09.2010 (Az. C-550/07), NJW 2010, S. 3557 (3560), Rn. 55 – Akzo Nobel; *Martens,* Methodenlehre, S. 320.

In der Rechtssache *Krohn* aus dem Jahr 1985 definierte der Gerichtshof die abstrakten Voraussetzungen einer Analogie. Zwar ergebe sich der Anwendungsbereich einer Verordnung aus ihr selbst heraus und sie könne nicht ohne weiteres auf ungeregelte Fälle erweitert werden. Auf eine analoge Anwendung der Verordnung könne sich ein Wirtschaftsteilnehmer aber berufen, wenn die bestehende Regelung der analog anzuwendenden Vorschrift dem ungeregelten Sachverhalt weitgehend entspreche sowie ein Lücke enthalte, die mit einem allgemeinen Grundsatz des Gemeinschaftsrechts unvereinbar sei.[1066] Auch in jüngeren Entscheidungen verweist der Gerichtshof immer wieder auf das *Krohn*-Urteil.[1067] Die vom EuGH postulierten Analogievoraussetzungen entsprechen also denen des deutschen Rechts. Gefordert werden eine planwidrige Regelungslücke[1068] und eine vergleichbare Interessenlage.[1069]

Auch in der *Sturgeon*-Entscheidung argumentiert der Gerichtshof mit einem Analogieschluss, ohne diese Methodik beim Namen zu nennen.[1070] Der EuGH hatte darüber zu entscheiden, ob einem Fluggast ein Ausgleichsanspruch gemäß der FluggastrechteVO[1071] zusteht, wenn der Flug eine große Verspätung hat. Nach Art. 5 Abs. 1 lit. c und Art. 7 FluggastrechteVO steht ein solcher Anspruch nach dem Gesetzeswortlaut nur bei einer Annullierung des Flugs zu. Der EuGH führt aus, dass zwischen den Begriffen Verspätung und Annullierung zwar ein Unterschied bestehe, aber der »*Schaden*«, der dem Fluggast sowohl bei einer großen Verspätung als auch bei der Annullierung entstehe, gleichartig sei. Eine unterschiedliche Behandlung dieser vergleichbaren Sachverhalte könne nicht gerechtfertigt werden. Der EuGH räumt deshalb – über den Wortlaut der Vorschrift hinaus – dem Fluggast einen Ausgleichsanspruch auch bei großen Verspätungen ein.[1072]

Die Rechtsfortbildungsbefugnis hat jedoch auch ihre Grenzen. Dem EuGH ist es verwehrt, das Recht gesetzeskorrigierend fortzubilden.[1073] Mit der Annahme einer Analogie sollte man ohnehin nicht zu voreilig sein, denn zum einen liegt

---

1066 EuGH, Urt. v. 12.12.1985 (Az. 165/84), BeckRS 2004, S. 71892, Rn. 13f. – Krohn.

1067 EuGH, Urt. v. 11.11.2010 (Az. C-152/09), BeckRS 2010, S. 91304, Rn. 41 – Grootes (Analogie bejaht); EuGH, Urt. v. 26.10.2006 (Az. C-248/04), BeckRS 2006, S. 70817, Rn. 48 – Cosun (Analogie verneint).

1068 EuGH, Urt. v. 22.05.1990 (Az. C-70/88), NJW 1990, S. 1899 (1990), Rn. 26 – Parlament/Rat (»*verfahrensrechtliche Lücke*«).

1069 *Ahmling*, Analogiebildung, S. 147.

1070 »*Methodisches Lehrstück einer Gleichbehandlung im Sinne des Analogieverfahrens*«; *J. Neuner*, in: *Riesenhuber*, Europäische Methodenlehre, § 12, Rn. 32.

1071 Verordnung (EG) Nr. 261/2004 des Europäischen Parlaments und des Rates vom 11. Februar 2004 über eine gemeinsame Regelung für Ausgleichs- und Unterstützungsleistungen für Fluggäste im Fall der Nichtbeförderung und bei Annullierung oder großer Verspätung von Flügen und zur Aufhebung der Verordnung (EWG) Nr. 295/91.

1072 EuGH, Urt. v. 19.11.2009 (Az. C-402/07, C-432/07), NJW 2010, S. 43 – Sturgeon.

1073 *Hobe*, Europarecht, § 10, Rn. 54.

dem Sekundärrecht teilweise ein abschließendes Regelungskonzept zugrunde.[1074] Zum anderen ist das Europarecht in vielen Bereichen aber auch auf planmäßige Lücken ausgelegt, welche wiederum eine Analogie unmöglich machen.[1075] Auch das Prinzip der begrenzten Einzelermächtigung in Art. 4 Abs. 1, 5 Abs. 1 S. 1, Abs. 2 EUV kann dem Analogieschluss entgegenstehen.[1076] Der europäische Gesetzgeber besitzt keine Allzuständigkeit und kann sich auch nicht im Wege einer Kompetenz-Kompetenz die Gesetzgebungszuständigkeit für einzelne Rechtsbereiche zuweisen.[1077] Eine planwidrige Regelungslücke kann deshalb nur in Rechtsgebieten angenommen werden, in denen der Union eine Gesetzgebungszuständigkeit von den Mitgliedstaaten zugewiesen wurde.[1078] In allen anderen Fällen sind die nationalen Gesetzgeber zuständig.[1079] Auch der EuGH darf deshalb nur in Gebieten rechtsfortbildend tätig werden, in denen die Europäische Union eine Kompetenz erhalten hat.[1080]

Der Grundsatz der begrenzten Einzelermächtigung hat für die Analogiebildung im Internationalen Privatrecht allerdings nur eine untergeordnete Bedeutung, weil der Europäischen Union hierfür eine Gesetzgebungskompetenz zusteht.[1081] Nach Art. 81 Abs. 1 AEUV hat die Union den Auftrag, »*eine justizielle Zusammenarbeit in Zivilsachen mit grenzüberschreitendem Bezug*« zu entwickeln. Zu diesem Zweck kann der europäische Gesetzgeber gemäß Art. 81 Abs. 2 lit. c Var. 1 AEUV tätig werden, um sicherzustellen, dass eine Vereinbarkeit mit den in den Mitgliedstaaten geltenden Kollisionsnormen erreicht wird. Dieser Befugnis ist die Union mit dem Erlass von diversen, europaweit geltenden Kollisionsrechtsverordnungen (Rom I-VO, Rom II-VO, Rom III-VO,[1082] EuErbVO und EuUnthVO[1083]) und Richtlinienrecht nachgekommen.[1084]

1074 *Martens,* Methodenlehre, S. 324.

1075 Das Europarecht weise einen »*bewusst fragmentarischen und unvollständigen Charakter*« auf: *Vogenauer,* ZEuP 2005, S. 234 (252).

1076 *Ahmling,* Analogiebildung, S. 141; *Henninger,* Methode, S. 511; *J. Neuner,* in: *Riesenhuber,* Europäische Methodenlehre, § 12, Rn. 29.

1077 *Ahmling,* Analogiebildung, S. 98.

1078 *Henninger,* Methode, S. 416; *J. Neuner,* in: *Riesenhuber,* Europäische Methodenlehre, § 12, Rn. 29.

1079 *Ahmling,* Analogiebildung, S. 148f.

1080 *Ahmling,* Analogiebildung, S. 141.

1081 *Rossi,* in: *Calliess et al.,* EUV/AEUV, Art. 81 AEUV, Rn. 22.

1082 Verordnung (EU) Nr. 1259/2010 des Rates vom 20. Dezember 2010 zur Durchführung einer verstärkten Zusammenarbeit im Bereich des auf die Ehescheidung und Trennung ohne Auflösung des Ehebandes anzuwendenden Rechts.

1083 Verordnung (EG) Nr. 4/2009 des Rates vom 18. Dezember 2008 über die Zuständigkeit, das anwendbare Recht, die Anerkennung und Vollstreckung von Entscheidungen und die Zusammenarbeit in Unterhaltssachen.

1084 *Rossi,* in: *Calliess et al.,* EUV/AEUV, Art. 81 AEUV, Rn. 23.

Diese allgemeinen Erwägungen vorweggeschickt verwundert es nicht, dass für die Rom I-VO überwiegend die Analogiefähigkeit bejaht wird.[1085] Dies wurde bereits für das Vorgängerregelwerk, das Europäische Schuldvertragsübereinkommen (EVÜ), vom BGH vertreten.[1086] Nur ganz vereinzelt wird die Analogiefähigkeit in der Literatur aufgrund des angeblich begrenzten sachlichen Anwendungsbereichs abgelehnt.[1087] In der Folge soll die analoge Anwendung der Art. 4, 6, 19 Rom I-VO auf die Rechtsfigur der schlichten Einwilligung im Einzelnen geprüft werden. Zunächst wird eine planwidrige Regelungslücke auf europäischer Ebene untersucht (hierzu unter **II.**). Sodann wird die Vergleichbarkeit der Interessenlage analysiert (hierzu unter **III.**).

II. Planwidrige Regelungslücke auf europäischer Ebene

Weder die Rom-Verordnungen noch das übrige europäische Internationale Privatrecht kennen eine Kollisionsregel für einseitige Rechtsgeschäfte. Zwar regelt Art. 11 Abs. 3 Rom I-VO das Formstatut für einseitige Rechtsgeschäfte, die sich auf einen Vertrag beziehen. Die schlichte Einwilligung bezieht sich jedoch nicht auf einen Vertrag. Die Formwirksamkeit steht ebenfalls vorliegend nicht in Frage. Das außervertragliche Formstatut für einseitige Rechtshandlungen findet sich in Art. 21 Rom II-VO. Auch Art. 18 Abs. 2 Rom I-VO (Anknüpfung von Beweisfragen) und Art. 1 Abs. 2 lit. e Rom II-VO (durch Rechtsgeschäft errichtete Trusts) erwähnen ebenfalls das Rechtsgeschäft, ohne dass damit allerdings ein Erkenntnisgewinn für diese Arbeit einhergeht.

Fraglich ist aber, ob diese Regelungslücke auch planwidrig ist. In diesem Zusammenhang ist bereits umstritten, ob es für die Feststellung der Planwidrigkeit auf die subjektiven Vorstellungen des Gesetzgebers[1088] oder objektiv auf die Gesamtheit der Rechtsordnung[1089] ankommt.[1090] Von einer solchen Lücke kann nur gesprochen werden, wenn der Gesetzgeber für einen ausgewählten

1085 *V. Hein*, in: *Rauscher*, EuZPR/EuIPR, Art. 1 Rom I-VO, Rn. 3; *v. Hein*, in: *Säcker et al.*, MüKo BGB, Art. 3 EGBGB, Rn. 47; *Martiny*, in: *Säcker et al.*, MüKo BGB, Art. 1 Rom I-VO, Rn. 25; *Schulze*, in: *Ferrari et al.*, Int. Vertragsrecht, Art. 13 Rom I-VO, Rn. 5; *Spickhoff*, in: *Bamberger et al.*, BeckOK BGB, Art. 1 Rom I-VO, Rn. 24; *Thorn*, in: *Palandt*, BGB, Art. 1 Rom I-VO, Rn. 3; *Bach*, IHR 2010, S. 17 (23); *Martiny*, RIW 2009, S. 737 (740); *Max Planck Institute for Foreign Private and Private International Law*, RabelsZ 68 (2004), S. 1 (25); *Richter*, Parteiautonomie, S. 289.

1086 Ohne nähere Begründung zur deutschen Umsetzung des EVÜ in Art. 27, 28 EGBGB a. F.: BGH, Urt. v. 01.12.2005 (Az. III ZR 191/03), NJW 2006, S. 230 (232), Rn. 29; so auch OLG Nürnberg, Urt. v. 28.08.2002 (Az. 4 U 641/02), NJW 2002, S. 3637 (3639).

1087 *Spellenberg*, in: *Säcker et al.*, MüKo BGB, Art. 18 Rom I-VO, Rn. 10.

1088 BGH, Urt. v. 17.11.2019 (Az. XI ZR 36/09), NJW 2010, S. 1144 (1146), Rn. 23.

1089 *Canaris*, Lücke im Gesetz, S. 39.

1090 *Martens*, Methodenlehre, S. 506.

Rechtsbereich eine nahezu vollständige Regelung anstrebt.[1091] Hat sich der Gesetzgeber hingegen bewusst für eine Lücke entschieden, kann eine Planwidrigkeit nicht angenommen werden.[1092] In diesen Fällen hat der Rechtsanwender die gesetzgeberische Entscheidung zu akzeptieren und kann nicht seine eigenen rechtspolitischen Vorstellungen durch einen Analogieschluss durchsetzen.[1093] Die Planwidrigkeit muss also anhand der Regelungsabsicht des Unionsgesetzgebers ermittelt werden.[1094] Für das europäische Sekundärrecht gilt die Besonderheit, dass nur diese Teilrechtsordnung als Vergleich herangezogen werden darf.[1095] Hierfür wird der dem Gesetz zugrunde liegende Regelungsplan mit Hilfe der historischen und telelogischen Auslegung ermittelt.[1096] Eine planwidrige Regelungslücke ist demnach anzunehmen, wenn davon auszugehen ist, dass der europäische Verordnungsgeber das Kollisionsrecht der Schuldverhältnisse in der Rom I- und II-VO (nahezu) abschließend regeln wollte.

Gegen diese These sprechen zunächst die Ausnahmetatbestände in Art. 1 Abs. 1 S. 2, Abs. 2 Rom I- und II-VO.[1097] Selbstverständlich kann eine bewusste gesetzgeberische Ausschlussentscheidung nicht durch eine Analogie überwunden werden. Hier liegt der Fall aber anders. Ein rechtsgeschäftlicher, nicht verpflichtend wirkender Qualifikationsgegenstand, wie die schlichte Einwilligung, ist gerade nicht von den Ausschlusstatbeständen erfasst. Eine planmäßige Lücke über die geregelten oder zumindest mit diesen verwandten Ausschlüssen hinaus kann nicht pauschal angenommen werden.[1098] Hierfür spricht, dass der Verordnungsgeber die Generalklauseln (vertragliches Schuldverhältnis, außervertragliches Schuldverhältnis) weit und die Ausnahmetatbestände eng formuliert hat.

Für eine planwidrige Regelungslücke streitet hingegen der gesetzgeberische Wille. In den Gesetzgebungsmaterialien zur Rom I- und II-VO wird an diversen Stellen deutlich, dass der Gesetzgeber die beiden Verordnungen als einheitliches Kollisionsschuldrecht betrachtet. Hieraus lässt sich schließen, dass eine gewissermaßen zwischen Vertrags- und Deliktsrecht stehende Rechtsfrage[1099] nicht dem nationalen Kollisionsrecht überlassen werden, sondern das europäische Kollisionsrecht in dieser konkreten Hinsicht abschließend sein sollte.

1091 *Larenz/Canaris,* Methodenlehre, S. 192.

1092 BVerfG, Urt. v. 31.05.2006 (Az. 2 BvR 1673/04, 2 BvR 2402/04), BVerfGE 116, S. 69, Rn. 47.

1093 *Larenz/Canaris,* Methodenlehre, S. 191.

1094 *J. Neuner,* in: *Riesenhuber,* Europäische Methodenlehre, § 12, Rn. 30.

1095 *J. Neuner,* in: *Riesenhuber,* Europäische Methodenlehre, § 12, Rn. 28.

1096 BGH, Urt. v. 14.12.2006 (Az. IX ZR 92/05), NJW 2007, S. 992 (993), Rn. 15; *Larenz/Canaris,* Methodenlehre, S. 193.

1097 *Spellenberg,* in: *Säcker et al.,* MüKo BGB, Art. 18 Rom I-VO, Rn. 10.

1098 In diesem Sinne auch *Ahmling,* Analogiebildung, S. 160.

1099 Vgl. für die Einordnung der schlichten Einwilligung S. 168ff.; *Ohly,* GRUR 2012, S. 983 (983).

In der Kommissionsbegründung zur Rom II-VO heißt es, dass diese die

> »natürliche Fortsetzung der Bemühungen um eine Vereinheitlichung der Bestimmungen des Internationalen Privatrechts auf dem Gebiet der vertraglichen und außervertraglichen Schuldverhältnisse des Zivil- und Handelsrechts auf Gemeinschaftsebene«[1100]

darstelle. Die Stellungnahme des Europäischen Wirtschafts- und Sozialausschusses zum Rom II-Entwurf wird noch deutlicher. Durch die Verordnung werde *»eine Lücke geschlossen«*. Das Recht der Schuldverträge (EVÜ bzw. Rom I-VO) und das Recht der außervertraglichen Schuldverhältnisse (Rom II-VO) stünden in einem engen sachlichen Zusammenhang. Die Ausklammerung des Kollisionsrechts der außervertraglichen Schuldverhältnisse in dem bis dahin geltenden EVÜ sei *»immer als unvollständig empfunden«* worden. Das Recht der außervertraglichen Schuldverhältnisse sei der komplementäre Teil des Vertragsrechts. Der Ausschuss würde sogar begrüßen, wenn die Rom I- und II-VO in einem einheitlichen Regelwerk zusammengefasst würde. Dies sei nur deshalb zum Zeitpunkt der Gesetzgebung nicht möglich, weil die Gesetzgebungsverfahren in sehr unterschiedlichen Phasen seien.[1101]

Auch aus den Gesetzgebungsmaterialien der ein Jahr später in Kraft getretenen Rom I-VO ergibt sich ein ähnliches Bild. In der Kommissionsbegründung heißt es, dass der Anwendungsbereich der Rom I-VO dem der Brüssel I-VO angeglichen und dem damaligen Gesetzgebungsverfahren zur Rom II-VO *»Rechnung getragen«* wurde.[1102] Der Europäische Wirtschafts- und Sozialausschuss betont auch für die Rom I-VO erneut, dass diese und die Rom II-VO komplementär und *»deren natürliche Ergänzung«* sei.[1103]

In der Literatur wird, soweit kein Ausschlusstatbestand greift, zudem teilweise von einer umfassenden Geltung der Rom I- und II-VO ausgegangen.[1104] Es handele sich hierbei um ein binäres System der Rom-Verordnungen. Entweder sei im Wirtschaftskollisionsrecht die Rom I- oder eben die Rom II-VO anzuwenden. Alles, was nicht unter ein vertragliches Schuldverhältnis zu fassen sei, müsse außervertraglich sein, wenn nicht speziellere Kollisionsnormen existieren.[1105] Der Vertragsbegriff diene der Abgrenzung zwischen den beiden Verordnungen.[1106] Begründet wird dies mit den Erwägungsgründen 7 der Rom I- und

1100 KOM (2003) 427 endg., S. 3.

1101 Zum Ganzen: Stellungnahme Europäischer Wirtschafts- und Sozialausschuss v. 28.09. 2004, 2004/C 241/01, S. 1f.

1102 KOM (2005) 650 endg., S. 5.

1103 Stellungnahme Europäischer Wirtschafts- und Sozialausschuss v. 23.12.2006, 2006/C 318/10, S. 2.

1104 *Freitag*, in: *Bernreuther*, FS Spellenberg, S. 169 (169).

1105 *Freitag*, in: *Bernreuther*, FS Spellenberg, S. 169 (170).

1106 *Lehmann*, in: *Ferrari/Leible*, Internationales Vertragsrecht, S. 17 (28).

II-VO, die den materiellen Anwendungsbereich im Einklang mit der jeweils anderen Rom-VO, aber auch mit der Brüssel I-VO sehen möchten.[1107] Die Brüssel I- bzw. Brüssel Ia-VO differenziere aber nicht zwischen vertraglichen und außervertraglichen Schuldverhältnissen, sondern gelte für alle Zivil- und Handelssachen. Dementsprechend müsse stets eine der beiden Rom-Verordnungen anwendbar sein.[1108]

Der vorstehenden Meinung kann nicht in dieser Absolutheit gefolgt werden, denn die Rom I- und II-VO sind keine geschlossenen Systeme und bilden nicht das gesamte Wirtschaftskollisionsrecht ab. Dies belegen bereits die Ausnahmetatbestände in den Art. 1 Abs. 1 S. 2, Abs. 2 Rom I- und II-VO.[1109] Bei einer zu qualifizierenden Rechtsfrage, die ihrer Natur nach zwischen den beiden Verordnungen steht, lässt sich die vorstehende Meinung indes doch nutzbar machen. Wie sich auch aus den Gesetzgebungsmaterialien herleiten lässt, sieht der Gesetzgeber die beiden Rom-Verordnungen als komplementär und als ihre natürlichen Ergänzungen an. Eine zwischen Delikts- und Vertragsrecht anzusiedelnde Rechtsfrage kann bei Würdigung der gesetzgeberischen Vorstellungen nicht durch das nationale Kollisionsrecht zu beantworten sein. Dies würde den Zielen, das europäische Kollisionsrecht im Bereich der Schuldverhältnisse zu harmonisieren[1110] und den internationalen Entscheidungseinklang[1111] zu fördern, entgegenstehen. Für einseitige Rechtsgeschäfte existiert demnach eine planwidrige Regelungslücke im europäischen Kollisionsrecht.

III. Vergleichbare Interessenlage

Um eine Einzelanalogie bejahen zu können, bedarf es im zweiten Schritt der Feststellung einer vergleichbaren Interessenlage. Zunächst soll herausgearbeitet werden, welche Kriterien in der Fallprüfung für einen Analogieschluss vergleichbar sein sollen und ob die grundlegenden Erwägungen der Rom I-VO auch auf die kollisionsrechtliche Anknüpfung der schlichten Einwilligung anwendbar sind (hierzu unter **1.**). Die in Betracht kommenden Kollisionsnormen sollen sodann eingehend untersucht werden. Mit der speziellen Kollisionsregel für Verbraucher in Art. 6 Abs. 1 Rom I-VO soll begonnen werden (hierzu unter **2.**). Sodann folgt die Analyse von Art. 4 Rom I-VO getrennt nach Abs. 1 (hierzu unter **3.**), Abs. 2 (hierzu unter **4.**), Abs. 3 (hierzu unter **5.**) und Abs. 4 (hierzu unter **6.**).

1107 *Freitag*, in: *Bernreuther*, FS Spellenberg, S. 169 (170).
1108 *Freitag*, in: *Bernreuther*, FS Spellenberg, S. 169 (170).
1109 *Junker*, in: *Säcker et al.*, MüKo BGB, Art. 1 Rom II-VO, Rn. 5.
1110 Erwägungsgründe 1 und 2 Rom I- und II-VO.
1111 *Hay/Rösler*, IPR/IZVR, S. 114.

1. Vergleichbarkeit der ratio legis: Partei- und Privatautonomie

Der geregelte Sachverhalt muss mit dem ungeregelten Sachverhalt vergleichbar sein.[1112] Notwendig ist, dass die Regelungen in den entscheidenden Kriterien wertungsgleich sind.[1113] Die Feststellung, welche Kriterien entscheidend sind, ist häufig problembehaftet[1114] und primär eine Wertungsfrage aus Sicht des Gesetzgebers, bei der alle Belange der Beteiligten und der Allgemeinheit herangezogen werden müssen.[1115] Die Vergleichbarkeit lässt sich anhand der in Betracht kommenden Normen ermitteln.[1116] Notwendig ist eine inhaltliche und strukturelle Nähe von geregeltem und ungeregeltem Fall. Nicht zu fordern ist hingegen, dass beide Sachverhalte identisch sind, denn dann wären sie vom gesetzlichen Fall erfasst. Zur Herausarbeitung der gesetzlichen Wertung muss der Zweck bzw. Grundgedanke der Norm, also die *ratio legis*, ermittelt werden.[1117]

Als Indiz für eine Wertungsgleichheit kann die funktionale Äquivalenz herangezogen werden, mithin die Frage, ob die zu vergleichenden Sachverhalte in der maßgeblichen Hinsicht austauschbar sind.[1118] Diese methodische Herangehensweise gilt insbesondere für das Unionsrecht[1119] und erinnert an die bereits erörterte funktional-teleologische Qualifikation.[1120] Da nach zutreffender Auffassung unter Qualifikation sowohl die Auslegung des Begriffs im Tatbestand der Kollisionsnorm als auch die Subsumtion hierunter zu verstehen ist,[1121] spricht vieles dafür, auch im Rahmen der Analogiebildung – oder in der Lesart des EuGH der (extensiven) Auslegung – die funktionale Äquivalenz als maßgebliches Kriterium für die Bestimmung der vergleichbaren Interessenlage, gerade bei einer Kollisionsnorm, heranzuziehen.[1122]

Als analog anzuwendende Kollisionsnormen für einseitige Rechtsgeschäfte kommen Art. 4 Rom I-VO und Art. 6 Rom I-VO in Betracht. Bevor diese beiden Normen im Detail analysiert werden, sollte vorab geklärt werden, ob das die gesamte Rom I-VO durchziehende Tatbestandsmerkmal des Vertrags durch eine Analogie überwunden werden kann. Da beide möglichen Kollisionsnormen gleichermaßen von diesem Prüfungsschritt betroffen sind, soll dies bereits an

1112 *Ahmling*, Analogiebildung, S. 161.
1113 BVerfG, Urt. v. 11.07.202 (Az. 1 BvR 3142/07 und 1 BvR 1569/08), BVerfGE 132, S. 99 (129), Rn. 81.
1114 *Würdinger*, AcP 206 (2006), S. 946 (973f.).
1115 *Reimer*, Methodenlehre, S. 262.
1116 *Henninger*, Methode, S. 412; *Larenz/Canaris*, Methodenlehre, S. 202.
1117 *Larenz/Canaris*, Methodenlehre, S. 202; *Martens*, Methodenlehre, S. 319.
1118 *Henninger*, Methode, S. 412; *Reimer*, Methodenlehre, S. 262f.
1119 *Henninger*, Methode, S. 412.
1120 Vgl. hierzu S. 164ff.
1121 Vgl. hierzu S. 141ff.
1122 Zur funktionalen Auslegung des Vertragsbegriffs im Sinne der Rom I-VO: *Lehmann*, in: *Ferrari/Leible*, Internationales Vertragsrecht, S. 17 (28).

vorgezogener Stelle erfolgen. Zu ermitteln ist demnach die *ratio legis* des in der Rom I-VO geregelten Vertragsstatuts. Die hierfür heranzuziehende funktionale Äquivalenz ergibt das folgende Bild.[1123]

Nach Art. 3 Rom I-VO unterliegt das Vertragsstatut grundsätzlich der freien Rechtswahl der Parteien.[1124] Diese können das anzuwendende Recht ausdrücklich oder konkludent wählen und sogar nach Art. 3 Abs. 2 S. 1 Rom I-VO die Wahl nachträglich jederzeit abändern. Im Kollisionsrecht spricht man in diesem Zusammenhang von Parteiautonomie.[1125] Der Erwägungsgrund 11 macht deutlich, dass dieses Prinzip ein »*Eckstein des Systems der Kollisionsnormen im Bereich der vertraglichen Schuldverhältnisse*« ist. Unter der Geltung der Rom I-VO hat die subjektive Rechtswahl Vorrang gegenüber der objektiven Anknüpfung.[1126] Die kollisionsrechtliche Parteiautonomie wird mit der Fähigkeit der Beteiligten begründet, selbst über das Recht zu entscheiden, welches für sie am besten geeignet ist. Der Wille der Parteien wird damit zum Anknüpfungsmerkmal[1127] und ist Ausdruck ihrer Selbstbestimmung, rechtsgeschäftliche Sonderverbindungen eigenmächtig auszugestalten, sofern der Gesetzgeber ihnen hierzu die Befugnis verliehen hat.[1128]

Die Parteiautonomie ist damit das kollisionsrechtliche Gegenstück zur sachrechtlichen Privatautonomie.[1129] Die beiden Prinzipien gleichen sich in ihren inneren Funktionsweisen.[1130] Insbesondere im Kollisionsvertragsrecht ist ihre Geltung anzuerkennen, denn die Privatautonomie hat »*gerade im Schuldvertragsrecht ihren ureigensten Platz*«.[1131] Zudem trägt die Parteiautonomie maßgeblich zum Ziel der Schaffung von Rechtssicherheit bei. Eine eindeutige Rechtswahl beugt Streit über das anzuwendende Recht vor.[1132]

Die Parteiautonomie steht damit funktional im Zentrum der Rom I-VO,[1133] auch wenn sie nicht völlig uneingeschränkt gewährt wird, da vereinzelte Kollisionsnormen die Rechtswahlfreiheit zugunsten der strukturell schwächeren

---

1123 Nachstehendes angelehnt an: *Lehmann*, in: *Ferrari/Leible*, Internationales Vertragsrecht, S. 17 (28ff.).

1124 *Thorn*, in: *Palandt*, BGB, Art. 3 Rom I-VO, Rn. 2.

1125 *Magnus*, in: *Staudinger*, BGB, Art. 3 Rom I-VO, Rn. 1.

1126 *A. Staudinger*, in: *Schulze/Dörner*, BGB, Art. 3 Rom I-VO, Rn. 1.

1127 *Magnus*, in: *Staudinger*, BGB, Art. 3 Rom I-VO, Rn. 26.

1128 *Kroll-Ludwigs*, Parteiautonomie, S. 171.

1129 *Ferrari*, in: *Ferrari et al.*, Int. Vertragsrecht, Art. 3 Rom I-VO, Rn. 5; *Magnus*, in: *Staudinger*, BGB, Art. 3 Rom I-VO, Rn. 28; *Kroll-Ludwigs*, Parteiautonomie, S. 155.

1130 Vgl. ausführlich zum Verhältnis zwischen Partei- und Privatautonomie: *Vogeler*, Freie Rechtswahl, S. 9ff.

1131 *Spickhoff*, in: *Bamberger et al.*, BeckOK BGB, Art. 3 Rom I-VO, Rn. 6.

1132 *V. Hein*, in: *Säcker et al.*, MüKo BGB, Einl. IPR, Rn. 36.

1133 *Lehmann*, in: *Ferrari/Leible*, Internationales Vertragsrecht, S. 17 (28ff.); *Leible/Lehmann*, RIW 2008, S. 528 (529).

Partei beschränken.[1134] Dieses Phänomen ist auch aus dem europäischen materiellen Recht bekannt und findet demnach seine Entsprechung in der sachrechtlichen Privatautonomie. Aus den teilweisen Beschränkungen der Rechtswahlfreiheit in vereinzelten Normen kann deshalb nicht gefolgert werden, dass der Rom I-VO das freiwillige Handeln der Parteien als zentrales Kernelement abzusprechen wäre.

Art. 5 Abs. 2 UAbs. 2 Rom I-VO beschränkt die Rechtswahl für den Beförderungsvertrag auf eng begrenzte Anknüpfungsmomente und verhindert damit aus Sicht des strukturell unterlegenen, zu befördernden Kunden[1135] die Anknüpfung an eine schutzschwache Rechtsordnung.[1136] Diese Einschränkung findet sich auch im materiellen europäischen Beförderungsrecht. In der FluggastrechteVO, EisenbahngastrechteVO[1137] und SchiffsgastrechteVO[1138] werden die Rechte der zu befördernden Personen überwiegend einseitig gestärkt. Auch das Versicherungskollisionsrecht schränkt in Art. 7 Abs. 3 Rom I-VO die Rechtswahl auf vorgegebene Anknüpfungsmomente ein, um ein angemessenes Schutzniveau für den Versicherungsnehmer zu schaffen.[1139] Ein ähnliches Bild zeichnet Art. 6 Abs. 2 S. 2 Rom I-VO für die Rechtswahl bei Verbraucherverträgen. Die Rechtswahl unter Beteiligung eines Verbrauchers darf nicht dazu führen, dass dem Verbraucher Rechte entzogen werden, die ihm unter der objektiv anzuknüpfenden Rechtsordnung zustünden. Der Richter muss von Amts wegen[1140] einen konkreten Ergebnisvergleich zwischen subjektiv gewählter und objektiv anzuknüpfender Rechtsordnung durchführen.[1141] Die Einschränkung der Parteiautonomie im Verbraucherrecht verwundert indes ebenfalls nicht, denn auch im (europäischen) materiellen Recht wird der Interessenausgleich zwischen Unternehmer und Verbraucher in der Regel zugunsten der Verbraucher entschieden.[1142] Schließlich ordnet Art. 8 Abs. 1 S. 2 Rom I-VO – parallel zum Verbraucherkollisionsrecht – die Geltung von zwingendem Arbeitnehmer-

---

1134 *V. Hein*, in: *Säcker et al.*, MüKo BGB, Einl. IPR, Rn. 38.

1135 *Martiny*, in: *Säcker et al.*, MüKo BGB, Art. 5 Rom I-VO, Rn. 27.

1136 *A. Staudinger*, in: *Ferrari et al.*, Int. Vertragsrecht, Art. 5 Rom I-VO, Rn. 27.

1137 Verordnung (EG) Nr. 1371/2007 des Europäischen Parlaments und des Rates vom 23. Oktober 2007 über die Rechte und Pflichten der Fahrgäste im Eisenbahnverkehr.

1138 Verordnung (EU) Nr. 1177/2010 des Europäischen Parlaments und des Rates vom 24. November 2010 über die Fahrgastrechte im See- und Binnenschiffsverkehr und zur Änderung der Verordnung (EG) Nr. 2006/2004.

1139 Erwägungsgrund 32 Rom I-VO.

1140 *A. Staudinger*, in: *Schulze/Dörner*, BGB, Art. 6 Rom I-VO, Rn. 15.

1141 *Bach*, in: *Spindler/Schuster*, Elektronische Medien, Art. 6 Rom I-VO, Rn. 27.

1142 Im Unionsrecht wird die Schaffung eines hohen Verbraucherschutzniveaus bereits primärrechtlich vorgegeben (Art. 12, 114 Abs. 3, 169 Abs. 1 AEUV). Zudem wurde eine Vielzahl von verbraucherschützenden Richtlinien erlassen. Ein Überblick ist abrufbar unter https://www.europarl.europa.eu/ftu/pdf/de/FTU_2.2.2.pdf, letzter Abruf: 01.09. 2020; *Spickhoff*, in: *Bamberger et al.*, BeckOK BGB, Art. 6 Rom I-VO, Rn. 2.

schutzrecht an, das unter der Geltung der objektiv anzuknüpfenden Rechtsordnung anzuwenden wäre. Auch diese Einschränkung der Parteiautonomie ist nicht überraschend, denn der Arbeitnehmer wird auch im materiellen Recht als die *»schwächere Partei des Arbeitsvertrages«*[1143] angesehen. Auch wenn die Rom I-VO in diesen vier Teilbereichen eine Einschränkung der Parteiautonomie verlangt, muss festgehalten werden, dass die Rechtswahl und damit die Parteiautonomie im Vertragsstatut anerkannt ist.

Vergleicht man die Regelungen zur Parteiautonomie in der Rom I-VO mit denen in der Rom II-VO, fallen stärkere Einschränkungen im Deliktsstatut auf.[1144] Zwar können die Parteien auch dort das anzuwendende Recht wählen,[1145] allerdings gemäß Art. 14 Abs. 1 S. 1 lit. a Rom I-VO erst nach Eintritt des schadensbegründenden Ereignisses. Nur in den Fällen, in denen kein Verbraucher beteiligt ist, kann eine antizipierte Rechtswahl gemäß lit. b in Betracht kommen. Die praktische Bedeutung der Rechtswahlfreiheit in der Rom II-VO ist geringer,[1146] denn die Verständigung auf eine andere als die objektiv bestimmte Rechtsordnung wird selten für beide Parteien vorteilhaft sein.[1147] Dies gilt umso mehr, wenn die haftungsbegründenden Umstände nach Schadenseintritt bereits bekannt sind und die je nach Parteiperspektive günstige oder ungünstige Rechtslage beurteilt werden kann. Eine Rechtswahl vor dem in der Regel zufällig auftretenden schädigenden Ereignis[1148] dürfte an der fehlenden Kenntnis der gegenüberstehenden Partei scheitern.

Auch die systematische Stellung von Art. 14 Rom II-VO hinter den Anknüpfungsregeln in den Art. 4 bis 13 Rom II-VO zeigt, dass der Parteiautonomie in der Rom II-VO keine so herausragende Rolle wie im Vertragsstatut zukommt, in der sie an prominenter, vorderer Stelle geregelt ist.[1149]

Zudem gibt es – anders als in der Rom I-VO – Bereiche, in denen die Rechtswahl vollkommen ausgeschlossen ist. Neben dem Ausschluss im Recht des unlauteren Wettbewerbs in Art. 6 Abs. 4 Rom II-VO ist für diese Arbeit vor allem der Ausschluss der Parteiautonomie im Internationalen Immaterialgüterrecht in

1143 EuGH, Urt. v. 15.05.2019 (Az. C-55/18), NZA 2019, S. 683 (685), Rn. 44 – CCOO.
1144 *Lehmann*, in: *Ferrari/Leible*, Internationales Vertragsrecht, S. 17 (28ff.).
1145 Vgl. Erwägungsgrund 31 Rom II-VO; *Kroll-Ludwigs*, Parteiautonomie, S. 404ff.
1146 *Junker*, in: *Säcker et al.*, MüKo BGB, Art. 14 Rom II-VO, Rn. 14.
1147 A.A. *Vogeler*, Freie Rechtswahl, S. 234ff.
1148 *Spickhoff*, in: *Bamberger et al.*, BeckOK BGB, Art. 4 Rom II-VO, Rn. 1.
1149 Die Kommission wollte mit Art. 14 Rom II-VO den jüngsten Entwicklungen im nationalen IPR, das zu einer größeren Parteiautonomie tendiere, Rechnung tragen, auch wenn *»davon weit weniger Gebrauch gemacht wird als bei vertraglichen Schuldverhältnissen«*; vgl. KOM (2003) 427 endg., S. 24; vgl. auch *Junker*, in: *Säcker et al.*, MüKo BGB, Art. 14 Rom II-VO, Rn. 1.

Art. 8 Abs. 3 Rom II-VO von Bedeutung.[1150] Die Geltung des Schutzlandprinzips soll nicht der Wahlmöglichkeit der Parteien unterliegen.[1151] Nach Auffassung der Kommission eignet sich der Grundsatz der Parteiautonomie nicht für den Bereich des geistigen Eigentums.[1152] Das öffentliche Interesse im Schutzland an der Abgrenzung der Immaterialgüterrechte sei zu bedeutend, als dass man das Schutzlandprinzip subjektiv abwählen könnte.[1153] Ob die Absage an die Parteiautonomie in Art. 8 Abs. 3 Rom II-VO rechtspolitisch gerechtfertigt ist, hängt von dem bereits aufgezeigten Streit[1154] zwischen den Vertretern des Schutzlandprinzips und denen des Ursprungslandprinzips ab. Würde man, entgegen Art. 8 Abs. 1 Rom I-VO, das Ursprungslandprinzip dem Internationalen Urheberrecht zugrunde legen, würde eine subjektive Rechtswahl *de lege ferenda* durchaus möglich sein.[1155] Da sich der europäische Verordnungsgeber allerdings im Anwendungsbereich des Art. 8 Rom II-VO für das Schutzlandprinzip entschieden hat, ist der Ausschluss der Rechtswahl konsequent.[1156] Die Rechtswahl spielt in der Rom II-VO insgesamt – anders als in der Rom I-VO – somit keine herausragende Rolle.

Betrachtet man die Anknüpfungsmomente der beiden Verordnungen, lässt sich auch hier das Kriterium der Freiwilligkeit als maßgebliches Prinzip der Rom I-VO für die Feststellung einer funktionalen Äquivalenz ausfindig machen.[1157] Das Vertragsstatut verweist für den Fall einer fehlenden Rechtswahl in Art. 4 Abs. 2 Rom I-VO auf das Recht des Staates, in dem die Partei, welche für den Vertrag die charakteristische Leistung zu erbringen hat, ihren gewöhnlichen Aufenthalt hat. Art. 4 Abs. 1 Rom I-VO konkretisiert diese Anknüpfung für einige Vertragstypen[1158] bzw. weicht von diesem Grundgedanken für spezielle Vertragstypen[1159] ab.[1160] Die Rom II-VO hingegen kennt in Art. 4 Abs. 1 Rom II-VO

1150 Kritisch zu Art. 8 Abs. 3 Rom II-VO: *Drexl*, in: *Säcker et al.*, MüKo BGB, IntImmGR, Rn. 271.

1151 *Bach*, in: *Spindler/Schuster*, Elektronische Medien, Art. 8 Rom II-VO, Rn. 19; *Vogeler*, Freie Rechtswahl, S. 115ff.

1152 KOM (2003) 427 endg., S. 24; a. A. Entwurf einer legislativen Entschließung des Europäischen Parlaments, KOM (2003) 427 – C5–0338/2003–2003/0168 (COD), Begründung zu Art. 2a Rom II-VO-E: »*Auch gibt es wohl keinen Grund, warum solche Vereinbarungen nicht auch hinsichtlich geistigem Eigentum getroffen werden sollten*«.

1153 Kritisch: *Drexl*, in: *Säcker et al.*, MüKo BGB, IntImmGR, Rn. 271.

1154 Vgl. hierzu S. 103ff.

1155 *Vogeler*, Freie Rechtswahl, S. 116f.; *Buchner*, GRUR Int. 2005, S. 1004 (1008).

1156 *Vogeler*, Freie Rechtswahl, S. 117.

1157 *Lehmann*, in: *Ferrari/Leible*, Internationales Vertragsrecht, S. 17 (30).

1158 Art. 4 Abs. 1 lit. a, b, e und f Rom I-VO.

1159 Art. 4 Abs. 1 lit. c, d, g und h Rom I-VO.

1160 *Magnus*, in: *Staudinger*, BGB, Art. 4 Rom I-VO, Rn. 28.

eine allgemeine Kollisionsnorm,[1161] die auf das Recht des Staates abstellt, in dem der Schaden eintritt. Die Anwendung des Rechts des Erfolgsorts dient primär dem Opferschutz, da der Verletzte diese Rechtsordnung am besten vorhersehen kann.[1162] Auch an diesem Unterschied zwischen den beiden Verordnungen lässt sich erkennen, dass die Rom I-VO sogar im allgemeinen Anknüpfungsmoment, in dem sie auf den Ort des vertragscharakteristisch Leistenden abstellt, an der Autonomie des Einzelnen festhält, wohingegen die Rom II-VO andere Interessen im Blick hat.

Ein weiteres Argument für eine funktionale Interessenanalyse lässt sich aus dem Vertragsbegriff des EuGH ableiten. Wie bereits an früherer Stelle[1163] dargestellt, begreift der EuGH den Vertrag als eine *»freiwillig eingegangene Verpflichtung«*.[1164] Das Verpflichtungselement ist isoliert betrachtet aber für die Abgrenzung zwischen Vertrags- und Deliktsstatut unbrauchbar. Denn sowohl die Schuldverhältnisse unter dem Anwendungsbereich der Rom I-VO als auch solche unter der Rom II-VO haben einen verpflichtenden Charakter. Entweder folgt die Verpflichtung aus einem Vertrag oder eben aus einer unerlaubten Handlung oder einem sonstigen in Art. 2 Abs. 1 Rom II-VO genannten außervertraglichen Schuldverhältnis. Was von der Formel des EuGH übrig bleibt, ist damit die Freiwilligkeit der Verpflichtung als Abgrenzungskriterium zwischen den beiden Verordnungen.

Nach alledem lässt sich festhalten, dass die *ratio legis* der Rom I-VO die Schaffung von Kollisionsregeln für privat- bzw. parteiautonomes Verhalten darstellt. Hierfür spricht zum einen das Leitprinzip der Rechtswahlfreiheit in der Rom I-VO, das im Vertragsstatut eine deutlich höhere Bedeutung als in der Rom II-VO innehat. Zum anderen knüpft auch die Rechtsfolgenseite des Vertragsstatuts an das freiwillige Handeln des Einzelnen an. Letztlich streitet auch das Freiwilligkeitselement in der Rechtsprechung des EuGH für diese These. *Leible* und *Lehmann* gehen deshalb zu Recht davon aus, dass ein Sachverhalt mit parteiautonomem Schwerpunkt funktional unter den Vertragsbegriff der Rom I-VO und Sachverhalte mit Schwerpunkt im unfreiwilligen Täter-Opfer-Ausgleich unter das Deliktsstatut der Rom II-VO fallen müssen.[1165] Die Freiwilligkeit ist

---

1161 Art. 4 Rom II-VO ist eher eine Auffangregel. Art. 14 Rom II-VO ist auch im Deliktsstatut vorrangig zu prüfen. Sodann erfolgt die Prüfung der spezielleren Kollisionsregeln in Art. 5 bis 13 Rom II-VO.

1162 *Junker*, in: *Säcker et al.*, MüKo BGB, Art. 4 Rom II-VO, Rn. 2; *Spickhoff*, in: *Bamberger et al.*, BeckOK BGB, Art. 4 Rom II-VO, Rn. 1.

1163 Vgl. hierzu S. 190ff.

1164 EuGH, Urt. v. 10.09.2015 (Az. C-47/14), EuZW 2015, S. 922 (924), Rn. 52 – Holterman; EuGH, Urt. v. 28.01.2015 (Az. C-375/13), NJW 2015, S. 1581 (15383), Rn. 39 – Kolassa; EuGH, Urt. v. 17.09.2002 (Az. C-334/00), NJW 2002, S. 3159 (3159), Rn. 23 – Tacconi.

1165 *Lehmann*, in: *Ferrari/Leible*, Internationales Vertragsrecht, S. 17 (30); *Leible/Lehmann*, RIW 2008, S. 528 (529).

damit das Abgrenzungskriterium.[1166] Dieser Grundgedanke kann für die zu fordernde Wertungsgleichheit im Rahmen des Analogieschlusses herangezogen werden.

Im zweiten Schritt muss die *ratio legis* des gesetzlich geregelten Falles mit dem ungeregelten Fall verglichen werden. Wie bereits umfassend aufgezeigt,[1167] ist die schlichte Einwilligung unter Berücksichtigung der autonom-europarechtlichen Qualifikation eine rechtsgeschäftliche, vertragsnahe Willenserklärung. Die Privatautonomie steht auch bei der schlichten Einwilligung im Vordergrund.[1168] Damit sind der geregelte und der ungeregelte Sachverhalt im entscheidenden Punkt – der Autonomie des Handelnden – wertungsgleich. Der Vertragsbegriff kann für einseitige Rechtsgeschäfte durch Analogie überwunden werden.

Mit einem solchen funktionalen Vertragsverständnis ließe sich auch die vertragliche Qualifikation von einseitigen Leistungsversprechen, wie etwa der Gewinnzusage, in der umstrittenen Rechtsprechung des EuGH[1169] dogmatisch erklären.[1170]

Unter Berücksichtigung dieser Erwägungen ist es nicht überraschend, dass einige Stimmen in der Literatur für einseitige Rechtsgeschäfte eine analoge Anwendung der Rom I-VO im Ergebnis vorschlagen.[1171] Ein anderer Teil der Literatur will den Vertragsbegriff zwar nicht analog, aber zumindest – dem Begriffsverständnis des EuGH folgend – extensiv auslegen. Es sollen auch sonstige, nicht verpflichtende, einseitige Rechtsgeschäfte erfasst sein.[1172] Als Beispiel für eine solche Erklärung wird in der Literatur neben der Anfechtung, Mahnung und Kündigung ausdrücklich auch die Einwilligung genannt. Durch diese rechtsgeschäftlichen Erklärungen werde eine Rechtslage geschaffen, die zuvor nicht bestanden habe.[1173] Der Vertragsbegriff kann nach alledem für einseitige Rechtsgeschäfte durch Analogie überwunden werden.

1166 *Vogeler*, Freie Rechtswahl, S. 79.

1167 Vgl. hierzu S. 168ff.

1168 Vgl. insbesondere die Parallele zum Lizenzvertrag S. 176ff.

1169 EuGH, Urt. v. 14.05.2009 (Az. C-180/06), EuZW 2009, S. 489 – Ilsinger; EuGH, Urt. v. 11.07.2002 (Az. C-96/00), NJW 2002, S. 2697 – Gabriel.

1170 *Lehmann*, in: *Ferrari/Leible*, Internationales Vertragsrecht, S. 17 (30).

1171 *Schulze*, in: *Ferrari et al.*, Int. Vertragsrecht, Art. 13 Rom I-VO, Rn. 5; *Thorn*, in: *Palandt*, BGB, Art. 1 Rom I-VO, Rn. 3; *Bach*, IHR 2010, S. 17 (23).

1172 *Magnus*, in: *Staudinger*, BGB, Art. 1 Rom I-VO, Rn. 36; *A. Staudinger*, in: *Schulze/Dörner*, BGB, Art. 1 Rom I-VO, Rn. 3.

1173 *Magnus*, in: *Staudinger*, BGB, Art. 1 Rom I-VO, Rn. 36.

2. Vergleichbarkeit zu Art. 6 Abs. 1 Rom I-VO

Damit ist geklärt, dass die Rom I-VO grundsätzlich analog angewendet werden kann. In der Folge wird nun eine konkrete Anknüpfungsregel für die kollisionsrechtliche Behandlung der schlichten Einwilligung in urheberrechtliche Onlinenutzungen ermittelt. Da in der Regel keine Rechtswahl nach Art. 3 Rom I-VO festzustellen sein dürfte, kommt von den vorrangig zu prüfenden speziellen Anknüpfungsregeln in den Art. 5 bis 8 Rom I-VO nur das Verbraucherstatut nach Art. 6 Abs. 1 Rom I-VO in Betracht.

Zunächst soll dargestellt werden, ob Art. 6 Abs. 1 Rom I-VO trotz seines Ausnahmecharakters analogiefähig ist (hierzu unter **a)**). Sodann wird die schlichte Einwilligung unter den persönlichen (hierzu unter **b)**), sachlichen (hierzu unter **c)**) und situativen Anwendungsbereich (hierzu unter **d)**) subsumiert. Schließlich sollen die Ergebnisse zusammengefasst werden (hierzu unter **e)**).

a) Analogiefähigkeit von Art. 6 Abs. 1 Rom I-VO

Hinsichtlich der deutschen Vorgängerregelungen in Art. 29, 29a EGBGB a. F.[1174] war die Analogiefähigkeit umstritten. Teilweise wurde sie bejaht,[1175] überwiegend jedoch verneint.[1176] Die ablehnende Haltung ließ sich damit begründen, dass die Vorgängerregelungen einen deutlich engeren Anwendungsbereich als Art. 6 Abs. 1 Rom I-VO aufwiesen. Es wurde diskutiert, ob sowohl der enge situative Anwendungsbereich in Art. 29 Abs. 1 Nr. 1 bis 3 EGBGB a. F. als auch die eng umgrenzten Vertragstypen durch Analogie überwunden werden könnten. Dem Ansinnen einer solchen Doppelanalogie hatte der BGH eine klare Absage erteilt.[1177] Der Anwendungsbereich des Art. 6 Rom I-VO ist indes deutlich weiter,[1178] sodass die frühere Diskussion unter der neuen Rechtslage weitestgehend obsolet wurde.[1179]

Die Analogiefähigkeit des Art. 6 Abs. 1 Rom I-VO könnte aber an dessen Ausnahmecharakter scheitern.[1180] Ob eine Ausnahmevorschrift vorliegt, lässt

1174 In Art. 29, 29a EGBGB a. F. wurden die Vorgaben aus Art. 5 EVÜ umgesetzt.

1175 OLG Nürnberg, Urt. v. 28.02.2002 (Az. 4 U 641/02), NJW 2002, S. 3637 (3639f.); OLG Stuttgart, Urt. v. 18.05.1990 (Az. 2 U 191/89), NJW-RR 1990, S. 1081 (1083); *Weller*, NJW 2006, S. 1247 (1248f.).

1176 BGH, Urt. v. 01.12.2005 (Az. III ZR 191/03), NJW 2006, S. 230 (233), Rn. 32; BGH, Urt. v. 13. 12.2005 (Az. XI ZR 82/05), NJW 2006, S. 762 (763), Rn. 18; BGH, Urt. v. 19.03.1997 (Az. VIII ZR 316/96), NJW 1997, S. 1697 (1699); *A. Staudinger*, in: *Ferrari et al.*, Int. Vertragsrecht, Art. 6 Rom I-VO, Rn. 24.

1177 BGH, Urt. v. 19.03.1997 (Az. VIII ZR 316/96), NJW 1997, S. 1697 (1699).

1178 Vgl. hierzu S. 212f.

1179 *Magnus*, in: *Staudinger*, BGB, Art. 6 Rom I-VO, Rn. 60.

1180 Die Analogiefähigkeit insgesamt ablehnend: *Kreuzer/Wagner/Reder*, in: *Dauses/Ludwigs*, EU-Wirtschaftsrecht, R.2. Europäisches IPR, Rn. 181; *Limbach*, in: *Herberger et al.*, jurisPK BGB, Art. 6 Rom I-VO, Rn. 59; *Thorn*, in: *Palandt*, BGB, Art. 6 Rom I-VO, Rn. 1.

sich nur normativ ermitteln und ist anzunehmen, wenn eine allgemeine Grundentscheidung der Rechtsordnung durchbrochen wird.[1181] Das Verbraucherstatut ist gegenüber der allgemeinen Vertragskollisionsnorm in Art. 4 Rom I-VO eine speziellere Vorschrift,[1182] die vom Grundprinzip der Anknüpfung an die charakteristische Leistung zugunsten des Verbraucherheimatrechts abweicht. Insofern kommt Art. 6 Abs. 1 Rom I-VO grundsätzlich ein Ausnahmecharakter zu.[1183] Ob jedoch hieraus methodisch tatsächlich ein Analogieverbot folgen muss, ist keineswegs so eindeutig, wie es immer wieder behauptet wird.

Der EuGH geht in ständiger Rechtsprechung davon aus, dass Ausnahmevorschriften eng auszulegen seien.[1184] Damit folgt er dem althergebrachten Grundsatz »*singularia non sunt extendenda*«.[1185] Hinter diesem Gedanken steht die Befürchtung, dass durch eine analoge bzw. extensive Anwendung von Ausnahmevorschriften das Regel- und Ausnahmeverhältnis verkehrt würde.[1186] Da der EuGH zwischen Analogie und Auslegung begrifflich nicht unterscheidet, folgt aus der Pflicht zur engen Auslegung zugleich ein Analogieverbot. Dies macht der Gerichtshof in der Rechtssache *Volvo* deutlich.[1187] Dogmatisch wird diese Maxime bei der Frage nach einer planwidrigen Regelungslücke verortet.[1188] Das Analogieverbot verfolgt der EuGH aber nicht ausnahmslos.[1189] Teilweise lässt er auch eine Analogie von Ausnahmevorschriften zu, wenn höherrangige Unionswerte dies gebieten.[1190] Hieraus wird in der Literatur teilweise gefolgert, dass es in der Rechtsprechung des EuGH kein konsequentes Analogieverbot von Ausnahmevorschriften gebe. Vielmehr sei jeweils im Einzelfall zu entscheiden, ob eine Analogie aufgrund der unionalen Werteordnung gerechtfertigt werden könne.[1191]

Nicht nur in der Unionsrechtsprechung ist die Maxime »*singularia non sunt extendenda*« verbreitet. Auch deutsche Gerichte berufen sich immer wieder auf

---

1181 *Canaris*, Lücke im Gesetz, S. 181 (Fn. 35).

1182 Eine *lex specialis* ist zugleich *lex singularis*, meint *Kramer*, Methodenlehre, S. 242.

1183 *A. Staudinger*, in: *Ferrari et al.*, Int. Vertragsrecht, Art. 6 Rom I-VO, Rn. 52; *A. Staudinger*, in: *Schulze/Dörner*, BGB, Art. 6 Rom I-VO, Rn. 11.

1184 EuGH, Urt. v. 12.05.2011 (Az. C-441/09), BeckRS 2011, S. 80521, Rn. 44 – Kommission; EuGH, Urt. v. 13.12.2001 (Az. C-481/99), EuZW 2002, S. 84 (86), Rn. 31 – Heininger; EuGH, Urt. v. 10.05.2001 (Az. C-203/99), EuZW 2001, S. 378 (380), Rn. 15 – Veedfald.

1185 »*Sonderbestimmungen dürfen nicht ausgedehnt werden*«; *Reimer*, Methodenlehre, S. 169.

1186 *Kramer*, Methodenlehre, S. 242.

1187 EuGH, Urt. v. 28.10.2010 (Az. C-203/09), EuZW 2011, S. 24 (27), Rn. 42 – Volvo; *Ahmling*, Analogiebildung, S. 167.

1188 *Ahmling*, Analogiebildung, S. 42.

1189 *Martens*, Methodenlehre, S. 321.

1190 EuGH, Urt. v. 29.06.1988 (Az. 58/87), BeckRS 2004, S. 73399, Rn. 16 – Rebmann (Analogie im Ergebnis abgelehnt); EuGH, Urt. v. 22.03.1982 (Az. 88/82), BeckRS 2004, S. 73846, Rn. 10 – Amministrazione delle finanze (Analogie bejaht).

1191 *Martens*, Methodenlehre, S. 321.

die Behauptung, dass Ausnahmevorschriften eng auszulegen seien.[1192] Als Beispiel kann die Rechtsprechung des BGH zur angeblich engen Auslegung von urheberrechtlichen Schranken angeführt werden.[1193] Das BVerfG begreift die Maxime indes einschränkender. Der Ausnahmecharakter verbiete nur, die Norm *»über ihren eindeutigen Inhalt und Sinn hinaus ausdehnend auszulegen; mehr gibt die Formel ›Ausnahmevorschriften sind eng auszulegen‹ nicht her.«*[1194] Es gebe auch keinen allgemeinen Rechtssatz – so das BVerfG –, wonach Ausnahmevorschriften stets restriktiv zu interpretieren seien.[1195] Der engen Auslegung von Schrankenregelungen im Urheberrecht hat das BVerfG deshalb konsequent eine Absage erteilt.[1196]

In der deutschen[1197] und europäischen[1198] Methodenlehre wird der Grundsatz *»singularia non sunt extendenda«* häufig, in der Rechtsprechung[1199] zumindest gelegentlich kritisiert. Bereits die Feststellung, ob eine Vorschrift eine Ausnahme von der Regel darstelle, erfordere eine unvoreingenommene Auslegung.[1200] Insofern liege ein Zirkelschluss vor, wenn die extensive Auslegung bzw. Analogie einer Ausnahmevorschrift abgelehnt werde, obwohl die Feststellung, ob eine Ausnahmevorschrift vorliege, gerade erst durch Auslegung zu bestimmen sei.[1201] Nicht immer ist die Norm als Ganzes die Ausnahme. Vielmehr könnten auch bestimmte Normenbestandteile aufgrund ihres Ausnahmecharakters enger auszulegen sein.[1202] Die Analogie dürfe das Regel- und Ausnahmeverhältnis zwar nicht umkehren, allerdings spreche nichts dagegen, zwei vergleichbare Sondertatbestände gleich zu behandeln.[1203] Dies gebiete bereits der Gleichheitsgrund-

1192 BGH, Beschl. v. 08.05.2014 (Az. IX ZB 31/13), NZI 2014, S. 707 (708), Rn. 9; BGH, Urt. v. 28.05.2008 (Az. VIII ZR 126/07), NJW 2008, S. 2257 (2258), Rn. 9; BVerwG, Beschl. v. 29.09. 1987 (Az. 4 B 191/87), NVwZ 1988, S. 357; BVerwG, Beschl. v. 27.07.1994 (Az. 4 B 48/94), NVwZ-RR 1995, S. 68 (69).

1193 BGH, Urt. v. 17.11.2014 (Az. I ZR 177/13), ZUM 2015, S. 569 (571), Rn. 19f. m.w.N. – Möbelkatalog; kritisch hierzu *Peukert/Rehbinder*, UrhR, Rn. 483.

1194 BVerfG, Beschl. v. 25.06.1974 (Az. 2 BvF 2 u. 3/73), NJW 1974, S. 1751 (1757).

1195 BVerfG, Beschl. v. 14.02.1978 (Az. 2 BvR 406/77), NJW 1978, S. 1149 (1150).

1196 BVerfG, Beschl. v. 17.11.2011 (Az. 1 BvR 1145/11), ZUM-RD 2012, S. 129 (130), Rn. 17.

1197 *Larenz/Canaris*, Methodenlehre, S. 201; *F. Müller/Christensen*, Juristische Methodik, S. 392f.; *Reimer*, Methodenlehre, S. 169ff.; *Würdinger*, AcP 206 (2006), S. 946 (960ff.); *Zippelius*, Methodenlehre, S. 56.

1198 *Gerhardt*, Analogiefähigkeit, S. 50ff.; *Martens*, Methodenlehre, S. 321; *J. Neuner*, in: *Riesenhuber*, Europäische Methodenlehre, § 12, Rn. 39; *Kramer*, Methodenlehre, S. 241ff.

1199 BAG, Beschl. v. 25.08.1983 (Az. 6 ABR 52/80), AP KO § 59 Nr. 14; BGH, Urt. v. 02.04.2009 (Az. I ZR 110/06), BeckRS 2009, S. 12964, Rn. 23 – Turbo Post: *»Es gibt keinen allgemeinen Grundsatz, dass Schutzschranken Ausnahmetatbestände darstellen, deren Anwendungsbereich im Interesse des Schutzes von Immaterialgüterrechten eng zu bemessen ist«.*

1200 *Gerhardt*, Analogiefähigkeit, S. 52; *Larenz/Canaris*, Methodenlehre, S. 175; *F. Müller/Christensen*, Juristische Methodik, S. 392f.

1201 *R. Tinnefeld*, Einwilligung, S. 116f.

1202 *F. Müller/Christensen*, Juristische Methodik, S. 393.

1203 *J. Neuner*, in: *Riesenhuber*, Europäische Methodenlehre, § 12, Rn. 39.

satz.[1204] Zudem könne aus der verfehlten Maxime, dass Ausnahmevorschriften eng auszulegen seien, noch kein Analogieverbot geschlossen werden.[1205] *Canaris* wird in seiner Kritik besonders deutlich, denn »*kaum eine verfehlte Regel [habe] soviel Unheil gestiftet wie die Behauptung, Ausnahmevorschriften seien ihrem Wesen nach einer Analogie unzugänglich*«.[1206]

Der vorstehende Streit braucht für diese Arbeit nicht abschließend entschieden zu werden. Der Anwendungsbereich des Art. 6 Abs. 1 Rom I-VO soll nämlich nicht umfassend durch einen Analogieschluss überwunden werden. Vielmehr soll nur der Vertragsbegriff durch analoge Anwendung auch auf einseitige Rechtsgeschäfte übertragen werden. Dass dies im Anwendungsbereich der Rom I-VO durch ein funktionales Vertragsverständnis möglich ist, wurde bereits erörtert.[1207] Auch wenn Art. 6 Abs. 1 Rom I-VO eine Sonderkollisionsnorm darstellt, ist die analoge Ausdehnung des Vertragsbegriffs kein Fall mit Ausnahmecharakter, der einer Analogie im Wege stehen würde.[1208] Es wäre widersprüchlich, den Vertragsbegriff beispielsweise im Anwendungsbereich des Art. 4 Rom I-VO durch Analogie auszudehnen, unter der Geltung des Art. 6 Rom I-VO die Analogie des gleichen Tatbestandsmerkmals aber zu versagen.

Anders wäre die Situation indes zu beurteilen, wenn der spezielle situative Anwendungsbereich des Art. 6 Abs. 1 lit. a und b Rom I-VO durch eine Analogie erweitert werden würde. Einem solchen Ansinnen stünden sowohl die Befürworter des Grundsatzes »*singularia non sunt extendenda*«[1209] als auch Art. 6 Abs. 3 Rom I-VO entgegen. Diese Vorschrift ordnet für den Fall, dass die speziellen Anforderungen an die Modalitäten des Vertragsschlusses nicht vorliegen, die ohnehin selbstverständliche Geltung von Art. 3 und 4 Rom I-VO an. Hieraus wird gelegentlich ein gesetzliches Analogieverbot für diese spezielle Konstellation abgeleitet.[1210]

Damit steht der grundsätzliche Ausnahmecharakter des Art. 6 Abs. 1 Rom I-VO der analogen Anwendung auf einseitige Rechtsgeschäfte nicht entgegen. Ob die sonstigen Tatbestandsvoraussetzungen vorliegen, wird in der Folge zu klären sein.

1204 *Magnus*, in: *Staudinger*, BGB, Art. 6 Rom I-VO, Rn. 125.

1205 BAG, Beschl. v. 25.08.1983 (Az. 6 ABR 52/80), AP KO § 59 Nr. 14.

1206 *Canaris*, Lücke im Gesetz, S. 181.

1207 Vgl. hierzu S. 201 ff.

1208 Für eine umfassende Analogiefähigkeit des Art. 6 Rom I-VO: *Magnus*, in: *Staudinger*, BGB, Art. 6 Rom I-VO, Rn. 125.

1209 Für Art. 6 Rom I-VO ausdrücklich: *Thorn*, in: *Palandt*, BGB, Art. 6 Rom I-VO, Rn. 1.

1210 *Bach*, in: *Spindler/Schuster*, Elektronische Medien, Art. 6 Rom I-VO, Rn. 14; *Magnus*, in: *Staudinger*, BGB, Art. 6 Rom I-VO, Rn. 37; *Spickhoff*, in: *Bamberger et al.*, BeckOK BGB, Art. 6 Rom I-VO, Rn. 21.

b) *Persönlicher Anwendungsbereich*

Art. 6 Abs. 1 Rom I-VO verlangt in persönlicher Hinsicht die Beteiligung eines Verbrauchers und eines Unternehmers. Ein Verbraucher ist nach der Legaldefinition eine natürliche Person, deren beruflichen oder gewerblichen Tätigkeit das Rechtsgeschäft nicht zugerechnet werden kann. Ein Unternehmer hingegen handelt in Ausübung einer solchen Tätigkeit.[1211] Mithin kommt es auf den privaten oder beruflich-gewerblichen Zweck des Rechtsgeschäfts an.[1212]

Da die Betreiber von Bildersuchmaschinen stets als Unternehmer anzusehen sind, müsste der Erklärende der schlichten Einwilligung für eine kollisionsrechtliche Behandlung nach Art. 6 Abs. 1 Rom I-VO analog ein Verbraucher sein. Eine solche Konstellation liegt beispielsweise vor, wenn ein Urheber oder ein berechtigter Dritter ein Lichtbild zu privaten Zwecken ungesichert in das Internet hochlädt. Zu denken ist etwa an Hobbyfotografen oder an den Upload eines privaten Urlaubsfotos.

Umstritten ist aber, ob Art. 6 Rom I-VO in persönlicher Hinsicht gleichwohl eröffnet ist, wenn der Verbraucher die in kollisionsrechtlicher Hinsicht charakteristische Handlung erbringt (sogenanntes *C2B*-Geschäft). Diese Fallkonstellation ist vorliegend relevant, denn in den Vorschaubilder-Fällen nimmt der Verbraucher durch die schlichte Einwilligung das charakteristische Rechtsgeschäft vor. Gegen die Eröffnung des persönlichen Anwendungsbereichs ließe sich anführen, dass auch in Art. 4 Abs. 2 Rom I-VO an die charakteristische Leistung angeknüpft wird, sodass es des Verbraucherstatuts gar nicht bedürfe. Beide Kollisionsnormen stellen immerhin im Ergebnis auf den gewöhnlichen Aufenthalt des charakteristisch Handelnden ab und kommen damit zum gleichen Ergebnis. Der Verbraucher sei deshalb nicht schutzbedürftig.[1213] Die herrschende Meinung wendet Art. 6 Abs. 1 Rom I-VO zu Recht aber auch in diesen *C2B*-Situationen an.[1214] Dies ist auch konsequent, denn zum einen hat Art. 6 Rom I-VO als *lex specialis* Vorrang gegenüber Art. 4 Rom I-VO. Zum anderen hat die Unterscheidung auch eine praktische Relevanz. Bei der immer noch möglichen nachträglichen Rechtswahl ergeben sich gemäß Art. 6 Abs. 2 S. 2 Rom I-VO rechtliche Unterschiede zwischen dem Verbraucher- und dem Vertragsstatut. Die Fortgeltung des verbraucherschützenden Sachrechts nach Art. 6 Abs. 2 S. 2 Rom I-VO hat aber für die kollisionsrechtliche Behandlung der schlichten Ein-

1211 Zum autonomen Verbraucher- und Unternehmerbegriff: *Spickhoff*, in: *Bamberger et al.*, BeckOK BGB, Art. 6 Rom I-VO, Rn. 20; *A. Staudinger*, in: *Ferrari et al.*, Int. Vertragsrecht, Art. 6 Rom I-VO, Rn. 13ff.

1212 *Magnus*, in: *Staudinger*, BGB, Art. 6 Rom I-VO, Rn. 41.

1213 *Magnus*, in: *Staudinger*, BGB, Art. 6 Rom I-VO, Rn. 58; *Mankowski*, IPRax 2006, S. 101 (106).

1214 *Bach*, in: *Spindler/Schuster*, Elektronische Medien, Art. 6 Rom I-VO, Rn. 6; *Magnus*, in: *Staudinger*, BGB, Art. 6 Rom I-VO, Rn. 58; *Solomon*, in: *Ferrari/Leible*, Internationales Vertragsrecht, S. 89 (94); *A. Staudinger*, in: *Schulze/Dörner*, BGB, Art. 6 Rom I-VO, Rn. 5.

willigung – anders als im klassischen Verbrauchervertragsrecht – eine untergeordnete Bedeutung, auch wenn die hier maßgeblichen allgemeinen Regeln der Rechtsgeschäftslehre grundsätzlich unter die Fortgeltungsklausel fallen können.[1215] Eine Voraussetzung ist aber, dass die für unabdingbar gehaltenen Normen der objektiv berufenen Rechtsordnung den Verbraucher vor Übervorteilung schützen sollen.[1216] Dies ist bei den gesetzlichen Vorschriften, auf denen die schlichte Einwilligung dogmatisch beruht,[1217] zumindest nach deutschem Sachrecht nicht anzunehmen. Auch das Rechtsinstitut der schlichten Einwilligung als solches ist nicht verbraucherschützend. Gleichwohl zeigt Art. 6 Abs. 2 S. 2 Rom I-VO, dass es nicht völlig gleichgültig ist, welche Kollisionsnorm zur Anwendung kommt. Für eine Heranziehung von Art. 6 Rom I-VO auf Fälle, in denen der Verbraucher die charakteristische Handlung erbringt, spricht zudem der gegenüber der Vorgängerregelung weite Wortlaut und der hinter der Norm stehende umfassende Verbraucherschutzgedanke.[1218] Der persönliche Anwendungsbereich von Art. 6 Abs. 1 Rom I-VO ist damit eröffnet.

c) *Sachlicher Anwendungsbereich*

In sachlicher Hinsicht verlangt Art. 6 Abs. 1 Rom I-VO lediglich einen Vertrag zwischen einem Verbraucher und einem Unternehmer. Das Verbraucherstatut erfasst mit Ausnahme der in Art. 6 Abs. 1 und Abs. 4 Rom I-VO genannten Vertragstypen alle sonstigen Vertragsarten[1219] und ist damit deutlich weiter gefasst als die deutschen Vorgängerregelungen in Art. 29, 29a EGBGB.[1220] Das Statut verzichtet auf ein Körperlichkeitserfordernis, sodass es auch für das Immaterialgüter- und Urhebervertragsrecht gilt.[1221] Insbesondere sind Lizenzverträge von Art. 6 Abs. 1 Rom I-VO umfasst.[1222]

Wie bereits an früherer Stelle[1223] ausführlich erörtert, ist es bei einem funktionalen Verständnis möglich, den Vertragsbegriff im Wege des Analogieschlusses auch auf einseitige Rechtsgeschäfte, wie die schlichte Einwilligung, zu übertragen. Dies gilt für die gesamte Rom I-VO und damit auch für das Ver-

1215 *Leible*, in: *Hüßtege/Mansel*, Rom VO, Art. 6 Rom I-VO, Rn. 70; *A. Staudinger*, in: *Schulze/Dörner*, BGB, Art. 6 Rom I-VO, Rn. 15.

1216 *Leible*, in: *Hüßtege/Mansel*, Rom VO, Art. 6 Rom I-VO, Rn. 69; *Martiny*, in: *Säcker et al.*, MüKo BGB, Art. 6 Rom I-VO, Rn. 55.

1217 Vgl. hierzu S. 35ff.

1218 *Martiny*, in: *Säcker et al.*, MüKo BGB, Art. 6 Rom I-VO, Rn. 13.

1219 *Limbach*, in: *Herberger et al.*, jurisPK BGB, Art. 6 Rom I-VO, Rn. 10; *Magnus*, in: *Staudinger*, BGB, Art. 6 Rom I-VO, Rn. 62; *Martiny*, in: *Säcker et al.*, MüKo BGB, Art. 6 Rom I-VO, Rn. 19; *A. Staudinger*, in: *Schulze/Dörner*, BGB, Art. 6 Rom I-VO, Rn. 6.

1220 *Spickhoff*, in: *Bamberger et al.*, BeckOK BGB, Art. 6 Rom I-VO, Rn. 9.

1221 *A. Staudinger*, in: *Ferrari et al.*, Int. Vertragsrecht, Art. 6 Rom I-VO, Rn. 25; *Leible/Lehmann*, RIW 2008, S. 528 (537).

1222 *Bach*, in: *Spindler/Schuster*, Elektronische Medien, Art. 6 Rom I-VO, Rn. 5.

1223 Vgl. hierzu S. 201ff.

braucherstatut. Dass Art. 6 Abs. 1 Rom I-VO ausdrücklich von einem Vertragsschluss zwischen Verbraucher und Unternehmer spricht, steht der Analogie nicht entgegen. Es liegt in der Natur der Sache, dass die Ausdehnung des Vertragsbegriffs auch den Vertragsschluss umfasst. Es ist ausreichend, wenn der Verbraucher die schlichte Einwilligung *erga omnes* erklärt[1224] und der Unternehmer sich zur Rechtfertigung hierauf beruft. Ob darüber hinaus ein engerer Zusammenhang zwischen der unternehmerischen Tätigkeit und der Abgabe der Willenserklärung zu fordern ist, bleibt noch zu klären.[1225]

d) Situativer Anwendungsbereich

Schließlich ist auch der situative Anwendungsbereich des Art. 6 Abs. 1 Rom I-VO zu prüfen. Nach Art. 6 Abs. 1 lit. a Rom I-VO muss der Unternehmer seine berufliche oder gewerbliche Tätigkeit in dem Staat ausüben, in dem der Verbraucher seinen gewöhnlichen Aufenthalt hat. Alternativ kann der Unternehmer eine solche Tätigkeit nach Art. 6 Abs. 1 lit. b Rom I-VO auf irgendeine Weise auf diesen Staat oder auf mehrere Staaten, einschließlich des Verbraucherstaates, ausrichten. Die Anknüpfung an das Heimatrecht des Verbrauchers ist in diesen Fällen gerechtfertigt, da sich das Rechtsgeschäft aus Sicht des Verbrauchers als Inlandsgeschäft darstellt[1226] (hierzu unter **aa**)). Zudem muss das Rechtsgeschäft gemäß Art. 6 Abs. 1 a.E. Rom I-VO in den Bereich dieser Tätigkeit fallen. Fraglich ist in diesem Zusammenhang, ob eine Kausalität zwischen der unternehmerischen Tätigkeit und der Erklärung der schlichten Einwilligung bestehen muss (hierzu unter **bb**)).

aa) Tätigkeit im Verbraucherstaat

Der Begriff des Ausübens einer beruflichen oder gewerblichen Tätigkeit wurde Art. 15 Abs. 1 lit. c Brüssel I-VO (nun Art. 17 Abs. 1 lit. c Brüssel Ia-VO) entlehnt und es kann für die Auslegung hierauf zurückgegriffen werden.[1227] Ein Ausüben der beruflichen oder gewerblichen Tätigkeit fordert eine aktive Teilnahme am Geschäftsverkehr im Verbraucherstaat.[1228] Nicht notwendig, aber jedenfalls ausreichend ist es, eine inländische Zweigniederlassung zu unterhalten.[1229] Ein Ausüben im Sinne des Art. 6 Abs. 1 lit. a Rom I-VO liegt zudem vor, wenn der

---

1224 BGH, Urt. v. 29.04.2010 (Az. I ZR 69/08), GRUR 2010, S. 628 (632), Rn. 37 – Vorschaubilder I.
1225 Vgl. hierzu S. 217ff.
1226 *Martiny*, in: *Säcker et al.*, MüKo BGB, Art. 6 Rom I-VO, Rn. 36.
1227 *Magnus*, in: *Staudinger*, BGB, Art. 6 Rom I-VO, Rn. 106.
1228 *Magnus*, in: *Staudinger*, BGB, Art. 6 Rom I-VO, Rn. 107; *A. Staudinger*, in: *Schulze/Dörner*, BGB, Art. 6 Rom I-VO, Rn. 9.
1229 *Bach*, in: *Spindler/Schuster*, Elektronische Medien, Art. 6 Rom I-VO, Rn. 15; *A. Staudinger*, in: *Ferrari et al.*, Int. Vertragsrecht, Art. 6 Rom I-VO, Rn. 46.

Unternehmer im Verbraucherstaat Waren oder Dienstleistungen anbietet.[1230] Eine gewisse körperliche Anwesenheit des Unternehmers oder dessen Erfüllungsgehilfen ist dabei grundsätzlich zu fordern.[1231] Aus diesem Grund ist das Angebot von Waren oder Dienstleistungen im reinen Internetgeschäft noch kein Ausüben im vorstehenden Sinne.[1232]

Zu fordern ist also eine gewisse körperliche Anwesenheit des Bildersuchmaschinenbetreibers im Verbraucherstaat. In Deutschland haben beispielsweise einige ausländische Suchmaschinenbetreiber eine Zweigniederlassung oder Landesgesellschaft gegründet. Der Marktführer *Google* betreibt die Landesgesellschaft *Google Germany GmbH* mit Sitz in Hamburg.[1233] Die Suchmaschine *Bing* wird von *Microsoft* betrieben. Die *Microsoft Deutschland GmbH* hat ihren Sitz in München.[1234] Auch die russische Bildersuchmaschine *Yandex* hat z. B. eine Niederlassung in Berlin.[1235]

Sofern ein Ausüben nach lit. a bejaht werden kann, ist das weiter gefasste Tatbestandsmerkmal des Ausrichtens nach lit. b ebenfalls erfüllt, sodass eine trennscharfe Abgrenzung in diesen Fällen nicht nötig ist.[1236] Sofern ein Ausüben der beruflichen oder gewerblichen Tätigkeit im Einzelfall jedoch nicht vorliegen sollte, könnte an ein Ausrichten zu denken sein.

Ein Ausrichten der Tätigkeit auf den Verbraucherstaat bedeutet eine werbende Entfaltung, um auf die Aktivität des Unternehmens aufmerksam zu machen und zu Geschäftsabschlüssen zu gelangen.[1237] Der Begriff ist weit auszulegen.[1238] Hierunter fallen alle umsatzfördernden Maßnahmen des Unternehmers.[1239] Die klassischen Marketingmethoden (Fernseh-, Rundfunk-, Print-, Telefon-, E-Mail-Marketing) im Verbraucherstaat fallen unter diesen situativen Anwendungsfall.[1240]

1230 *Spickhoff*, in: *Bamberger et al.*, BeckOK BGB, Art. 6 Rom I-VO, Rn. 23.

1231 *Limbach*, in: *Herberger et al.*, jurisPK BGB, Art. 6 Rom I-VO, Rn. 48; *Magnus*, in: *Staudinger*, BGB, Art. 6 Rom I-VO, Rn. 107.

1232 *Spickhoff*, in: *Bamberger et al.*, BeckOK BGB, Art. 6 Rom I-VO, Rn. 24.

1233 Abrufbar unter: https://www.google.com/intl/de_de/+/policy/imprint.html, letzter Abruf: 01.09.2020.

1234 Abrufbar unter: https://www.microsoft.com/de-de/rechtliche-hinweise/impressum_de, letzter Abruf: 01.09.2020.

1235 Abrufbar unter: https://yandex.com/company/contacts/berlin, letzter Abruf: 01.09.2020.

1236 *Magnus*, in: *Staudinger*, BGB, Art. 6 Rom I-VO, Rn. 106; *Mankowski*, IPRax 2009, S. 238 (239).

1237 *Bach*, in: *Spindler/Schuster*, Elektronische Medien, Art. 6 Rom I-VO, Rn. 16; *Magnus*, in: *Staudinger*, BGB, Art. 6 Rom I-VO, Rn. 112.

1238 *Martiny*, in: *Säcker et al.*, MüKo BGB, Art. 6 Rom I-VO, Rn. 39.

1239 *Spickhoff*, in: *Bamberger et al.*, BeckOK BGB, Art. 6 Rom I-VO, Rn. 26.

1240 *Martiny*, in: *Säcker et al.*, MüKo BGB, Art. 6 Rom I-VO, Rn. 39; *Spickhoff*, in: *Bamberger et al.*, BeckOK BGB, Art. 6 Rom I-VO, Rn. 26.

Für die werbende Tätigkeit von Bildersuchmaschinenbetreibern stellt sich jedoch vordergründig die Frage, wie die unternehmerische Tätigkeit im Internet ausgerichtet sein muss. Das Vorhalten der Bildersuchseite reicht für sich genommen nicht aus, da diese grundsätzlich weltweit einsehbar ist.[1241] In der Literatur zum Onlinevertragsschluss findet sich die Diskussion, ob es erheblich sei, dass eine Internetseite passiv oder aktiv ausgestaltet ist.[1242] Bei Letzterer erfolgt der Vertragsschluss elektronisch über die Internetseite selbst (Formular, Onlineshop), was ein Ausrichten begründen solle.[1243] Eine passive Internetseite informiert lediglich über Produkte und Dienstleistungen. Der Vertragsschluss erfolgt sodann über andere Medien, weswegen ein Ausrichten der Internetseite abgelehnt wurde.[1244] Der EuGH hat diesem Abgrenzungskriterium eine klare Absage erteilt und stellt stattdessen auf den Unternehmerwillen ab.[1245] Der Unternehmer müsse durch seine Internetseite den Verbraucher gezielt im Verbraucherstaat ansprechen. Der EuGH nennt in der Rechtssache *Pammer* für diese Beurteilung eine Reihe von Auslegungskriterien.[1246] Als eine *»offenkundige Ausdrucksform«* zur Auslegung des Unternehmerwillens gelten die finanziellen Aufwendungen für die Listung in einer Suchmaschine, um den Zugang zur eigenen Internetseite für Verbraucher in verschiedenen Mitgliedstaaten zu erleichtern.[1247]

Aus der vorstehenden Diskussion zum Onlinevertragsschluss kann indes für das Ausrichten der Tätigkeit einer Bildersuchmaschine nichts gewonnen werden. Die Internetseite der Bildersuchmaschine ist bereits die originäre Dienstleistung und dient nicht primär als Werbung in eigener Sache. Die Bildersuchseite ist zudem keine Plattform, um Vertragsabschlüsse zu erreichen.[1248] Auch erklärt der

1241 Allgemeiner: Erwägungsgrund 25 S. 3 Rom I-VO; EuGH, Urt. v. 07.12.2010 (Az. C-585/08 und C-144/09), NJW 2011, S. 505 (509), Rn. 68 – Pammer; *Bach*, in: *Spindler/Schuster*, Elektronische Medien, Art. 6 Rom I-VO, Rn. 17.

1242 *A. Staudinger*, in: *Ferrari et al.*, Int. Vertragsrecht, Art. 6 Rom I-VO, Rn. 52 m.w.N.

1243 BGH, Urt. v. 17.09.2008 (Az. III ZR 71/08), EuZW 2009, S. 26 (26f.), Rn. 9; zu Art. 15 Brüssel I-VO: KOM (1999) 348 endg., S. 17f.; *A. Staudinger*, in: *Ferrari et al.*, Int. Vertragsrecht, Art. 6 Rom I-VO, Rn. 52.

1244 Zu Art. 15 Brüssel I-VO: KOM (1999) 348 endg., S. 17 f.

1245 EuGH, Urt. v. 07.12.2010 (Az. C-585/08 und C-144/09), NJW 2011, S. 505 (509), Rn. 79 – Pammer; so auch *Thorn*, in: *Palandt*, BGB, Art. 6 Rom I-VO, Rn. 6.

1246 Mögliche Anhaltspunkte, die miteinander kombiniert werden können und nicht abschließend sind: Telefonnummer mit internationaler Vorwahl, vom Unternehmerstaat abweichender oder neutraler Top-Level-Domainname, Anfahrtsbeschreibung aus dem Ausland, Erwähnung von internationaler Kundschaft (insb. Kundenbewertungen), Sprache und Währung, sofern andere als im Unternehmerstaat (streitig); vgl. EuGH, Urt. v. 07.12.2010 (Az. C-585/08 und C-144/09), NJW 2011, S. 505 (509), Rn. 83f. – Pammer.

1247 EuGH, Urt. v. 07.12.2010 (Az. C-585/08 und C-144/09), NJW 2011, S. 505 (509), Rn. 81 – Pammer.

1248 Nicht ausgeschlossen ist natürlich, dass auf Unterseiten Verträge mit dem Betreiber z.B. über die Schaltung von Werbeanzeigen geschlossen werden.

Verbraucher auf dieser Internetseite nicht die schlichte Einwilligung. Ob ein Ausrichten der Tätigkeit im Sinne des Art. 6 Abs. 1 lit. b Rom I-VO vorliegt, kann sich aber nach den werbenden Aktivitäten des Unternehmers an anderen Stellen bestimmen. Wenn in digitaler oder analoger Form die Tätigkeit des Suchmaschinenbetreibers im Einzelfall beworben wird, könnte von einem Ausrichten gesprochen werden.

Zusammenfassend kann festgehalten werden, dass bei den global operierenden Anbietern von Bildersuchmaschinen jedenfalls aus deutscher Verbrauchersicht von einem Ausüben im Sinne des Art. 6 Abs. 1 lit. a Rom I-VO ausgegangen werden kann, da diese in der Regel eine Inlandsgesellschaft oder Zweigniederlassung in Deutschland betreiben. Sollte dies auf andere Staaten oder auf andere Suchmaschinenbetreiber nicht zutreffen, ist im Einzelfall zu klären, ob im Verbraucherstaat eine werbende Tätigkeit entfaltet wird und damit ein Ausrichten im Sinne des Art. 6 Abs. 1 lit. b Rom I-VO vorliegt.

bb) Kausalität zwischen unternehmerischer Tätigkeit und schlichter Einwilligung

Art. 6 Abs. 1 a.E. Rom I-VO verlangt, dass der Vertrag bzw. in analoger Anwendung das einseitige Rechtsgeschäft in den Bereich der soeben herausgearbeiteten Tätigkeit fällt. In diesem Zusammenhang ist umstritten, ob das Rechtsgeschäft kausal auf der unternehmerischen Tätigkeit gemäß Art. 6 Abs. 1 lit. a und b Rom I-VO beruhen muss.

In der früheren Literatur wurde allgemein eine Kausalität gefordert.[1249] Begründet wurde diese Anforderung im Wesentlichen mit den Erwägungsgründen der Rom I-VO. In Erwägungsgrund 24 S. 2 verweist der Verordnungsgeber auf eine gemeinsame Erklärung des Rates und der Kommission zu Art. 15 Brüssel I-VO a.F. (nun Art. 17 Brüssel Ia-VO),[1250] die auch für die Rom I-VO Geltung erlangen soll. Hiernach sei es für die Anwendung von Art. 15 Abs. 1 lit. c Brüssel I-VO a.F. nicht ausreichend, dass ein Unternehmen seine Tätigkeit auf den Verbraucherstaat nur ausrichte, sondern es müsse auch im Rahmen der Tätigkeit ein Vertrag geschlossen werden. Darüber hinaus legt Erwägungsgrund 25 S. 1 und 2 ein solches Kausalitätserfordernis nahe. Hiernach muss der Vertragsschluss auf das Ausüben oder Ausrichten der unternehmerischen Tätigkeit zurückzuführen sein. Die frühere Rechtsprechung des BGH zu Art. 15 Abs. 1 lit. c Brüssel I-VO

1249 *Clausnitzer*, EuZW 2010, S. 374 (377); *Leible/Lehmann*, RIW 2008, S. 528 (538); *Leible/M. Müller*, NJW 2011, S. 495 (497); *Lüttringhaus*, RabelsZ 77 (2013), S. 31 (58); *Magnus*, IPRax 2010, S. 27 (39); *Mankowski*, IPRax 2009, S. 238 (245); *Mankowski*, IHR 2008, S. 133 (142); *Pfeiffer*, EuZW 2008, S. 622 (627); *Sujecki*, EuZW 2012, S. 236 (239); *Würdinger*, RabelsZ 75 (2011), S. 102 (122).

1250 Die gemeinsame Erklärung ist nicht amtlich veröffentlicht worden. Abgedruckt in *Rat/Kommission*, IPRax 2001, S. 259.

a. F. verlangte dieser Meinung folgend einen kausalen Zusammenhang.[1251] Zwischen einer Internetpräsentation des Unternehmers und dem Vertragsschluss müsse ein *»innerer Zusammenhang«*[1252] bestehen. Nicht ausreichend sei eine unternehmerische Tätigkeit im Verbraucherstaat, von der vor Vertragsschluss keine Kenntnis genommen wurde.[1253] Der Verbraucherschutz ginge anderenfalls zu weit, weil ein pauschale Privilegierung erfolge, obwohl der Vertragspartner des Verbrauchers mit der Anwendbarkeit des fremden Rechts nicht rechnen müsse.[1254]

Fordert man mit der vorstehenden Meinung eine Kausalität, müsste das Verbraucherstatut als taugliche Kollisionsnorm für die Behandlung der schlichten Einwilligung abgelehnt werden, denn ein Ursachenzusammenhang zwischen der unternehmerischen Tätigkeit und der rechtsgeschäftlichen Willenserklärung besteht nicht. Die Existenz von Inlandsgesellschaften der Suchmaschinenbetreiber oder die werbende Tätigkeit für deren Geschäftsmodell ist nicht kausal für die Erklärung der schlichten Einwilligung. Der Urheber erklärt die Einwilligung, weil er sein Werk möglichst weit verbreitet wissen möchte.[1255] Er will deshalb in der Bildersuche möglichst aller Anbieter gelistet werden. Ihm ist die Existenz von Bildersuchmaschinen zwar bekannt, nicht hingegen bei lebensnaher Betrachtung die konkrete unternehmerische Tätigkeit der Suchmaschinenbetreiber in seinem Heimatstaat.

Dem steht eine in jüngerer Zeit aufstrebende Meinung entgegen, die ein Kausalitätserfordernis für Art. 6 Abs. 1 Rom I-VO ablehnt.[1256] Hierfür wird die Rechtsprechung des EuGH zur Parallelnorm des Art. 15 Abs. 1 lit. c Brüssel I-VO a. F. (nun Art. 17 Abs. 1 lit. c Brüssel Ia-VO) herangezogen. In der Rechtssache *Mühlleitner* hat der EuGH sogar unter ausdrücklicher Bezugnahme auf Erwä-

1251 BGH, Urt. v. 17.09.2008 (Az. III ZR 71/08), NJW 2009, S. 298 (298), Rn. 11; LG Saarbrücken, Beschl. v. 27.04.2012 (Az. 5 S 68/12), BeckRS 2012, S. 19285, Rn. 26 – Vorlagebeschluss an EuGH, der zum Emrek-Urteil führte; LG Traunstein, Urt. v. 08.02.2012 (Az. 5 O 3021/11), juris, Rn. 16.

1252 OLG Karlsruhe, Urt. v. 24.08.2007 (Az. 14 U 72/06), NJW 2008, S. 85 (86).

1253 *A. Staudinger*, in: *Schulze/Dörner*, BGB, Art. 6 Rom I-VO, Rn. 13; *Leible/Lehmann*, RIW 2008, S. 528 (538); *Mankowski*, IHR 2008, S. 133 (142).

1254 *A. Staudinger*, in: *Schulze/Dörner*, BGB, Art. 6 Rom I-VO, Rn. 13; *Klöpfer/Wendelstein*, JZ 6/2014, S. 298 (302).

1255 *R. Tinnefeld*, Einwilligung, S. 92 ff.

1256 Zu Art. 6 Abs. 1 Rom I-VO: AG Braunschweig, Urt. v. 08.01.2014 (Az. 118 C 3557/13), BeckRS 2014, S. 5553; zu Art. 15 Abs. 1 lit. c LugÜ: OLG München, Urt. v. 16.03.2016 (Az. 15 U 2341/15 Rae), BeckRS 2016, S. 6263, Rn. 123; *Bach*, in: *Spindler/Schuster*, Elektronische Medien, Art. 6 Rom I-VO, Rn. 21; *Dörner*, in: *Saenger*, ZPO, Art. 17 Brüssel Ia-VO, Rn. 13; *Hüßtege*, in: *Thomas et al.*, ZPO, Art. 17 Brüssel Ia-VO, Rn. 15; *Limbach*, in: *Herberger et al.*, jurisPK BGB, Art. 6 Rom I-VO, Rn. 55; *Martiny*, in: *Säcker et al.*, MüKo BGB, Art. 6 Rom I-VO, Rn. 47; *Spickhoff*, in: *Bamberger et al.*, BeckOK BGB, Art. 6 Rom I-VO, Rn. 27; *Rühl*, IPRax 2014, S. 41 (44); *Schultheiß*, EuZW 2013, S. 943 (945); *A. Staudinger/Steinrötter*, NJW 2013, S. 3504 (3506).

gungsgrund 24 der Rom I-VO entschieden, dass der Vertrag zwischen einem Unternehmer und einem Verbraucher nicht zwingend im Fernabsatz geschlossen werden müsse.[1257] In der Rechtssache *Emrek* macht der Gerichtshof deutlich, dass der Wortlaut des Art. 15 Abs. 1 lit. c Brüssel I-VO a. F. eine Kausalität nicht verlange.[1258] Auch eine teleologische Auslegung ergebe, dass ein solcher Kausalzusammenhang nicht zu fordern sei, da anderenfalls dem Ziel eines umfassenden Verbraucherschutzes nicht gedient werde. Der Verbraucher würde sich mit erheblichen Schwierigkeiten konfrontiert sehen, müsste er die Kausalität beweisen. Der Kausalzusammenhang zwischen der unternehmerischen Tätigkeit und dem Vertragsschluss sei aber nicht völlig unbedeutend, sondern könne als weiteres Indiz für ein Ausrichten im Sinne des Art. 15 Abs. 1 lit. c Brüssel I-VO a. F. herangezogen werden.[1259] Dieser Ansicht hat sich auch der BGH angeschlossen und seine frühere Rechtsprechung aufgegeben.[1260] Das aus Sicht des Unternehmers entstehende Rechtsanwendungsrisiko sei diesem zuzumuten, wenn er eine weite Verbreitung – auch im Verbraucherstaat – in Kauf nehme.[1261] Auch ohne Nachweis einer Kausalität sei die Bindung zwischen den Vertragsparteien aufgrund des verbleibenden situativen Anwendungsbereichs hinreichend eng.[1262]

Dieser Meinung folgend bedürfte es keiner Kausalität zwischen der unternehmerischen Tätigkeit der Suchmaschinenbetreiber und der Erklärung der schlichten Einwilligung durch den Verbraucher. Dennoch muss das Rechtsgeschäft nach Art. 6 Abs. 1 a.E. Rom I-VO, ohne kausal zu sein, zumindest in den Bereich der unternehmerischen Tätigkeit fallen. Davon ist bei einer schlichten Einwilligung in die Nutzung des Werkes als Vorschaubild in einem Bildersuchdienst auszugehen. Art. 6 Abs. 1 Rom I-VO wäre damit analog anwendbar.

Hiervon abweichend wird jedoch in Übereinstimmung mit der zuerst genannten Meinung weiterhin vertreten, dass die vorstehende EuGH-Rechtsprechung zu Art. 15 Abs. 1 lit. c Brüssel I-VO a. F. nicht auf Art. 6 Abs. 1 Rom I-VO übertragbar sei und eine Kausalität nach wie vor gefordert werden müsse.[1263] Diese Auffassung kann für sich geltend machen, dass der EuGH in der Rechtssache *Emrek* versäumt hat, in der Auslegung des Art. 15 Abs. 1 lit. c Brüssel I-VO a. F. rechtsaktübergreifend auf Erwägungsgrund 24 und 25 der Rom I-VO ein-

1257 EuGH, Urt. v. 06.09.2012 (Az. C-190/11), EuZW 2012, S. 917 (918 f.), Rn. 33 ff. – Mühlleitner.
1258 EuGH, Urt. v. 17.10.2013 (Az. C-218/12), EuZW 2013, S. 943 – Emrek.
1259 EuGH, Urt. v. 17.10.2013 (Az. C-218/12), EuZW 2013, S. 943 (943 f.), Rn. 21 ff. – Emrek.
1260 BGH, Urt. 09.02.2017 (Az. IX ZR 67/16), BeckRS 2017, S. 103609, Rn. 36.
1261 *Spickhoff*, in: *Bamberger et al.*, BeckOK BGB, Art. 6 Rom I-VO, Rn. 27.
1262 *Dörner*, in: *Saenger*, ZPO, Art. 17 Brüssel Ia-VO, Rn. 13.
1263 *Magnus*, in: *Staudinger*, BGB, Art. 6 Rom I-VO, Rn. 120; *Martiny*, in: *Säcker et al.*, MüKo BGB, Art. 6 Rom I-VO, Rn. 36; *Thorn*, in: *Palandt*, BGB, Art. 6 Rom I-VO, Rn. 6; *Klöpfer/Wendelstein*, JZ 6/2014, S. 298 (300).

zugehen.[1264] In der *Mühlleitner*-Entscheidung hat er die Erwägungsgründe noch ausdrücklich berücksichtigt, was darauf schließen lassen könnte, dass das *Emrek*-Urteil gerade nicht auf das Internationale Privatrecht übertragbar sein soll. Zudem gebe es in der Brüssel I/Ia-VO keine der Rom II-VO entsprechenden Erwägungsgründe, sodass eine abweichende Beurteilung gerechtfertigt sei.[1265] *Klöpfer/Wendelstein* machen geltend, dass zwischen der Brüssel I/Ia-VO und der Rom I-VO kein absoluter Auslegungsgleichlauf hergestellt werden müsse. Es gebe zwischen den beiden Rechtsakten Unterschiede. Zum einen werde in Art. 16 Brüssel I-VO auf den Wohnsitz des Verbrauchers abgestellt, wohingegen in Art. 6 Rom I-VO der gewöhnliche Aufenthalt maßgeblich sei. Zum anderen existiere in der Brüssel I-VO nicht die in Art. 6 Abs. 4 lit. a Rom I-VO genannte Ausnahme. Schließlich sei die prozessuale und kollisionsrechtliche Interessenlage nicht immer identisch.[1266] Wenn kein absoluter Gleichlauf der Rechtsakte bestehe, müsse im Rahmen des Art. 6 Rom I-VO mit Verweis auf die Erwägungsgründe 24 und 25 das *Emrek*-Urteil nicht zwingend übertragen werden.[1267]

In der Tat ist es bedauerlich, dass sich der EuGH in der Rechtssache *Emrek* nicht mit den Erwägungsgründen der Rom I-VO auseinandergesetzt hat. Im Hinblick auf das Ziel, das Internationale Verfahrens- und Privatrecht zumindest weitgehend harmonisch im Einklang miteinander auszulegen,[1268] wäre dies zu begrüßen gewesen. In der Literatur wird in diesem Zusammenhang von einem »*Trümmerfeld*«, das der EuGH durch die *Emrek*-Entscheidung hinterlassen hätte, gesprochen.[1269] Mit diesem Versäumnis muss der Rechtsanwender nun umzugehen wissen. Hieraus herleiten zu wollen, dass eine Übertragung der Rechtsprechung nicht möglich sei, kann nicht überzeugen.[1270] Für eine konsistente Auslegung sprechen in erster Linie die ähnlichen Wortlaute von Art. 15 Abs. 1 lit. c Brüssel I-VO und Art. 6 Abs. 1 Rom I-VO. Beide Vorschriften verlangen nicht ausdrücklich eine Kausalitätsprüfung. Die in Zitatform wiedergegebenen Erwägungsgründe sind lediglich Subtext zum verbindlichen Verordnungsrecht, an den der EuGH nicht gebunden ist.[1271] Insofern hat der Wortlaut des Art. 6 Abs. 1 Rom I-VO Vorrang vor den Erwägungsgründen.[1272]

1264 Kritik am EuGH deshalb von *A. Staudinger*, in: *Ferrari et al.*, Int. Vertragsrecht, Art. 6 Rom I-VO, Rn. 65; *A. Staudinger*, in: *Schulze/Dörner*, BGB, Art. 6 Rom I-VO, Rn. 14; *Rühl*, IPRax 2014, S. 41 (43).

1265 *Limbach*, in: *Herberger et al.*, jurisPK BGB, Art. 6 Rom I-VO, Rn. 55.

1266 Hierzu auch ausführlich *Würdinger*, RabelsZ 75 (2011), S. 102 (105ff.).

1267 *Klöpfer/Wendelstein*, JZ 6/2014, S. 298 (300).

1268 Erwägungsgründe 7 und 24 S. 2 Rom I-VO.

1269 *Rühl*, IPRax 2014, S. 41 (44).

1270 *Salomon*, ZVglRWiss 115 (2016), S. 586 (601).

1271 *A. Staudinger*, in: *Ferrari et al.*, Int. Vertragsrecht, Art. 6 Rom I-VO, Rn. 66; *A. Staudinger*, in: *Schulze/Dörner*, BGB, Art. 6 Rom I-VO, Rn. 14.

1272 *Limbach*, in: *Herberger et al.*, jurisPK BGB, Art. 6 Rom I-VO, Rn. 55.

Beim Kausalitätserfordernis handelt es sich demnach nicht um eine *conditio sine qua non.*[1273] Eine endgültige Klärung dieser Frage wird jedoch nur eine Vorlage an den EuGH bringen. Die Anwendung von Art. 6 Abs. 1 Rom I-VO scheitert damit nicht an der fehlenden Kausalität zwischen der unternehmerischen Tätigkeit und der Erklärung der schlichten Einwilligung.

e) Zwischenergebnis: Art. 6 Abs. 1 Rom I-VO analog bei Verbraucherbeteiligung

Die vorstehenden Erörterungen haben aufgezeigt, dass die Behandlung der schlichten Einwilligung nach Art. 6 Abs. 1 Rom I-VO analog möglich ist, sofern ein Verbraucher das Rechtsgeschäft erklärt und der situative Anwendungsbereich im Einzelfall eröffnet ist. Damit ist an das Recht des gewöhnlichen Aufenthaltes des Verbrauchers anzuknüpfen. Der Ort des gewöhnlichen Aufenthaltes eines Verbrauchers ist nicht – auch nicht in Art. 19 Rom I-VO – gesetzlich geregelt. Anerkannt ist der Ort der sozialen Integration einer natürlichen Person[1274] bzw. ihr Daseinsmittelpunkt für eine gewisse Dauer.[1275] Maßgeblich ist der Zeitpunkt, in dem die schlichte Einwilligung erklärt wurde,[1276] also der Upload des Werkes in das Internet.

3. Vergleichbarkeit zu Art. 4 Abs. 1 Rom I-VO

Ist kein Verbraucher beteiligt oder ist im Einzelfall der situative Anwendungsbereich des Art. 6 Abs. 1 Rom I-VO nicht eröffnet, bedarf es der Prüfung des Art. 4 Rom I-VO analog. Art. 4 Abs. 1 Rom I-VO enthält Anknüpfungsregeln für acht typische Vertragsarten. Die Aufzählung ist abschließend.[1277] Wie bereits im Zusammenhang mit der funktional-telelogischen Qualifikation der schlichten Einwilligung festgestellt, besteht eine Parallele zum Lizenzvertrag.[1278] Aber auch Lizenzverträge sind in Art. 4 Abs. 1 Rom I-VO nicht geregelt.

Im Gesetzgebungsverfahren war die Aufnahme von Lizenzverträgen in Art. 4 Abs. 1 lit. f Rom I-VO-E des Kommissionsentwurfs vom 15.12.2005 ursprünglich angedacht.[1279] Der Entwurf lautete:

> »Für Verträge über Rechte an geistigem Eigentum oder gewerbliche Schutzrechte ist das Recht des Staats maßgebend, in dem die Person, die diese Rechte überträgt oder zur Nutzung überlässt, ihren gewöhnlichen Aufenthalt hat.«

1273 *A. Staudinger/Steinrötter*, NJW 2013, S. 3504 (3506).
1274 *Spickhoff*, in: *Bamberger et al.*, BeckOK BGB, Art. 19 Rom I-VO, Rn. 6.
1275 *Ferrari*, in: *Ferrari et al.*, Int. Vertragsrecht, Art. 19 Rom I-VO, Rn. 15.
1276 Bei direkter Anwendung der Rom I-VO gilt der Zeitpunkt des Vertragsschlusses; *Spickhoff*, in: *Bamberger et al.*, BeckOK BGB, Art. 19 Rom I-VO, Rn. 7.
1277 *Martiny*, in: *Säcker et al.*, MüKo BGB, Art. 4 Rom I-VO, Rn. 20.
1278 Vgl. hierzu S. 176ff.
1279 KOM (2005) 650 endg, S. 17.

Die Regelung ist im Gesetzgebungsverfahren[1280] und in der Literatur[1281] auf erhebliche Kritik gestoßen. Es konnte letztlich keine Einigung über den Ort der charakteristischen Leistung bei Lizenzverträgen gefunden werden, sodass die Vorschrift ersatzlos gestrichen wurde.[1282]

Die gesetzgeberische Entscheidung, Verträge über Rechte an geistigem Eigentum oder gewerbliche Schutzrechte nicht nach Art. 4 Abs. 1 Rom I-VO anknüpfen zu wollen, hat auch Auswirkungen auf den hier fraglichen Analogieschluss. Es fehlt nämlich bereits an der planwidrigen Regelungslücke, da der Gesetzgeber die kollisionsrechtliche Behandlung von Lizenzverträgen und die damit verwandten Qualifikationsfragen den übrigen Absätzen des Art. 4 Rom I-VO überantworten wollte und damit eine klare, insofern planmäßige Entscheidung getroffen hat.[1283]

Darüber hinaus kommt auch eine Anknüpfung nach Art. 4 Abs. 1 lit. b Rom I-VO analog nicht in Betracht. Nach dieser Kollisionsnorm unterliegen Dienstverträge dem Recht des Staates, in dem der Dienstleister seinen gewöhnlichen Aufenthalt hat. Der Versuch, einen Lizenzvertrag in die Nähe eines Dienstvertrags zu rücken, muss ebenfalls scheitern. Der EuGH hat in der Rechtssache *Falco* entschieden, dass ein Lizenzvertrag kein Vertrag über die Erbringung von Dienstleistungen im Sinne des Art. 5 Nr. 1 lit. b zweiter Gedankenstrich Brüssel I-VO a. F. ist.[1284] Diese Auslegung kann nach Erwägungsgrund 17 S. 1 auf Art. 4 Abs. 1 lit. b Rom I-VO übertragen werden.[1285] Nichts anderes gilt für die schlichte Einwilligung. Damit kann die schlichte Einwilligung nicht nach Art. 4 Abs. 1 Rom I-VO analog angeknüpft werden.

1280 Deutsche Delegation, Ratsdokument Nr. 13035/06 ADD 12, S. 6, abrufbar unter http://register.consilium.europa.eu/pdf/de/06/st13/st13035-ad12.de06.pdf, letzter Abruf: 01.09.2020; Niederländische Delegation, Ratsdokument Nr. 13035/06 ADD 16, S. 5, abrufbar unter http://register.consilium.europa.eu/pdf/en/06/st13/st13035-ad16.en06.pdf, letzter Abruf: 01.09.2020; Stellungnahme Europäischer Wirtschafts- und Sozialausschuss v. 23.12.2006, 2006/C 318/10, S. 4.

1281 Die Kritik zusammenfassend: *Richter*, Parteiautonomie, S. 282 f.; *Stimmel*, GRUR Int. 2010, S. 783 (784).

1282 *Thorn*, in: *Rauscher*, EuZPR/EuIPR, Art. 4 Rom I-VO, Rn. 121; *Stimmel*, GRUR Int. 2010, S. 783 (784); *Würdinger*, RabelsZ 75 (2011), S. 102 (119).

1283 *Richter*, Parteiautonomie, S. 307.

1284 EuGH, Urt. v. 23.04.2009 (Az. C-533/07), NJW 2009, S. 1865 (1866), Rn. 27 ff. – Falco.

1285 Schlussantrag Generalanwältin *Trstenjak* v. 27.01.2009 (Az. C-533/07), Rn. 67 ff. – Falco; *Magnus*, in: *Staudinger*, BGB, Art. 4 Rom I-VO, Rn. 40; *Würdinger*, RabelsZ 75 (2011), S. 102 (119).

4. Vergleichbarkeit zu Art. 4 Abs. 2, 19 Rom I-VO

Fällt der Vertrag nicht unter Abs. 1, unterliegt nach Art. 4 Abs. 2 Alt. 1 Rom I-VO der Vertrag bzw. in analoger Anwendung das einseitige Rechtsgeschäft dem Recht des Staates, in dem die Partei, welche für den Vertrag oder das einseitige Rechtsgeschäft die charakteristische Leistung zu erbringen hat, ihren gewöhnlichen Aufenthalt hat. Die Vorschrift gilt auch für Rechtsgeschäfte im Internet.[1286]

Zur Anknüpfung an Art. 4 Abs. 2 Rom I-VO müsste eine charakteristische Leistung feststellbar sein. Unter Geltung des Art. 4 Abs. 2 EVÜ bzw. Art. 28 Abs. 2 EGBGB a.F. war die Anknüpfung an die charakteristische Leistung nur eine widerlegliche Vermutung zur Bestimmung der engsten Verbindung. Nach neuer Rechtslage entscheidet das Kriterium, sofern keine anderen bedeutenden Umstände vorliegen, abschließend über das anzuwendende Recht.[1287] Die charakteristische Leistung konkretisiert insofern aber auch unter der Geltung der Rom I-VO das international-privatrechtliche Prinzip der Anknüpfung an die engste Verbindung. Es hat aber im Vergleich zur EVÜ bzw. zum EGBGB einen höheren Stellenwert.[1288] Die charakteristische Leistung verleiht dem Vertragstyp seine Eigenschaft bzw. sein Gepräge und ermöglicht somit eine Abgrenzung von anderen Vertragsarten.[1289] Durch dieses Prinzip kann das Anknüpfungsmerkmal dem Rechtsgeschäft selbst entnommen werden und muss nicht aus äußeren Umständen, wie etwa aus der Staatsangehörigkeit oder aus dem Ort des Vertragsschlusses, abgeleitet werden. Zudem beschreibt die charakteristische Leistung den wirtschaftlichen und sozialen Lebensmittelpunkt einer Beziehung und ermöglicht insofern die Anknüpfung an das *»sozio-ökonomische Milieu«*.[1290] Die Anknüpfung an die charakteristische Leistung wird jedoch gelegentlich kritisiert,[1291] denn sie bevorzuge das Recht der Partei, die die Leistung berufsmäßig erbringe und benachteilige, sofern Art. 6 Rom I-VO nicht anwendbar ist, einseitig die Privatperson.[1292]

Um den Vergleich zum Lizenzvertrag erneut zu bemühen, kann festgehalten werden, dass einfache Lizenzverträge nach allgemeiner Auffassung gemäß Art. 4 Abs. 2 Rom I-VO angeknüpft werden können.[1293] Der Lizenzgeber schuldet in der

1286 *Magnus*, in: *Staudinger*, BGB, Art. 4 Rom I-VO, Rn. 106; *Thorn*, in: *Palandt*, BGB, Art. 4 Rom I-VO, Rn. 22.

1287 *Stimmel*, GRUR Int. 2010, S. 783 (785f.).

1288 *Martiny*, in: *Säcker et al.*, MüKo BGB, Art. 4 Rom I-VO, Rn. 170.

1289 *Magnus*, in: *Staudinger*, BGB, Art. 4 Rom I-VO, Rn. 98; *Spickhoff*, in: *Bamberger et al.*, BeckOK BGB, Art. 4 Rom I-VO, Rn. 53; *A. Staudinger*, in: *Schulze/Dörner*, BGB, Art. 4 Rom I-VO, Rn. 1.

1290 Zum Ganzen: *Giuliano/Lagarde*, Bericht EVÜ, S. 20.

1291 *Magnus*, in: *Staudinger*, BGB, Art. 4 Rom I-VO, Rn. 108 m.w.N.

1292 *Ferrari*, in: *Ferrari et al.*, Int. Vertragsrecht, Art. 4 Rom I-VO, Rn. 62.

1293 *Bach*, in: *Spindler/Schuster*, Elektronische Medien, Art. 4 Rom I-VO, Rn. 24; *Martiny*, in: *Säcker et al.*, MüKo BGB, Art. 4 Rom I-VO, Rn. 20; *Magnus*, IPRax 2010, S. 27 (37); *Pfaff/*

Regel die vertragscharakteristische Leistung.[1294] Etwas anderes kann allerdings gelten, wenn den Lizenznehmer je nach Pflichtenumfang[1295] eine dominante Ausübungs- oder Verwertungspflicht trifft.[1296] In diese Richtung leitet auch Art. 3:502 der *CLIP*-Grundregeln. In dessen Abs. 2 wird eine Reihe von Kriterien an die Hand gegeben, mit denen die Beurteilung der engsten Verbindung anhand des Umfangs und der Bedeutung der übernommenen Vertragspflichten erfolgen kann.[1297] Auch bei komplexen Lizenzverträgen, z. B. bei Kreuzlizenzverträgen,[1298] kommt eine Anknüpfung nach Art. 4 Abs. 2 Rom I-VO nicht ohne Weiteres in Betracht.[1299] Das zuletzt genannte Beispiel ist allerdings für den Vergleich mit der schlichten Einwilligung untauglich und braucht deshalb nicht weiter vertieft werden. Die Suchmaschinenbetreiber treffen keine eigenen Pflichten, die aus der Berufung auf die schlichte Einwilligung resultieren könnten. Insbesondere besteht keine rechtsgeschäftliche Pflicht, das streitgegenständliche Vorschaubild auch tatsächlich in die Bildersuche hochzuladen. Insofern ist die Interessenlage der schlichten Einwilligung mit der eines einfach gelagerten Lizenzvertrags ohne Ausübungs- oder Verwertungspflicht des Lizenznehmers vergleichbar.

Im Zusammenhang mit einseitigen Rechtsgeschäften wird für die Rom I-VO darüber hinaus allgemein vertreten, dass in Ermangelung einer gegenseitigen Leistungspflicht an das Recht des einseitig Leistenden angeknüpft werden müsse.[1300] Dies gilt beispielsweise für die isolierte Gewinnzusage. Nach der Rechtsprechung des EuGH ist diese vertraglich zu qualifizieren.[1301] Gemäß Art. 4 Abs. 2 Rom I-VO führt dies zum Recht des gewöhnlichen Aufenthaltes des charakteristisch Leistenden und damit zum Recht des einseitig Versprechen-

---

Nagel, in: *Pfaff/Osterrieth*, Lizenzverträge, II. Anzuwendendes Recht, Rn. 104; *Richter*, Parteiautonomie, S. 307.

1294 BGH, Urt. v. 06.04.1995 (Az. IX ZR 61/94), DtZ 1995, S. 285 (289) (noch zu Art. 28 EGBGB a. F.); OLG Köln, Urt. v. 31.10.2014 (Az. 6 U 60/14), BeckRS 2014, S. 21041, Rn. 31 – Creative-Commons-Lizenz; OLG München, Urt. v. 25.01.2001 (Az. 6 U 2684/96), ZUM 2001, S. 439 (440); LG Mannheim, Beschl. v. 23.10.2009 (Az. 7 O 125/09), BeckRS 2010, S. 14367 (noch zu Art. 27, 28 EGBGB a. F.); zum neuen Recht: *Spickhoff*, in: *Bamberger et al.*, BeckOK BGB, Art. 4 Rom I-VO, Rn. 71.

1295 *Mankowski*, IHR 2008, S. 133 (138).

1296 OLG Hamburg, Urt. v. 23.10.1997 (Az. 3 U 171/94), GRUR Int. 1998, S. 431 (432) – Feliksas Bajoras; *Magnus*, in: *Staudinger*, BGB, Art. 4 Rom I-VO, Rn. 539; *Spickhoff*, in: *Bamberger et al.*, BeckOK BGB, Art. 4 Rom I-VO, Rn. 64; *v. Welser*, in: *Wandtke/Bullinger*, UrhR, Vor. §§ 120ff., Rn. 24; *Schack*, UrhR, Rn. 1287.

1297 *Kur*, GRUR Int. 2012, S. 857 (865).

1298 Offengelassen LG Mannheim, Urt. v. 29.05.2015 (Az. 2 O 147/14), BeckRS 2015, S. 15001.

1299 Zum Meinungsstand bei der Anknüpfung von atypischen Lizenzverträgen: *Pfaff/Nagel*, in: *Pfaff/Osterrieth*, Lizenzverträge, II. Anzuwendendes Recht, Rn. 107.

1300 »*Bei einseitig verpflichtenden Verträgen wirft die Bestimmung der charakteristischen Leistung natürlich keine Probleme auf*«; so zum EVÜ: *Giuliano/Lagarde*, Bericht EVÜ, S. 20; *Ferrari*, in: *Ferrari et al.*, Int. Vertragsrecht, Art. 4 Rom I-VO, Rn. 63.

1301 EuGH, Urt. v. 20.01.2005 (Az. C-27/08), NJW 2005, S. 811 (813), Rn. 45ff. – Engler.

den.[1302] Dies ist auch konsequent, da nur bei einer Partei überhaupt Leistungspflichten entstehen.[1303]

Der Anknüpfung der schlichten Einwilligung an Art. 4 Abs. 2 Rom I-VO analog könnte aber entgegenstehen, dass der Urheber keine eigenständige Leistung erbringt und es damit an einer charakteristischen Leistung fehlt. Der Urheber verpflichtet sich immerhin nicht zur Leistungserbringung. Vielmehr entfällt nur die Rechtswidrigkeit der urheberrechtlichen Nutzung durch den Suchmaschinenbetreiber, wobei aber kein eigenes Recht erworben wird.[1304] Von einer Leistungspflicht im vertragsrechtlichen Sinne kann mithin nicht gesprochen werden. Bei näherer Betrachtung können diese Bedenken jedoch nicht durchgreifen. Bereits an früherer Stelle wurde aufgezeigt, dass das – die Rom I-VO durchziehende – Tatbestandsmerkmal des Vertrags durch einen Analogieschluss überwunden werden kann.[1305] Nichts anderes kann konsequenterweise für den Leistungsbegriff gelten. Die Leistungspflicht mindestens eines Vertragsteils ist stets immanenter Bestandteil eines jeden Vertrags.[1306] Die Analogie des Vertragsbegriffs umfasst deshalb denknotwendig auch den Leistungsbegriff. Diesem Ergebnis steht auch nicht die Rechtsprechung des EuGH zum Vertragsbegriff in der Brüssel I/Ia-VO entgegen. Zwar fordert der EuGH bei der direkten Anwendung der Verordnungen die Feststellung einer Verbindlichkeit, da sie Bestandteil eines jeden Vertrags sei.[1307] Bei der gebotenen funktionalen Betrachtung wurde aber bereits autonom festgestellt, dass ein die Privat- oder Parteiautonomie leitender Sachverhalt eine vergleichbare Interessenlage wie die Rom I-VO aufweist. Das verpflichtende Element spielt hierbei nur noch eine untergeordnete Rolle. Im Vordergrund steht die Freiwilligkeit des rechtsgeschäftlichen Handelns.[1308] Insofern kann mit dem Vertrags- auch der zwingend damit zusammenhängende Leistungsbegriff durch Analogie überwunden werden.

1302 *Martiny*, in: *Säcker et al.*, MüKo BGB, Art. 4 Rom I-VO, Rn. 286; *Spickhoff*, in: *Bamberger et al.*, BeckOK BGB, Art. 4 Rom I-VO, Rn. 63.

1303 *Ferrari*, in: *Ferrari et al.*, Int. Vertragsrecht, Art. 4 Rom I-VO, Rn. 63.

1304 BGH, Urt. v. 29.04.2010 (Az. I ZR 69/08), GRUR 2010, S. 628 (631), Rn. 33f. – Vorschaubilder I; *Ohly*, Volenti non fit iniuria, S. 176.

1305 Vgl. hierzu S. 201ff.

1306 Vgl. für das deutsche Sachrecht § 241 Abs. 1 BGB und für das europäische Recht Art. II.–1:101 Abs. 1 DCFR.

1307 Noch zum EVÜ: EuGH, Urt. v. 05.02.2004 (Az. C-265/02), EuZW 2004, S. 351 (352), Rn. 24 – Frahuil; EuGH, Urt. v. 17.06.1992 (Az. C-26/91), BeckRS 2004, S. 75771, Rn. 15 – TMCS; bestätigend zur Brüssel I-VO: EuGH, Urt. v. 10.09.2015 (Az. C-47/14), EuZW 2015, S. 922 (924), Rn. 52 – Holterman; EuGH, Urt. v. 28.01.2015 (Az. C-375/13), NJW 2015, S. 1581 (15383), Rn. 39 – Kolassa: »*Feststellung einer Verbindlichkeit unerlässlich*«; EuGH, Urt. v. 17.09.2002 (Az. C-334/00), NJW 2002, S. 3159 (3159), Rn. 23 – Tacconi.

1308 Vgl. hierzu S. 201ff.

Nach alledem kann die schlichte Einwilligung kollisionsrechtlich nach Art. 4 Abs. 2, 19 Rom I-VO analog behandelt werden. Für die Bestimmung des gewöhnlichen Aufenthaltes kommt es nach Art. 19 Abs. 1 Rom I-VO darauf an, ob der Urheber[1309] oder der berechtigte Dritte eine Gesellschaft, ein Verein oder eine juristische Person (Art. 19 Abs. 1 UAbs. 1 Rom I-VO) oder eine natürliche, beruflich handelnde Person (Art. 19 Abs. 1 UAbs. 2 Rom I-VO) ist. Je nachdem wird an die Hauptverwaltung (UAbs. 1) oder Hauptniederlassung (UAbs. 2) angeknüpft. Nach Art. 19 Abs. 2 Rom I-VO analog kann auch der Ort einer Zweigniederlassung, Agentur oder sonstigen Niederlassung der Ort des gewöhnlichen Aufenthaltes sein.

Diese Auffassung vertritt im Ergebnis zutreffend auch *Peukert*.[1310] Auf die schlichte Einwilligung sei das Recht anzuwenden, in dem der digitale Urheber im Zeitpunkt der Einstellung des Werkes in das Internet seinen gewöhnlichen Aufenthalt habe. Damit entscheide die dem Urheber am besten bekannte Rechtsordnung über die Fragen, welche Nutzungshandlungen konkludent legalisiert werden und welche weiterhin seiner Zustimmung bedürfen. Während urheberrechtliche Schranken nur territorial wirken, könne die schlichte Einwilligung weltweit wirken und diene damit der globalen Netzgemeinschaft. Auch *Peukert* beruft sich auf eine entsprechende Anwendung von Art. 4 Abs. 2, 19 Rom I-VO. In der Tat führt die Anknüpfung der schlichten Einwilligung an Art. 4 Abs. 2, 19 Rom I-VO analog dazu, dass nur eine Rechtsordnung für die Behandlung des rechtsgeschäftlichen Rechtfertigungsgrundes herangezogen wird.

5. Vergleichbarkeit zu Art. 4 Abs. 3 Rom I-VO

Eine kollisionsrechtliche Ausweichklausel enthält Art. 4 Abs. 3 Rom I-VO (analog),[1311] der auch für Rechtsgeschäfte im Internet Anwendung findet.[1312] Ergibt sich aus der Gesamtheit der Umstände, dass der Vertrag oder das einseitige Rechtsgeschäft eine offensichtlich engere Verbindung zu einem anderen als dem nach Abs. 1 oder 2 bestimmten Staat aufweist, so ist das Recht dieses anderen Staates anzuwenden. Hierdurch soll dem kollisionsrechtlichen Grundprinzip der engsten Verbindung Geltung verliehen werden.[1313] Erweist sich die zunächst gefundene Anknüpfung nach Art. 4 Abs. 2 Rom I-VO (analog) als

1309 Der Urheber ist nach deutschem Sachrecht gemäß § 7 UrhG immer eine natürliche Person (vgl. *Ahlberg*, in: *Ahlberg/Götting*, BeckOK UrhR, § 7, Rn. 7). Nach z. B. US-amerikanischem Recht muss das aber nicht zwingend der Fall sein.

1310 *Peukert*, in: *Bullinger et al.*, FS Wandtke, S. 459 (467).

1311 *Stimmel*, GRUR Int. 2010, S. 783 (788); *Würdinger*, RabelsZ 75 (2011), S. 102 (107).

1312 *Martiny*, in: *Säcker et al.*, MüKo BGB, Art. 4 Rom I-VO, Rn. 293.

1313 *Würdinger*, RabelsZ 75 (2011), S. 102 (108).

offenkundig ungeeignet, kann ausnahmsweise über Abs. 3 eine Korrektur erfolgen.[1314] Im Einzelfall könnte dadurch von der Anknüpfung an den gewöhnlichen Aufenthaltsort des Erklärenden der schlichten Einwilligung abgewichen werden. Durch die Ausweichklausel soll ein Ausgleich zwischen der fixen, wenn auch rechtssicheren Anknüpfungsregel des Abs. 2 und der Einzelfallgerechtigkeit geschaffen werden.[1315] Zu fordern ist allerdings eine hohes Maß an gegenläufigen Umständen, die auf eine abweichende Anknüpfung hindeuten.[1316] Die Regelanknüpfung nach Art. 4 Abs. 2 Rom I-VO analog darf *»nicht mehr vertretbar«*[1317] bzw. muss schlechterdings *»unerträglich«*[1318] sein. Die gegenläufige Anknüpfung muss so wesentlich und eindeutig sein, dass sie *»mit den Händen zu greifen ist«.*[1319] Für die erhöhte Anforderung spricht auch die sprachliche Verschärfung im Vergleich zu Art. 4 Abs. 5 S. 2 EVÜ bzw. Art. 28 Abs. 5 EGBGB a. F. Im früheren Recht war bereits eine engere Verbindung für die Abweichung von der Regelanknüpfung ausreichend,[1320] wohingegen nach der Rom I-VO nun eine offensichtlich engere Verbindung gefordert wird.[1321]

Die Ausweichklausel ist nach allgemeiner Ansicht eine Ausnahmevorschrift.[1322] Insofern stellt sich erneut die bislang offengelassene, streitige Frage nach der Analogiefähigkeit von Ausnahmevorschriften.[1323] Auch in Bezug auf Art. 4 Abs. 3 Rom I-VO könnte ein Streitentscheid aber unterbleiben, wenn die Ausweichklausel bereits hinsichtlich der übrigen Tatbestandsmerkmale nicht erfüllt ist.

Umstritten ist zunächst, welche Kriterien für die Beurteilung der offensichtlich engeren Verbindung gemäß Art. 4 Abs. 3 Rom I-VO herangezogen werden dürfen. Nach einer Auffassung müssten die Kriterien einen Zusammenhang mit dem vertraglichen Leistungsaustausch aufweisen.[1324] Hiernach seien die Staatsangehörigkeit, der Abschlussort und die Vertragssprache unbeachtlich. Nach

---

1314 *Bach*, in: *Spindler/Schuster*, Elektronische Medien, Art. 4 Rom I-VO, Rn. 29; *Martiny*, ZEuP 2015, S. 838 (847); *Würdinger*, RabelsZ 75 (2011), S. 102 (107).

1315 Vgl. auch Erwägungsgrund 16 Rom I-VO; *Magnus*, in: *Staudinger*, BGB, Art. 4 Rom I-VO, Rn. 126; *Giuliano/Lagarde*, Bericht EVÜ, S. 22.

1316 *Magnus*, in: *Staudinger*, BGB, Art. 4 Rom I-VO, Rn. 128; *Mankowski*, IHR 2008, S. 133 (137).

1317 *Pfeiffer*, EuZW 2008, S. 622 (626).

1318 *Martiny*, in: *Säcker et al.*, MüKo BGB, Art. 4 Rom I-VO, Rn. 290.

1319 *Magnus*, IPRax 2010, S. 27 (37).

1320 Wobei zumindest die deutsche Rechtsprechung das Kriterium schon immer restriktiv verstanden hat; vgl. BGH, Urt. 26.07.2004 (Az. VIII ZR 273/03), NJW-RR 2005, S. 206 (209): *»deutlich übertreffen«*.

1321 *Magnus*, IPRax 2010, S. 27 (37).

1322 *Bach*, in: *Spindler/Schuster*, Elektronische Medien, Art. 4 Rom I-VO, Rn. 29; *Magnus*, in: *Staudinger*, BGB, Art. 4 Rom I-VO, Rn. 127; *Ringe*, in: *Herberger et al.*, jurisPK BGB, Art. 4 Rom I-VO, Rn. 58; *Würdinger*, RabelsZ 75 (2011), S. 102 (111).

1323 Vgl. zum methodischen Meinungsstand S. 208ff.

1324 *Thorn*, in: *Rauscher*, EuZPR/EuIPR, Art. 4 Rom I-VO, Rn. 136.

anderer Meinung seien ohne Einschränkungen alle Kriterien, die auch im Zusammenhang mit Art. 4 Art. 4 Rom I-VO diskutiert werden, heranzuziehen.[1325] Die letztgenannte Auffassung verdient den Vorzug. Dem Wortlaut von Art. 4 Abs. 3 Rom I-VO, wonach es auf die Gesamtheit der Umstände ankommt, lässt sich kein Ausschluss gewisser Kriterien entnehmen.[1326]

Aus der Gesamtheit der Umstände könnten die nachfolgenden Kriterien zur Ermittlung einer offensichtlich engeren Verbindung für die schlichte Einwilligung herangezogen werden. Zum Teil wird im Zusammenhang mit urhebervertragsrechtlichen Fragen diskutiert, ob das Schutzland eine offensichtlich engere Verbindung darstellen könne.[1327] Hierdurch könnte ein Gleichlauf von Art. 8 Rom II-VO und Art. 4 Rom I-VO geschaffen werden.[1328] Auch für die vorliegende Untersuchung hätte dieser Ansatz seinen Reiz. Das Schutzlandprinzip hat für die Falllösung immerhin eine große Bedeutung. Die Frage nach der grundsätzlichen Zulässigkeit eines Rechtfertigungsgrunds (Wirkung)[1329] wird nach hier vertretener Auffassung gemäß Art. 8 Rom I-VO beurteilt, wohingegen die Fragen nach dem tatbestandlichen Vorliegen der Voraussetzungen einer schlichten Einwilligung (Wirksamkeit)[1330] nach dem Vertragsstatut anzuknüpfen sind.[1331] Die Anknüpfung an das Schutzland im Rahmen des Art. 4 Abs. 3 Rom I-VO führt im parallel zu beurteilenden Lizenzvertragsrecht allerdings selten weiter. Sofern die Lizenz nicht nur für ein Schutzland erteilt wird,[1332] droht auch im Vertragsstatut eine nicht mehr handhabbare Mehrung von zu prüfenden Rechtsordnungen.[1333] Auch die schlichte Einwilligung wird durch den Urheber nicht nur für eine Rechtsordnung erklärt. Man würde damit ohne Not die Nachteile des Schutzlandprinzips in das Vertragsstatut hinein injizieren. Ohnehin darf auch bei Lizenzverträgen das durch Art. 4 Abs. 2 Rom I-VO gefundene Ergebnis nur in seltenen Fällen durch die Ausweichklausel geändert werden. Um an das

---

1325 *Martiny*, in: *Säcker et al.*, MüKo BGB, Art. 4 Rom I-VO, Rn. 291; *Stimmel*, GRUR Int. 2010, S. 783 (788).

1326 *Magnus*, in: *Staudinger*, BGB, Art. 4 Rom I-VO, Rn. 131.

1327 *Fezer/Kroos*, in: *Staudinger*, BGB, Int. Wirtschaftsrecht, Rn. 979ff.; *Martiny*, in: *Säcker et al.*, MüKo BGB, Art. 4 Rom I-VO, Rn. 245.

1328 *Stimmel*, GRUR Int. 2010, S. 783 (788).

1329 *Engel*, in: *Herberger et al.*, jurisPK BGB, Art. 15 Rom II-VO, Rn. 11; *Brandt*, Sonderanknüpfung, S. 89; *Delachaux*, Anknüpfung, S. 200.

1330 *Hohloch*, in: *Erman*, BGB, Art. 15 Rom II-VO, Rn. 10.

1331 Vgl. hierzu S. 126ff.

1332 Selbst der Umstand, dass eine Lizenz nur für ein Schutzland erteilt wird, führe nicht zu einer abweichenden Anknüpfung nach Art. 4 Abs. 3 Rom I-VO; vgl. *Ferrari*, in: *Ferrari et al.*, Int. Vertragsrecht, Art. 4 Rom I-VO, Rn. 149.

1333 Vgl. zum Schutzlandprinzip und seinen Nachteilen S. 105ff.; *Fezer/Kroos*, in: *Staudinger*, BGB, Int. Wirtschaftsrecht, Rn. 986.

Schutzland anknüpfen zu können, müssen weitere gewichtige Umstände, die eine Abweichung rechtfertigen, hinzutreten.[1334]

Denkbar wäre zudem, nicht an das Recht des gewöhnlichen Aufenthaltes des Urhebers, sondern generell an den Ort des gewöhnlichen Aufenthaltes des Suchmaschinenbetreibers gemäß Art. 19 Rom I-VO analog anzuknüpfen.[1335] Dieses Recht ist für jeden Urheber weltweit vorhersehbar. Das Recht des gewöhnlichen Aufenthaltes der Urheber hingegen ist aus Sicht der Suchmaschinenbetreiber bei großen Fallzahlen weder weltweit einheitlich noch vor dem Streitfall überhaupt zu erkennen.[1336] Insoweit kommt es aus der Perspektive der Suchmaschinenbetreiber bei der Anknüpfung an die Rechtsordnungen der Urheber, ähnlich wie unter der Geltung des Schutzlandprinzips, zu einer mosaikartigen Betrachtung. Es müsste das Vorliegen einer legitimierenden Einwilligung für jedes Vorschaubild nach dem Heimatrecht des Urhebers beurteilt werden. Diese Rechtsunsicherheiten aus Sicht der Suchmaschinenbetreiber ließen sich mit der Anknüpfung an ihr Recht vermeiden. Eine solche Anknüpfung ist indes nicht möglich. Die schlichte Einwilligung wird nämlich *erga omnes* erklärt.[1337] Die Verbindung zum Erklärenden ist damit deutlich enger als zu den – im Zeitpunkt der Abgabe unbestimmten – Erklärungsempfängern. Im maßgeblichen Zeitpunkt steht immerhin noch gar nicht fest, welcher Suchmaschinenbetreiber sich auf die schlichte Einwilligung berufen wird.

Zudem werden diverse weitere Einzelkriterien zur Beurteilung einer offensichtlich engeren Verbindung im Sinne von Art. 4 Abs. 3 Rom I-VO diskutiert. Eine Vielzahl dieser Kriterien ist auf die schlichte Einwilligung von vornherein nicht anwendbar. Hierzu gehören der für ein Immaterialgut nicht existierende Belegenheitsort des Vertragsgegenstandes,[1338] der Erfüllungsort,[1339] die Staats-

---

1334 *Stimmel*, GRUR Int. 2010, S. 783 (788).

1335 In diese Richtung argumentiert auch die *CLIP*-Gruppe in Art. 3:603 Abs. 2 der *CLIP*-Grundregeln, allerdings für das Delikts- und nicht das Vertragsstatut. Hiernach soll es vordergründig auf Indizien aus der Sphäre des Rechtsverletzers ankommen.

1336 Diesen Gedanken verfolgt *Bach* für die kollisionsrechtliche Behandlung von Verträgen, die unter der Verwendung von Onlineplattformen zustande kommen. Teilweise wird vorgeschlagen, dass die Beziehung zwischen Verkäufer und Käufer akzessorisch an das Recht, das die Beziehung zwischen Plattformbetreiber und -nutzer regelt, anzuknüpfen sei. Im Ergebnis wird dieses Ansinnen jedoch in dieser Pauschalität abgelehnt. Es komme auf die Einzelfallumstände an. Vgl. *Bach*, in: *Spindler/Schuster*, Elektronische Medien, Art. 4 Rom I-VO, Rn. 31.

1337 BGH, Urt. v. 29.04.2010 (Az. I ZR 69/08), GRUR 2010, S. 628 (632), Rn. 37 – Vorschaubilder I.

1338 *Ferrari*, in: *Ferrari et al.*, Int. Vertragsrecht, Art. 4 Rom I-VO, Rn. 86; *Magnus*, in: *Staudinger*, BGB, Art. 4 Rom I-VO, Rn. 153.

1339 BGH, Urt. v. 12.10.1989 (Az. VII ZR 339/88), NJW 1990, S. 317 (319); *Martiny*, in: *Säcker et al.*, MüKo BGB, Art. 4 Rom I-VO, Rn. 328.

angehörigkeit der Parteien,[1340] die vereinbarte Währung,[1341] der Beurkundungsort[1342] und eine Gerichtsstandsvereinbarung[1343].

Aus anderen Einzelkriterien könnte hingegen unter Umständen eine offensichtlich engere Verbindung hergeleitet werden. Teilweise wird im Zusammenhang mit Lichtbildern oder Lichtbildwerken der Ort der Anfertigung diskutiert.[1344] Für bildliche oder grafische Werke könnte hierzu analog der Ort der digitalen Bearbeitung herangezogen werden.

Ein ähnlicher Gedanke liegt dem Kriterium des Abschlussorts eines Vertrags zugrunde.[1345] Hierauf stellt auch Art. 4 Abs. 1 lit. g Rom I-VO für Versteigerungen ab. Übertragen auf die Fallkonstellationen, die der schlichten Einwilligung zugrunde liegen, könnte man indes den Ort des Uploads in Erwägung ziehen. Zwar ist der Uploadort oft flüchtig, leicht zu beeinflussen und teilweise auch zufällig,[1346] allerdings ist nicht zu leugnen, dass zumindest eine schwache Verbindung[1347] zum Ort der ausführenden Rechtshandlung geschaffen wird. In der Praxis dürfte dieses Kriterium aber selten eine Rolle spielen, da der Ort des gewöhnlichen Aufenthaltes des Erklärenden der schlichten Einwilligung und der Ort des Uploads häufig zusammenfallen.

Hiervon ist der Ort des Serverstandorts zu unterscheiden. Neben den gegen den Ort des Uploads genannten Bedenken kommt erschwerend hinzu, dass der Ort des Serverstandorts häufig weder vom Urheber noch vom Suchmaschinenbetreiber im Zeitpunkt des Uploads erkennbar ist. Zudem ist es technisch nicht einmal sichergestellt, dass die Uploaddatei auf ein und demselben Server physisch gespeichert wird. Teilweise erfolgt die Speicherung von Dateifragmenten verteilt auf verschiedenen Servern, die nicht zwangsläufig im selben Staat lokalisiert sind. Der Serverstandort weist deshalb keinerlei feste Verbindung zum Rechtsgeschäft auf und ist als Kriterium insgesamt abzulehnen.[1348]

1340 Suchmaschinenbetreiber haben als Gesellschaften bzw. juristische Personen keine Staatsangehörigkeiten. Allgemeiner: *Martiny*, in: *Säcker et al.*, MüKo BGB, Art. 4 Rom I-VO, Rn. 330; *Thorn*, in: *Palandt*, BGB, Art. 4 Rom I-VO, Rn. 30.

1341 *Magnus*, in: *Staudinger*, BGB, Art. 4 Rom I-VO, Rn. 157.

1342 OLG Frankfurt am Main, Urt. v. 24.06.1992 (Az. 9 U 116/89), NJW-RR 1993, S. 182 (183).

1343 *Martiny*, in: *Säcker et al.*, MüKo BGB, Art. 4 Rom I-VO, Rn. 322.

1344 Noch zu Art. 28 Abs. 5 EGBGB a. F.: BGH, Urt. v. 24.09.2014 (Az. I ZR 35/11), BeckRS 2015, S. 2352, Rn. 43 – Hi Hotel II.

1345 *Ferrari*, in: *Ferrari et al.*, Int. Vertragsrecht, Art. 4 Rom I-VO, Rn. 87; *Magnus*, in: *Staudinger*, BGB, Art. 4 Rom I-VO, Rn. 157.

1346 Zum Abschlussort: *Martiny*, in: *Säcker et al.*, MüKo BGB, Art. 4 Rom I-VO, Rn. 327.

1347 *Magnus*, in: *Staudinger*, BGB, Art. 4 Rom I-VO, Rn. 157.

1348 EuGH, Urt. v. 18.10.2012 (Az. C-173/11), GRUR 2012, S. 1245 (1248), Rn. 42 – Football Dataco; *Ferrari*, in: *Ferrari et al.*, Int. Vertragsrecht, Art. 4 Rom I-VO, Rn. 139; *Magnus*, in: *Staudinger*, BGB, Art. 4 Rom I-VO, Rn. 608; *Spindler*, IPRax 2003, S. 412 (416).

Zudem wird gelegentlich auf die Vertragssprache abgestellt.[1349] Dieses Kriterium könnte dahingehend umgedeutet werden, dass auf die Sprache der Uploadinternetseite rekurriert wird. Stellt ein Urheber sein Werk ungeschützt auf eine beispielsweise französischsprachige Internetseite, begründet er damit ein – wenn auch schwaches[1350] – Indiz für eine Anknüpfung nach französischem Recht. Man kann dann davon ausgehen, dass der Urheber seine konkludente Erklärung primär auf ein französisches Publikum ausrichten wollte. Im Zusammenhang mit der technischen Suchmaschinenoptimierung kann auch der konkrete Dateiname des Bildes, der Text unmittelbar vor oder nach der Bilddatei oder ausdrückliche Erklärungen in der *robot.txt*-Datei für die Feststellung einer engeren Verbindung herangezogen werden.[1351] Andererseits entstehen durch das Sprachkriterium Anknüpfungsprobleme im Zusammenhang mit im Internet weit verbreiteten Sprachen, wie z.B. Englisch, oder Sprachen, die in mehreren Staaten gesprochen werden, wie Spanisch oder Deutsch. Ein vergleichbares Indiz könnte sich aus der nationalitätsidentifizierenden Top-Level-Domain (z.B. .de, .at, .fr) herleiten lassen.[1352] Die ohnehin schwache Indizwirkung entfällt jedoch gleich völlig, wenn die Uploadseite eine neutrale Top-Level-Domain (z.B. .com, .org, .eu) verwendet.

Einem Copyrightvermerk unter dem streitgegenständlichen Werk kommt nur in seltenen Fällen eine kollisionsrechtliche Bedeutung zu.[1353] Ein Indiz für eine engere Verbindung könnte nur dann angenommen werden, wenn der Rechteinhaber den Copyrightvermerk auf eine bestimmte Rechtsordnung beschränkt hat. Dies dürfte sehr selten der Fall sein.

Auch wenn vereinzelte, schwache Indizien für die Feststellung einer offensichtlich engeren Verbindung der schlichten Einwilligung zu einer von Art. 4 Abs. 2 Rom I-VO analog abweichenden Rechtsordnung identifiziert wurden (Ort der Anfertigung, der Bearbeitung und des Uploads, Sprache der Uploadseite, des Dateinamens oder sprachliche Erklärung in der *robot.txt*-Datei, Top-Level-Domain und beschränkender Copyrightvermerk), sind diese für sich genommen

1349 EuGH, Urt. v. 18.10.2012 (Az. C-173/11), GRUR 2012, S. 1245 (1248), Rn. 44f. – Football Dataco; OLG München, Urt. v. 02.05.2012 (Az. 7 U 4830/11), juris, Rn. 16; unterstützende Funktion in: OLG Hamm, Urt. v. 28.01.1994 (Az. 29 U 147/92), NJW-RR 1995, S. 187 (187); *Ferrari*, in: *Ferrari et al.*, Int. Vertragsrecht, Art. 4 Rom I-VO, Rn. 94; *Thorn*, in: *Palandt*, BGB, Art. 4 Rom I-VO, Rn. 30.

1350 *Martiny*, in: *Säcker et al.*, MüKo BGB, Art. 4 Rom I-VO, Rn. 325.

1351 In anderem Zusammenhang: *Ott*, K&R 2008, S. 305 (306).

1352 Noch zu Art. 28 Abs. 5 EGBGB a.F.: BGH, Urt. v. 09.07.2009 (Az. Xa ZR 19/08), NJW 2009, S. 3371 (3374), Rn. 36; *H. Hoffmann*, NJW 2018, S. 2453 (2455); *Pfeiffer*, NJW 1997 (1214).

1353 Das OLG Jena geht in der Berufungsentscheidung zum Vorschaubilder-I-Fall davon aus, dass der Copyrightvermerk nur eine Vermutung für die Rechteinhaberschaft begründe. Ein sonstiger Erklärungswert könne dem Vermerk nicht entnommen werden. Vgl. OLG Jena, Urt. v. 27.02.2008 (Az. 2 U 319/07), MMR 2008, S. 408 (409) – Vorschaubilder I.

dennoch nicht in der Lage, den sehr hohen Anforderungen der Ausweichklausel gerecht zu werden. Auch in einer Gesamtschau führen diese schwachen Indizien in der Regel nicht zu einer abweichenden Anknüpfung, weil die Regelanknüpfung nach Art. 4 Abs. 2 Rom I-VO analog unvertretbar bzw. schlechterdings unerträglich ist. Vielmehr führt die Anknüpfung an den gewöhnlichen Aufenthalt des Erklärenden in der Regel zu einer vorhersehbaren und weltweit gültigen kollisionsrechtlichen Behandlung.[1354] Durch dieses Prinzip kann das Anknüpfungsmerkmal dem Rechtsgeschäft selbst entnommen und muss nicht aus äußeren Umständen abgeleitet werden.[1355] Nach alledem ist die gefundene Anknüpfung nach Art. 4 Abs. 2 Rom I-VO analog nicht nach Art. 4 Abs. 3 Rom I-VO (analog) zu korrigieren.

6. Hilfsweise: Vergleichbarkeit zu Art. 4 Abs. 4 Rom I-VO

Kann das anzuwendende Recht nicht nach Art. 4 Abs. 1 oder 2 Rom I-VO bestimmt werden, unterliegt der Vertrag oder das einseitige Rechtsgeschäft dem Recht des Staates, zu dem er oder es die engste Verbindung aufweist. Art. 4 Abs. 4 Rom I-VO enthält eine kollisionsrechtliche Auffangregel[1356] bzw. Generalklausel[1357] und ist nur anwendbar, wenn das Recht nicht durch die vorrangig zu prüfenden Absätze bestimmt werden kann.[1358] Da nach den bisherigen Ausführungen eine Anknüpfung nach Art. 4 Abs. 2 Rom I-VO analog bejaht wurde, kommt es auf die Auffangklausel nicht mehr an. Die nachfolgenden Erörterungen erfolgen deshalb rein hilfsweise für den Fall, dass man eine Analogie von Art. 4 Abs. 2 Rom I-VO – entgegen dem zuvor Gesagten – ablehnen möchte, weil etwa in Ermangelung einer charakteristischen Leistung[1359] bzw. eines generell fehlenden Leistungsaustausches[1360] bei der schlichten Einwilligung die Anknüpfung nach Art. 4 Abs. 1 bis 3 Rom I-VO als fehlgeschlagen betrachtet wird.

Art. 4 Abs. 4 Rom I-VO ist keine Ausnahmevorschrift, sondern spiegelt ein dem Internationalen Privatrecht innewohnendes Grundprinzip, an die engste

---

1354 *Peukert*, in: *Bullinger et al.*, FS Wandtke, S. 459 (467).

1355 *Giuliano/Lagarde*, Bericht EVÜ, S. 20.

1356 *Ferrari*, in: *Ferrari et al.*, Int. Vertragsrecht, Art. 4 Rom I-VO, Rn. 78f.; *A. Staudinger*, in: *Schulze/Dörner*, BGB, Art. 4 Rom I-VO, Rn. 1.

1357 *Martiny*, in: *Säcker et al.*, MüKo BGB, Art. 4 Rom I-VO, Rn. 306.

1358 Auch Abs. 3 hat Vorrang vor Abs. 4; *Magnus*, in: *Staudinger*, BGB, Art. 4 Rom I-VO, Rn. 130; *Martiny*, in: *Säcker et al.*, MüKo BGB, Art. 4 Rom I-VO, Rn. 314; *Ringe*, in: *Herberger et al.*, jurisPK BGB, Art. 4 Rom I-VO, Rn. 64.

1359 *Ferrari*, in: *Ferrari et al.*, Int. Vertragsrecht, Art. 4 Rom I-VO, Rn. 65; *Leible*, in: *Hüßtege/Mansel*, Rom VO, Art. 4 Rom I-VO, Rn. 66; *Ringe*, in: *Herberger et al.*, jurisPK BGB, Art. 4 Rom I-VO, Rn. 65.

1360 *Martiny*, in: *Säcker et al.*, MüKo BGB, Art. 4 Rom I-VO, Rn. 308.

Verbindung anzuknüpfen, wider.[1361] Zwar wurde die Regelung in der Rom I-VO gegenüber dem EVÜ und dem EGBGB zum *»Lückenbüßer herabgestuft«*[1362] bzw. zur *»Auffangregel deklassiert«*,[1363] allerdings bedeutet dies nicht, dass dadurch dem europäischen Kollisionsvertragsrecht eine abweichende Maxime zugrunde gelegt werden sollte.[1364]

Art. 4 Abs. 4 Rom I-VO kann bei atypischen bzw. komplexen Lizenzverträgen,[1365] bei denen die charakteristische Leistung nicht einer Vertragspartei zugeordnet werden kann, zur Anwendung kommen, wie etwa beim Lizenztausch oder bei urheberrechtlichen Verträgen *sui generis.*[1366] Insoweit bestehen also auch entferntere Parallelen zur schlichten Einwilligung.

Anders als in Art. 4 Abs. 3 Rom I-VO spielt der gewöhnliche Aufenthalt der Parteien für die Auffangregel eine dominante Rolle.[1367] Art. 4 Abs. 4 Rom I-VO (analog) soll immerhin nicht von der Regelanknüpfung abweichen, sondern gelangt alternativ nur zur Anwendung, wenn keine Regelanknüpfung in Betracht kommt.[1368] Haben die Beteiligten einen gemeinsamen gewöhnlichen Aufenthalt, so sprechen sehr starke Indizien für die Anknüpfung an das Recht dieses Staates.[1369] Wenn die Orte des gewöhnlichen Aufenthaltes voneinander abweichen, lässt sich zumindest das in Betracht kommende Recht auf diese zwei Rechtsordnungen eingrenzen. Um eine noch präzisere Zuordnung zu ermöglichen, können die für Art. 4 Abs. 3 Rom I-VO diskutierten Kriterien[1370] ebenfalls für Abs. 4 herangezogen werden. Anders als in der Ausweichklausel bedarf es aber keiner offensichtlich engeren Verbindung, sondern es reicht ein leichtes Überwiegen der Indizien für eine der beiden Rechtsordnungen.[1371] Die Entscheidung für eine Rechtsordnung kann nicht offenbleiben, denn das anwendbare Recht muss zwingend bestimmt werden, weil keine weitere in Betracht kommende

1361 *Martiny*, in: *Säcker et al.*, MüKo BGB, Art. 4 Rom I-VO, Rn. 308; *Spickhoff*, in: *Bamberger et al.*, BeckOK BGB, Art. 4 Rom I-VO, Rn. 82.

1362 *Leible/Lehmann*, RIW 2008, S. 528 (536).

1363 *Ferrari*, in: *Ferrari et al.*, Int. Vertragsrecht, Art. 4 Rom I-VO, Rn. 79.

1364 *Martiny*, in: *Säcker et al.*, MüKo BGB, Art. 4 Rom I-VO, Rn. 308.

1365 *Martiny*, in: *Säcker et al.*, MüKo BGB, Art. 4 Rom I-VO, Rn. 20; *Stimmel*, GRUR Int. 2010, S. 783 (788).

1366 *Spickhoff*, in: *Bamberger et al.*, BeckOK BGB, Art. 4 Rom I-VO, Rn. 83.

1367 *Bach*, in: *Spindler/Schuster*, Elektronische Medien, Art. 4 Rom I-VO, Rn. 33; *Ferrari*, in: *Ferrari et al.*, Int. Vertragsrecht, Art. 4 Rom I-VO, Rn. 85; *Thorn*, in: *Palandt*, BGB, Art. 4 Rom I-VO, Rn. 30.

1368 *Martiny*, in: *Säcker et al.*, MüKo BGB, Art. 4 Rom I-VO, Rn. 308; *A. Staudinger*, in: *Schulze/Dörner*, BGB, Art. 4 Rom I-VO, Rn. 12.

1369 *Spickhoff*, in: *Bamberger et al.*, BeckOK BGB, Art. 4 Rom I-VO, Rn. 83.

1370 Ort der Anfertigung, der Bearbeitung und des Uploads, Sprache der Uploadseite, des Dateinamens oder die sprachliche Erklärung in der *robot.txt*-Datei, der Top-Level-Domain und ein beschränkender Copyrightvermerk.

1371 *Ringe*, in: *Herberger et al.*, jurisPK BGB, Art. 4 Rom I-VO, Rn. 64; *Magnus*, IPRax 2010, S. 27 (38); *Stimmel*, GRUR Int. 2010, S. 783 (788).

europäische Kollisionsnorm existiert.[1372] Welches Recht dies für die schlichte Einwilligung im Anwendungsbereich des Art. 4 Abs. 4 Rom I-VO analog ist, kann nicht pauschal beurteilt werden, sondern bedarf einer Entscheidung unter Berücksichtigung aller Umstände des Einzelfalls.[1373] Fest steht aber selbst unter der Geltung von Art. 4 Abs. 4 Rom I-VO analog, dass abweichend vom Schutzlandprinzip nach Art. 8 Abs. 1 Rom II-VO nur eine Rechtsordnung weltweit einheitlich über die Wirksamkeit der schlichten Einwilligung entscheidet.

IV. Ergebnis: analoge Anwendung von Art. 4 Abs. 2, 6 Abs. 1 und 19 Rom I-VO

Die schlichte Einwilligung kann durch eine analoge Anwendung von Art. 4 Abs. 2, 19 Rom I-VO bzw. Art. 6 Abs. 1 Rom I-VO kollisionsrechtlich behandelt werden.

Der Analogieschluss ist der europäischen Methodenlehre nicht fremd. Zwar verwendet der EuGH nicht den Begriff der Analogie, sondern spricht einheitlich von Auslegung. Allerdings begreift der Gerichtshof die Auslegung zuweilen auch als Rechtsfortbildung. Eine Analogie im Bereich des europäischen Kollisionsrechts scheitert insbesondere nicht an dem Prinzip der begrenzten Einzelermächtigung, da der europäische Gesetzgeber in Art. 81 Abs. 1, Abs. 2 lit. c Var. 1 AEUV eine umfassende Gesetzgebungskompetenz im Bereich des Internationalen Privatrechts zugewiesen bekommen hat.

Das europäische Internationale Privatrecht kennt keine Kollisionsregel für einseitige Rechtsgeschäfte wie die schlichte Einwilligung. Diese Regelungslücke ist auch planwidrig. Aus den Gesetzgebungsmaterialien zur Rom I- und II-VO ergibt sich der gesetzgeberische Wille, die beiden Verordnungen als natürliche Einheit zu verstehen. Ein Rechtsinstitut, welches dogmatisch zwischen dem Vertrags- und Deliktsrecht angesiedelt ist – gleichsam zwischen den beiden Rom-Verordnungen steht –, soll nicht auf nationales Kollisionsrecht zurückfallen müssen. Eine solche Auffassung fördert zudem die Ziele, das europäische Kollisionsrecht im Bereich der Schuldverhältnisse zu harmonisieren und einen internationalen Entscheidungseinklang zu erreichen.

Der die Rom I-VO durchziehende Vertragsbegriff kann auf einseitige Rechtsgeschäfte durch Analogieschluss übertragen werden. Die *ratio legis* der Rom I-VO ist die Schaffung von Kollisionsregeln für privat- oder parteiautonomes Verhalten. Die Rechtsinstitute, die ebenfalls ihren Schwerpunkt in diesem Bereich haben, können unter die vergleichbare Rom I-VO gefasst werden. Dies trifft auch auf die schlichte Einwilligung zu.

1372 *Martiny*, in: *Säcker et al.*, MüKo BGB, Art. 4 Rom I-VO, Rn. 310; *A. Staudinger*, in: *Schulze/Dörner*, BGB, Art. 4 Rom I-VO, Rn. 12.

1373 Allgemeiner: *Spickhoff*, in: *Bamberger et al.*, BeckOK BGB, Art. 4 Rom I-VO, Rn. 82.

Ist der Erklärende der schlichten Einwilligung ein Verbraucher, kommt vorrangig Art. 6 Abs. 1 Rom I-VO in analoger Anwendung in Betracht. Im Einzelfall muss jedoch der situative Anwendungsbereich erfüllt sein. Bei global agierenden Suchmaschinenbetreibern, die ihre unternehmerische Tätigkeit im Verbraucherstaat ausüben oder ihre Tätigkeit hierauf ausrichten, kann der situative Anwendungsbereich erfüllt sein. Einer Kausalität zwischen der unternehmerischen Tätigkeit und der Erklärung der schlichten Einwilligung bedarf es nicht.

Ist kein Verbraucher beteiligt oder ist der situative Anwendungsbereich des Art. 6 Abs. 1 lit. a und b Rom I-VO analog nicht erfüllt, erfolgt die kollisionsrechtliche Behandlung der schlichten Einwilligung nach Art. 4 Abs. 2 Rom I-VO analog. Auch die im Tatbestand geforderte charakteristische Leistung kann durch den Analogieschluss ausgedehnt werden, denn ein Vertrag ohne mindestens eine Leistungspflicht ist nicht vorstellbar. Angeknüpft werden kann sodann an den Ort des gewöhnlichen Aufenthaltes des Einwilligenden im Zeitpunkt des Uploads gemäß Art. 19 Rom I-VO analog. Die Ausweichklausel nach Art. 4 Abs. 3 Rom I-VO (analog) ist regelmäßig nicht einschlägig. Die hohen Anforderungen können durch die meist schwachen gegenläufigen Indizien nicht erfüllt werden.

Für den Fall, dass – entgegen dem zuvor Dargestellten – eine Analogie des Art. 4 Abs. 2 Rom I-VO abgelehnt wird, kommt hilfsweise eine Anknüpfung nach Art. 4 Abs. 4 Rom I-VO analog in Betracht. Die engste Verbindung bestimmt sich dann vordergründig nach dem Ort des gemeinsamen gewöhnlichen Aufenthaltes der Parteien. Sollte dieser Ort nicht identisch sein, kann eine Reihe von näher bestimmten Indizien den Ausschlag zwischen den zwei in Betracht kommenden Rechtsordnungen geben.

D. Hilfsweise: ungeschriebene nationale Kollisionsregel

I. Keine positiv-rechtliche Kollisionsregel einschlägig

Die bisherigen Ausführungen haben aufgezeigt, dass die schlichte Einwilligung nach Art. 6 Abs. 1 Rom I-VO analog oder Art. 4 Abs. 2, 19 Rom I-VO analog kollisionsrechtlich behandelt werden kann. Für eine mitgliedstaatlich-autonome Kollisionsregel ist demnach kein Bedarf mehr.

Dieses Kapitel beschäftigt sich mit der Frage, welche sonstige Kollisionsregel anwendbar sein könnte, wenn – entgegen dem Vorstehenden – eine Einzelanalogie von Vorschriften der Rom I-VO abgelehnt würde. Die folgenden Ausführungen sind daher rein hilfsweise zu verstehen. Lehnt man eine planwidrige Regelungslücke z.B. aufgrund der Existenz der Ausnahmetatbestände in

Art. 1 Abs. 1 S. 2, Abs. 2 der Rom I- und II-VO[1374] für einseitige Rechtsgeschäfte ab oder kommt man zum Ergebnis, dass die geregelten Interessenlagen nicht mit denen des ungeregelten Falls übereinstimmen, etwa weil die *ratio legis* der Rom I-VO nicht mit der *ratio* der schlichten Einwilligung vergleichbar ist,[1375] kommt eine Einzelanalogie der Kollisionsregeln in der Rom I-VO nicht in Frage. Auch im übrigen EU-Recht ist keine weitere einschlägige Kollisionsregel zu finden.

In Betracht kommt auch nicht das Vertragsstatut nach Art. 4 Abs. 2 S. 1 EVÜ. Diese Vorschrift ist nicht außer Kraft getreten,[1376] sondern wird nur gemäß Art. 24 Abs. 1 Rom I-VO verdrängt. Insofern könnte von einem Wiederaufleben des EVÜ ausgegangen werden, wenn die Rom I-VO (analog) nicht auf den zu beurteilenden Sachverhalt anwendbar ist.[1377] Allerdings setzt Art. 4 Abs. 2 S. 1 EVÜ – ebenso wie die Rom I-VO – tatbestandlich die Existenz eines Vertrags voraus. Eine direkte Anwendung auf die schlichte Einwilligung muss demnach scheitern. Aber auch eine analoge Anwendung der EVÜ auf einseitige Rechtsgeschäfte müsste aus den gleichen Gründen wie unter der Geltung der Rom I-VO konsequenterweise abgelehnt werden. Wenn man davon ausgeht, dass ein einseitiges Rechtsgeschäft nicht unter die analog anzuwendende Rom I-VO fällt, kann für die konzeptionell ähnlich ausgestaltete Vorgängerregelung in Art. 4 Abs. 2 S. 1 EVÜ nichts anderes gelten.

Auch im deutschen Internationalen Privatrecht wird man vergeblich nach einer geschriebenen Kollisionsregel für vertragsnahe, rechtsgeschäftliche Rechtsfragen suchen. Das Vertragsstatut in den Art. 27ff. EGBGB a. F., in denen die völkerrechtlichen Kollisionsregeln des EVÜ in deutsches Recht überführt wurden, ist mit dem Inkrafttreten der Rom I-VO ersatzlos entfallen.[1378] Insofern scheitert auch hier eine direkte sowie analoge Anwendung, da der Gesetzgeber seinen Nichtanwendungswillen durch die Streichung der Vorschriften deutlich gemacht hat.

Es bleibt daher nur die Möglichkeit, eine ungeschriebene, deutsch-autonome Kollisionsregel für die Anknüpfung einseitiger Rechtsgeschäfte zu entwickeln. Es sollen nun die methodischen Grundlagen für die Bildung eines ungeschriebenen Rechtsgrundsatzes skizziert werden (hierzu unter **II.**). Sodann wird eine konkrete Kollisionsregel für die Behandlung der schlichten Einwilligung entwickelt (hierzu unter **III.**).

1374 *Spellenberg*, in: *Säcker et al.*, MüKo BGB, Art. 18 Rom I-VO, Rn. 10.

1375 Vgl. zur hier vertretenen Auffassung S. 201ff.

1376 Das EVÜ ist z. B. in Dänemark, wo die Rom I-VO nicht gilt, weiterhin anwendbar; *Schulze*, in: *Ferrari et al.*, Int. Vertragsrecht, Art. 24 Rom I-VO, Rn. 1.

1377 Ein Wiederaufleben des EVÜ wird auch im Zusammenhang mit dem Austritt des Vereinigten Königreichs aus der EU diskutiert. Vgl. *Leible*, in: *Hüßtege/Mansel*, Rom VO, Art. 24 Rom I-VO, Rn. 9 m.w.N.

1378 *Spickhoff*, in: *Bamberger et al.*, BeckOK BGB, Art. 24 Rom I-VO, Rn. 1.

II. Methodik zur Bildung eines ungeschriebenen Rechtsgrundsatzes

Die Herausbildung einer ungeschriebenen, autonomen Kollisionsregel für die Behandlung der schlichten Einwilligung könnte methodisch durch eine Gesamtanalogie oder durch eine gesetzesübersteigende Rechtsfortbildung erfolgen.

Die Gesamtanalogie, die teilweise auch als Rechtsanalogie bezeichnet wird[1379] und auch innerhalb der Rom I-VO möglich ist,[1380] entnimmt mehreren strukturgleichen Vorschriften einen allgemeinen Rechtsgrundsatz, der auf den ungeregelten Sachverhalt wertungsmäßig übertragbar ist.[1381] Für die Einzelvorschriften wird ein gemeinsamer Grundgedanke,[1382] die gemeinsame *ratio legis* der Einzelvorschriften, bestimmt. Durch eine Induktion[1383] wird zunächst ein allgemeiner Rechtsgrundsatz abgeleitet, bevor dieser deduktiv auf den ungeregelten Sachverhalt übertragen wird.[1384] Der ermittelte allgemeine Rechtsgrundsatz erfährt durch den materiellen Gerechtigkeitsgehalt aller herangezogenen Vorschriften insofern seine Bestätigung.[1385] Bei der Gesamtanalogie ergibt sich die Rechtsfolge für den ungeregelten Sachverhalt unmittelbar aus der gemeinsamen Rechtsfolgenanordnung der herangezogenen Einzelvorschriften.[1386]

Die Voraussetzungen der Gesamtanalogie entsprechen weitestgehend denen der bereits aufgezeigten Einzelanalogie. Zu fordern sind eine planwidrige Regelungslücke und eine vergleichbare Interessenlage.[1387] Teilweise wird allerdings eine erhöhte Begründungspflicht für die Bildung einer Gesamtanalogie gefordert. Dies folge zum einen daraus, dass die Existenz von mehreren Rechtsvorschriften, die dieselbe Rechtsfolge an ähnliche Sachverhalte knüpfen, zugleich den Umkehrschluss zuließe, dass der Gesetzgeber den ungeregelten Fall gar nicht hätte regeln wollen. Zum anderen seien die Auswirkungen einer Gesamtanalogie gegenüber der Einzelanalogie deutlich umfangreicher, da der gefundene Rechtsgrundsatz nicht nur für den Einzelfall, sondern auch für weitere Fälle Wirkung entfalte (sogenannte überschießende Maßstabsbildung[1388]).[1389]

1379 *Grüneberg*, in: *Palandt*, BGB, Einl., Rn. 48; *Looschelders*, in: *Heidel et al.*, BGB, Anh. zu § 133, Rn. 43.

1380 *Spickhoff*, in: *Bamberger et al.*, BeckOK BGB, Art. 1 Rom I-VO, Rn. 24.

1381 *Larenz/Canaris*, Methodenlehre, S. 204; *Reimer*, Methodenlehre, S. 265; *Wiedemann*, NJW 2014, S. 2407 (2409).

1382 *Looschelders*, in: *Heidel et al.*, BGB, Anh. zu § 133, Rn. 43.

1383 *Canaris* versteht aufgrund des induktiven Schlusses die Gesamtanalogie nicht als Analogie im engeren Sinne, sondern als Herausbildung eines allgemeinen Prinzips; vgl. *Canaris*, Lücke im Gesetz, S. 97ff.

1384 *Kramer*, Methodenlehre, S. 234.

1385 *Larenz/Canaris*, Methodenlehre, S. 205.

1386 *Reimer*, Methodenlehre, S. 269.

1387 Vgl. hierzu S. 194ff.

1388 *Reimer*, Methodenlehre, S. 266.

1389 *Larenz/Canaris*, Methodenlehre, S. 261; *Reimer*, Methodenlehre, S. 267.

Das BVerfG hat die Gesamtanalogie durch die Fachgerichte als zulässige Methodik gebilligt.[1390] Als Beispiel kann in der deutschen Rechtsprechung die Gewährung des quasi-negatorischen Abwehranspruchs genannt werden, der im Wege einer Gesamtanalogie aus den §§ 12, 862, 1004 BGB entwickelt wurde.[1391] Auch dem europäischen Urheberrecht ist die Gesamtanalogie nicht fremd. So hat der EuGH[1392] aus den Werkbegriffen verschiedener Einzelrichtlinien einen einheitlichen europäischen Werkbegriff entwickelt.[1393]

Wenn man die Gesamtanalogie als methodische Grundlage für die Bildung einer ungeschriebenen Kollisionsregel ablehnen sollte, muss ausnahmsweise auch ohne unmittelbaren Gesetzesbezug ein allgemeiner Rechtsgrundsatz herausgebildet werden.[1394] Die Methodenlehre spricht in diesem Zusammenhang von gesetzesübersteigender Rechtsfortbildung.[1395] Die Instanzgerichte,[1396] das BVerfG[1397] und der EuGH[1398] erkennen die Notwendigkeit von Rechtsfortbildung dieser Art generell an. Eine Lückenschließung kommt aber nur in Betracht, wenn am Gesetz orientierte Methoden der Rechtsfortbildung, wie die Einzel- oder Gesamtanalogie, nicht zum Erfolg führen können, weil etwa in Ermangelung einer vergleichbaren Vorschrift die Analogiebasis fehlt.[1399] Im völlig gesetzesleeren Raum darf der Richter aber auch dann nicht agieren. Er benötigt eine Norm[1400] oder jedenfalls einen aus der Rechtsordnung herausgefilterten Rechtsgedanken[1401] als Ausgangspunkt seiner Argumentation.

Die Voraussetzungen für eine zulässige gesetzesübersteigende Rechtsfortbildung sind deutlich unbestimmter als für die Gesamtanalogie. Es ist schwer sie allgemeingültig zu formulieren.[1402] *Beaucamp* stellt handhabbare Kriterien

---

1390 BVerfG, Urt. v. 11.07.2012 (Az. 1 BvR 3142/07, 1 BvR 1569/08), NZG 2012, S. 826 (831f.).

1391 Grundlegend RG, Urt. v. 05.01.1905 (Az. VI 38/04), RGZ 60, S. 6 (7); *Förster*, in: *Bamberger et al.*, BeckOK BGB, § 823, Rn. 50.

1392 EuGH, Urt. v. 16.06.2009 (Az. C-5/08), ZUM 2009, S. 945 (946f.), Rn. 33ff. – Infopaq.

1393 *Metzger*, ZEuP 2017, S. 836 (849f.).

1394 Zur verfassungsrechtlichen Zulässigkeit von Richterrecht: *F. Müller/Christensen*, Juristische Methodik, S. 138ff.

1395 *Larenz/Canaris*, Methodenlehre, S. 282ff.

1396 BAG, Urt. v. 24.11.1987 (Az. 8 AZR 524/82), NZA 1988, S. 579 (581).

1397 BVerfG, Beschl. v. 14.02.1973 (Az. 1 BvR 112/65), BVerfGE 34, S. 269 (288); *Hillgruber*, in: *Maunz/Dürig*, GG, Art. 97, Rn. 64.

1398 EuGH, Urt. v. 14.09.2010 (Az. C-550/07), NJW 2010, S. 3557 (3560), Rn. 54, 100 – Akzo Nobel Chemicals; EuGH, Urt. v. 05.03.1996 (Az. C-46/93, C-48/93), NJW 1996, S. 1267 (1268), Rn. 41, 85 – Brasserie du Pêcheur.

1399 Zur methodischen Prüfungsreihenfolge anschaulich: BGH, Beschl. v. 13.03.2003 (Az. XII ZB 2/03), NJW 2003, S. 1588 (1591ff.); zum Vorrang der (Gesamt-)Analogie: *Ahmling*, Analogiebildung, S. 36f.; *Reimer*, Methodenlehre, S. 269; *Beaucamp*, DÖV 2013, S. 41 (42).

1400 *Reimer*, Methodenlehre, S. 269.

1401 *Larenz/Canaris*, Methodenlehre, S. 245.

1402 *Säcker*, in: *Säcker et al.*, MüKo BGB, Einl., Rn. 152.

auf.[1403] Er fordert, dass der Rechtsgrundsatz *(1.)* mit dem geschriebenen Recht vereinbar sein muss, *(2.)* seine Wurzeln in den Werten der Rechtsordnung hat, *(3.)* die rechtspolitische Neuausrichtung einer Rechtsfrage vermeidet, *(4.)* einen Wertungswiderspruch beseitigt und *(5.)* auf weitere Fälle übertragbar ist. Nicht jedes dieser Elemente muss aber für jeden Einzelfall relevant werden.[1404] Insbesondere die Universalisierbarkeit eines allgemeinen Rechtsgrundsatzes wird in der Literatur immer wieder gefordert.[1405] Die Begründung einer gesetzesübersteigenden Rechtsfortbildung muss erkennbar machen, dass ein Rechtsgedanke im positiven Recht bereits angelegt ist und dieser Gedanke einen *»überschießenden normativen Gehalt«* aufweist.[1406] Anders als bei der Gesamtanalogie ergibt sich die Rechtsfolge nicht aus der Rechtsfolgenanordnung der Einzelvorschriften, sondern muss zunächst ohne Gesetzesbezug begründet werden.[1407] Diese Rechtsfolgenoffenheit ist *»der besondere Reiz, die besondere Gefahr und die besondere Herausforderung bei der Anwendung eines Grundsatzes«.*[1408]

Als Beispiele für gesetzesübersteigende Rechtsfortbildung können im bürgerlichen Recht die mit Rücksicht auf die Verkehrsbedürfnisse *extra legem* geschaffenen Rechtsinstitute, wie etwa die Sicherungsübereignung, die Einziehungsermächtigung oder das Anwartschaftsrecht, genannt werden.[1409]

Als *»Paradebeispiel«* für ein Rechtsgebiet, in dem die richterliche Rechtsfortbildung – egal ob durch Gesamtanalogie oder durch gesetzesübersteigende Rechtsfortbildung – großen Einfluss hat, gilt das Internationale Privatrecht, das vor seiner teilweisen Kodifizierung *»mehr oder weniger gänzlich ohne gesetzliche Stütze«* durch die Rechtsprechung und Lehre entwickelt wurde.[1410] Ungeschriebene, gewohnheitsrechtliche oder richterrechtliche Kollisionsnormen waren und sind im Internationalen Privatrecht weit verbreitet.[1411] Vor dem Inkrafttreten des Art. 8 Rom II-VO galt dies insbesondere für das Internationale Immaterialgüterrecht.[1412] Das autonome Kollisionsrecht sah keinerlei Regelungen für Immaterialgüter- oder Urheberrechte vor. Die ungeschriebenen, das Recht des geistigen Eigentums betreffenden international-privatrechtlichen Grundsätze wurden

1403 *Beaucamp*, DÖV 2013, S. 41 (45).
1404 *Beaucamp*, DÖV 2013, S. 41 (45).
1405 *Henninger*, Methode, S. 413.
1406 *Reimer*, Methodenlehre, S. 270f.
1407 *Beaucamp*, DÖV 2013, S. 41 (42).
1408 *Reimer*, Methodenlehre, S. 269.
1409 *Larenz/Canaris*, Methodenlehre, S. 232.
1410 *Kramer*, Methodenlehre, S. 270.
1411 KOM (2003) 427 endg., S. 6; *Jayme*, in: *Reinhart*, FS Heidelberg, S. 567 (567); *Rauscher*, IPR, § 2, Rn. 180.
1412 *Schack*, in: *Baetge et al.*, FS Kropholler, S. 651 (654f.).

durch die Rechtsprechung und Lehre herausgebildet.[1413] Dies gilt im Besonderen für das bereits näher erläuterte Schutzlandprinzip[1414] einerseits und das Ursprungslandprinzip[1415] andererseits. Bezüglich des Schutzlandprinzips wird zuweilen sogar von einer gewohnheitsrechtlichen Geltung gesprochen.[1416]

Aber auch in anderen Gebieten sind ungeschriebene Kollisionsregeln dem Internationalen Privatrecht nicht fremd. Als Beispiel kann das Internationale Gesellschaftsrecht angeführt werden. Hier existiert weder im europäischen[1417] noch im deutsch-autonomen Kollisionsrecht eine geschriebene Regelung.[1418] Aus den Grundfreiheiten des Primärrechts leitet der EuGH für unionsinterne Sachverhalte die sogenannte Gründungstheorie ab, wonach sich die Rechtsbeziehungen einer Gesellschaft nach dem Recht des Gründungsorts bestimmen.[1419] Für Sachverhalte mit Bezug zu Staaten außerhalb der Europäischen Union gilt weiterhin das deutsch-autonome Kollisionsrecht. In diesem Zusammenhang wird nach der Sitztheorie an das Recht des Staates angeknüpft, in dem die Gesellschaft ihren Sitz hat.[1420] Als weiteres Beispiel für ungeschriebene Kollisionsregeln kann das Recht der gewillkürten Stellvertretung herangezogen werden.[1421] Vor der Kodifizierung in Art. 8 EGBGB, die erst im Jahr 2017 erfolgte, beruhte die Anknüpfung auf gesetzlich ungeregelten und im Einzelfall höchst umstrittenen Kollisionsregeln.[1422] Auch das Recht der Schuldübernahme ist weder in der Rom I-VO, noch im EVÜ oder im EGBGB gesetzlich geregelt. In diesem Rechtsbereich haben sich ebenfalls ungeschriebene Kollisionsprinzipien herausgebildet.[1423] Als abschließendes Beispiel sei das Verlöbniskollisionsrecht genannt. Auch hierfür fehlt es an einer positiv-rechtlichen Vorschrift. Die herrschende Meinung wendet für die Eingehung des Verlöbnisses das Eheschließungsstatut in Art. 13 EGBGB analog an. Für etwaige Fragen der Verlöbniswirkung möchte die herrschende, aber durchaus um-

1413 *Fezer/Kroos*, in: *Staudinger*, BGB, Int. Wirtschaftsrecht, Rn. 878.

1414 Vgl. hierzu S. 105ff.

1415 Vgl. hierzu S. 112ff.

1416 LG München I, Urt. v. 23.11.2011 (Az. 21 O 25511/10), ZUM-RD 2012, S. 49 (59); *Fezer/Kroos*, in: *Staudinger*, BGB, Int. Wirtschaftsrecht, Rn. 913.

1417 Vgl. insbesondere die ausdrücklichen Ausschlüsse in Art. 1 Abs. 2 lit. f Rom I-VO, Art. 1 Abs. 2 lit. d Rom II-VO und Art. 1 Abs. 2 lit. h, i EuErbVO.

1418 *Hay/Rösler*, IPR/IZVR, S. 296.

1419 Die EuGH-Rechtsprechung zusammenfassend: *Hay/Rösler*, IPR/IZVR, S. 299ff.

1420 St. Rspr., vgl. statt vieler: BGH, Urt. v. 21.11.1996 (Az. IX ZR 148/95), NJW 1997, S. 657 (658) m.w.N.

1421 Das Vollmachtstatut wird gemäß Art. 1 Abs. 2 lit. g Rom I-VO nicht durch die Rom I-VO erfasst.

1422 *Mäsch*, in: *Bamberger et al.*, BeckOK BGB, Art. 8 EGBGB, Rn. 1 f.; *Spellenberg*, in: *Säcker et al.*, MüKo BGB, Art. 8 EGBGB, Rn. 1 ff.

1423 *Doehner*, in: *Hüßtege/Mansel*, Rom VO, Art. 14 Rom I-VO, Rn. 29; *Kieninger*, in: *Ferrari et al.*, Int. Vertragsrecht, Anh. Art. 14–16 Rom I-VO, Rn. 1; *Hay/Rösler*, IPR/IZVR, S. 193.

strittene Meinung das Heimatrecht der in Anspruch genommenen Partei heranziehen.[1424] Eine ungeschriebene Kollisionsregel auch für die Behandlung der schlichten Einwilligung rechtsfortbildend zu schaffen, stößt insofern nicht auf grundlegende Bedenken.

III. Entwicklung einer Kollisionsregel für die schlichte Einwilligung

Die methodische Herangehensweise zur Herausbildung eines ungeschriebenen Prinzips und die weite Verbreitung im Internationalen Privatrecht vorweggestellt, soll nun eine konkrete Kollisionsregel für die schlichte Einwilligung entwickelt werden. Eine Kuriosität stellt sicherlich der Umstand dar, dass es vorliegend um die Entwicklung einer ungeschriebenen Kollisionsregel für ein ebenso ungeschriebenes Rechtsinstitut geht.[1425] Lehnt man eine Einzelanalogie von Art. 4, 6, 19 Rom I-VO für die schlichte Einwilligung jedoch ab, bleibt nur der Rückgriff auf eben dieses Vorgehen.

Zunächst muss die schlichte Einwilligung nach deutschen Grundsätzen qualifiziert werden. Die nationalen Qualifikationsgrundsätze wurden bereits aufgezeigt und die marginalen Unterschiede zur europäischen Methodik herausgestellt.[1426] Da die Herangehensweise sehr ähnlich ist und insbesondere der *lex fori*-Ansatz bzw. der funktional-teleologische Ansatz im nationalen Recht in den Vordergrund gestellt wird, kann das zuvor gewonnene unionsrechtliche Ergebnis auch für die deutsche Qualifikation übernommen werden. Die schlichte Einwilligung ist demnach eine vertragsnahe, rechtsgeschäftliche Willenserklärung.[1427]

Die Gesamtanalogie und die gesetzesübersteigende Rechtsfortbildung haben gemein, dass eine übergeordnete Voraussetzung die Feststellung einer planwidrigen Regelungslücke ist. Wie bereits dargestellt, existiert im europäischen und nationalen Recht keine Kollisionsregel für einseitige Rechtsgeschäfte.[1428] Diese Regelungslücke ist auch unter deutsch-autonomen Maßstäben planwidrig. Der deutsche Richter kann sich nicht darauf zurückziehen, dass das anwendbare Recht in Ermangelung einer geschriebenen Kollisionsregel nicht ermittelbar sei. Anderenfalls würde er gegen das Rechtsverweigerungsverbot verstoßen.[1429] Eine

---

1424 *Coester*, in: *Säcker et al.*, MüKo BGB, Vor. Art. 13 EGBGB, Rn. 2 ff.; *Hay/Rösler*, IPR/IZVR, S. 240f.

1425 Die rechtfertigende Einwilligung ist ein aus dem Rechtsgrundsatz *»volenti non fit iniura«* hergeleitetes Prinzip; vgl. *Canaris*, Lücke im Gesetz, S. 113.

1426 Vgl. hierzu S. 154ff.

1427 Vgl. hierzu S. 37ff.

1428 Vgl. hierzu S. 235f.

1429 *Jachmann-Michel*, in: *Maunz/Dürig*, GG, Art. 95, Rn. 23.

Kollisionsregel muss zwangsläufig ermittelt werden, um zum Sachrecht zu gelangen.[1430] Die autonome Regelungslücke ist mithin ausfüllungspflichtig.

Sodann stellt sich die Frage, ob den europäischen und nationalen Kollisionsnormen ein allgemeiner Grundsatz dahingehend entnommen werden kann, dass das privatautonome Verhalten eines einseitig Erklärenden dem Vertragsstatut unterfällt. Für eine solche Argumentation ließe sich eine Gesamtanalogie aus Art. 4 Abs. 2 Rom I-VO, Art. 4 Abs. 2 EVÜ und Art. 28 Abs. 2 EGBGB a.F. heranziehen. Die Heranziehung von europäischen Vorschriften steht einer Gesamtanalogiebildung auf deutsch-autonomer Ebene nicht entgegen. Nur für den umgekehrten Fall könnten Bedenken wegen der Normenhierarchie angezeigt sein.[1431] Zu ermitteln ist die gemeinsame *ratio legis* der Einzelvorschriften.

Die *ratio legis* der Rom I-VO wurde bereits an früherer Stelle ausführlich herausgearbeitet.[1432] Auch die Interessenlage des maßgeblich interessierenden Art. 4 Abs. 2 Rom I-VO wurde analysiert.[1433] Der Regelungsschwerpunkt ist die Schaffung einer Kollisionsgrundregel für privatautonomes Verhalten. Angeknüpft wird an das Recht des Staates, in dem die charakteristisch leistende Partei ihren gewöhnlichen Aufenthalt hat.

Auch dem immer noch gültigen EVÜ kann ein ähnlicher Grundsatz entnommen werden. Unter dem Regime des Art. 4 Abs. 2 EVÜ ist die Anknüpfung an die charakteristische Leistung zwar nur eine widerlegliche Vermutung zur Bestimmung der engsten Verbindung und entscheidet nicht abschließend über die Anknüpfung. Gleichwohl ist dieses Kriterium das bedeutendste zur Ermittlung der engsten Verbindung von vertragsnahen Instituten. Durch dieses Prinzip kann das Anknüpfungsmerkmal dem Rechtsgeschäft selbst entnommen werden und muss nicht aus äußeren Umständen abgeleitet werden. Zudem beschreibt die charakteristische Leistung, nach dem Bericht zur Entstehung des EVÜ von *Giuliano* und *Lagarde*, den wirtschaftlichen und sozialen Lebensmittelpunkt und ermöglicht insofern die Anknüpfung an das »*sozio-ökonomische Milieu*«.[1434]

Der deutsche Gesetzgeber hat die Vorgaben aus dem EVÜ aufgegriffen und sie in Art. 28 Abs. 2 EGBGB a.F. im Jahr 1986 umgesetzt. Zwar wurde diese Vorschrift mit dem Inkrafttreten der Rom I-VO wieder gestrichen, allerdings lässt sich hieraus nicht ableiten, dass der deutsche Gesetzgeber das dahinterstehende Prinzip aufgeben wollte.

Die Anknüpfung an die charakteristische Leistung lässt sich auch aus der deutschen Rechtsprechungsgeschichte vor der Kodifizierung des Vertragsstatuts

1430 Für das europäische IPR: *Martiny*, in: *Säcker et al.*, MüKo BGB, Art. 4 Rom I-VO, Rn. 310; *A. Staudinger*, in: *Schulze/Dörner*, BGB, Art. 4 Rom I-VO, Rn. 12.
1431 *Beaucamp*, DÖV 2013, S. 41 (42).
1432 Vgl. hierzu S. 201 ff.
1433 Vgl. hierzu S. 223 ff.
1434 Zum Ganzen: *Giuliano/Lagarde*, Bericht EVÜ, S. 20.

in den Art. 27ff. EGBGB a.F. herleiten. Das Vertragsstatut war bis dahin eine durch ergänzende Rechtsfindung entwickelte, ungeschriebene Generalklausel.[1435] In Ermangelung einer positiv-rechtlichen Regelung nahm der BGH eine ausfüllungsbedürftige Lücke an.[1436] Der Inhalt dieser Generalklausel war allerdings in der Rechtsprechung der Höchstgerichte nicht einheitlich und hat sich im Laufe des 20. Jahrhunderts stetig fortentwickelt.[1437] So hat das Reichsgericht noch eine rein subjektive Theorie verfolgt, wonach beim Fehlen einer Rechtswahl das Recht anwendbar sein soll, welches die Parteien vernünftigerweise gewählt hätten, wenn sie die Frage des einschlägigen Rechts hätten regeln wollen.[1438] Der BGH hatte dieser strengen subjektiven Theorie eine Absage erteilt und stellte vorrangig auf den *»mutmaßlichen (hypothetischen) Parteiwillen«* und nachrangig auf den Erfüllungsort ab.[1439] Anders als die Formulierung des BGH vermuten lässt, handelt es sich in Wirklichkeit – wie das Gericht selbst einräumt – nicht um die Ermittlung von subjektiven Vorstellungen der Parteien, sondern *»um eine vernünftige Interessenabwägung auf rein objektiver Grundlage«*.[1440] Notwendig sei die Feststellung des objektiven Schwerpunktes eines Schuldverhältnisses, welcher auf eine bestimmte Rechtsordnung hindeute.[1441] In einer Entscheidung aus den 1980er Jahren hat der BGH konkretisiert, dass für die Ermittlung des Schwerpunktes vordergründig die Eigenarten des jeweiligen Vertragsverhältnisses maßgeblich seien. Dies sei vor allem die den Vertragstyp charakterisierende Leistung.[1442] Dieses Urteil ist deshalb hervorzuheben, weil das Gericht den damals noch nicht in Kraft getretenen Art. 28 Abs. 2 EGBGB a.F. nicht anwenden konnte und dennoch unter Verweis auf den Entwurf der EGBGB-Novelle seine bisherige Schwerpunkt-Rechtsprechung in diesem Sinne weiterentwickelte.[1443]

1435 BGH, Urt. v. 30.03.1955 (Az. IV ZR 210/54), NJW 1955, S. 827 (828); BGH, Urt. v. 14.04.1953 (Az. I ZR 152/52), NJW 1953, S. 1140 (1141); BGH, Urt. v. 30.09.1952 (Az. I ZR 31/52), NJW 1953, S. 339 (342); *Magnus*, in: *Staudinger*, BGB, Einl. Rom I-VO, Rn. 16; *Martiny*, in: *Säcker/Rebmann*, MüKo BGB (1998), Art. 28 EGBGB, Rn. 1; *Jayme*, in: *Reinhart*, FS Heidelberg, S. 567 (586).

1436 BGH, Urt. v. 30.09.1952 (Az. I ZR 31/52), NJW 1953, S. 339 (342).

1437 Zur rechtshistorischen Entwicklung zusammenfassend: *Magnus*, in: *Staudinger*, BGB, Einl. Rom I-VO, Rn. 15ff.; *Martiny*, in: *Säcker/Rebmann*, MüKo BGB (1998), Vor. Art. 27 EGBGB, Rn. 1.

1438 RG, Urt. v. 17.06.1939 (Az. II 19/39), RGZ 161, S. 296 (298), RG, Urt. v. 04.04.1908 (Az. I 274/07), RGZ 68, S. 203 (205).

1439 BGH, Urt. v. 27.04.1977 (Az. VIII ZR 184/75), BeckRS 1977, S. 31122466; BGH, Urt. v. 18.02.1965 (Az. VII ZR 240/63), NJW 1965, S. 1127 (1128); BGH, Urt. v. 30.09.1952 (Az. I ZR 31/52), NJW 1953, S. 339 (341).

1440 BGH, Urt. v. 14.04.1953 (Az. I ZR 152/52), NJW 1953, S. 1140 (1141); BGH, Urt. v. 30.09.1952 (Az. I ZR 31/52), NJW 1953, S. 339 (340f.).

1441 BGH, Urt. v. 27.04.1977 (Az. VIII ZR 184/75), BeckRS 1977, S. 31122466; BGH, Urt. v. 30.03.1955 (Az. IV ZR 210/54), NJW 1955, S. 827 (828).

1442 BGH, Urt. v. 09.10.1986 (Az. II ZR 241/85), NJW 1987, S. 1141 (1142).

1443 *Dörner*, JR 1987, S. 201 (201).

Freilich wäre es dem BGH auch möglich gewesen, den vertraglichen Schwerpunkt anhand anderer Kriterien einzugrenzen, er rückte aber die charakteristische Leistung als allein maßgebliches Kriterium in den Vordergrund.[1444]

Die Rechtslage vor dem Inkrafttreten des Art. 28 EGBGB a. F. ist mit der aktuellen vergleichbar. Eine Kollisionsnorm für vertragsnahe, einseitige Rechtsgeschäfte existierte damals wie heute nicht. Diese Lücke muss unter Rückgriff auf eine ungeschriebene Regel ausgefüllt werden. Insofern ist es nicht fernliegend, auf die jüngste Rechtsprechung des BGH vor der Kodifizierung des Vertragsstatuts zurückzugreifen.

Sowohl Art. 4 Abs. 2 Rom I-VO als auch Art. 4 Abs. 2 EVÜ und Art. 28 Abs. 2 EGBGB a. F. knüpfen an die charakteristische Leistung an. Aus diesen Normen kann im Wege der Gesamtanalogie der gemeinsame Grundgedanke, dass die engste Verbindung bei vertragsnahen Sonderverbindungen beim charakteristisch Handelnden liegen soll, hergeleitet werden. Diese Auslegung wird durch die Rechtsprechung des BGH vor Inkrafttreten des Art. 28 EGBGB a. F. gestützt. Auch auf einseitige Rechtsgeschäfte lässt sich dieser Gedanke übertragen.

Alternativ ließe sich das gleiche Ergebnis auch auf eine übergesetzliche Rechtsfortbildung stützen. Die oben aufgestellten methodischen Voraussetzungen liegen vor.[1445] Die Anknüpfung an die charakteristische Handlung steht nicht im Widerspruch mit dem geschriebenen Recht. Die Wurzeln dieser Argumentation sind in der Rechtsordnung angelegt. Der ungeschriebene Anknüpfungsgrundsatz bedeutet keine rechtspolitische Neuausrichtung dieser Rechtsfrage, sondern ist nur eine Fortführung von Art. 4 Abs. 2 Rom I-VO, Art. 4 Abs. 2 EVÜ und Art. 28 Abs. 2 EGBGB a. F. Durch eine ungeschriebene Kollisionsregel wird ein Wertungswiderspruch beseitigt, der dadurch entsteht, dass eine Anknüpfungsregel anderenfalls nicht bestehen würde. Schließlich ist der Rechtsgedanke auch auf andere Fälle übertragbar, mithin generalisierbar, sofern ein vertragsnaher Qualifikationsgegenstand im Raum steht.

Nicht zu verwechseln ist diese ungeschriebene Kollisionsregel mit dem Ursprungslandprinzip. Zwar existiert auch innerhalb der Ursprungslandbefürworter eine Lesart, die den gewöhnlichen Aufenthaltsort des Urhebers in den Fokus rückt,[1446] allerdings besteht nur im Ergebnis eine Gemeinsamkeit zum Ursprungslandprinzip. Letzteres gilt immerhin nicht für vertragliche Rechtsfragen, sondern ist ein spezielles Deliktsstatut.[1447] Insofern ist es von vornherein auf einen vertragsnahen Qualifikationsgegenstand nicht anwendbar.

1444 *Martiny*, in: *Säcker/Rebmann*, MüKo BGB (1998), Vor. Art. 27 EGBGB, Rn. 1.

1445 Zu den abstrakten Voraussetzungen: *Beaucamp*, DÖV 2013, S. 41 (45).

1446 *Van Eechoud*, Choice of law, S. 226ff.; *Peukert/Rehbinder*, UrhR, Rn. 1210.

1447 Vgl. hierzu S. 112ff.

Würde man eine ungeschriebene Kollisionsregel für die schlichte Einwilligung in Worte fassen wollen, könnte man sie wie folgt definieren:

Die Wirksamkeit der schlichten Einwilligung unterliegt dem Recht des Staates, in dem der Erklärende im Zeitpunkt des Uploads seinen gewöhnlichen Aufenthalt hat.

E. Zusammenfassung

Die schlichte Einwilligung kann nicht zusammen mit den urheberrechtlichen Hauptfragen einheitlich nach Art. 8 Abs. 1 Rom I-VO angeknüpft werden. Das Schutzlandprinzip, als spezielles Deliktsstatut, entscheidet nur über die Frage, ob unter der Geltung des berufenen Sachrechts eine Einwilligung in eine urheberrechtliche Verwertungshandlung haftungsausschließend oder -beschränkend wirken kann. Für Fragen nach der tatbestandlichen Wirksamkeit des Rechtsgeschäfts musste eine andere Kollisionsnorm gefunden werden, die dem vertragsnahen Wesen der schlichten Einwilligung gerecht wird.

Eine solche Kollisionsnorm kann der Rom I-VO entnommen werden. Die Rom I-VO ist allerdings nicht direkt anwendbar. Der Vertragsbegriff in Art. 1 Abs. 1 Rom I-VO verlangt nach der Rechtsprechung des EuGH zu den Parallelnormen in der Brüssel I-/Ia-VO eine *»freiwillig eingegangene Verpflichtung«*. Diese Voraussetzung kann zwar für einseitige Leistungsversprechen, wie etwa für die isolierten Gewinnzusagen, bejaht werden, allerdings nicht für die schlichte Einwilligung. Dieser fehlt es am verpflichtenden Element, weil der Erklärungsempfänger der schlichten Einwilligung keine eigene Rechtsposition erwirbt.

Die Rom I-VO kann aber analog auf die schlichte Einwilligung angewendet werden. Die Analogie ist als Rechtsfortbildungsmethodik im Europarecht allgemein anerkannt. Zwar verwendet der EuGH nicht diese Terminologie, sondern spricht von Auslegung, allerdings ist dieser Begriff autonom zu verstehen und umfasst in der Sache auch die Rechtsfortbildung.

Es liegt eine planwidrige Regelungslücke auf unionsrechtlicher Ebene vor. In den Gesetzgebungsmaterialien zur Rom I- und II-VO wird an diversen Stellen deutlich, dass der Gesetzgeber die beiden Verordnungen als einheitliches Kollisionsschuldrecht betrachtet. Hieraus lässt sich ableiten, dass eine gewissermaßen zwischen Vertrags- und Deliktsrecht stehende Rechtsfrage, wie die schlichte Einwilligung, nicht dem nationalen Kollisionsrecht überlassen werden, sondern das europäische Kollisionsrecht insoweit abschließend sein sollte.

Der Vertragsbegriff der Rom I-VO kann durch eine Einzelanalogie grundsätzlich ausgedehnt werden, denn die Interessenlagen in den in der Rom I-VO geregelten Fällen und der ungeregelten schlichten Einwilligung sind funktional vergleichbar. Die Privatautonomie steht in der Rom I-VO und bei der schlichten

Einwilligung gleichermaßen im Vordergrund. Damit sind der geregelte und der ungeregelte Sachverhalt im entscheidenden Punkt – der Autonomie des Handelnden – wertungsgleich.

Bei Verbraucherbeteiligung kommt vorrangig Art. 6 Abs. 1 Rom I-VO analog für die schlichte Einwilligung in Betracht. Im Einzelfall muss jedoch der situative Anwendungsbereich erfüllt sein. Bei global agierenden Suchmaschinenbetreibern, die ihre unternehmerische Tätigkeit im Verbraucherstaat ausüben oder ihre Tätigkeit hierauf ausrichten, kann der situative Anwendungsbereich erfüllt sein. Einer Kausalität zwischen der unternehmerischen Tätigkeit und der Erklärung der schlichten Einwilligung bedarf es nicht.

Ist kein Verbraucher beteiligt oder ist im Einzelfall der situative Anwendungsbereich des Art. 6 Abs. 1 lit. a und b Rom I-VO analog nicht erfüllt, erfolgt die kollisionsrechtliche Behandlung der schlichten Einwilligung nach Art. 4 Abs. 2 Rom I-VO analog. Die tatbestandlich geforderte charakteristische Leistung steht dem nicht entgegen. Ein Vertrag ohne mindestens eine Leistungspflicht ist nicht möglich. Angeknüpft werden kann sodann an den Ort des gewöhnlichen Aufenthaltes des Einwilligenden im Zeitpunkt des Uploads gemäß Art. 19 Rom I-VO analog. Die Ausweichklausel nach Art. 4 Abs. 3 Rom I-VO (analog) ist regelmäßig nicht einschlägig. Die hohen Anforderungen können durch die meist schwachen gegenläufigen Indizien nicht erfüllt werden.

Für den Fall, dass man eine Analogie des Art. 4 Abs. 2 Rom I-VO ablehnen möchte, kommt hilfsweise eine Anknüpfung nach Art. 4 Abs. 4 Rom I-VO analog in Betracht. Die engste Verbindung bestimmt sich dann vordergründig nach dem Ort des gemeinsamen gewöhnlichen Aufenthaltes der Parteien. Sollte dieser Ort nicht identisch sein, kann eine Reihe von näher bestimmten Indizien den Ausschlag zwischen den zwei in Betracht kommenden Rechtsordnungen geben.

Für den Fall, dass man die Einzelanalogiefähigkeit der Rom I-VO insgesamt verneint, muss eine ungeschriebene deutsch-autonome Kollisionsregel rechtsfortbildend geschaffen werden. Ein solches Vorgehen ist dem Internationalen Privatrecht nicht fremd. Methodisch kann auf eine Gesamtanalogie oder auf eine gesetzesübersteigende Rechtsfortbildung zurückgegriffen werden. Die gesetzgeberischen Wertungen aus Art. 4 Abs. 2 Rom I-VO, Art. 4 Abs. 2 EVÜ und Art. 28 Abs. 2 EGBGB a. F. lassen den Schluss zu, dass ein vertragsnaher Qualifikationsgegenstand nach dem Recht des gewöhnlichen Aufenthaltes des charakteristisch Handelnden angeknüpft werden kann. Für die schlichte Einwilligung kann – auch nach dem deutsch-autonomen Kollisionsrecht – an den Ort des gewöhnlichen Aufenthalt des Erklärenden im Zeitpunkt des Uploads anknüpft werden.

Zusammenfassende Thesen

1. Die Onlinenutzung von digitalen Abbildungen als Vorschaubilder durch kommerzielle Suchmaschinenbetreiber unterliegt dem Urheberrechtsschutz. Die Suchmaschinenbetreiber greifen durch ihre Dienste regelmäßig in die Verwertungsrechte aus §§ 15 Abs. 2 S. 1, 16, 19a UrhG ein. Gesetzliche Schrankenregelungen für diese Nutzung sind nicht einschlägig.
2. Die als Rechtfertigungsgrund herangezogene schlichte Einwilligung lässt sich in die deutsche Zivilrechtsdogmatik einordnen und ist anzuerkennen. Die schlichte Einwilligung ist ein untypisches Rechtsgeschäft und mit den vertraglichen Gestattungsformen wie der Einräumung von Nutzungsrechten oder der schuldvertraglichen Gestattung verwandt. Die Vorschriften der Rechtsgeschäftslehre nach §§ 104ff. BGB sind jedoch nicht uneingeschränkt auf die unrechtsausschließende Einwilligung anwendbar, sondern bedürfen im Einzelfall der Anpassung. Die schlichte Einwilligung wird *erga omnes* erklärt. Sie kann den Suchmaschinenbetreibern jedoch kein eigenes Recht vermitteln.
3. Bei der Auslegung der Erklärung fehlt es – wie bei konkludenten Erklärungen üblich – am interpretationsfähigen Wortlaut und somit an einem greifbaren Auslegungsobjekt. Diese Besonderheit wird durch eine verstärkte Berücksichtigung der Urheberinteressen ausgeglichen. Gerade bei einseitigen, autonomen Erklärungen spielt die Motivlage des Erklärenden eine besondere Rolle. Die Vorschaubilder-Rechtsprechung des BGH ist insofern zu kritisieren, als auf die objektive Üblichkeit der Nutzungsform abgestellt wird. Nimmt man stattdessen richtigerweise die subjektiven Urheberinteressen bei der Auslegung der konkludenten Erklärung in den Blick, ergibt sich gleichwohl kein abweichendes Ergebnis. Es ist nicht ersichtlich, wie die Nutzung der Vorschaubilder den Urheber in seinen berechtigten Interessen unangemessen einschränken könnte.
4. Auch unter Berücksichtigung der Rechtsprechung des EuGH zu Art. 3 Abs. 1 InfoSoc-RL ist die schlichte Einwilligung in die urheberrechtliche Online-

nutzung von Vorschaubildern nicht obsolet geworden. Betrachtet man die Bildersuchfälle im europäischen Lichte, muss man entsprechend den technischen Gegebenheiten zwischen den hochgeladenen Vorschaubildern und den verlinkten und vergrößerten Blow-ups differenzieren. Auf die Vorschaubilder-Sachverhalte kann die *Córdoba*-Rechtsprechung übertragen werden. Eine Wiedergabe für ein neues Publikum ist für die hochgeladenen Vorschaubilder anzunehmen, da dem Urheber anderenfalls das Recht vorbeugender Art und sein Vergütungsanspruch genommen würden. Zudem würde eine faktische Onlineerschöpfung eintreten. Die Hyperlinking-Rechtsprechung ist weder direkt noch normativ auf die Behandlung der Vorschaubilder-Fälle übertragbar. Die Nutzung von Vorschaubildern ist demnach ein rechtfertigungsbedürftiger Eingriff in Art. 3 Abs. 1 InfoSoc-RL und § 19a UrhG.

5. Anders ist hingegen die urheberrechtliche Nutzung der verlinkten Blow-up-Bilder in den Suchdiensten zu bewerten. Diese richtet sich im europäischen Recht nach der Rechtsprechung des EuGH zum Hyperlinking. Die Nutzung ist grundsätzlich zulässig, sofern keine Schutzmaßnahmen umgangen werden oder der Suchmaschinenbetreiber keine positive Kenntnis von der Rechtswidrigkeit des Uploads hat. Ein Eingriff in Art. 3 Abs. 1 InfoSoc-RL und § 15 Abs. 2 S. 1 UrhG liegt regelmäßig nicht vor. Auf einen Rechtfertigungsgrund kommt es nicht mehr an.
6. Zwischen dem deutschen Institut der schlichten Einwilligung und dem europäischen Merkmal des neuen Publikums, welches im Rahmen der öffentlichen Wiedergabe gemäß Art. 3 Abs. 1 InfoSoc-RL zu prüfen ist, besteht eine Wesensverwandtschaft. Das neue Publikum ist eine private Zugangsregel, die Elemente einer Einwilligungslösung in sich trägt. Die beiden Institute sind jedoch nicht vollständig deckungsgleich. Insbesondere der Rückgriff auf subjektive Kriterien aus der Sphäre des Nutzers, wie dessen Kenntnis oder Gewinnerzielungsabsicht, sprechen gegen eine klassische Einwilligungsdogmatik. Für die Annahme einer Einwilligung kommt es auf die Interessenlage des Erklärenden und nicht des Erklärungsempfängers an.[1448] Der EuGH lässt bei der Auslegung des neuen Publikums allerdings subjektive Interessen von Urheber und Nutzer einfließen. Dies ist im Rahmen des neuen Publikums verfehlt und sollte besser wie in der Rechtssache *Soulier* in einem eigenständigen, rechtsgeschäftlichen Institut seinen Niederschlag finden. Hierdurch würden die dahinterstehenden normativen Erwägungen deutlicher zum Vorschein treten. Zudem würden Kriterien aus dem Urhebervertragsrecht nicht mit der Ebene der Verwertungsrechte vermischt und das neue Publikum müsste nicht bis zur Unkenntlichkeit ver-

1448 Vgl. hierzu These 3.

bogen werden. Das neue Publikum sollte als Tatbestandselement der öffentlichen Wiedergabe im Sinne des Art. 3 Abs. 1 InfoSoc-RL insgesamt aufgegeben werden.

7. Die schlichte Einwilligung steht nachrangig zum neuen Publikum auf der Ebene der Rechtfertigungsgründe und unterliegt der nationalen Auslegungsmethodik. Die Auslegung des Urheberwillens im Tatbestandsmerkmal des neuen Publikums durch den EuGH sowie im Rahmen der schlichten Einwilligung durch den BGH kann zu divergierenden Ergebnissen führen.
8. Das Ursprungslandprinzip verdient gegenüber dem Schutzlandprinzip als Kollisionsregel bei ubiquitärer Werknutzung *de lege ferenda* den Vorzug. Die Grundannahme, dass nur eine Rechtsordnung weltweit über die wesentlichen Rechtsfragen – wie die Entstehung des Rechts, die erste Inhaberschaft und die Übertragung – entscheidet, birgt mehr Vor- als Nachteile. Die praktischen Konsequenzen des Schutzlandprinzips sind nicht mehr handhabbar. Gleichwohl ist *de lege lata* das Schutzlandprinzip nach Art. 8 Abs. 1 Rom II-VO anzuerkennen. Die Reichweite des Schutzlandprinzips ist allerdings für gewisse Einzelfragen auch nach dessen Kodifizierung weiterhin umstritten.
9. Der deutschen urheberrechtlichen Rechtsprechung muss attestiert werden, dass ihr das notwendige Problembewusstsein im Zusammenhang mit kollisionsrechtlichen Multi-State-Sachverhalten im Internet fehlt. Die überwiegende Anzahl der deutschen Gerichte erkennt die Auslandsberührung von Internetsachverhalten erst gar nicht und unterstellt ungeprüft deutsches Sachrecht. Das Übergehen des Internationalen Privatrechts ist methodisch nicht haltbar, zumal die Gerichte von Amts wegen verpflichtet sind das Kollisionsrecht anzuwenden.
10. Hinsichtlich der kollisionsrechtlichen Behandlung der Rechtfertigungsgründe ist in der Rom I- und Rom II-VO zwischen den allgemeinen und den rechtsgeschäftlichen Rechtfertigungsgründen zu unterscheiden. Bei allgemeinen Rechtfertigungsgründen, wie z. B. der Notwehr und dem Notstand, entspricht es der unbestrittenen und zutreffenden Meinung im europäischen Kollisionsrecht, dass diese gemeinsam mit dem Statut der Hauptfrage anzuknüpfen sind. Bezüglich rechtsgeschäftlicher, vertraglicher oder vertragsnaher Rechtfertigungsgründe ist die Möglichkeit einer vertragsakzessorischen Sonderanknüpfung allerdings umstritten. Die spezielle Qualifikationsnorm des Art. 15 lit. b Rom II-VO ist diesbezüglich nicht eindeutig. Nach zutreffender Ansicht entscheidet die Rom II-VO bei vertragsnahen Rechtfertigungsgründen nur über die Frage, ob und in welchem Umfang eine rechtsgeschäftliche Haftungsbeschränkung überhaupt zulässig ist (Frage der Wirkung des Rechtfertigungsgrundes). Nicht unter die Rom II-VO fällt hingegen die Frage, ob eine rechtsgeschäftliche Haftungs-

beschränkung tatbestandlich vorliegt (Frage der Wirksamkeit des Rechtfertigungsgrundes). Über die Wirksamkeit, das Zustandekommen und die übrigen Fragen rund um das Rechtsgeschäft entscheidet kollisionsrechtlich das Vertragsstatut nach der Rom I-VO.

11. Diese vorstehende Auffassung wurde durch eine umfassende Qualifikation der schlichten Einwilligung nach den allgemeinen und ungeschriebenen Lehren des Internationalen Privatrechts bestätigt. Der Begriff der Qualifikation meint die Feststellung der Qualität, Beschaffenheit oder Eigenschaft eines Gegenstandes und beschreibt die Zuordnung zum Anknüpfungsgegenstand einer Kollisionsregel. Die Qualifikation verbindet nach zutreffender Ansicht Elemente der Auslegung mit der Subsumtion. Die Subsumtion unter einen Systembegriff der Kollisionsnorm, ohne diesen Begriff während des Qualifikationsvorgangs auszulegen, ist nicht möglich. Es bedarf in diesem Gesamtprozess einer wechselseitigen Zuordnung. Der Qualifikationsgegenstand wird seiner Eigenart nach charakterisiert und einer in Betracht kommenden Kollisionsnorm angenähert.
12. Als tauglicher Qualifikationsgegenstand kommt nur die konkrete Rechtsfrage in Betracht. Hieran gemessen kann auf den Erklärungswert des konkludenten Urheberverhaltens abgestellt werden (Frage der Wirksamkeit des Rechtfertigungsgrundes).[1449] Dies ist in den Vorschaubilder-Fällen der international-privatrechtliche Aspekt, auf den der rechtliche Fokus gerichtet ist. Als Qualifikationsgegenstand abzulehnen sind hingegen das Lebensverhältnis, der Anspruch, die Sachnorm und das Rechtsverhältnis. Die zuletzt genannten Qualifikationsgegenstände leiden entweder an einem Zirkelschluss, sind aufgrund ihrer Weitläufigkeit für eine kollisionsrechtliche Betrachtung ungeeignet oder lassen sich nicht in das System der Kollisionsregeln einbinden. Die hinter der schlichten Einwilligung stehende konkrete Rechtsfrage ist ein tauglicher Qualifikationsgegenstand und damit grundsätzlich Objekt einer Sonderanknüpfung. Die urheberrechtliche Hauptfrage wird hingegen nach Art. 8 Abs. 1 Rom II-VO beurteilt.
13. Im europäischen Kollisionsrecht hat sich keine einheitliche Qualifikationsmethodik herausgebildet. Vielmehr werden mehrere Ansätze – die bereits aus dem nationalen Recht bekannt sind – zu einem europäisch-autonomen Vorgang verbunden. Sofern das europäische Sachrecht als supranationale *lex fori* einen Qualifikationsansatz bereithält, kann hierauf zurückgegriffen werden (sogenannte *lex commune*). Daneben kann auch der vom EuGH favorisierte funktional-teleologische Ansatz Aufschluss über die Natur des Qualifikationsgegenstandes geben. Ergänzt wird die autonome Qualifikation durch einen europäischen Rechtsvergleich, der das gefundene Zwi-

1449 Vgl. hierzu These 10.

schenergebnis auf seine Konsensfähigkeit innerhalb der Mitgliedstaaten überprüft. Die Qualifikation nach der *lex causae* ist hingegen abzulehnen.

14. Die europäisch-autonome Qualifikation der schlichten Einwilligung kommt in Übereinstimmung mit dem deutschen Verständnis[1450] zum Ergebnis, dass diese eine rechtsgeschäftliche, dem Vertragsrecht nahestehende Willenserklärung ist. Die *lex commune*-Qualifikation hat gezeigt, dass die europäische datenschutzrechtliche Einwilligung im Sinne der Art. 4 Nr. 11, 6 Abs. 1 S. 1 lit. a, 7, 8 und 9 Abs. 2 lit. a DSGVO mit dem Konzept der schlichten Einwilligung zwar nicht völlig deckungsgleich ist, allerdings in den neuralgischen Punkten beachtenswerte Gemeinsamkeiten bestehen. Beide Rechtsinstitute unterliegen einer privatautonomen Willensbekundung, die auch konkludent durch technische Einstellungen in der Internetnutzung erklärt werden kann. Die datenschutzrechtliche Einwilligung ist nach zutreffender Ansicht ein Rechtsgeschäft. Insoweit ist es konsequent, dies auch im europäischen Kollisionsrecht für die schlichte Einwilligung anzunehmen. Aus der funktional-telelogischen Qualifikation folgt zudem der Schluss, dass die schlichte Einwilligung dem unionalen Lizenzvertragsrecht normativ angenähert ist. Es entscheidet in beiden Fällen stets der privatautonome Wille des Urhebers über die Zulässigkeit der Werknutzung. Die Funktion der schlichten Einwilligung einerseits und des Lizenzvertrags andererseits ist es jeweils, die Werknutzung zu legitimieren. Insbesondere der Open-Content-Lizenzvertrag ist funktional mit der schlichten Einwilligung vergleichbar. Schließlich hat die Rechtsvergleichung gezeigt, dass die Rechtsgeschäftslehre in den Rechtsordnungen der EU-Mitgliedstaaten eine weite Verbreitung gefunden hat und überwiegend anerkannt ist. Zudem spricht für eine vertragsnahe Einordnung, dass diverse europäische Rechtsordnungen das Vertragsrecht für einseitige Willenserklärungen entsprechend heranziehen.
15. Die Wirksamkeit der schlichten Einwilligung kann ihrem vertragsnahen Wesen nach nicht zusammen mit den urheberrechtlichen Hauptfragen einheitlich nach Art. 8 Abs. 1 Rom I-VO angeknüpft werden. Aber auch die Kollisionsnormen der Rom I-VO kommen zumindest in direkter Anwendung nicht in Betracht. Die schlichte Einwilligung erfüllt nicht die Vorgaben, die in diesem Sinne an einen Vertrag zu stellen sind. Allerdings kann die Rom I-VO analog auf die schlichte Einwilligung angewendet werden. Die Analogie ist als Rechtsfortbildungsmethodik im Europarecht allgemein anerkannt. Der EuGH verwendet zwar nicht diese Begrifflichkeit, sondern spricht von Auslegung, allerdings wird auch hierunter die Rechtsfortbildung verstanden.

1450 Vgl. hierzu These 2.

16. Im europäischen Kollisionsrecht liegt hinsichtlich der Behandlung eines einseitigen, nicht verpflichtend wirkenden Rechtsgeschäfts eine planwidrige Regelungslücke vor. Im Gesetzgebungsverfahren zur Rom I- und II-VO wurde mehrfach deutlich gemacht, dass die beiden Verordnungen als einheitliches Kollisionsschuldrecht zu betrachten sind. Eine gewissermaßen zwischen Vertrags- und Deliktsrecht und damit auch zwischen der Rom I- und II-VO stehende Rechtsfrage, wie die schlichte Einwilligung, soll nicht dem nationalen Kollisionsrecht überlassen werden.
17. Zudem ist die Interessenlage in den geregelten Fällen der Rom I-VO mit der *ratio* der ungeregelten schlichten Einwilligung funktional vergleichbar. Im Vordergrund steht sowohl in der Rom I-VO als auch bei der schlichten Einwilligung die Privatautonomie. Damit sind der geregelte und der ungeregelte Sachverhalt im entscheidenden Punkt, nämlich in der Autonomie des Handelnden, wertungsgleich und damit einer Analogie zugänglich. Der Vertragsbegriff der Rom I-VO kann durch Analogieschluss für einseitige Rechtsgeschäfte und damit auch für die schlichte Einwilligung überwunden werden.
18. Bei der Beteiligung eines Verbrauchers kommt Art. 6 Abs. 1 Rom I-VO analog als *lex specialis* für die Anknüpfung der schlichten Einwilligung in Betracht. Bei global agierenden Suchmaschinenbetreibern, die ihre unternehmerische Tätigkeit im Verbraucherstaat ausüben oder ihre Tätigkeit hierauf ausrichten, kann der situative Anwendungsbereich der Vorschrift erfüllt sein. Einer Kausalität zwischen der unternehmerischen Tätigkeit der Suchmaschinenbetreiber und der Erklärung der schlichten Einwilligung bedarf es nicht.
19. Liegen die Voraussetzungen des Art. 6 Abs. 1 Rom I-VO analog im Einzelfall nicht vor, erfolgt die kollisionsrechtliche Behandlung der schlichten Einwilligung nach Art. 4 Abs. 2 Rom I-VO analog. Die tatbestandlich in Art. 4 Abs. 2 Rom I-VO geforderte charakteristische Leistung steht dem nicht entgegen, denn ein Vertrag ohne mindestens eine Leistungspflicht ist nicht vorstellbar. Dehnt man den Vertragsbegriff durch Analogie aus, muss dies denknotwendig auch für den damit zusammenhängenden Leistungsbegriff gelten. Angeknüpft werden kann sodann an den Ort des gewöhnlichen Aufenthaltes des Einwilligenden im Zeitpunkt des Uploads gemäß Art. 19 Rom I-VO analog. Die Ausweichklausel nach Art. 4 Abs. 3 Rom I-VO (analog) ist regelmäßig nicht einschlägig. Die zu fordernden hohen Anforderungen können durch die meist schwachen gegenläufigen Indizien nicht erfüllt werden. Für den Fall, dass – entgegen dem Vorstehenden – eine Analogie des Art. 4 Abs. 2 Rom I-VO abgelehnt wird, kommt hilfsweise eine Anknüpfung nach Art. 4 Abs. 4 Rom I-VO analog in Betracht.

20. Lehnt man eine Einzelanalogie der Rom I-VO insgesamt ab, kommt höchst hilfsweise nur noch eine ungeschriebene deutsch-autonome Kollisionsregel in Frage. Eine solche muss rechtsfortbildend geschaffen werden. Methodisch kann auf eine Gesamtanalogie oder auf eine gesetzesübersteigende Rechtsfortbildung zurückgegriffen werden. Die Wertung aus Art. 4 Abs. 2 Rom I-VO, Art. 4 Abs. 2 EVÜ und Art. 28 Abs. 2 EGBGB a. F. bestätigt im Wege der Gesamtanalogie das für das europäische Kollisionsrecht gefundene Ergebnis auch für das deutsch-autonome Recht. Ein vertragsnaher Qualifikationsgegenstand muss nach dem Recht des gewöhnlichen Aufenthaltsorts des charakteristisch Handelnden angeknüpft werden. Dies entspricht auch der jüngsten Rechtsprechung des BGH vor der Einführung von Art. 28 Abs. 2 EGBGB a. F. Für die schlichte Einwilligung kann – auch nach deutsch-autonomem Kollisionsrecht – an den Ort des gewöhnlichen Aufenthaltes des Erklärenden im Zeitpunkt des Uploads angeknüpft werden.

Literaturverzeichnis

Adomeit, Klaus; Frühbeck, Olmedo Federico, Einführung in das spanische Recht – Das Verfassungs-, Zivil-, Wirtschafts- und Arbeitsrecht Spaniens, 4. Aufl., München 2018.

Afori, Orit, Implied License: An Emerging New Standard in Copyright Law, Santa Clara High Technology Law Journal 2009, S. 275–325.

Ahlberg, Hartwig; Götting, Horst-Peter, Beck'scher Online-Kommentar zum Urheberrecht, 28. Aufl., München 2020.

Ahmling, Rebecca, Analogiebildung durch den EuGH im Europäischen Privatrecht, Berlin 2012.

Albrecht, Jan Philipp; Jotzo, Florian, Das neue Datenschutzrecht der EU – Grundlagen, Gesetzgebungsverfahren, Synopse, Baden-Baden 2017.

Aubart, Andrea, Die Behandlung der dépeçage im europäischen Internationalen Privatrecht, Tübingen 2013.

Auernhammer, Herbert, DSGVO/BDSG – Datenschutz-Grundverordnung, Bundesdatenschutzgesetz und Nebengesetze: Kommentar, 6. Aufl., Köln 2018.

Bach, Ivo, Was ist wo Vertrag und was wo nicht? – Anmerkung zur Ilsinger-Entscheidung des EuGH, IHR 2010, S. 17–25.

Bamberger, Heinz Georg; Roth, Herbert; Hau, Wolfgang; Poseck, Roman, Beck'scher Online-Kommentar zum Bürgerlichen Gesetzbuch, 55. Aufl., München 2020.

Bar, Christian von; Clive, Eric, Principles, definitions and model rules of European private law – Draft Common Frame of Reference (DCFR), München 2009.

Bar, Christian von; Mankowski, Peter, Internationales Privatrecht – Band 1: Allgemeine Lehren, 2. Aufl., München 2003.

Bartin, Étienne, De l'impossibilité d'arriver à la suppression définitive des conflits de lois, Clunet 24 (1897), S. 720–738.

Basedow, Jürgen, Qualifikation, Vorfrage und Anpassung im internationalen Zivilverfahrensrecht, in: *Schlosser, Peter*, Materielles Recht und Prozeßrecht und die Auswirkungen der Unterscheidung im Recht der internationalen Zwangsvollstreckung, Eine rechtsvergleichende Grundlagenuntersuchung, Bielefeld 1992, S. 131–156.

Beaucamp, Guy, Allgemeine Rechtsgrundsätze als methodisches Problem, DÖV 2013, S. 41–50.

Becker, Christoph, Theorie und Praxis der Sonderanknüpfung im internationalen Privatrecht, Aachen 1995.

Berberich, Matthias, Die urheberrechtliche Zulässigkeit von Thumbnails bei der Suche nach Bildern im Internet, MMR 2005, S. 145–148.

Berger, Christian; Wündisch, Sebastian; Abel, Paul, Urhebervertragsrecht – Handbuch, 2. Aufl., Baden-Baden 2015.

Bernasconi, Christophe, Der Qualifikationsprozess im internationalen Privatrecht, Zürich 1997.

Bernitt, Carmen Christina, Die Anknüpfung von Vorfragen im europäischen Kollisionsrecht, Tübingen 2010.

Beyvers, Eva Miriam Alexandra; Beyvers, Sarah Elisabeth, Einordnung von Let's Play-Videos aus der Sicht des Urheber-, Jugendschutz- und Strafrechts – Überblick über die relevanten Rechtsfragen und Stand der Diskussion, MMR 2015, S. 794–800.

Bitter, Anna-Kristina, Auslegungszusammenhang zwischen der Brüssel I-Verordnung und der künftigen Rom I-Verordnung, IPRax 2008, S. 96–101.

Boden, Martin; Bosch, Anna, Córdoba: Sinnbild eines Traumas auch im Urheberrecht? – Eine Auseinandersetzung mit dem Begriff der »öffentlichen Wiedergabe«, IPRB 12/2017, S. 282–287.

Böhmer, Christof, Die Rechtfertigungsgründe bei den unerlaubten Handlungen im deutschen Internationalen Privatrecht, Erlangen 1962.

Brandt, Gisela, Die Sonderanknüpfung im internationalen Deliktsrecht, Göttingen 1993.

Brink, Stefan; Wolff, Heinrich Amadeus, Beck'scher Online-Kommentar zum Datenschutzrecht, 32. Aufl., München 2020.

Brox, Hans; Walker, Wolf-Dietrich, Allgemeines Schuldrecht, 44. Aufl., München 2020.

Brunn, Inka Frederike, Cache me if you can – Verfassungsrechtliche Aspekte der urheberrechtlichen Einordnung von Suchmaschinen, Baden-Baden 2012.

Buchner, Benedikt, Rom II und das Internationale Immaterialgüter- und Wettbewerbsrecht, GRUR Int. 2005, S. 1004–1012.

Bullinger, Winfried; Garbers-von Boehm, Katharina, Google-Bildersuche: Schlichte Einwilligung des Urhebers als Lösung?, GRUR-Prax 2010, S. 257–260.

Calliess, Christian; Ruffert, Matthias; Kluth, Winfried, EUV/AEUV – Das Verfassungsrecht der Europäischen Union mit Europäischer Grundrechtecharta: Kommentar, 5. Aufl., München 2016.

Calliess, Gralf-Peter, Rome Regulations – Commentary, 2. Aufl., Alphen am Rhein 2015.

Canaris, Claus-Wilhelm, Die Feststellung von Lücken im Gesetz – Eine methodologische Studie über Voraussetzungen und Grenzen der richterlichen Rechtsfortbildung praeter legem, 2. Aufl., Berlin 1983.

Clausnitzer, Jochen, Gerichtsstands- und Rechtswahlfreiheit bei grenzüberschreitenden Onlineverträgen – Anmerkungen zur mündlichen Verhandlung der Vorabentscheidungsverfahren C-144/09 (Hotel Alpenhof) sowie C-585/08 (Pammer), EuZW 2010, S. 374–377.

Conrad, Albrecht, Anmerkung zu BGH, Urteil vom 19. Oktober 2011 – I ZR 140/10 – Vorschaubilder II, ZUM 2012, S. 480–482.

Conrad, Albrecht, Anmerkung zu BGH, Urteil vom 29. April 2010 – I ZR 69/08 – Vorschaubilder, ZUM 2010, S. 585–587.

Conrad, Albrecht; Schubert, Tobias, How to Do Things with Code – Zur Erklärung urheberrechtlicher Einwilligungen durch robots.txt, GRUR 2018, S. 350–358.

Conrad, Albrecht; Schubert, Tobias, Vom Paperboy zum Thumbnail und wieder zurück – Anmerkung zu BGH, Urteil vom 21.9.2017 – I ZR 11/16 – Vorschaubilder III, ZUM 2018, S. 132–135.

Dauses, Manfred; Ludwigs, Markus, Handbuch des EU-Wirtschaftsrechts, 44. Aufl., München 2018.

Delachaux, Jean Louis, Anknüpfung der Obligationen aus Delikt und Quasidelikt im internationalen Privatrecht, Zürich 1960.

Dickinson, Andrew, The Rome II Regulation – The law applicable to non-contractual obligations, Oxford 2008.

Dietrich, Nils, Die öffentliche Wiedergabe urheberrechtlich geschützter Werke auf Webseiten in der Rechtsprechung des EuGH, NJ 2018, S. 485–489.

Dörner, Heinrich, Anmerkung zu BGH, Urt. v. 09.10.1986 (Az. II ZR 241/85), JR 1987, S. 201–203.

Dörner, Heinrich, Qualifikation im IPR – ein Buch mit sieben Siegeln?, StAZ 1988, S. 345–352.

Dreier, Thomas, Die Schlacht ist geschlagen – ein Überblick – Zum Ergebnis des Copyright Package der EU-Kommission, GRUR 2019, S. 771–779.

Dreier, Thomas; Schulze, Gernot, Urheberrechtsgesetz – Verwertungsgesellschaftengesetz, Kunsturhebergesetz, 6. Aufl., München 2018.

Drobnig, Ulrich, Originärer Erwerb und Übertragbarkeit von Immaterialgüterrechten im Kollisionsrecht, RabelsZ 40 (1976), S. 195–208.

Dübeck, Inger, Einführung in das dänische Recht, Baden-Baden 1996.

Ehmann, Eugen; Selmayr, Martin, DSGVO – Datenschutz-Grundverordnung: Kommentar, 2. Aufl., München 2018.

Eichenhofer, Eberhard, Zwei Aufgaben des Internationalen Privatrechts, in: *Martinek, Michael*, Festschrift für Günther Jahr zum siebzigsten Geburtstag, Tübingen 1993, S. 435–453.

Ensthaler, Jürgen, Streaming und Urheberrechtsverletzung, NJW 2014, S. 1553–1558.

Erman, Walter, Bürgerliches Gesetzbuch – Handkommentar, 15. Aufl., Köln 2017.

Ernst, Stefan, Urheberrechtliche Bedeutung der Verwendung von thumbnails in Trefferliste einer Bildersuchmaschine – Anmerkung zu OLG Jena 2. Zivilsenat, Urteil vom 27.02. 2008–2 U 319/07, jurisPR-WettbR 9/2008 Anm. 5.

Essén, Eric, Explanatory Report Convention on the Law Applicable to Traffic Accidents, Stockholm 1969.

Evert, Till, Anwendbares Urheberrecht im Internet – Deutsches internationales Urheberrecht und Leistungsschutzrecht unter Bezug auf die Musikwirtschaft: Welches nationale Recht entscheidet über urheberrechtliche und leistungsschutzrechtliche Sachverhalte im internationalen Medium Internet?, Hamburg 2005.

Fahl, Constantin, BGH: Vorschaubilder II – Kurzbeitrag, MMR-Aktuell 2012, S. 331727.

Fahl, Constantin, Die Bilder- und Nachrichtensuche im Internet – Urheber-, persönlichkeits- und wettbewerbsrechtliche Aspekte, Göttingen 2010.

Fahl, Constantin, Die Nutzung von Thumbnails in der Bildersuche – Zugleich ein Kommentar zu BGH, 29.4.2010 – I ZR 69/08, K&R 2010, S. 437–441.

Fahl, Constantin, Kommentar zu BGH (Vorschaubilder II), K&R 2012, S. 419–420.

Falconbridge, John, Characterization in the Conflict of Laws, L. Q. Rev. 53 (1937), S. 235.

Falconbridge, John, Conflict Rule and Characterization of Question, Can. B. Rev. 30 (1952), S. 103.

Fawcett, James; Torremans, Paul; Cheshire, Geoffrey; North, Peter, Private international law, 15. Aufl., Oxford 2017.

Ferid, Murad, Internationales Privatrecht – Das neue Recht; ein Leitfaden für Praxis und Ausbildung, 3. Aufl., Frankfurt am Main 1986.

Ferid, Murad; Sonnenberger, Hans Jürgen, Allgemeine Lehren des französischen Zivilrechts – Einführung und allgemeiner Teil des Zivilrechts, 2. Aufl., Heidelberg 1994.

Ferrari, Franco; Kieninger, Eva-Maria; Mankowski, Peter; Otte, Karsten; Saenger, Ingo; Schulze, Götz; Staudinger, Ansgar, Internationales Vertragsrecht - Kommentar, 3. Aufl., München 2018.

Finkelmeier, Max, Qualifikation der Vindikation und des Eigentümer-Besitzer-Verhältnisses – Zugleich ein Beitrag zur Qualifikationsmethodik und zur Rechtsvergleichung, Tübingen 2016.

Freitag, Robert, Rom I, Rom II – tertium est datur im Kollisionsrecht der Schuldverhältnisse! – Anmerkungen zum sachlichen Anwendungsbereich der Verordnungen Rom I und Rom II, in: *Bernreuther, Jörn*, Festschrift für Ulrich Spellenberg, Zum 70. Geburtstag (Schriften zum deutschen, europäischen und internationalen Recht des Geistigen Eigentums und Wettbewerbs), München 2010, S. 169–176.

Froitzheim, Oliver, Code is Law, isn't it? – Verkehrssitte und Software, K&R 2020, S. 122–128.

Fromm, Friedrich Karl; Nordemann, Axel, Kommentar zum Urheberrechtsgesetz, zum Verlagsgesetz, Einigungsvertrag (Urheberrecht), zur EU-Portabilitätsverordnung, Stuttgart 2012.

Frömming, Jens; Peters, Butz, Die Einwilligung im Medienrecht, NJW 1996, S. 958–962.

Funke, Michael, Dogmatik und Voraussetzungen der datenschutzrechtlichen Einwilligung im Zivilrecht – Unter besonderer Berücksichtigung der Datenschutz-Grundverordnung, Baden-Baden 2017.

Galginaitis, Juozas; Himmelreich, Antje; Vrubliauskaité, Ruta, Einführung in das litauische Recht, Berlin 2010.

Georgiades, Apostolos, Der Einfluß des deutschen BGB auf das griechische Zivilrecht, AcP 200 (2000), S. 493–502.

Gercke, Marco, Haftung eines Bildsuchmaschinenbetreibers – Anmerkung zu AG Bielefeld, Urteil vom 18.2.2005–42 C 767/04, MMR 2005, S. 556–558.

Gerecke, Martin, Teilen, Retweeten und Reposten – Zur urheber- und persönlichkeitsrechtlichen Zulässigkeit der Nutzung digitaler Inhalte auf Social-Media-Kanälen, GRUR 2019, S. 1120–1125.

Gerhardt, Till, Zur Analogiefähigkeit verbraucherschützender Widerrufsrechte – Unter besonderer Berücksichtigung der mit dem Vollharmonisierungskonzept einhergehenden Herausforderungen, Hamburg 2015.

Giuliano, Mario; Lagarde, Paul, Bericht über das Übereinkommen über das auf vertragliche Schuldverhältnisse anzuwendende Recht, Mailand 1980.

Gola, Peter, Datenschutz-Grundverordnung – VO (EU) 2016/679: Kommentar, 2. Aufl., München 2018.

Göranson, Ulf, Der Einfluss des BGB auf die Entwicklung des skandinavischen Privatrechts, AcP 200 (2000), S. 503–506.

Götting, Horst-Peter, Anmerkung zu BGH: Urheberrechtliche Zulässigkeit von Vorschaubildern in der Trefferliste einer Suchmaschine – Vorschaubilder, LMK 2010, S. 309481.

Grünberger, Michael, Bedarf es einer Harmonisierung der Verwertungsrechte und Schranken?, ZUM 2015, S. 273–290.

Grünberger, Michael, Das Urheberrechtsstatut nach der Rom II-VO, ZVglRWiss 108 (2009), S. 134–177.

Grünberger, Michael, Die Entwicklung des Urheberrechts im Jahr 2017 – Teil I, ZUM 2018, S. 271–285.

Grünberger, Michael, Öffentliche Wiedergabe bei der Verlinkung (Framing) und der Einsatz von technischen Schutzmaßnahmen – Unsicherheiten in Karlsruhe – Zugleich Anmerkung zu BGH, Beschluss vom 25.4.2019 – I ZR 113/18 – Deutsche Digitale Bibliothek, ZUM 2019, S. 573–580.

Grünberger, Michael, Zugangsregeln bei Verlinkungen auf rechtswidrig zugänglich gemachte Werke, ZUM 2016, S. 905–919.

Grundmann, Stefan, Qualifikation gegen die Sachnorm – Deutsch-portugiesische Beiträge zur Autonomie des internationalen Privatrechts, München 1985.

Grundmann, Stefan; Zaccaria, Alessio, Einführung in das italienische Recht, Frankfurt am Main 2007.

Gutzwiller, Max, Internationales Privatrecht, in: *Stammler, Rudolf*, Das gesamte Deutsche Recht, Berlin 1931, S. 1515–1661.

Haberstumpf, Helmut, Anbieten fremder geschützter Inhalte im Internet, GRUR 2016, S. 763–771.

Haberstumpf, Helmut, Perspektivenwechsel im harmonisierten Urheberrecht – Anmerkung zu EuGH, Urteil vom 7.8.2018 – C-161/17 – Renckhoff, ZUM 2018, S. 678–680.

Harguth, Alexander, Risiken bei der Übertragung von Prioritätsrechten – Zugleich Besprechung von BGH »Drahtloses Kommunikationsnetz«, GRUR 2019, S. 1134–1138.

Härting, Niko, Internetrecht, 6. Aufl., Köln 2017.

Hartkamp, Arthur, Deutsche Einflüsse auf das niederländische Privatrecht, AcP 200 (2000), S. 507–510.

Hartwieg, Oscar, Die Klassifikation von Mobiliarsicherheiten im grenzüberschreitenden Handel – Zur verfahrensorientierten Qualifikation im Kollisionsrecht, RabelsZ 57 (1993), S. 607–642.

Hausmann, Rainer; Odersky, Felix, Internationales Privatrecht in der Notar- und Gestaltungspraxis – Personenrecht und Rechtsgeschäfte, Familienrecht, Erbrecht, Schuldvertrags- und Sachenrecht, Gesellschaftsrecht, 3. Aufl., München 2017.

Hay, Peter, US-Amerikanisches Recht, 7. Aufl., München 2019.

Hay, Peter; Rösler, Hannes, Internationales Privat- und Zivilverfahrensrecht, 5. Aufl., München 2016.

Heckmann, Dirk, Juris Praxiskommentar – Internetrecht, 6. Aufl. 2019.

Heidel, Thomas; Hüßtege, Rainer; Mansel, Heinz-Peter; Noack, Ulrich, Bürgerliches Gesetzbuch – Allgemeiner Teil – EGBGB, 3. Aufl., Baden-Baden 2016.

Heinze, Christian, Bausteine eines Allgemeinen Teils des europäischen Internationalen Privatrechts, in: *Baetge, Dietmar; Hein, Jan von; Hinden, Michael* von, Die richtige Ordnung, Festschrift für Jan Kropholler zum 70. Geburtstag, Tübingen 2008, S. 105–127.

Heiss, Helmut, Rom I und II: Vorschlag für ein österreichisches Anpassungsgesetz, ZfRV 2009, S. 18–23.

Heiss, Helmut; Kaufmann-Mohi, Emese, »Qualifikation« – Ein Regelungsgegenstand für eine Rom 0-Verordnung?, in: *Leible, Stefan; Unberath, Hannes*, Brauchen wir eine Rom-0-Verordnung?, Überlegungen zu einem Allgemeinen Teil des europäischen IPR, Jena 2013, S. 181–199.

Helle, Jürgen, Die Einwilligung beim Recht am eigenen Bild, AfP 1985, S. 93–101.

Henninger, Thomas, Europäisches Privatrecht und Methode – Entwurf einer rechtsvergleichend gewonnenen juristischen Methodenlehre, Tübingen 2009.

Herberger, Maximilian; Martinek, Michael; Rüßmann, Helmut; Weth, Stephan; Würdinger, Markus, Juris Praxiskommentar BGB – Internationales Privatrecht und UN-Kaufrecht, 9. Aufl., Saarbrücken 2020.

Heßeling, Pascal, Internetsuchmaschinen im Konflikt mit dem Urheberrecht, Weil im Schönbuch 2014.

Heutz, Stefan, Freiwild Internetdesign? – Urheber- und geschmacksmusterrechtlicher Schutz der Gestaltung von Internetseiten, MMR 2005, S. 567–572.

Heymann, Britta; Nolte, Georg, Blockiert das Urheberrecht sinnvolle Informationsdienste? – Zur rechtlichen Beurteilung der Bildersuche, K&R 2009, S. 759–765.

Hilty, Reto, Kontrolle der digitalen Werknutzung zwischen Vertrag und Erschöpfung, GRUR 2018, S. 865–880.

Hobe, Stephan, Europarecht, 10. Aufl., München 2020.

Hoeren, Thomas, Internetrecht – Ein Grundriss, 3. Aufl., Berlin 2017.

Hoffmann, Bernd von; Thorn, Karsten, Internationales Privatrecht – Einschließlich der Grundzüge des internationalen Zivilverfahrensrechts, 9. Aufl., München 2007.

Hoffmann, Helmut, Die Entwicklung des Internetrechts bis Mitte 2018, NJW 2018, S. 2453–2456.

Hofmann, Franz, Aktuelle Entwicklungen der Rechtsprechung zum europäischen Urheberrecht, EuZW 2018, S. 517–522.

Hofmann, Franz, Die Systematisierung des Interessenausgleichs im Urheberrecht am Beispiel des Rechts der öffentlichen Wiedergabe, ZUM 2018, S. 641–649.

Hofmann, Franz, Fünfzehn Thesen zur Plattformhaftung nach Art. 17 DSM-RL, GRUR 2019, S. 1219–1229.

Höppner, Thomas; Schaper, Felicitas, Frame sucht Einwilligung: Die neue Google-Bildersuche auf dem Prüfstand, MMR 2017, S. 512–518.

Hugenholtz, Bernt; van Velze, Sam, Communication to a New Public? Three Reasons Why EU Copyright Law Can Do Without a »New Public«, IIC 2016, S. 797–817.

Hüsch, Moritz, Thumbnails in Bildersuchmaschinen – Zur rechtfertigenden Einwilligung in die Nutzung von Thumbnails – zugleich eine Besprechung von BGH, Urt. v. 29.04.2010 – I ZR 69/08, CR 2010, S. 452–457.

Hüßtege, Rainer; Ganz, Alexander, Internationales Privatrecht – Einschließlich Grundzüge des Internationalen Verfahrensrechts, 5. Aufl., München 2013.

Hüßtege, Rainer; Mansel, Heinz-Peter, Rom-Verordnungen, 3. Aufl., Baden-Baden 2019.

Hüttner, Sabine, 1, 2, 3, 4 Eckstein, keiner muss versteckt sein? – Wer sich im Internet präsentiert, muss mit Google rechnen! – Zugleich eine Besprechung des Grundsatzurteils des Bundesgerichtshofes zum Thema Thumbnails, WRP 2010, S. 1008–1016.

Ibán, Iván, Einführung in das spanische Recht, Baden-Baden 1995.

Intveen, Carsten, Internationales Urheberrecht und Internet – Zur Frage des anzuwendenden Urheberrechts bei grenzüberschreitenden Datenübertragungen, Baden-Baden 1999.

Jani, Ole, Anm. zu EuGH: Generalanwalt zur öffentlichen Wiedergabe bei Nutzung von Fotos in Schulreferaten, GRUR-Prax 2018, S. 241.

Jani, Ole, BGH: Keine Urheberrechtsverletzung bei Bildersuche durch Suchmaschinen – Vorschaubilder III, NJW 2018, S. 772–781.

Jani, Ole, Das europäische Leistungsschutzrecht für Presseverleger, ZUM 2019, S. 674–684.

Jani, Ole; Leenen, Frederik, EuGH: Zulässige Verlinkung auf frei zugänglich veröffentlichte Artikel – Nils Svensson ua/Retriever Sverige, GRUR 2014, S. 360–363.

Jani, Ole; Leenen, Frederik, Paradigmenwechsel bei Links und Framings, NJW 2016, S. 3135–3138.

Jayme, Erik, Richterliche Rechtsfortbildung im Internationalen Privatrecht, in: *Reinhart, Gert*, Erscheinungsformen, Auftrag und Grenzen, Festschrift der Juristischen Fakultät zur 600-Jahr-Feier der Ruprecht-Karls-Universität Heidelberg, Heidelberg 1986, S. 567–597.

Joerden, Jan, Logik im Recht – Grundlagen und Anwendungsbeispiele, 3. Aufl., Berlin 2018.

Junker, Abbo, Internationales Privatrecht, 3. Aufl., München 2019.

Kahn, Franz, Abhandlungen zum internationalen Privatrecht, München 1928.

Kahn, Franz, Gesetzeskollisionen – Ein Beitrag zur Lehre des internationalen Privatrechts, JherJb 30 (1891), S. 1–143.

Kegel, Gerhard; Schurig, Klaus, Internationales Privatrecht, 9. Aufl., München 2004.

Kindler, Peter, Einführung in das italienische Recht – Verfassungsrecht, Privatrecht und internationales Privatrecht, 2. Aufl., München 2008.

Klass, Nadine, Das Urheberkollisionsrecht der ersten Inhaberschaft – Plädoyer für einen universalen Ansatz, GRUR Int. 2007, S. 373–386.

Klass, Nadine, Die Annahme schlichter Einwilligung im Internet: Implikationen der Vorschaubilder-Entscheidung des BGH auf das (Schranken-)System des Urheberrechts, in: *Leible, Stefan*, Der Schutz des geistigen Eigentums im Internet, Tübingen 2012, S. 165–204.

Klass, Nadine, Ein interessen- und prinzipienorientierter Ansatz für die urheberkollisionsrechtliche Normbildung: Die Bestimmung geeigneter Anknüpfungspunkte für die erste Inhaberschaft, GRUR Int. 2008, S. 546–557.

Klass, Nadine, Neue Internettechnologien und das Urheberrecht: Die schlichte Einwilligung als Rettungsanker? – Zugleich Besprechung der Vorschaubilder I und II-Entscheidungen des BGH, ZUM 2013, S. 1–10.

Klöpfer, Matthias; Wendelstein, Christoph, Anmerkung zu EuGH, Urt. v. 17. 10. 2013 (Az. C-218/12) – Emrek, JZ 6/2014, S. 298–303.

Köhler, Helmut; Bornkamm, Joachim; Feddersen, Jörn, Gesetz gegen den unlauteren Wettbewerb – Preisangabenverordnung, Unterlassungsklagengesetz, Dienstleistungs-Informationspflichten-Verordnung, 38. Aufl., München 2020.

König, Dominik, Das einfache, unentgeltliche Nutzungsrecht für jedermann, Göttingen 2016.

Koziol, Helmut, Verhaltensunrechtslehre und Deliktsstatut, in: *Sandrock, Otto*, Festschrift für Günther Beitzke, Zum 70. Geburtstag am 26. April 1979, Berlin 1979, S. 575–587.

Kramer, Ernst, Der Einfluß des BGB auf das schweizerische und österreichische Privatrecht, AcP 200 (2000), S. 365–400.

Kramer, Ernst, Juristische Methodenlehre, 6. Aufl. 2019.

Krohm, Niclas, Abschied vom Schriftformgebot der Einwilligung – Lösungsvorschläge und künftige Anforderungen, ZD 2016, S. 368–373.

Kroll-Ludwigs, Kathrin, Die Rolle der Parteiautonomie im europäischen Kollisionsrecht, Tübingen 2013.

Kropholler, Jan, Internationales Privatrecht – Einschließlich der Grundbegriffe des internationalen Zivilverfahrensrechts, 6. Aufl., Tübingen 2006.

Kühling, Jürgen; Buchner, Benedikt, Datenschutz-Grundverordnung/BDSG – Kommentar, 2. Aufl., München 2018.

Küpper, Herbert, Einführung in das ungarische Recht, München 2011.

Kur, Annette, Die Ergebnisse des CLIP-Projekts – zugleich eine Einführung in die deutsche Fassung der Principles on Conflict of Laws in Intellectual Property, GRUR Int. 2012, S. 857–868.

Larenz, Karl; Canaris, Claus-Wilhelm, Methodenlehre der Rechtswissenschaft, 3. Aufl., Berlin 1995.

Laue, Philip, Öffnungsklauseln in der DS-GVO – Öffnung wohin?, ZD 2016, S. 463–467.

Laue, Philip; Kremer, Sascha, Das neue Datenschutzrecht in der betrieblichen Praxis, 2. Aufl., Baden-Baden 2019.

Leenen, Frederik, Urheberrecht und computergestützte Erkennung – Zugleich ein Beitrag zu den Voraussetzungen eines Innominatfalls, der Reichweite der schlichten Einwilligung im Internet und der Anwendbarkeit der §§ 8–10 TMG auf Suchdienste, Baden-Baden 2014.

Lehmann, Matthias, Der Anwendungsbereich der Rom I-Verordnung – Vertragsbegriff und vorvertragliche Rechtsverhältnisse, in: *Ferrari, Franco; Leible, Stefan*, Ein neues Internationales Vertragsrecht für Europa, Der Vorschlag für eine Rom I-Verordnung, München 2007, S. 17–40.

Leible, Stefan, Internationales Vertragsrecht, die Arbeiten an einer Rom I-Verordnung und der Europäische Vertragsgerichtsstand, IPRax 2006, S. 365–371.

Leible, Stefan; Lehmann, Matthias, Die Verordnung über das auf vertragliche Schuldverhältnisse anzuwendende Recht (»Rom I«), RIW 2008, S. 528–544.

Leible, Stefan; Müller, Michael, Die Bedeutung von Websites für die internationale Zuständigkeit in Verbrauchersachen, NJW 2011, S. 495–497.

Leistner, Matthias, Anmerkung zu EuGH, Urteil vom 8. September 2016 – C-160/15 – GS Media, ZUM 2016, S. 980–983.

Leistner, Matthias, Die »The Pirate Bay«-Entscheidung des EuGH: ein Gerichtshof als Ersatzgesetzgeber, GRUR 2017, S. 755–760.

Leistner, Matthias, »In jedem Ende liegt ein neuer Anfang« – das BGH-Urteil »Vorschaubilder III«, seine Bedeutung für die Bildersuche und für die weitere Entwicklung des Haftungssystems im Urheberrecht, ZUM 2018, S. 286–292.

Leistner, Matthias, Weiterübertragungsfälle zwei Jahre nach Ramses – Eine kritische Bestandsaufnahme vor dem Hintergrund der EuGH-Rechtsprechung zum Recht der öffentlichen Wiedergabe – Warum in den Fallgruppen von ausgedehnten Antennengemeinschaften, kommerziellen Wohnungsunternehmen und Ferienwohnanlagen grundsätzlich eine »öffentliche Wiedergabe« vorliegt, CR 2017, S. 818–828.

Leistner, Matthias; Stang, Felix, Die Bildersuche im Internet aus urheberrechtlicher Sicht – Einige grundlegende Überlegungen aus Anlass des Urt. des OLG Jena v. 27. 2. 2008, CR 2008, S. 499–507.

Lewald, Hans, Besprechung von Neuner, Robert: Der Sinn der international-privatrechtlichen Norm – Eine Kritik der Qualifikationstheorie, JW 1932, S. 2253–2254.

Liebscher, Marc; Zoll, Fryderyk, Einführung in das polnische Recht, München 2005.

Loewenheim, Ulrich, Handbuch des Urheberrechts, 2. Aufl., München 2010.

Looschelders, Dirk, Die allgemeinen Lehren des Internationalen Privatrechts im Rahmen der Europäischen Erbrechtsverordnung, in: *Hilbig-Lugani, Katharina*, Zwischenbilanz, Festschrift für Dagmar Coester-Waltjen zum 70. Geburtstag am 11. Juli 2015, Bielefeld 2015, S. 531–542.

Lorenz, Stephan, Gewinnmitteilungen aus dem Ausland: Kollisionsrechtliche und internationalzivilprozessuale Aspekte von § 661a BGB, NJW 2000, S. 3305–3310.

Lüderitz, Alexander, Internationales Privatrecht, 2. Aufl., Neuwied 1992.

Lüthge, Benedikt; Peters, Nils, Der Status Quo der »öffentlichen Wiedergabe« nach dem Córdoba-Urteil des EuGH (Rs. C-161/17), GRUR Int. 2019, S. 756–765.

Lütkehaus, Manfred, Die Bedeutung des Personalprinzips im internationalen Deliktsrecht, Münster 1963.

Lüttringhaus, Jan, Übergreifende Begrifflichkeiten im europäischen Zivilverfahrens- und Kollisionsrecht – Grund und Grenzen der rechtsaktsübergreifenden Auslegung, dargestellt am Beispiel vertraglicher und außervertraglicher Schuldverhältnisse, RabelsZ 77 (2013), S. 31–68.

Magnus, Ulrich, Die Rom I-Verordnung, IPRax 2010, S. 27–44.

Magnus, Ulrich; Mankowski, Peter, Brussels I Regulation, 2. Aufl., München 2011.

Makarov, Alexander, Grundriß des internationalen Privatrechts, Frankfurt am Main 1970.

Mankowski, Peter, Der Vorschlag für die Rom I-Verordnung, IPRax 2006, S. 101–113.

Mankowski, Peter, Die Qualifikation der culpa in contrahendo – Nagelprobe für den Vertragsbegriff des europäischen IZPR und IPR, IPRax 2003, S. 127–135.

Mankowski, Peter, Die Rom I-Verordnung – Änderungen im europäischen IPR für Schuldverträge, IHR 2008, S. 133–152.

Mankowski, Peter, Neues zum »Ausrichten« unternehmerischer Tätigkeit unter Art. 15 Abs. 1 lit. c EuGVVO, IPRax 2009, S. 238–245.

Martens, Sebastian, Methodenlehre des Unionsrechts, Tübingen 2013.

Martiny, Dieter, Autonome und einheitliche Auslegung im Europäischen Internationalen Zivilprozeßrecht, RabelsZ 45 (1981), S. 427–447.

Martiny, Dieter, Europäisches Internationales Schuldrecht – Rom I- und Rom II–Verordnungen in der Bewährung, ZEuP 2015, S. 838–868.

Martiny, Dieter, Neues deutsches internationales Vertragsrecht – Das Gesetz zur Anpassung der Vorschriften des Internationalen Privatrechts an die Rom I–Verordnung, RIW 2009, S. 737–752.

Martiny, Dieter, Verletzung von Immaterialgüterrechten im Internationalen Privatrecht, RabelsZ 40 (1976), S. 218–230.

Maunz, Theodor; Dürig, Günter, Grundgesetz – Kommentar, 90. Aufl., München 2020.

Max Planck Institute for Foreign Private and Private International Law, Comments on the European Commission's Green Paper on the conversion of the Rome Convention of

1980 on the law applicable to contractual obligations into a Community instrument and its modernization, RabelsZ 68 (2004), S. 1–118.

Meier-Beck, Peter, Die Rechtsprechung des BGH in Patentsachen im Jahr 2018, GRUR 2019, S. 985–992.

Metzger, Axel, Rechtsfortbildung im Richtlinienrecht: Zur judikativen Rechtsangleichung durch den EuGH im Urheberrecht, ZEuP 2017, S. 836–862.

Meyer, Sebastian, Aktuelle Rechtsentwicklungen bei Suchmaschinen im Jahre 2007, K&R 2008, S. 201–208.

Mincke, Wolfgang, Einführung in das niederländische Recht, München 2002.

Mißfeldt, Martin, Google Bildersuche: Fakten, Funktionen, Geschichte, abrufbar unter: https://www.bildersuche.org/google-bildersuche/, letzter Abruf: 01.09.2020.

Mistelis, Loukas, Charakterisierungen und Qualifikation im internationalen Privatrecht – Zur Lehre einer parteispezifischen Qualifikation im Kollisionsrecht der privaten Wirtschaft, Tübingen 1999.

Monteiro, António Pinto; Pinto, Paulo Mota, Einflüsse der deutschen Rechtswissenschaft auf die portugiesische Privatrechtsdogmatik in den letzten 50 Jahren, in: *Grigoleit, Hans Christoph; Petersen, Jens*, Privatrechtsdogmatik im 21. Jahrhundert, Festschrift für Claus-Wilhelm Canaris zum 80. Geburtstag, Berlin 2017, S. 1137–1157.

Motyka-Mojkowski, Mariusz, Polnisches Zivilrecht AT, Warschau 2010.

Müller, Friedrich; Christensen, Ralph, Juristische Methodik – Europarecht, 3. Aufl., Berlin 2012.

Münz, Stefan, Webseiten professionell erstellen – Programmierung, Design und Administration von Webseiten, 3. Aufl., München 2008.

Mysoor, Poorna, Implied Licences in Copyright Law, Oxford 2017.

Nehne, Timo, Methodik und allgemeine Lehren des europäischen Internationalen Privatrechts, Tübingen 2012.

Neuhaus, Paul Heinrich, Die Grundbegriffe des internationalen Privatrechts, 2. Aufl., Tübingen 1976.

Neuner, Robert, Die Anknüpfung im internationalen Privatrecht, RabelsZ 8 (1934), S. 81–120.

Newman, Christopher, »What Excactly Are You Implying?«: The Elusive Nature of the Implied Copyright License, Cardozo Arts & Entertainment Law Journal 2014, S. 1–62.

Nietner, Sarah, Internationaler Entscheidungseinklang im europäischen Kollisionsrecht, Tübingen 2016.

Nolte, Georg, Informationsmehrwertdienste und Urheberrecht, Baden-Baden 2009.

Nolte, Georg; Wimmers, Jörg, Wer stört? Gedanken zur Haftung von Intermediären im Internet, GRUR-Beilage 2014, S. 58–69.

Nordemann, Jan Bernd, Die öffentliche Wiedergabe im Urheberrecht, GRUR 2016, S. 245–248.

Nordemann, Jan Bernd; Czychowsky, Christian, Aktuelle Gesetzgebung und höchstrichterliche Rechtsprechung im Urheberrecht, NJW 2019, S. 725–731.

Nordemann, Jan Bernd; Waiblinger, Julian, Gesetzgebung und höchstrichterliche Rechtsprechung im Urheberrecht 2017, NJW 2018, S. 756–762.

Oechsler, Jürgen, Der Tatbestand der öffentlichen Wiedergabe in der Rechtsprechung des EuGH, GRUR Int. 2019, S. 231–237.

Ohly, Ansgar, BGH: Keine Urheberrechtsverletzung bei Bildersuche durch Suchmaschinen – Vorschaubilder III, GRUR 2018, S. 178–189.

Ohly, Ansgar, EuGH: Keine »öffentliche Wiedergabe« durch Hyperlinksetzen ohne Gewinnerzielungsabsicht – GS Media/Sanoma ua, GRUR 2016, S. 1152–1157.

Ohly, Ansgar, »Öffentliche Wiedergabe« durch Verkauf »gebrauchter« E-Books – NUV ua/ Tom Kabinet – Anmerkung zu EuGH, Urt. v. 19.12.2019 (Az. C-263/18), GRUR 2020, S. 179–186.

Ohly, Ansgar, Unmittelbare und mittelbare Verletzung des Rechts der öffentlichen Wiedergabe nach dem »Córdoba«-Urteil des EuGH, GRUR 2018, S. 996–1004.

Ohly, Ansgar, »Volenti non fit iniuria« – Die Einwilligung im Privatrecht, Tübingen 2002.

Ohly, Ansgar, Zwölf Thesen zur Einwilligung im Internet – zugleich Besprechung zu BGH, Urt. v. 19.10.2011 – I ZR 140/10 – Vorschaubilder II, GRUR 2012, S. 983–992.

Oppermann, Jan Philipp, Die kollisionsrechtliche Anknüpfung internationaler Urheberrechtsverletzungen – Das universelle Verständnis im Urheberrecht, Baden-Baden 2011.

Osken, Marc, Die schlichte Einwilligung im Urheberrecht – Eine Untersuchung unter Berücksichtigung der Vorschaubilder-Rechtsprechung des BGH, Frankfurt am Main 2014.

Ott, Stephan, Bildersuchmaschinen und Urheberrecht, ZUM 2009, S. 345–354.

Ott, Stephan, K&R-Kommentar zu OLG Jena, Urteil vom 27.2.2008–2 U 319/07 (Vorschaubilder I), K&R 2008, S. 305–307.

Ott, Stephan, Zulässigkeit der Erstellung von Thumbnails durch Bilder- und Nachrichtensuchmaschinen?, ZUM 2007, S. 119–128.

Paal, Boris; Pauly, Daniel, Datenschutz-Grundverordnung, 2. Aufl., München 2018.

Palandt, Otto, Bürgerliches Gesetzbuch – Mit Nebengesetzen insbesondere mit Einführungsgesetz (Auszug) einschließlich Rom I-, Rom II- und Rom III-Verordnungen sowie Haager Unterhaltsprotokoll und EU-Erbrechtsverordnung, Allgemeines Gleichbehandlungsgesetz (Auszug), Wohn- und Betreuungsvertragsgesetz, BGB-Informationspflichten-Verordnung, Unterlassungsklagengesetz, Produkthaftungsgesetz, Erbbaurechtsgesetz, Wohnungseigentumsgesetz, Versorgungsausgleichsgesetz, Lebenspartnerschaftsgesetz, Gewaltschutzgesetz, 79. Aufl., München 2020.

Peukert, Alexander, Das Urheberrecht und die zwei Kulturen der Online-Kommunikation, GRUR-Beilage 2014, S. 77–93.

Peukert, Alexander, Der digitale Urheber, in: *Bullinger, Winfried; Grunert, Eike; Ohst, Claudia; Wöhrn, Kirsten-Inger*, Festschrift für Artur-Axel Wandtke zum 70. Geburtstag am 26. März 2013, Berlin 2013, S. 459–467.

Peukert, Alexander, Die Bedeutung der »AKM«-Entscheidung des EuGH für das Recht der Kabelweitersendung in Deutschland, ZUM 2017, S. 881–897.

Peukert, Alexander, Territoriality and Extraterritoriality in Intellectual Property Law, in: *Handl, Gunther; Zekoll, Joachim; Zumbansen, Peer*, Beyond Territoriality, Transnational Legal Authority in an Age of Globalization, Leiden 2012, S. 189–228.

Peukert, Alexander; Rehbinder, Manfred, Urheberrecht und verwandte Schutzrechte – Ein Studienbuch, 18. Aufl., München 2018.

Pfaff, Dieter; Osterrieth, Christian, Lizenzverträge – Formularkommentar, 4. Aufl., München 2018.

Pfeifer, Karl-Nikolaus, Anpassungsbedarf durch die neue Urheberrechtsrichtlinie – Das neue Urhebervertragsrecht und die Verlegerbeteiligung, GRUR 2020, S. 14–23.

Pfeifer, Karl-Nikolaus, Urheberrechtliche Zulässigkeit der Weiterverwertung von im Internet abrufbaren Fotos, NJW 2018, S. 3490–3493.

Pfeiffer, Thomas, Die Entwicklung des Internationalen Vertrags-, Schuld- und Sachenrechts in den Jahren 1995/96, NJW 1997.

Pfeiffer, Thomas, Neues Internationales Vertragsrecht – Zur Rom I-Verordnung, EuZW 2008, S. 622–629.

Posch, Willibald; Ballon, Oskar, Einführung in das österreichische Recht, Darmstadt 1985.

Prütting, Hanns; Wegen, Gerhard; Weinreich, Gerd, Bürgerliches Gesetzbuch – Kommentar, 14. Aufl., Köln 2019.

Raape, Leo, Internationales Privatrecht, 4. Aufl., Berlin 1955.

Rabel, Ernst, Das Problem der Qualifikation, RabelsZ 5 (1931), S. 241–288.

Rabel, Ernst, The Conflict of Laws – A Comparative Study, Ann Arbor 1960.

Rammos, Thanos; v. Rosen, Johannes, Urheberrechtliche Fragen beim Einsatz von Sprachassistenten mit Vorlesefunktion – Fallstricke am Beginn der »Voice Revolution«, ZUM 2020, S. 25–31.

Ranieri, Filippo, Europäisches Obligationenrecht – Ein Handbuch mit Texten und Materialien, 3. Aufl., Heidelberg 2009.

Rat/Kommission, Erklärungen zur Brüssel I-Verordnung, IPRax 2001, S. 259–262.

Rathenau, Alexander, Einführung in das portugiesische Recht, München 2013.

Raue, Benjamin, Das subjektive Vervielfältigungsrecht – eine Lösung für den digitalen Werkgenuss?, ZGE/IPJ 2017, S. 514–538.

Raue, Benjamin, Kein öffentliches Zugänglichmachen eines urheberrechtlich geschützten Gegenstands durch Vorhalten auf dem eigenen Server? – Anmerkung zu GA Sánchez-Bordona, Schlussanträge vom 25.4.2018 – C-161/17 – Cordoba, ZUM 2018, S. 517–519.

Rauer, Nils, Die unendliche Geschichte der öffentlichen Wiedergabe – Wegweisende Entscheidung des BGH zur Anzeige von Vorschaubildern – ganz ohne Hilfe des EuGH, zugleich Anmerkung zu BGH, 21.09.2017 – I ZR 11/16, WRP 2018, S. 278–283.

Rauer, Nils; Kaase, Lea, Copy & Post versus Link & Frame – Der EuGH zieht eine klare Linie – Zugleich Anmerkung zu EuGH, 07.08.2018 – C-161/17 – Land Nordrhein-Westfalen/Dirk Renckhoff, WRP 2018, S. 1155–1160.

Rauscher, Thomas, Europäisches Zivilprozess- und Kollisionsrecht – Kommentar, 4. Aufl., Köln 2016.

Rauscher, Thomas, Internationales Privatrecht – Mit internationalem Verfahrensrecht, 5. Aufl., Heidelberg 2017.

Rechtslexikon.net, Begriff: Teilfrage, abrufbar unter: http://www.rechtslexikon.net/d/teilfrage/teilfrage.htm, letzter Abruf: 01.09.2020.

Reese, W. L. M., Convention to the Law Applicable to Products Liability – Draft adopted by the Twelfth Session and Explanatory Report, Den Haag 1974.

Regenstein, Moritz, Der evolvierende Tatbestand des Öffentlichkeitsbegriffs i.S. v. Art. 3 InfoSoc-RL – Von »SGAE« über »GS Media« zu »The Pirate Bay« und der Brücke von Cordoba, ZUM 2018, S. 649–660.

Reiher, Hannes, Der Vertragsbegriff im europäischen internationalen Privatrecht – Ein Beitrag zur Abgrenzung der Verordnungen Rom I und Rom II, Baden-Baden 2010.

Reimer, Franz, Juristische Methodenlehre, 2. Aufl. 2020.

Reuter, Stefan, Die Qualifikation der Haftung des falsus procurator im internationalen Privatrecht, Tübingen 2015.

Richter, Thomas, Parteiautonomie im Internationalen Immaterialgüterrecht – Eine rechtsvergleichende Untersuchung de lege lata und de lege ferenda, Tübingen 2017.

Ricketson, Sam; Ginsburg, Jane, International copyright and neighbouring rights – The Berne Convention and beyond, 2. Aufl., Oxford 2006.

Riesenhuber, Karl, Europäische Methodenlehre – Handbuch für Ausbildung und Praxis, Berlin 2015.

Riesenhuber, Karl; Szemjonneck, Jan, Anmerkung zu BGH: Urheberrechtliche Zulässigkeit von Vorschaubildern in der Trefferliste einer Suchmaschine – Vorschaubilder II, LMK 2013, S. 347219.

Roggenkamp, Jan Dirk, Kommentar zu LG Erfurt, Urteil vom 15.03.2007, Az. 3 O 1108/05 (Vorschaubilder I), K&R 2007, S. 328–330.

Rogosch, Patricia, Die Einwilligung im Datenschutzrecht, Baden-Baden 2013.

Rosén, Jan, CJEU as a legislator in its own rights?, in: *Dreier, Thomas; Peifer, Karl-Nikolaus; Specht, Louisa*, Anwalt des Urheberrechts, Festschrift für Gernot Schulze zum 70. Geburtstag, München 2017, S. 95–105.

Rosenbaum, Birgit; Tölle, Dennis, Aktuelle rechtliche Probleme im Bereich Social Media – Überblick über die Entscheidungen der Jahre 2011 und 2012, MMR 2013, S. 209–212.

Rühl, Giesela, Kausalität zwischen ausgerichteter Tätigkeit und Vertragsschluss: Neues zum situativen Anwendungsbereich der Art. 15ff. EuGVVO, IPRax 2014, S. 41–44.

Rüpke, Giselher; Lewinski, Kai von; *Eckhardt, Jens*, Datenschutzrecht – Grundlagen und europarechtliche Neugestaltung, München 2018.

Sack, Rolf, Das IPR des geistigen Eigentums nach der Rom II-VO, WRP 2008, S. 1405–1419.

Säcker, Franz Jürgen; Rebmann, Kurt, Münchener Kommentar zum Bürgerlichen Gesetzbuch, 3. Aufl., München 1998.

Säcker, Franz Jürgen; Rixecker, Roland; Oetker, Hartmut; Limperg, Bettina, Münchener Kommentar zum Bürgerlichen Gesetzbuch, 7. Aufl., München 2018.

Saenger, Ingo, Zivilprozessordnung – Familienverfahren, Gerichtsverfassung, Europäisches Verfahrensrecht, Handkommentar, 8. Aufl., Baden-Baden 2019.

Salomon, Dennis, Die Rom I-Verordnung in der deutschen ordentlichen Gerichtsbarkeit, ZVglRWiss 115 (2016), S. 586–609.

Savigny, Friedrich Carl von, System des heutigen römischen Rechts, 2. Aufl., Berlin 1840.

Schack, Haimo, Das auf (formlose) Immaterialgüterrechte anwendbare Recht nach Rom II, in: *Baetge, Dietmar; Hein, Jan von; Hinden, Michael* von, Die richtige Ordnung, Festschrift für Jan Kropholler zum 70. Geburtstag, Tübingen 2008, S. 651–669.

Schack, Haimo, Internationale Urheber-, Marken- und Wettbewerbsrechtsverletzungen im Internet – Internationales Privatrecht, MMR 2000, S. 59–65.

Schack, Haimo, Rechtsprobleme der Online-Übermittlung, GRUR 2007, S. 639–645.

Schack, Haimo, Urheber- und Urhebervertragsrecht, 9. Aufl., Tübingen 2019.

Schack, Haimo, Urheberrechtliche Gestaltung von Webseiten unter Einsatz von Links und Frames, MMR 2001, S. 9–17.

Schack, Haimo, Zur Anknüpfung des Urheberrechts im internationalen Privatrecht, Berlin 1979.

Schantz, Peter, Die Datenschutz-Grundverordnung – Beginn einer neuen Zeitrechnung im Datenschutzrecht, NJW 2016, S. 1841–1847.

Schierholz, Anke, Die Probleme der Rechtsprechung mit dem Framing – Anmerkung zu BGH, Urteil vom 21.9.2017 – I ZR 11/16 – Vorschaubilder III, ZUM 2018, S. 135–136.

Schlosshauer-Selbach, Stefan, Internationales Privatrecht – Eine Einführung in die Grundlagen und das System der Fallbearbeitung, Heidelberg 1989.

Schmidt, Jan Peter, Der »juridical act« im DCFR: Ein nützlicher Grundbegriff des europäischen Privatrechts?, ZEuP 2010, S. 304–320.

Schmidt, Jan Peter, HWB EuP; Stichwort: Rechtsgeschäft, abrufbar unter: http://hwb-eup 2009.mpipriv.de/index.php/Rechtsgeschäft, letzter Abruf: 01.09.2020.

Schmidt-Kessel, Martin, Zur culpa in contrahendo im Gemeinschaftsprivatrecht, ZEuP 2004, S. 1019–1033.

Schrader, Paul; Rautenstrauch, Birthe, Urheberrechtliche Verwertung von Bildern durch Anzeige von Vorschaugrafiken (sog. »thumbnails«) bei Internetsuchmaschinen, UFITA 2007, S. 761–781.

Schubert, Tobias, BGH: Urheberrechtliche Einordnung von »embedded« Links unter Umgehung technischer Schutzmaßnahmen gegen Framing, MMR 2019, S. 436–440.

Schultheiß, Tilman, EuGVVO: Kein Kausalzusammenhang zwischen Ausrichten der gewerblichen Tätigkeit auf Verbrauchermitgliedstaat und Vertragsschluss, EuZW 2013, S. 943–945.

Schulze, Reiner; Dörner, Heinrich, Bürgerliches Gesetzbuch – Handkommentar, 10. Aufl., Baden-Baden 2019.

Schulze, Reiner; Zoll, Fryderyk, Europäisches Vertragsrecht, 2. Aufl., Baden-Baden 2017.

Schwab, Dieter; Löhnig, Martin, Einführung in das Zivilrecht – Mit BGB-Allgemeiner Teil, Schuldrecht Allgemeiner Teil, Kauf- und Deliktsrecht, 20. Aufl., Heidelberg 2016.

Schwacke, Peter, Juristische Methodik – Mit Technik der Fallbearbeitung, 5. Aufl., Berlin 2011.

Schwartze, Andreas, Die Bestimmung des auf grenzüberschreitende Gewinnzusagen anwendbaren Rechts nach Rom I und Rom II – Kollisionsrechtliche Qualifikation zwischen allen Stühlen?, in: *Apathy, Peter*, Festschrift für Helmut Koziol zum 70. Geburtstag, Wien 2010, S. 407–423.

Schwind, Fritz, Internationales Privatrecht – Lehr- und Handbuch, Wien 1988.

Seibl, Maximilian, Kollisionsrechtliche Probleme im Zusammenhang mit einem Mietwagenunfall im Ausland – Anknüpfungsgrundsätze, Haftungsbeschränkung und grobe Fahrlässigkeit – zu BGH, 10.02.2009 – VI ZR 28/08, IPRax 2010, S. 347–352.

Seshadri, Raghu, Bridging the Digital Divide: How the Implied License Doctrine Could Narrow the Copynorm-Copyright Gap, UCLA Journal of Law & Technology 2007, S. 1–36.

Siehr, Kurt, Internationales Privatrecht – Deutsches und europäisches Kollisionsrecht für Studium und Praxis, Heidelberg 2001.

Simitis, Spiros; Hornung, Gerrit; Spiecker Döhmann, Indra, Datenschutzrecht – DSGVO mit BDSG, Baden-Baden 2019.

Solmecke, Christian; Dam, Annika, EuGH: Öffentliche Wiedergabe durch Framing – Bestwater International, MMR 2015, S. 46–48.

Solomon, Dennis, Verbraucherverträge, in: *Ferrari, Franco; Leible, Stefan*, Ein neues Internationales Vertragsrecht für Europa, Der Vorschlag für eine Rom I-Verordnung, München 2007, S. 89–110.

Sonnenberger, Hans Jürgen; Classen, Claus Dieter; Bauer, Frank, Einführung in das französische Recht, 4. Aufl., Frankfurt am Main 2012.

Specht, Louisa, Zum Verhältnis von (Urheber-)Recht und Technik – Erfordernis eines Dualismus von techniksensitivem Recht und rechtssensitiven technischen Durchsetzungsbefugnissen, GRUR 2019, S. 253–258.

Spickhoff, Andreas, Versorgungsverfügung im Internationalen Privatrecht, in: *Hilbig-Lugani, Katharina*, Zwischenbilanz, Festschrift für Dagmar Coester-Waltjen zum 70. Geburtstag am 11. Juli 2015, Bielefeld 2015, S. 825–842.

Spindler, Gerald, Anmerkung zu BGH: Wiedergabe eines Lichtbilds als Vorschaubild im Internet – Vorschaubilder II, MMR 2012, S. 383–387.

Spindler, Gerald, Bildersuchmaschinen, Schranken und konkludente Einwilligung im Urheberrecht – Besprechung der BGH-Entscheidung »Vorschaubilder«, GRUR 2010, S. 785–792.

Spindler, Gerald, Die kollisionsrechtliche Behandlung von Urheberrechtsverletzungen im Internet, IPRax 2003, S. 412–421.

Spindler, Gerald, Die Störerhaftung im Internet – (k)ein Ende in Sicht? Geklärte und ungeklärte Fragen, in: *Alexander, Christian; Bornkamm, Joachim; Buchner, Benedikt; Fritzsche, Jörg; Lettl, Tobias*, Festschrift für Helmut Köhler zum 70. Geburtstag, München 2014, S. 695–713.

Spindler, Gerald; Schuster, Fabian, Recht der elektronischen Medien – Kommentar, 4. Aufl., München 2019.

Staudinger, Ansgar; Steinrötter, Björn, EuGH: Kausalität des Ausrichtens auf Wohnort für Vertragsschluss – Verbrauchergerichtsstand, NJW 2013, S. 3504–3506.

Staudinger, Julius von, Kommentar zum Bürgerlichen Gesetzbuch mit Einführungsgesetz und Nebengesetzen – EGBGB/IPR Art. 38–42 EGBGB, Berlin 2001.

Staudinger, Julius von, Kommentar zum Bürgerlichen Gesetzbuch mit Einführungsgesetz und Nebengesetzen – Einführungsgesetz zum Bürgerlichen Gesetzbuche, IPR – Internationales Privatrecht (Einleitung zum IPR), Berlin 2012.

Staudinger, Julius von, Kommentar zum Bürgerlichen Gesetzbuch mit Einführungsgesetz und Nebengesetzen – Internationales Wirtschaftsrecht (IPR des Kartellrecht, Lauterkeitsrecht, Markenrecht, Patentrecht und Urheberrecht), Berlin 2015.

Staudinger, Julius von, Kommentar zum Bürgerlichen Gesetzbuch mit Einführungsgesetz und Nebengesetzen – Einführungsgesetz zum Bürgerlichen Gesetzbuche/IPR – Einleitung zur Rom I-VO; Art 1–10 Rom I-VO (Internationales Vertragsrecht 1), Berlin 2016.

Staudinger, Julius von, Kommentar zum Bürgerlichen Gesetzbuch mit Einführungsgesetz und Nebengesetzen – Buch 1: Allgemeiner Teil: §§ 90–124; §§ 130–133, Berlin 2017.

Steiger, Werner v., Die Bestimmung der Rechtsfrage im internationalen Privatrecht – unter besonderer Berücksichtigung des schweizerischen Rechts (Ein Beitrag zum Qualifikationsproblem), Bern 1937.

Stieper, Malte, Ausschließlichkeitsrecht oder Vergütungsanspruch: Vergütungsmodelle bei Aufmerksamkeitsplattformen, ZUM 2017, S. 132–140.

Stimmel, Ulrike, Die Beurteilung von Lizenzverträgen unter der Rom I-Verordnung, GRUR Int. 2010, S. 783–792.

Sujecki, Bartosz, BGH: EuGVVO: Verbrauchergerichtsstand und Vertragsanbahnung über »passive Website«, EuZW 2012, S. 236–240.

Sydow, Gernot, Europäische Datenschutzgrundverordnung – Handkommentar, 2. Aufl., Baden-Baden 2018.

Thomas, Heinz; Putzo, Hans; Reichold, Klaus; Hüßtege, Rainer; Seiler, Christian, Zivilprozessordnung – Kommentar, 41. Aufl., München 2020.

Thorn, Karsten, Die Haftung für Umweltschädigungen im Gefüge der Rom II-VO, in: *Kieninger, Eva-Maria; Remien, Oliver*, Europäische Kollisionsrechtsvereinheitlichung, Baden-Baden 2012, S. 139–163.

Thum, Dorothee, Anmerkung zu BGH: Schlichte Einwilligung zu Google-Thumbnails wirkt abstrakt-generell – »Vorschaubilder II«, GRUR-Prax 2012, S. 215–216.

Tinnefeld, Marie-Theres; Buchner, Benedikt; Petri, Thomas; Hof, Hans-Joachim, Einführung in das Datenschutzrecht – Datenschutz und Informationsfreiheit in europäischer Sicht, 6. Aufl., Berlin 2018.

Tinnefeld, Robert, Die Einwilligung in urheberrechtliche Nutzungen im Internet, Tübingen 2012.

Trautmann, Clemens, Europäisches Kollisionsrecht und ausländisches Recht im nationalen Zivilverfahren, Tübingen 2011.

Trutmann, Verena, Das internationale Privatrecht der Deliktsobligationen – Ein Beitrag zur Auseinandersetzung mit den neueren amerikanischen kollisionsrechtlichen Theorien, Basel 1973.

Ulmer, Eugen, Die Immaterialgüterrechte im internationalen Privatrecht – Rechtsvergleichende Untersuchung mit Vorschlägen für die Vereinheitlichung in der Europäischen Wirtschaftsgemeinschaft, Köln 1975.

Ungern-Sternberg, Joachim von, Die Rechtsprechung des EuGH und des BGH zum Urheberrecht und zu den verwandten Schutzrechten im Jahre 2012, GRUR 2013, S. 248–264.

Ungern-Sternberg, Joachim von, Keine Urheberrechtsvergütung für Drucker – Anmerkung zu BGH, Urteil vom 6. 12. 2007, Az. I ZR 94/05 (Drucker und Plotter), GRUR 2008, S. 245–249.

Ungern-Sternberg, Joachim von, Schlichte einseitige Einwilligung und treuwidrig widersprüchliches Verhalten des Urheberberechtigten bei Internetnutzungen, GRUR 2009, S. 369–375.

van Eechoud, Mireille, Choice of law in copyright and related rights – Alternatives to the Lex Protectionis, Amsterdam 2003.

Vogeler, Andreas, Die freie Rechtswahl im Kollisionsrecht der außervertraglichen Schuldverhältnisse, Tübingen 2013.

Vogenauer, Stefan, Eine gemeineuropäische Methodenlehre des Rechts – Plädoyer und Programm, ZEuP 2005, S. 234–263.

Wabnitz, Heinz-Bernd; Holländer, Pavel; Theiß, Christian, Einführung in das tschechische Recht, München 2009.

Walser, Martin; Feurstein, Sebastian, Aufi aufn Berg – Der steile Weg zur unionsrechtlichen Dogmatik der »öffentlichen Wiedergabe«, ZUM 2017, S. 639–645.

Walter, Michel, Die digitale Verbreitung vergriffener Werke – Nationale Regelungen, der RL-Vorschlag der Kommission und das Urteil des EuGH in der Rs. »Marc Soulier/Sara Doke«, medien und recht 2017, S. 31–39.

Walter, Michel, Öffentliche Wiedergabe durch Einstellen eines Fotos auf einer Schulwebsite ungeachtet einer Vorveröffentlichung im Internet, MR-Int. 2018, S. 85–90.

Wandtke, Artur-Axel; Bullinger, Winfried, Praxiskommentar zum Urheberrecht, 5. Aufl., München 2019.

Wandtke, Artur-Axel; Hauck, Ronny, Art. 17 DSM-Richtlinie – Ein neues Haftungssystem im Urheberrecht, ZUM 2019, S. 627–636.

Weber, Helmut, Die Theorie der Qualifikation – Franz Kahn, Etienne Bartin und die Entwicklung ihrer Lehre bis zur universalen Anerkennung der Qualifikation als allgemeines Problem des Internationalen Privatrechts (1890–1945), Tübingen 1986.

Weber, Johannes, Interdependenzen zwischen Europäischer Erbrechtsverordnung und Ehegüterrecht – de lege lata und de lege ferenda, DNotZ 2016, S. 424–441.

Wehner, Johanna Karoline, Zur BGH-Entscheidung Vorschaubilder II, DSRITB 2012, S. 157–174.

Weller, Matthias, Allgemeine Lehren, in: *Weller, Matthias; Bittmann, David-Christoph; Nordmeier, Carl Friedrich*, Europäisches Kollisionsrecht, Baden-Baden 2016, S. 1–126.

Weller, Matthias, Internationaler Anwendungsbereich des Verbraucherkreditschutzrechts, NJW 2006, S. 1247–1250.

Wendehorst, Christiane, Tatbestand – Reichweite – Qualifikation, in: *Coester, Michael*, Privatrecht in Europa, Vielfalt, Kollision, Kooperation; Festschrift für Hans Jürgen Sonnenberger zum 70. Geburtstag, München 2004, S. 743–758.

Wengler, Wilhelm, Die Qualifikation der materiellen Rechtssätze im Internationalen Privatrecht, in: *Caemmerer, Ernst* von; *Hallstein, Walter; Mann, F. A.; Raiser, Ludwig*, Festschrift für Martin Wolff, Beiträge zum Zivilrecht und internationalen Privatrecht, Tübingen 1952, S. 337–374.

Wiebe, Andreas, Vertrauensschutz und geistiges Eigentum am Beispiel der Suchmaschinen, GRUR 2011, S. 888–895.

Wiedemann, Herbert, Richterliche Rechtsfortbildung, NJW 2014, S. 2407–2412.

Wielsch, Dan, Die Zugangsregeln der Intermediäre: Prozeduralisierung von Schutzrechten, GRUR 2011, S. 665–673.

Wielsch, Dan, Zugangsregeln – Die Rechtsverfassung der Wissensteilung, Tübingen 2008.

Wolff, Martin, Das Internationale Privatrecht Deutschlands, 3. Aufl., Berlin 1954.

Wolters Kluwer Guías Jurídicas, Begriff: Negocio jurídico, abrufbar unter: guiasjuridicas.wolterskluwer.es, letzter Abruf: 01.09.2020.

World Intellectual Property Organization, Guide to the Berne Convention for the Protection of Literary and Artistic Works (Paris Act, 1971), Genf 1978.

Würdinger, Markus, Das Prinzip der Einheit der Schuldrechtsverordnungen im Europäischen Internationalen Privat- und Verfahrensrecht – Eine methodologische Untersuchung über die praktische Konkordanz zwischen Brüssel I-VO, Rom I-VO und Rom II-VO, RabelsZ 75 (2011), S. 102–126.

Würdinger, Markus, Die Analogiefähigkeit von Normen – Eine methodologische Untersuchung über Ausnahmevorschriften und deklaratorische Normen, AcP 206 (2006), S. 946–979.

Wybitul, Tim, EU-Datenschutz-Grundverordnung – Handbuch, Frankfurt am Main 2017.

Wypchol, Markus, EuGH: Urheberrecht: Hochladen einer Fotografie auf der Website einer Schule gilt als »öffentliche Wiedergabe« – Córdoba, EuZW 2018, S. 819–823.

Zimmermann, Georg von, Die Einwilligung im Internet, Berlin 2014.

Zippelius, Reinhold, Methodenlehre für das juristische Studium, 11. Aufl., München 2012.

Zitelmann, Ernst, Ausschluss der Widerrechtlichkeit, AcP 99 (1906), S. 1–130.

Zitelmann, Ernst, Internationales Privatrecht, Leipzig 1897.